DIREITO, GESTÃO E PRÁTICA

Direito Ambiental Empresarial

www.editorasaraiva.com.br/direito
Visite nossa página

série GVlaw

COORDENADORAS
Juliana Cassano Cibim
Pilar Carolina Villar

DIREITO, GESTÃO E PRÁTICA

Direito Ambiental Empresarial

AUTORES
Andréa Costa de Vasconcelos
Fernando José da Costa
Fernando S. Marcato
Juliana Bonacorsi de Palma
Juliana Cassano Cibim
Lourdes de Alcantara Machado
Paulo Dóron Rehder de Araujo
Paulo Roberto Cunha
Pedro Guilherme Gonçalves de Souza
Pedro Pessoa Dib
Pilar Carolina Villar

2017

saraiva *jur* FGV DIREITO SP

ISBN 978-85-472-1803-4

DADOS INTERNACIONAIS DE CATALOGAÇÃO NA PUBLICAÇÃO (CIP)
ANGÉLICA ILACQUA CRB-8/7057

Direito, gestão e prática : direito ambiental empresarial / Andréa Costa de Vasconcelos...[et al.] ; Juliana Cassano Cibim e Pilar Carolina Villar (coords.) – São Paulo : Saraiva, 2017.
(Série GVlaw)

1. Direito ambiental empresarial 2. Proteção ambiental - Normas - Brasil 3. Responsabilidade ambiental - Brasil I. Cibim, Juliana Cassano II. Villar, Pilar Carolina III. Vasconcelos, Andréa Costa de.

17-0338   CDU 34:502.7(81)

Índice para catálogo sistemático:
1. Brasil : Direito ambiental empresarial   34:502.7(81)

SOMOS EDUCAÇÃO | saraiva jur

Av. das Nações Unidas, 7.221, 1º andar, Setor B
Pinheiros – São Paulo – SP – CEP 05425-902

SAC 0800-0117875
De 2ª a 6ª, das 8h às 18h
www.editorasaraiva.com.br/contato

Presidente Eduardo Mufarej
Vice-presidente Claudio Lensing
Diretora editorial Flávia Alves Bravin

Conselho editorial
Presidente Carlos Ragazzo
Consultor acadêmico Murilo Angeli Dias dos Santos

Gerência
Planejamento e novos projetos Renata Pascual Müller
Concursos Roberto Navarro
Legislação e doutrina Thaís de Camargo Rodrigues

Edição Daniel Pavani Naveira

Produção editorial Ana Cristina Garcia (coord.)
Luciana Cordeiro Shirakawa

Clarissa Boraschi Maria (coord.)
Guilherme H. M. Salvador
Kelli Priscila Pinto
Marília Cordeiro
Mônica Landi
Tatiana dos Santos Romão
Tiago Dela Rosa

Diagramação e revisão Microart Design Editorial

Comunicação e MKT Elaine Cristina da Silva
Capa Casa de Ideias / Daniel Rampazzo
Produção gráfica Marli Rampim
Impressão e acabamento Bartira

Data de fechamento da edição: 4-5-2017

Dúvidas? Acesse www.editorasaraiva.com.br/direito

Nenhuma parte desta publicação poderá ser reproduzida por qualquer meio ou forma sem a prévia autorização da Editora Saraiva. A violação dos direitos autorais é crime estabelecido na Lei n. 9.610/98 e punido pelo art. 184 do Código Penal.

CL 603295   CAE 621438

Aos alunos do Programa de Pós-Graduação
Lato Sensu da FGV DIREITO SP (GVlaw).

SUMÁRIO

Prefácio 13
Apresentação 17
Nota dos Editores 19

1 A PROTEÇÃO CONSTITUCIONAL DO MEIO AMBIENTE E OS PRINCÍPIOS DO DIREITO AMBIENTAL
Paulo Roberto Cunha e Pilar Carolina Villar

1.1 Introdução: a questão ambiental e o direito 23
1.2 A proteção ambiental na Constituição Federal de 1988 .. 25
1.3 Os princípios do direito ambiental 29
    1.3.1 Princípio do meio ambiente ecologicamente equilibrado como direito fundamental da pessoa humana e sadia qualidade de vida 30
    1.3.2 Princípio do acesso equitativo aos recursos naturais 31
    1.3.3 Princípio da natureza pública da proteção ambiental 32
    1.3.4 Princípios do usuário-pagador e do poluidor--pagador 34
    1.3.5 Princípio do protetor-recebedor 36
    1.3.6 Princípio da precaução 38
    1.3.7 Princípio da prevenção 42
    1.3.8 Princípio da tríplice responsabilidade ambiental .. 45

1.3.9	Princípio da informação	46
1.3.10	Princípio da participação	50
1.3.11	Princípio do *in dubio pro natura*	51
1.3.12	Princípio da função social da propriedade rural e sua dimensão ambiental	53
1.3.13	Princípio da proibição do retrocesso na proteção ambiental	58
1.4	Considerações finais	65
Referências		65

2 O LICENCIAMENTO AMBIENTAL: COMPETÊNCIA, PROCEDIMENTO E FISCALIZAÇÃO
Pilar Carolina Villar

2.1	Introdução	75
2.2	Competência comum, Sisnama e o licenciamento ambiental	77
2.3	Critérios para a definição do órgão competente para o licenciamento	85
2.4	Etapas e procedimentos do licenciamento ambiental	91
2.5	Avaliação de Impacto Ambiental e o Licenciamento Ambiental	102
2.6	Licenciamento ambiental, fiscalização e responsabilidade do Poder Público	107
2.7	Considerações finais	112
Referências		113

3 RESPONSABILIDADE EM MATÉRIA AMBIENTAL E OS SEUS EFEITOS PARA AS EMPRESAS
Pilar Carolina Villar e Juliana Cassano Cibim

3.1	Introdução	121
3.2	O meio ambiente como um bem jurídico	122
3.3	Dano ambiental e a responsabilidade civil	124
3.4	Responsabilidade administrativa ambiental	131

3.5	Responsabilidade penal ambiental	138
3.6	Considerações finais	142
Referências		143

4 UMA ABORDAGEM SOBRE AS NORMAS CRIMINAIS NA LEI N. 9.605/98
Fernando José da Costa

4.1	Introdução	151
4.2	Aspectos constitucionais da proteção ao meio ambiente	153
4.3	Responsabilidade criminal na Lei n. 9.605/98	157
4.4	Responsabilidade criminal da pessoa jurídica	160
4.5	Dupla imputação: necessidade?	167
4.6	Penas aplicáveis	171
4.7	Alguns comentários sobre a prescrição	175
4.8	Algumas observações sobre os tipos penais inscritos na Lei n. 9.605/98	178
	4.8.1 Leis Penais em Branco	178
	4.8.2 Tipos penais ambientais	179
4.9	Considerações finais	184
Referências		189

5 O DIREITO DAS ÁGUAS E SUA INTERFACE COM OS ESPAÇOS TERRITORIAIS PROTEGIDOS
Juliana Cassano Cibim e Pilar Carolina Villar

5.1	Introdução	195
5.2	A proteção das águas no direito brasileiro	196
5.3	Florestas e demais formas de vegetação	203
	5.3.1 Código Florestal	204
	5.3.2 As especificidades da Mata Atlântica	217
	5.3.3 As Unidades de Conservação	218

5.4 Considerações finais 221
Referências 222

6 ÁREAS CONTAMINADAS
Pedro Pessoa Dib, Juliana Cassano Cibim e Lourdes de Alcantara Machado

6.1 Introdução 233
6.2 Considerações gerais sobre as áreas contaminadas...... 235
     6.2.1 Etapas de identificação e gerenciamento de áreas contaminadas 243
6.3 Áreas contaminadas: riscos e responsabilidades 248
6.4 Jurisprudências 256
6.5 Considerações finais 258
Referências 259

7 RISCOS, INCERTEZAS E SEGUROS AMBIENTAIS
Paulo Dóron Rehder de Araujo e Pedro Guilherme Gonçalves de Souza

7.1 Introdução 265
7.2 A lógica securitária e o risco ambiental 267
     7.2.1 Risco e atividade securitária 267
     7.2.2 Análise de risco e regulação 271
     7.2.3 Os riscos ambientais e a *ratio* securitária 274
     7.2.4 Gestão ambiental e mensuração de riscos 278
7.3 Riscos, contratos e coberturas em espécie 281
     7.3.1 Risco ambiental 281
     7.3.2 O seguro de riscos de petróleo 283
          7.3.2.1 Coberturas 284
          7.3.2.2 Dos ativos cobertos 284
          7.3.2.3 Das coberturas correlacionadas 285
7.4 O seguro de responsabilidade civil ambiental (RC Ambiental) 285

7.4.1	Coberturas	287
7.4.2	Exclusões de cobertura	288
7.4.3	Gestão de risco ambiental	288
7.5	O seguro garantia	289
7.5.1	Modalidades	290
7.5.2	Seguro garantia nos contratos públicos	291
7.5.3	Seguro garantia em grandes projetos	292
7.5.4	Cobertura para casos fortuitos/força maior	293
7.5.5	Seguro garantia de termo de ajuste de conduta em matéria ambiental	294
7.6	Seguro de riscos nucleares	295
7.7	Outros seguros relevantes	297
7.7.1	O seguro D&O	298
7.7.2	O seguro de riscos do operador portuário	300
7.7.3	Seguro de riscos do operador aeroportuário	302
7.8	Outras formas de distribuição de riscos	302
7.8.1	Cosseguro, resseguro e retrocessão	303
7.8.2	Gestão de incertezas: a ABGF e os fundos garantidores	306
7.8.3	O FESR e o Fundo de catástrofes	309
7.8.4	Autosseguro e ART	312
7.8.5	Sociedades mútuas ou cooperativas	313
7.9	Considerações finais	315
Referências		316

8 LICITAÇÕES E COMPRAS PÚBLICAS SUSTENTÁVEIS
Fernando S. Marcato, Juliana Bonacorsi de Palma e Andréa Costa de Vasconcelos

8.1	Introdução	327
8.2	O que é uma licitação sustentável e como ela surgiu?	330
8.3	As primeiras experiências da esfera federal	335

8.4	O impacto da inclusão do conceito de sustentabilidade no julgamento e viabilização das licitações públicas...	341
	8.4.1 Análise de custo-benefício..............................	341
	8.4.2 Obrigatoriedade ou não de realização de licitações sustentáveis	344
	8.4.3 Critérios de sustentabilidade e limitação da concorrência	346
	8.4.4 Sustentabilidade em projetos de parcerias público-privadas, concessões comum e no Regime Diferenciado de Contratação	350
	8.4.4.1 Contrato de concessão comum e PPP..	350
	8.4.4.2 Contratação integrada no Regime Diferenciado de Contratação	352
8.5	Considerações finais..	353
Referências	....	354

9 DIREITO AMBIENTAL, SUSTENTABILIDADE E AS EMPRESAS
Pilar Carolina Villar e Juliana Cassano Cibim

9.1	Introdução	363
9.2	Nascimento do direito ambiental	364
9.3	O direito ambiental no Brasil e a ordem econômica...	368
9.4	A sustentabilidade como fator de transformação da empresa	375
9.5	Considerações finais..	382
Referências	....	382

PREFÁCIO

O meio ambiente tem, recorrentemente, ocupado lugar central na mídia, nos debates regulatórios, na produção acadêmica. Toneladas de evidências empíricas e análises científicas já não nos dão mais a opção de ignorar problemas concretos como as mudanças climáticas e tantos outros ligados à temática ambiental.

Para além de uma conscientização geral, a regulação acaba sendo uma das formas mais óbvias de buscar soluções a problemas já existentes e freios ao abuso ambiental. E tanto no cenário nacional quanto internacional, o papel do operador do direto torna-se crescentemente central.

Não sem razão, o direito ambiental ganhou fôlego e integra hoje a grade curricular de qualquer curso de graduação que tenha a mínima visão de futuro e de comprometimento com a formação de profissionais do direito que dialoguem com as questões contemporâneas mais relevantes. A pós-graduação segue sendo um espaço de refinamento desse debate e lapidação de profissionais que enfrentam, direta ou indiretamente, desafios jurídicos relacionados ao meio ambiente.

Foi, assim, com um grande senso de responsabilidade, que recebi o convite para redigir o prefácio da obra *Direito ambiental empresarial*, coordenada pelas colegas e amigas Juliana Cassano Cibim e Pilar Carolina Villar.

Juliana e Pilar, ambas Doutoras em Ciências Ambientais pelo Programa de Ciência Ambiental do Instituto de Energia e Ambiente da Universidade de São Paulo, trazem a esta obra grande parte de suas próprias trajetórias acadêmicas e profissionais, marcadas por um profundo conhecimentos do direito ambiental e enorme comprometimento com questões como sustentabilidade, gestão e governança dos recursos hídricos, direito internacional do meio ambiente, responsabilidade por danos ambientais.

Não é sem razão que este é um livro voltado ao direito ambiental empresarial. O papel das empresas tem sido crescentemente fundamental para a eficácia de políticas voltadas à preservação do meio ambiente; bem como para a conscientização de consumidores, que cada vez mais reconhecem e dão valor ao comprometimento das empresas com a sustentabilidade. Formar profissionais aptos a atuar no cenário empresarial com qualidade e responsabilidade integra a missão da Fundação Getulio Vargas, que a tem cumprido com maestria na medida em que confia a profissionais do escalão de Juliana e Pilar a gestão de cursos tão estratégicos como aqueles voltados ao direito ambiental.

Espera-se que esta obra seja uma referência importante aos alunos que frequentam as cadeiras da FGV e de tantas outras instituições de ensino que privilegiam o direito ambiental como área de estudo. Os textos que integram este livro navegam por temas centrais ao debate ambiental empresarial com muita tranquilidade, na medida em que prezam por uma linguagem clara, objetiva e acessível a diferentes públicos, sem, entretanto, perder de vista a profundidade que estas discussões merecem.

O capítulo de abertura, de autoria dos professores Paulo Roberto Cunha e Pilar Carolina Villar, analisa a inter-relação entre direito e meio ambiente a partir de uma perspectiva constitucional, atendo-se notadamente aos princípios do direito ambiental e à proteção por eles garantida.

Pilar Carolina Villar também nos ensina sobre o processo de licenciamento ambiental e questões conexas, como a competência e o procedimento para sua realização, além de analisar a responsabilidade de fiscalização do Poder Público nesse processo.

O capítulo 3, de autoria de Juliana Cibim e Pilar Villar, cuida especificamente do regime de responsabilização dos causadores de danos ambientais nos âmbitos civil, penal e administrativo como forma de garantir um meio ambiente ecologicamente equilibrado.

Em seguida, Fernando José da Costa, advogado e vice-presidente da Comissão de Direito Ambiental da OAB/SP, traça um panorama crítico da Lei n. 9.605/98 no que tange à previsão dos delitos ambientais, sejam eles imputados à pessoa física ou jurídica.

O capítulo 5, também de Juliana e Pilar, é uma aula de gestão hídrica. As autoras dissertam sobre a tutela das águas pelo ordenamento jurídico brasileiro e sua relação direta com a proteção das áreas territoriais de conservação do meio ambiente.

No capítulo 6, o geólogo e empresário Pedro Pessoa Dib, Juliana Cassano Cibim, e a advogada e consultora ambiental Lourdes Machado exploram o tema da contaminação do solo como fator danoso ao meio ambiente, seus riscos e sua tutela pelo ordenamento jurídico brasileiro.

O capítulo seguinte, de autoria de Paulo Dóron Rehder de Araujo e Pedro Souza, traz uma detalhada análise de risco ambiental, com especial ênfase à lógica securitária. No capítulo 8, Fernando Scharlack Marcato, Juliana Palma e Andréa de Vasconcelos abordam as licitações sustentáveis e a sustentabilidade nos diversos instrumentos de contratação e parceria da Administração Pública Federal.

Por fim, o capítulo de fechamento da obra – não sem razão mais uma parceria de Juliana Cassano Cibim e Pilar Carolina Villar – traz um panorama da evolução e dos desdobramentos do Direito Ambiental frente às transformações socioambientais das últimas décadas, desenvolvendo uma análise do papel econômico do

PREFÁCIO

Direito Ambiental como fator de inclusão da sustentabilidade no mercado.

Espero que – como eu – o leitor possa aprender com o material de altíssima qualidade que esta obra compila, inspirando um número cada vez maior de operadores do direito a privilegiar o meio ambiente em suas pautas de reflexão e trabalho.

Mônica Steffen Guise Rosina
Professora e Coordenadora do Grupo de Ensino e Pesquisa em Inovação (GPI) da FGV DIREITO SP

APRESENTAÇÃO

A Escola de Direito de São Paulo da Fundação Getulio Vargas (FGV DIREITO SP) nasceu com a preocupação de implementar um projeto inovador para o ensino jurídico no País, apresentando-se como alternativa a formas tradicionais de pensar e ensinar o Direito.

Esse compromisso fundamental se consubstanciou na construção de diferenciais teóricos e práticos prezados pela Escola. São marcas que identificam a FGV DIREITO SP e criam condições para o aperfeiçoamento constante do projeto. O investimento na ampla difusão do conhecimento produzido na Escola e o emprego de métodos participativos de ensino são duas dessas marcas.

A Série GVlaw, editada pelo Programa de Pós-Graduação *Lato Sensu* da FGV DIREITO SP (GVlaw), concretiza esses sinais distintivos: publica material bibliográfico que assume a complexidade do fenômeno jurídico e que estimula o ensino a partir do enfrentamento de problemas concretos. Além disso, serve de suporte para uma prática pedagógica que aposta na autonomia discente, buscando superar a visão que assume o professor como detentor de todas as respostas e o aluno como espectador passivo de conhecimentos transmitidos por seus mestres.

Produzida por profissionais altamente qualificados, a Série GVlaw completou 11 anos em 2017: o sucesso editorial e a influência na prática jurídica mostram que foi acertada a aposta do GVlaw em convidar seu distinto corpo docente para investir num novo tipo de material didático para um novo tipo de ensino.

Emerson Ribeiro Fabiani
Diretor Executivo do Programa de Pós-Graduação
Lato Sensu da FGV DIREITO SP (GVlaw)

NOTA DOS EDITORES

A parceria FGV DIREITO SP/Saraiva publica livros didáticos, acadêmicos e voltados para a prática profissional. As obras da parceria foram organizadas em três Coleções que contam com rigorosos critérios de seleção para garantir a originalidade dos temas abordados, a alta qualidade dos textos e a inovação nos métodos de pesquisa e nas metodologias de ensino que orientam a elaboração de seus livros didáticos.

O rigor nos critérios de seleção e na produção dos livros é a garantia de que essa parceria seja veículo para um conhecimento sobre o Direito em constante transformação, capaz de acompanhar as questões jurídicas atuais com a seriedade e a qualidade exigidas dos juristas e demais estudiosos do tema.

A Coleção *Direito, Desenvolvimento e Justiça* é acadêmica e está aberta a autores de todo o Brasil. Seus livros são selecionados por um Conselho Editorial composto por professores renomados, oriundos de instituições de vários Estados brasileiros. A Coleção pretende contribuir para a reflexão e o aperfeiçoamento do Estado de Direito brasileiro com a análise de temas como a promoção e a defesa dos direitos fundamentais, inclusive no que se refere à justiça social, e o desenvolvimento do Brasil, compreendido simultaneamente como avanço econômico e realização da liberdade. Além disso, as obras da Coleção pretendem discutir o ensino jurídico de forma crítica e divulgar materiais inovadores, inclusive baseados em métodos de ensino participativos. Afinal, para pensar criticamente as instituições é preciso ensinar o Direito criticamente.

NOTA DOS EDITORES

A Coleção *Direito em Contexto* publica obras úteis à atividade profissional para além das rotinas estabelecidas. A busca de soluções novas implica ampliar os conhecimentos no campo do Direito, mas também arriscar-se em outras áreas do pensamento e dialogar com outras maneiras de pensar. Por essa razão, a Coleção incluirá obras que estabeleçam ligações entre os problemas práticos do Direito e da sociedade, sem deixar de lado a especificidade do Direito em sua dimensão profissional. Os livros dessa Coleção veicularão trabalhos de professores e pesquisadores selecionados com o auxílio de um Conselho Editorial formado por profissionais renomados em suas áreas de atuação.

A Série GVlaw tem como referência os temas dos cursos oferecidos pelo Programa de Pós-Graduação Lato Sensu da FGV DIREITO SP (GVlaw). Seu objetivo é refletir a dinâmica de seus cursos em artigos que contemplem tanto o rigor acadêmico como a prática jurídica, voltados para os profissionais de Direito que têm sua atuação pautada pela complexidade de questões contemporâneas. O material bibliográfico é selecionado por uma Comissão Editorial, e uma equipe de revisores, mestrandos e doutorandos, é responsável por supervisionar a produção dos textos. Os autores são professores do GVlaw, todos eles mestres, doutores, pós-doutores, livre-docentes e profissionais que se destacam no mercado e no meio jurídico por sua competência prática e acadêmica.

Este exemplar integra a Série GVlaw e apresenta como linha de pesquisa "Direito, Gestão e Prática", a mesma linha adotada pela Escola de Direito de São Paulo da Fundação Getulio Vargas (FGV DIREITO SP). A área de publicações acompanha a produção do livro e a montagem dos originais, garantindo o padrão dos livros da Série.

Por meio dessas medidas, os livros adquirem autonomia em relação aos cursos, convertendo-se em material para ampla divulgação de ideias, conhecimentos e discussões jurídicas de questões atuais.

1 A PROTEÇÃO CONSTITUCIONAL DO MEIO AMBIENTE E OS PRINCÍPIOS DO DIREITO AMBIENTAL

Paulo Roberto Cunha

Mestre e doutorando em Ciência Ambiental pelo Programa de Pós-Graduação em Ciência Ambiental da Universidade de São Paulo (PROCAM/USP); especialista em Direito Ambiental pelas Faculdades de Direito e de Saúde Pública da Universidade de São Paulo (USP); professor de Direito Ambiental e Ciência Política do bacharelado em Direito do Centro Universitário Padre Anchieta (Jundiaí-SP); advogado.

Pilar Carolina Villar

Professora do Programa de Pós-Graduação Lato Sensu da FGV DIREITO SP (GVlaw); professora do Bacharelado Interdisciplinar em Ciência e Tecnologia do Mar da Universidade Federal de São Paulo (UNIFESP); doutora e mestre em Ciência Ambiental pelo Programa de Pós-Graduação em Ciência Ambiental pela Universidade de São Paulo (USP); especialista em Instrumentos e Políticas de Gestão Ambiental na Europa pelo Instituto Universitário de Estudos Europeus da Universidade CEU San Pablo; advogada.

1.1 Introdução: a questão ambiental e o direito

Desde os primórdios, a espécie humana vem utilizando os elementos da natureza e alterando o meio onde vive para atender suas necessidades. Porém, num período muito curto e recente da história, esse patrimônio natural, o qual foi formado "lentamente no decorrer dos tempos geológicos e biológicos", vem sendo dilapidado em ritmo e escalas muito acentuadas[1].

São 7,2 bilhões de seres humanos que consomem uma vez e meia os recursos que a Terra pode dar, sendo que, quase metade da humanidade vive na pobreza ou no seu limiar; por outro lado, se todas as pessoas consumissem no padrão dos países ricos, seria necessário quatro planetas iguais à Terra[2]. É possível pensar em sustentabilidade dentro desse cenário?

A degradação ecológica se faz presente e se intensifica cada vez mais em todo o planeta. Poluição do ar e do solo, contaminação da água superficial e subterrânea, desflorestamento, alterações climáticas, escassez de água, extinção de espécies animais e vegetais, alimentos comprometidos por agrotóxicos, montanhas de lixo, proliferação de pragas, cidades doentes, explosão demográfica e aumento exponencial do consumo são alguns exemplos da exploração desenfreada.

---

[1] MILARÉ, 2004, p. 46-48.
[2] BELINKY, 2013, p. 25.

Diante disso, a humanidade se depara com a chamada questão ambiental, cuja raiz, nas palavras de Milaré[3] está num "fenômeno correntio", segundo o qual a espécie humana, para satisfazer suas necessidades crescentes e ilimitadas, disputa e extrai os bens da natureza, que são limitados. De fato, uma equação que não se fecha.

Gonçalves[4] vai mais a fundo neste debate, ao destacar a visão antropocêntrica do mundo, ou seja, a visão da "natureza-objeto *versus* homem-sujeito", em que a natureza é "um objeto a ser dominado por um sujeito, o homem", apesar de serem alguns poucos homens que verdadeiramente se apropriam dela.

A questão ambiental problematiza as bases da produção econômica, contestando os paradigmas que legitimam o crescimento econômico que nega a capacidade de suporte da natureza, e aponta para a construção de um futuro fundado, principalmente, nos limites daquela[5]. Diante da complexidade da questão ambiental e das incertezas que a envolvem, não é possível compreendê-la apenas por um viés, sendo necessário, pois, uma abordagem interdisciplinar e holística.

Nessa perspectiva, se fazem presentes tanto o direito – considerado como um sistema de normas da conduta humana e uma ferramenta de soluções de conflitos sociais – como também a ciência jurídica, compreendida como o estudo e a interpretação dos textos normativos, dos princípios e das instituições jurídicas.

É assim que o direito ambiental, ramo autônomo do direito, com seus princípios, jurisprudência, legislação e fundamentos doutrinários peculiares[6], procura regular as múltiplas possibilidades de utilização, conservação e preservação do meio ambiente e de seus elementos, estabelecendo, segundo Antunes "métodos, critérios,

---

[3] MILARÉ, 2004, p. 47.
[4] GONÇALVES, 2001, p. 26.
[5] LEFF, 2009.
[6] FIGUEIREDO, 2004.

proibições e permissões, definindo o que pode e o que não pode ser apropriado economicamente"[7].

O direito ambiental incide majoritariamente sobre a atividade econômica, pois esta envolve o consumo de recursos naturais, incluindo as diversas formas de energia. Além de se relacionar com as atividades que afetam a água, fauna, florestas, o ar, o solo, o direito ambiental atinge o meio rural, a vida urbana, o meio ambiente artificial e o patrimônio cultural[8].

Com efeito, define os padrões de lançamento de substâncias químicas no ar e nas águas, os padrões de qualidade, as obras e atividades que necessitam de licença ambiental, as restrições para utilização de espécies vegetais e animais, os limites de utilização do solo nas propriedades rurais etc.

Mas, por se tratar de um dos mais recentes ramos do direito moderno, o direito ambiental sofre "incompreensões e incongruências" sobre o papel que deve desempenhar não só na economia, como também na sociedade e na vida em geral[9].

Assim, o presente trabalho busca apresentar e analisar alguns aspectos da principal fonte formal do direito ambiental brasileiro, que é a Constituição Federal de 1988, bem como alguns dos seus princípios basilares.

1.2 A proteção ambiental na Constituição Federal de 1988

Uma das características marcantes do direito ambiental é a transversalidade, ou seja, suas concepções estão relacionadas, incrustadas e se projetam em outros ramos do direito[10].

---

[7] ANTUNES, 2013, p. 3.
[8] ANTUNES, 2013.
[9] ANTUNES, 2013, p. 3.
[10] ANTUNES, 2013.

No direito penal, tem-se a Lei de Crimes Ambientais (Lei n. 9.605/98); no âmbito do direito civil, assentam-se a responsabilidade civil objetiva por danos ambientais, as interferências sobre o direito de propriedade e outros aspectos; no direito tributário, há importantes instrumentos, como o ICMS ecológico; no direito administrativo, estuda-se o licenciamento ambiental, as infrações ambientais também previstas na Lei de Crimes Ambientais, como multas, apreensões de produtos e subprodutos da fauna e flora, embargo de obra ou atividade, demolição de obra, suspensão parcial ou total das atividades.

No direito constitucional, a Constituição é a linha mestre do direito ambiental pátrio, estabelecendo alguns dos seus princípios e instrumentos básicos. Aliás, a Constituição Federal de 1988 (CF/88) foi a primeira a tratar especificamente sobre meio ambiente, contendo um capítulo próprio destinado a essa temática (art. 225, incisos e parágrafos), além de outros dispositivos dispersos[11].

A CF/88 aprofundou o entendimento de que o meio ambiente é elemento indispensável à atividade econômica, mas procurou amenizar as tensões entre os seus diferentes usuários "dentro de uma perspectiva de utilização racional" dos recursos naturais[12]. O *caput* do art. 225 da CF/1988, é a "norma-matriz" do direito ambiental brasileiro[13], de onde se extrai o seguinte enunciado:

> Art. 225. Todos têm direito ao meio ambiente ecologicamente equilibrado, bem de uso comum do povo e essencial à sadia qualidade de vida, impondo-se ao Poder Público e à coletividade o dever de defendê-lo e preservá-lo para as presentes e futuras gerações.

---

[11] Com o respaldo de Antunes (2013, p. 67-68), citam-se alguns dispositivos constitucionais dedicados ao meio ambiente: art. 5º, XXIII, LXXI, LXXIII; art. 20, I a VII, IX a XI, §§ 1º e 2º; art. 21, XIX, XX, XXIII, *a, b, c*, XXV; art. 22, IV, XII, XXVI; art. 23, I, III, IV, VI, VII, IX, XI; art. 24, VI, VII, VIII; art. 170, VI; art. 182 e parágrafos; art. 186; art. 225; art. 231; art. 232.

[12] ANTUNES, 2013, p. 66.

[13] SILVA J., 2003, p. 52.

Chama atenção a abrangência do dispositivo anteriormente descrito, em um tom quase poético. O pronome "todos" denota a natureza difusa do direito ambiental, não se referindo a qualquer ser vivo, mas somente à pessoa humana, destinatária da ordem jurídica nacional, que se encontre em território nacional, independentemente de sua condição jurídica[14].

Percebe-se ainda que não é qualquer "meio ambiente" que todas as pessoas têm direito, mas sim o meio ambiente "ecologicamente equilibrado", sem o qual não há uma sadia qualidade de vida. Sobre o mesmo ponto, Antunes[15] assevera que a ordem constitucional vigente elevou a "fruição de um meio ambiente saudável e ecologicamente equilibrado" a um direito fundamental.

Ao afirmar que é "bem de uso comum do povo", o art. 225 deixa claro que os recursos naturais não pertencem a indivíduos isolados, mas a toda sociedade, tratando-se, pois, de um patrimônio público[16]. Nessa esteira, o meio ambiente não está disponível de forma particular, nem para pessoa privada, nem para pessoa pública[17], sendo extracomércio[18], transcendendo, pois, títulos de propriedade e limites geopolíticos.

Confira-se que o dever de preservar e defender o meio ambiente não é só obrigação do Poder Público, estendendo-se também para toda a coletividade, de onde se deduz a existência de uma corresponsabilidade entre os cidadãos e o Poder Público.

Nessa linha de raciocínio, o Estado é tutor e gestor do bem ambiental[19], tanto é que pode ser responsabilizado por danos am-

---

[14] ANTUNES, 2013, p. 68-69.
[15] ANTUNES, 2013, p. 67.
[16] MILARÉ, 2013, p. 173-174.
[17] SILVA J., 2003.
[18] MACHADO, 2002, p. 85.
[19] O Poder Público não é proprietário dos bens naturais, mas tem papel insubstituível na gestão ambiental.

bientais. A coletividade, por sua vez, não é apenas mera titular passiva do meio ambiente ecologicamente equilibrado, já que, também possui o dever de defendê-lo e preservá-lo[20].

O art. 225 da CF/88 está preocupado com as gerações que ainda não nasceram. O direito ao meio ambiente ecologicamente equilibrado pertence não só às pessoas que vivem hodiernamente, como também àquelas que poderão nascer.

O § 1º do art. 225 da CF/88 faz referências explícitas à necessidade de preservação e restauração dos processos ecológicos essenciais (inciso I); à proteção da função ecológica da fauna e da flora e à vedação de crueldade aos animais (inciso VII); à definição dos espaços especialmente protegidos em todo país (inciso III); à promoção da educação ambiental (inciso VI); à preservação da diversidade e à fiscalização de pesquisas alusivas ao patrimônio genético (inciso II); e à exigência de estudo prévio de impacto ambiental para obra ou atividade potencialmente causadora de significativa degradação ambiental (inciso IV).

Nos demais parágrafos, o art. 225 dispõe sobre a obrigação de recuperar o meio ambiente degradado pela exploração de recursos minerais (§ 2º); a tríplice responsabilização cumulativa por condutas e atividades lesivas ao meio ambiente (responsabilidade civil, penal e administrativa – § 3º); os patrimônios nacionais (Floresta Amazônica, a Mata Atlântica, a Serra do Mar, o Pantanal Mato-Grossense e a Zona Costeira – § 4º); a indisponibilidade das terras devolutas ou arrecadadas pelos Estados para proteção dos ecossistemas naturais (§ 5º); e o controle na definição da localização de usinas nucleares (§ 6º).

A defesa do meio ambiente, na CF/88, é um dos princípios gerais da ordem econômica (art. 170, VI), estando em pé de igualdade com a livre concorrência (art. 170, IV) e a propriedade priva-

---

[20] MILARÉ, 2013.

da (art. 170, II). Assim, segundo Milaré[21], não podem prevalecer atividades econômicas decorrentes das iniciativas privada e públicas que violem a proteção do meio ambiente.

1.3 Os princípios do direito ambiental

Para uma ciência ser considerada autônoma, ela precisa ter princípios constitutivos, ou como explica Reale[22], de "certos enunciados lógicos admitidos como condição ou base de validade das demais asserções que compõe dado campo do saber".

De forma geral, princípio é o começo, a fonte geradora, o ponto de partida, a origem, "são as proposições básicas, fundamentais, típicas, que condicionam todas as estruturas subsequentes"[23].

O direito, como ciência humana e social, pauta-se pela necessidade de princípios constitutivos[24]. Assim, os princípios, tais como as regras e as normas jurídicas, são formas de regulação do direito que não se confundem, estando vinculados aos valores supremos de um sistema jurídico, eleitos pela comunidade. Logo, os princípios são "premissas estabelecidas explícita ou implicitamente", que se constituem em um limite que não pode ser ultrapassado pelo operador do direito, "seja produzindo leis ou aplicando-as"[25].

Os princípios não se sobrepõem à lei, ou seja, sua função jurídica é subsidiária, razão pela qual, na solução de casos concretos "inalcançados pela codificação" ou no preenchimento de lacunas, a saída é pela procura, reconhecimento e aplicação dos princípios[26].

---

[21] MILARÉ, 2013, p. 170-172.
[22] REALE, 1993, p. 299.
[23] CRETELLA JUNIOR, 1989, p. 120.
[24] MILARÉ, 2004.
[25] NOGUEIRA, 2013, p. 13.
[26] NOGUEIRA, 2013, p. 13-15.

No direito ambiental, os princípios previstos (explícita ou implicitamente) na CF/88 exercem papel fundamental na garantia do direito ao meio ambiente ecologicamente equilibrado. A seguir, serão analisados alguns dos princípios mais importantes do direito ambiental.

1.3.1 Princípio do meio ambiente ecologicamente equilibrado como direito fundamental da pessoa humana e sadia qualidade de vida

A República Federativa do Brasil tem como fundamentos a dignidade da pessoa humana (art. 1º, III, da CF/88) e a inviolabilidade do direito à vida (art. 5º da CF/88).

Esse direito à vida não se restringe à mera sobrevivência do cidadão, mas engloba uma série de valores e outros direitos, como o "meio ambiente ecologicamente equilibrado", previsto no art. 225 da CF/88.

Sendo essencial à "sadia qualidade de vida" (art. 225 da CF/88), o meio ambiente ecologicamente equilibrado é um dos direitos fundamentais, ao lado daqueles previstos no Título II da CF/1988, sem o qual não há falar em dignidade da pessoa humana. Nesse sentido, o jurista Antonio A. Cançado Trindade afirma:

> O reconhecimento do direito a um meio ambiente sadio configura-se, na verdade, como extensão do direito à vida, quer sob o enfoque da própria existência física e saúde dos seres humanos, quer quanto ao aspecto da dignidade dessa existência – a qualidade de vida –, que faz com que valha a pena viver[27].

Não é difícil perceber a estreita vinculação entre meio ambiente ecologicamente equilibrado com o direito à inviolabilidade da vida e a dignidade da pessoa humana.

Quando se toma conhecimento que os elevados níveis de poluição do ar na cidade de São Paulo (SP) ainda são responsáveis

---

[27] TRINDADE, 1993, p. 76.

por uma redução expressiva da expectativa de vida das pessoas, matando milhares de pessoas por ano[28], questiona-se a existência de dignidade na maior e mais desenvolvida cidade brasileira.

A falta de saneamento é outro fator que deixa claro como determinadas regiões não desfrutam de um meio ambiente ecologicamente equilibrado, e, consequentemente, seus habitantes não possuem sadia qualidade de vida ou dignidade. No caso da distribuição de água, a região Sudeste é a única em que todos os Estados contam com acesso à rede de água superior a 80% dos domicílios[29], por sua vez, quando se analisa a rede de esgoto, apenas Distrito Federal e São Paulo têm mais de 80% dos domicílios com esse serviço (IBGE, 2011)[30]. Contudo, esses dados omitem que as ocupações ilegais normalmente não integram as pesquisas, por isso, em muitos casos as periferias marginalizadas não contam com esses serviços e sequer são consideradas nas estatísticas.

1.3.2 Princípio do acesso equitativo aos recursos naturais

O entendimento do meio ambiente como um patrimônio público ("bem de uso comum do povo" conforme art. 225 da CF/88) passa necessariamente pela ideia de que a água, o ar, o solo e outros elementos naturais devem satisfazer as necessidades de todos

---

[28] INSTITUTO SAÚDE E SUSTENTABILIDADE. **Avaliação do impacto da poluição atmosférica no Estado de São Paulo sob a visão da saúde.** 2013. Disponível em: <http://www.saudeesustentabilidade.org.br/site/wp-content/uploads/2013/09/Documentofinaldapesquisapadrao_2409-FINAL-sitev1.pdf>. Acesso em: 6 jun. 2014.

[29] Os Estados da Região Amazônica criam o paradoxo brasileiro, a abundância de água contrasta com a falta de água potável, em Rondônia apenas 39,9% dos domicílios têm acesso à rede de água, no Pará (48,7%), no Acre (53,7%), no Amapá (64, %), no Amazonas (69,4 %) e em Roraima (77,6%).

[30] A situação de acesso à rede de esgoto é dramática em vários Estados brasileiros, que não atinge sequer 10% dos domicílios, esse é o caso de: Alagoas (8%), Amapá (0,9) Pará (2,4%) %), Piauí (4,1%) e Rondônia (4,5%).

os habitantes da Terra[31]. Assim, os recursos ambientais devem ser utilizados de modo a não serem exauridos.

A equidade deve orientar a fruição e o acesso aos bens ambientais, mas não só para os usuários atuais, como também para as gerações vindouras[32], por isso há que pressupor uma reserva de bens ambientais para as futuras gerações e, via de consequência, o estabelecimento das verdadeiras necessidades das presentes. O direito ambiental busca justamente estabelecer quais são as verdadeiras necessidades das presentes gerações, procurando compor uma razoabilidade na utilização dos recursos ambientais, e até mesmo negar sua fruição, quando for o caso[33].

1.3.3 Princípio da natureza pública da proteção ambiental

Conforme mencionado anteriormente, o meio ambiente é assegurado para a utilização de todos, devendo ser protegido pelo Poder Público e por toda coletividade. Sendo um "bem de uso comum do povo" (art. 225 da CF/88), não pode ser apropriado para o consumo privado, mesmo que, sobre certos bens ambientais, possa incidir, em determinadas situações, um título de propriedade[34].

Não há que se falar em propriedade privada dos corpos d'água (os rios, por exemplo, são bens da União e dos Estados), nem do ar. O solo, por sua vez, pode ser parcelado e apropriado por particulares, mas sempre de acordo com os termos da lei, a qual, muitas vezes prioriza os fins sociais[35].

Assim, o Poder Público, como guardião e gestor do meio ambiente, exerce o controle de obras ou atividades que utilizem

---

[31] MACHADO, 2002, p. 48.
[32] MACHADO, 2002.
[33] MACHADO, 2002, p. 47.
[34] MILARÉ, 2013.
[35] MILARÉ, 2013.

recursos naturais. Em nome da natureza pública do bem ambiental, é defeso ao particular lançar, ao seu bel prazer, poluição sobre os cursos d'água ou para o ar atmosférico.

Existe uma capacidade de suporte do meio ambiente, que varia conforme a região, as condições climáticas e geográficas, a densidade populacional e de indústrias, por isso o lançamento de poluentes e outras formas de utilização dos recursos naturais dependerá de autorizações concedidas pelo Estado, que visam sempre o interesse público.

O licenciamento ambiental, em suas diversas modalidades, as autorizações para supressão de vegetação, a outorga de direitos de uso de recursos hídricos[36], a exigência de mata ciliar nas margens de rios e lagos situados em propriedades rurais privadas[37] e as inspeções de emissão de poluentes realizadas nos veículos automotores são exemplos de instrumentos de proteção ambiental usados pelo Estado em nome desse interesse público.

O princípio ambiental em comento está vinculado com os princípios da primazia do interesse público (oriundo do direito público) e da indisponibilidade do interesse público (do direito administrativo). Isso porque, como a proteção do meio ambiente envolve um interesse de natureza pública, este deve prevalecer sobre os interesses e direitos individuais privados, de modo que, havendo dúvida sobre a norma a ser aplicada para um caso concreto, deve permanecer aquela que privilegie os interesses da sociedade[38].

Decorre ainda do princípio da natureza pública da proteção ambiental, a indisponibilidade, por parte do Poder Público, de tran-

---

[36] Prevista no art. 5º, III, e nos arts. 11 a 18, da Lei n. 9.433/97, "[...] a outorga de direitos de uso de recursos hídricos é o instrumento pelo qual o órgão governamental confere a terceiros uma determinada disponibilidade hídrica, para fins determinados, por certo intervalo de tempo" (MILARÉ, 2013, p. 904).

[37] As chamadas áreas de preservação permanente estão previstas na Lei Florestal (Lei n. 12.651/2012).

[38] MILARÉ, 2013, p. 261.

sigir em matéria ambiental. Assim, é possível, pela via judicial, exigir dos entes federados o cumprimento dos seus deveres para a proteção do meio ambiente[39].

No plano da jurisprudência, a natureza pública na proteção ambiental foi o fundamento de um julgado da 2ª Câmara Reserva ao Meio Ambiente do Tribunal de Justiça de São Paulo, para obrigar a Prefeitura Municipal de Bebedouro a realizar obra em estrada rural que estava provocando degradação ambiental em área de preservação permanente:

> TUTELA ANTECIPADA – Meio ambiente – Pedido que visa à imposição, ao município, da realização de obra necessária para impedir os danos ambientais que estão sendo causados por sua ausência – Cabimento – Dever de proteção do meio ambiente que pertence tanto à sociedade quanto aos entes públicos – Necessidade de inserção da despesa em orçamento municipal, o que inviabiliza o imediato cumprimento da medida na forma imposta, a qual, no entanto, não pode simplesmente ser afastada – Responsabilidade de criação de crédito adicional ou, em caso de impraticabilidade comprovada, inclusão do gasto na respectiva lei orçamentária, para posterior concretização da obra – Recurso parcialmente provido (TJSP, AI 2020235-03.2013.8.26.0000, 2ª Câmara Reservada ao Meio Ambiente, Relator Desembargador Alvaro Passos, j. 15-6-2014).

1.3.4 Princípios do usuário-pagador e do poluidor-pagador

Esses dois princípios também decorrem do fato de o meio ambiente ser considerado patrimônio público pela CF/88. Os princípios do usuário-pagador e do poluidor-pagador estão expressamente estabelecidos no art. 4º da Política Nacional do Meio Ambiente (Lei n. 6.938/81), que assim dispõe:

---

[39] MILARÉ, 2013.

Art. 4º A Política Nacional do Meio Ambiente visará
[...]
VII – à imposição, ao poluidor e ao predador, da obrigação de recuperar e/ou indenizar os danos causados e, ao usuário, da contribuição pela utilização de recursos ambientais com fins econômicos.

A utilização dos recursos naturais pode ser gratuita, porém, há situações que podem ensejar cobrança pelo Poder Público, tais como: raridade dos recursos, a forma como são utilizados (inclusive com a possibilidade de poluição) e a necessidade de prevenir catástrofes. Ressalte-se que essa cobrança não pode implicar exclusão de acesso aos recursos naturais por parte da população de baixa renda[40].

Assim, pelo princípio do usuário-pagador, o usuário do recurso natural deve suportar os custos de sua utilização. Por exemplo, a Política Nacional de Recursos Hídricos (Lei n. 9.433/97) estabelece a cobrança pelo uso da água em razão dos conflitos de interesses estabelecidos pela sua escassez e pelo aumento da demanda. Com isso, reconhece-se a água como um bem econômico, incentiva-se a sua racionalização e obtêm-se recursos financeiros para os programas de melhorias (art. 19, I, II e III).

Ainda com relação ao uso da água, a cobrança é feita tanto por quantidade captada, como lançada e, neste caso, é necessário observar os padrões de qualidade estabelecidos em lei. A cobrança pelo uso da água não é tributo (imposto ou taxa), motivo pelo qual os valores arrecadados devem ser aplicados preferencialmente na bacia hidrográfica em que foram gerados[41].

Machado[42] lembra que o princípio do usuário-pagador "não é uma punição", não depende de qualquer ilicitude no comporta-

---

[40] MACHADO, 2002.
[41] MILARÉ, 2013, p. 913.
[42] MACHADO, 2002, p. 51.

mento do usuário para ser aplicado e não se relaciona com dano ambiental. A ideia é que os custos da simples utilização do recurso natural não sejam suportados pela coletividade e nem pelo Estado, mas sim pelo próprio usuário.

O princípio do poluidor-pagador, por sua vez, difere do usuário-pagador. Segundo Milaré[43] o princípio do poluidor-pagador se inspira na "teoria econômica de que os custos sociais externos que acompanham o processo produtivo (v.g., o custo dos danos ambientais) precisam ser internalizados".

Em outras palavras, o poluidor deve assumir a responsabilidade por danos ambientais. Ou seja, diferentemente do princípio do usuário-pagador, cujo pagamento está vinculado apenas à utilização do recurso, o princípio do poluidor-pagador se relaciona com a ideia de dano ambiental existente ou potencial.

Assim, é aplicado tanto no momento em que o Poder Público exige do empreendedor investimentos para a prevenção dos danos, como também na responsabilização do poluidor quando o dano ambiental efetivamente ocorre[44].

Importante salientar que o princípio do poluidor-pagador não tem por objetivo aceitar o dano ambiental em troca de um pagamento, pois atua primordialmente para evitar o dano ambiental. Como explica Milaré[45], a essência do princípio é "poluiu, pagou" e não, "pagou, então pode poluir".

1.3.5 Princípio do protetor-recebedor

O princípio do protetor-recebedor permite o fornecimento de um aporte de incentivos e recursos para aqueles que preservam e recuperam o meio ambiente e, via de consequência, proveem

---

[43] MILARÉ, 2013, p. 267-268.
[44] MACHADO, 2002.
[45] MILARÉ, 2013, p. 268.

serviços ambientais para a sociedade. É um incentivo econômico, que pode ser um pagamento ou a isenção de algum tributo, para quem protege um bem ambiental.

Como explica Milaré[46], é uma "retribuição por parte dos beneficiados desses mesmos serviços, sejam pessoas físicas ou jurídicas, seja o Estado ou a sociedade como um todo".

Como exemplo desse princípio, pode-se citar o mecanismo de pagamentos por serviços ambientais[47], o ICMS ecológico, a isenção de ITR (imposto territorial rural) para áreas rurais cobertas de vegetação de preservação permanente e reserva legal etc.

Além disso, o princípio do protetor-recebedor está expressamente previsto na Política Nacional de Resíduos Sólidos (Lei n. 12.305/2010, art. 6º, II), incentivando atividades voltadas ao gerenciamento de resíduos.

A Lei n. 12.651/2012, conhecida como o Novo Código Florestal ou Lei Florestal, no art. 41, prevê a possibilidade de "pagamento ou incentivo a serviços ambientais como retribuição monetária ou não, às atividades de conservação e melhoria dos ecossistemas e que gerem serviços ambientais".

A mesma lei dispõe sobre o mecanismo de compensação reserva legal (art. 66, III), o qual, tanto sob a forma de aquisição de Cota de Reserva Ambiental (art. 66, § 5º, I), como de arrendamento de área sob regime de servidão ambiental ou reserva legal (art. 66, § 5º, II), permite que uma propriedade com reserva legal abaixo do mínimo exigido por lei compense esse déficit em outra proprie-

---

[46] MILARÉ, 2013, p. 271.

[47] Existe um projeto de lei em tramitação na Câmara Federal, de autoria do deputado Anselmo de Jesus (PT/RO), que visa disciplinar uma Política de Pagamento por Serviços Ambientais (PL n. 792/2007). BRASIL. Câmara dos Deputados. **Projeto de Lei 792/2007.** Autor: Anselmo de Jesus. Disponível em: <http://www.camara.gov.br/proposicoesWeb/fichadetramitacao?idProposicao=348783>. Acesso em: 4 ago. 2014.

dade rural que detenha um excedente de vegetação, sendo que, em troca, esta última recebe um pagamento em dinheiro. Dessa forma, a compensação de reserva legal também está fundamentada no princípio do protetor-recebedor.

O principal exemplo de pagamento por serviços ambientais se encontra na experiência do Programa Produtor de Água, da Agência Nacional de Água (ANA), que prevê apoio técnico e financeiro para os produtores rurais que por meio de práticas sustentáveis promovem a melhoria da qualidade ambiental das bacias e aumentam a disponibilidade hídrica. Dentro desse programa, destaca-se o caso do projeto Conservador de Águas, levado a cabo pela Prefeitura Municipal de Extrema, que demonstra como esse instrumento econômico pode contribuir para a produção de água em uma bacia com alta demanda como é o caso da bacia dos rios Piracicaba, Capivari e Jundiaí[48].

1.3.6 Princípio da precaução

O princípio da precaução caracteriza-se pela ação antecipada, mesmo diante de incertezas ou ausência de conhecimento científico a respeito dos eventuais riscos ou prejuízos ambientais que determinada atividade ou empreendimento possa causar. Em outras palavras, essa ausência de conhecimento científico não pode ser utilizada como desculpa para não se tomar medidas de cautela para evitar um possível dano ambiental.

Tal princípio encontra-se expresso na Declaração do Rio de Janeiro sobre Meio Ambiente e Desenvolvimento, *in verbis*:

> Princípio 15. Quando houver ameaça de danos graves ou irreversíveis, a ausência de certeza científica absoluta não será utilizada como razão para o adiamento de medidas economicamente viáveis para prevenir a degradação ambiental.

---

[48] Maiores informações sobre o Programa Produtor de Água e todos os seus subprojetos consulte o site: <http://produtordeagua.ana.gov.br>.

Na dúvida sobre a possibilidade de danos futuros, é mais adequado tomar providências, ainda que sejam drásticas, como o não licenciamento de uma atividade, "toda vez que não se tenha certeza de que ela não causará danos irreversíveis ao meio ambiente"[49].

O princípio da precaução se materializa nas diversas normas que exigem avaliação de impactos ambientais e o licenciamento para empreendimentos que tenham potencial para causar danos ambientais, como o art. 9º, III e IV, da Política Nacional de Meio Ambiente:

> Art. 9º São instrumentos da Política Nacional do Meio Ambiente:
>
> [...]
>
> III – a avaliação de impactos ambientais;
>
> IV – o licenciamento e a revisão de atividades efetiva ou potencialmente poluidoras;

Da mesma forma, dispõe o art. 225, § 1º, IV, da CF/88:

> Art. 225. [...]
>
> § 1º Para assegurar a efetividade desse direito [direito ao meio ambiente ecologicamente equilibrado], incumbe ao Poder Público:
>
> [...]
>
> IV – exigir para instalação de obra ou atividade **potencialmente** causadora de significativa degradação do meio ambiente, **estudo prévio de impacto ambiental** (grifo nosso).

Portanto, o estudo ou a avaliação prévia de impacto ambiental abrange não só as atividades pelas quais se têm certeza que possam causar algum tipo de dano ambiental, como também aquelas que o dano é incerto ou provável. É esse o significado do vocábulo "potencialmente" mencionado nos dispositivos anteriormente transcritos.

---

[49] GRANZIERA, 2014, p. 63.

Pelo princípio da precaução, a incerteza é considerada na avaliação de risco, sendo que, cabe ao empreendedor o ônus da prova no sentido de que sua atividade não é lesiva ao meio ambiente.

Cabe ressaltar, por outro lado, que o princípio da precaução "não tem por finalidade imobilizar as ações humanas", e, além disso, não vê "catástrofes ou males" em tudo. A precaução visa gerir a espera da informação[50].

Um exemplo clássico da aplicação do princípio da precaução é a sentença proferida em junho de 2000, pelo juiz federal Antônio Souza Prudente, da 6ª Vara da Seção Judiciária do Distrito Federal, nos autos da ação civil pública movida pelo Instituto Brasileiro de Defesa do Consumidor (Idec) contra a União Federal, a empresa Monsanto do Brasil Ltda. e a Monsoy Ltda.

Nessa ação, o Idec pleiteava que a União Federal fosse condenada a exigir da Monsanto a realização de estudo prévio de impacto ambiental antes da comercialização da soja transgênica "round up ready". Em sua defesa, a empresa Monsanto, responsável pela soja, alegou que a soja transgênica "round up ready" não era nociva para a saúde, sendo desnecessário o estudo prévio de impacto ambiental.

Acolhendo o princípio da precaução, o magistrado julgou procedente o pedido do Idec, condenando a "União Federal a exigir a realização de prévio Estudo de Impacto Ambiental da Monsanto do Brasil Ltda. [...] para liberação de espécies geneticamente modificadas"[51]:

> O art. 225, inciso IV, da Constituição Federal exige, na forma da lei, estudo prévio de impacto ambiental, para instalação de qualquer obra ou atividade potencialmente causadora de significativa degradação do meio ambiente, incluindo-se nesse rol a li-

---

[50] MACHADO 2002, p. 54.

[51] Posteriormente, o plantio da soja transgênica foi permitido pela Medida Provisória n.113/2003, convertida na Lei n. 10.688/2003.

beração de organismo geneticamente modificado [...] Não se pode esquecer que o Estudo de Impacto Ambiental é de suma importância para a execução do princípio da precaução, de modo a tornar possível no mundo real a previsão de possíveis danos ambientais ocasionados pelo descarte de OGM no meio ambiente com todos os riscos já ditos aqui.

[...]

Nesse particular, o princípio da precaução é imperativo constitucional, que não dispensa o Estudo Prévio de Impacto ambiental, para o plantio, em escala comercial, da soja transgênica (*round up ready*) (Justiça Federal. Ação Civil Pública 1998.34.00.027682-0, 6ª Vara Federal, Juiz Federal Antônio Souza Prudente, j. 26-6-2000).

Outro exemplo da correta aplicação do princípio da precaução, na visão de Antunes[52], ocorreu no julgamento de um recurso de apelação interposto por uma empresa do ramo da indústria e comércio de produtos veterinários, que teve a licença caçada para a fabricação de um vermífugo destinado ao uso veterinário para bovinos. Isso porque o laudo oficial da vigilância sanitária atestou a contaminação do medicamento por uma bactéria causadora de tétano, a qual provavelmente teria sido a responsável por um surto de enfermidade grave em parte do rebanho.

Em um dos seus argumentos, a empresa pleiteava a suspensão do cancelamento da licença do produto, alegando que, ante a necessidade de contraprova para a proibição definitiva do produto, este deveria ser liberado. Todavia, a desembargadora relatora, Maria Isabel Galotti Rodrigues, entendeu que, embora não houvesse uma prova definitiva da nocividade do produto, havia uma incerteza científica que autorizava a paralisação temporária da atividade até a produção da contraprova, baseado no princípio da precaução:

> [...] 1. Embora a Portaria 301/96 do Ministério da Agricultura assegure o direito à contraprova em caso de laudo desfavorável

---

[52] ANTUNES, 2013, p. 46.

à empresa detentora de licença para fabricação de medicamento veterinário, a violação de tal direito não tem como consequência o cancelamento do ato administrativo [de cassação da licença], e a consequente autorização de venda do produto considerado nocivo à saúde dos rebanhos nacionais, tendo em vista o princípio da precaução e da primazia do interesse público, que deve imperar em matérias relativas à saúde e meio ambiente.

Ao final, a desembargadora afirmou que restaria à empresa, caso desejasse, "submeter-se a novo procedimento para o licenciamento do produto"[53].

Portanto, pelo princípio da precaução, é possível proibir certo empreendimento ou atividade até que se comprove a inexistência de eventuais riscos e possibilidade de danos aos seres humanos e ao meio ambiente.

1.3.7 Princípio da prevenção

O princípio da prevenção tem como fundamento o art. 225, *caput*, da CF/88, quando determina ao Poder Público e à coletividade o dever de proteger e preservar o meio ambiente às presentes e futuras gerações. Trata-se, pois, do dever jurídico de evitar a consumação de danos (conhecidos ou esperados) ao meio ambiente, agindo preventivamente, ou seja, de forma antecipada. No princípio da prevenção, ao contrário do princípio da precaução, existem conhecimentos científicos para afirmar que determinada atividade é perigosa para o meio ambiente. Neste caso, "é possível estabelecer um conjunto de nexos de causalidade que seja suficiente para a identificação de impactos futuros mais prováveis"[54]. O mesmo autor menciona como exemplo o licenciamento ambiental e os estudos de impacto ambiental, exigidos pelo Poder Público, em que se

---

[53] TRF de 1ª Região, ApCív 2003.34.00.013411-4/DF, 6ª Turma, Relator Desembargadora Maria Isabel Galotti Rodrigues, j. 8-5-2006.

[54] ANTUNES, 2013, p. 48.

procura prevenir, evitar, minimizar e mitigar dos danos ambientais provocados por determinada atividade.

Dessa forma, com base nesse princípio, o estudo prévio de impacto ambiental feito no processo de licenciamento ambiental vai indicar quais são as medidas compensatórias e mitigadoras a serem adotadas antes da implantação do empreendimento, ou quais serão as mudanças no projeto, visando harmonizar a atividade econômica com a proteção do meio ambiente.

Milaré[55] cita um exemplo de recusa na concessão de licença ambiental com base no princípio da prevenção (e não da precaução). É o caso de uma indústria geradora de materiais particulados que pretende instalar-se em uma região industrial já saturada e, por isso, com reais condições de "comprometer a capacidade de suporte da área". Segundo o autor, "à evidência, em razão dos riscos ou impactos já de antemão conhecidos, outra não pode ser a postura do órgão de gestão ambiental que não a de – em obediência ao princípio da prevenção – negar a pretendida licença".

O princípio da prevenção foi um dos argumentos utilizados na petição inicial de uma ação civil pública, com pedido liminar de antecipação de tutela, por meio do qual o Ministério Público de São Paulo pleiteava a vedação da utilização de cães (e quaisquer outros animais) em aulas práticas de um curso de treinamento médico em humanos, pois tais seres estavam sendo submetidos a procedimentos invasivos "macabros", dentre eles "dissecação venosa, trauma de tórax, trauma abdominal, trauma craniencefálico, trauma raquimedular ou mesmo lesões provocadas por queimaduras", implicando crueldade, maus tratos e sofrimento. Para o Ministério Público:

> Um dos princípios fundamentais do Direito Ambiental é o da prevenção, na medida em que a atuação eficaz é aquela que se consegue no momento anterior à consumação do dano. Sabe-se

---

[55] MILARÉ, 2013, p. 263.

que, futuramente, [...] outros animais serão mortos em procedimentos experimentais concernentes ao curso ATLS [...] (TJSP, Ação civil pública 577.04.251938-9, 5ª Vara Cível, Juiz Ana Paula Theodosio de Carvalho, j. 13-7-2010).

Na língua portuguesa, os vocábulos prevenção e precaução são sinônimos, mas no mundo jurídico existem distinções claras entre tais princípios[56]. Ambos atuam no sentido de se evitar antecipadamente a consumação do dano ambiental, sendo o princípio da prevenção aplicado em casos onde se conhece os impactos ambientais que determinado empreendimento ou atividade possa causar, diferentemente do princípio da precaução, onde a ausência de certeza absoluta de risco de danos graves ou irreversíveis não pode ser usada como pretexto para procrastinar a adoção de medidas para evitar a degradação ambiental.

Granziera[57] explica que, pelo princípio da precaução, existe uma tendência à não autorização de determinada atividade, enquanto persistir a incerteza a respeito de suas consequências nocivas e irreversíveis para o meio ambiente. Dito isso, retorna-se ao exemplo da soja transgênica da Monsanto, cuja produção e comercialização foram vetadas diante da incerteza a respeito dos riscos causados pelo seu descarte no meio ambiente, sendo que, a liberação ocorreu somente após o estudo prévio de impacto ambiental afastar a possibilidade de dano ambiental futuro.

Pelo princípio da prevenção, a mesma autora explica que há uma busca pela "compatibilização entre a atividade a ser licenciada e a proteção ambiental, mediante a imposição de condicionantes ao projeto"[58].

Para fins didáticos, a Tabela 1 a seguir reúne algumas das principais diferenças entre os princípios da prevenção e precaução:

---

[56] GRANZIELA, 2014, p. 61.

[57] GRANZIERA, 2014, p. 61.

[58] GRANZIERA, 2014, p. 61.

Tabela 1: Diferenças entre Princípios da Prevenção e Precaução

Princípio da PREVENÇÃO	Princípio da PRECAUÇÃO
Certeza científica que determinada atividade possa resultar em dano ambiental.	Incerteza ou controvérsia científica que determinada atividade possa resultar em dano ambiental.
O risco de dano ambiental ou de perigo é sabidamente conhecido.	O risco de dano ambiental é temido, existe uma suspeita de perigo.
É possível estabelecer um nexo de causalidade entre a atividade e os impactos ambientais futuros.	Não é possível estabelecer o nexo causal diante da incerteza científica.
O dano é concreto e mensurável.	Existe uma ameaça, uma probabilidade de dano ambiental.
Como se conhecem os impactos ambientais a prevenção trabalha para evitar, corrigir minimizar e mitigar os danos previsíveis.	A precaução visa afastar, evitar o risco ambiental, ainda que desconhecido ou imprevisto; medidas para evitar danos ambientais são antecipadas, agindo-se por cautela, com prudência, contra um risco temido, uma suspeição de perigo.
Existe uma tendência de se procurar soluções para harmonizar a atividade econômica com a proteção ambiental.	A tendência é a não autorização da atividade enquanto persistir a incerteza de riscos futuros possíveis.

Fontes: Antunes (2013), Milaré (2013), Granziela (2014), Machado (2002).
Org.: Cunha, P. R.

1.3.8 Princípio da tríplice responsabilidade ambiental

O art. 225, § 3º, da CF/88 dispõe a respeito da tríplice responsabilização cumulativa por condutas e atividades lesivas ao meio ambiente:

Art. 225. [...]

§ 3º As condutas e atividades consideradas lesivas ao meio ambiente sujeitarão os infratores, pessoas físicas ou jurídicas, a sanções penais e administrativas, independentemente da obrigação de reparar os danos causados.

Portanto, pelo mesmo ato lesivo ao meio ambiente, o agente pode ser responsabilizado nas esferas civil, administrativa e penal, isolada ou cumulativamente.

1.3.9 Princípio da informação

A CF/88, em diversas passagens, consagra a importância da informação: o art. 5º, XXXIII, afirma: "todos têm direito a receber dos órgãos públicos informações de seu interesse particular, ou de interesse coletivo ou geral [...]"; o art. 37 submete a administração pública ao princípio da publicidade, dentre outros; o inciso IV do § 1º do art. 225 refere-se à exigência de estudo prévio de impacto ambiental para obra ou atividade potencialmente causadora de significativa degradação ambiental, determinando sua publicidade.

A Lei de Acesso a Informação (Lei n. 12.527/2011), por sua vez, regulamentou esse direito constitucional de acesso dos cidadãos às informações públicas.

Já a Lei n. 10.650/2003 dispõe sobre o acesso público aos dados e informações existentes nos órgãos e entidades integrantes do Sistema Nacional de Meio Ambiente (Sisnama), por meio do qual:

> [...] os órgãos e entidades da Administração Pública, direta, indireta e fundacional, integrantes do Sisnama, ficam obrigados a permitir o acesso público aos documentos, expedientes e processos administrativos que tratem de matéria ambiental e a fornecer todas as informações ambientais que estejam sob sua guarda, em meio escrito, visual, sonoro ou eletrônico [...].

Vale citar ainda o Princípio 10 da Declaração do Rio de Janeiro sobre Meio Ambiente e Desenvolvimento, o qual dispõe que "[...] cada indivíduo deve ter acesso adequado a informações relativas ao meio ambiente [...]".

Por isso que se afirma que há uma relação inegável entre a proteção ambiental e o direito de ser informado: a informação permite ao sujeito tomar posição ou pronunciar-se sobre determinado assunto, além de ser importante para a formação da opinião pública e da consciência ambiental[59].

---

[59] MACHADO, 2002, p. 75-77.

Os órgãos públicos que detenham informações ambientais devem disponibilizá-las à sociedade de forma sistemática, não só quando ocorre algum acidente, excetuando-se, evidentemente, as matérias relativas ao segredo industrial e de Estado[60].

O Decreto n. 4.680/2003 regulamentou o direito à informação, assegurado pelo Código de Defesa do Consumidor, quanto aos alimentos e ingredientes alimentares destinados ao consumo humano ou animal, que contenham ou sejam produzidos a partir de organismos geneticamente modificados. Dessa forma, todo alimento com presença acima de 1% de transgenia deve ser rotulado como transgênico.

Porém, dois anos antes (2001), o Ministério Público Federal e o Instituto Brasileiro de Defesa do Consumidor (Idec) já haviam ajuizado uma ação civil pública contra a União Federal, requerendo que esta se abstivesse de autorizar ou permitir a comercialização de qualquer alimento transgênico, sem a expressa referência desse dado no rótulo, independentemente de percentual ou qualquer outra condicionante. O intuito desse pedido era assegurar que qualquer produto geneticamente modificado fosse devidamente informado ao consumidor, numa clara referência ao princípio da informação ambiental.

Em primeira instância, o pedido foi julgado procedente. Inconformadas, a União Federal e a Associação Brasileira das Indústrias de Alimentação (Abia), que ingressou posteriormente no feito como assistente processual, recorreram, alegando, em suma, que o limite de 1% estipulado pelo Decreto n. 4.680/2003 era compatível com o interesse dos consumidores e com o desenvolvimento econômico e tecnológico do país.

O Ministério Público rebateu tais argumentos, afirmando que o acesso à informação não poderia ser tarifado, sob pena de violação ao direito de informação:

---

[60] MACHADO, 2002, p. 77.

O acesso à informação não pode ser "tarifado", ou melhor, não pode ser condicionado a aspectos quantitativos, mas, antes, deve ser visto e respeitado em sua dimensão substantiva e plena, independentemente do percentual de OGM's existente no produto. O direito à informação não se compraz com "meia verdade" ou com o ocultamento de dados [...] (TRF 1ª Região, 5ª Turma, ApCív 2001.34.00.022280-6/DF, Relator Desembargadora Federal Selene Almeida, j. 13-8-2012).

A 5ª Turma do Tribunal Regional Federal da 1ª Região manteve a decisão de primeira instância, determinando à União que obrigasse as empresas do ramo alimentício a informar os consumidores sobre a existência de organismos transgênicos na composição dos alimentos, independentemente de percentual ou qualquer outra condicionante, ressaltando que, "dentro da questão da rotulagem de alimentos, prevalece o princípio da plena informação ao consumidor", previsto no art. 6º do Código de Defesa do Consumidor.

Em maio de 2016, o Supremo Tribunal Federal (STF) se pronunciou sobre o caso, nos autos da Reclamação 14.873, e manteve o entendimento das instâncias inferiores, asseverando o quanto segue:

> 3. "[...] 5. O direito à informação, abrigado expressamente pelo art. 5º, XIV, da Constituição Federal, é uma das formas de expressão concreta do princípio da transparência, sendo também corolário do princípio da boa-fé objetiva e do princípio da confiança, todos abraçados pelo CDC. 6. No âmbito da proteção à vida e saúde do consumidor, o direito à informação é manifestação autônoma da obrigação de segurança. 7. Entre os direitos básicos do consumidor, previstos no CDC, inclui-se exatamente a 'informação adequada e clara sobre os diferentes produtos e serviços, com especificação correta de quantidade, características, composição, qualidade e preço, bem como sobre os riscos que apresentem" (art. 6º, III) ...' (STJ, REsp 586316/MG, Rel. Min. Herman Benjamin, 2ª Turma, julgado em 17/04/2007, DJe 19/03/2009).
>
> 4. Correta a sentença recorrida, ao dispor que "o consumidor, na qualidade de destinatário do processo produtivo, que hoje lança no mercado todo tipo de produto e serviço, tem na 'transpa-

rência' e 'devida informação', erigidas em princípios norteadores do CDC, seu escudo de proteção, de absoluta necessidade na hora de exercer o direito de opção" (STF, Reclamação 14.873/DF, Rel. Min. Edson Fachin, j. 5-5-2016).

Todavia, segundo entendemos, em afronta ao princípio da informação, tramita no Congresso Nacional um Projeto de Lei, de autoria do deputado ruralista Luis Carlos Heinze (PP/RS), visando alterar a Lei n. 11.105/2005 (Lei de Biossegurança) para que, dentre outras inovações, a informação ao consumidor sobre a presença de componentes transgênicos seja disponibilizada no rótulo somente quando a transgenia se der em porcentagem superior a 1% da composição total do produto alimentício, mediante análise laboratorial. A proposta foi aprovada pela Câmara dos Deputados em abril de 2015 e, até a data da redação final deste capítulo, o texto estava sendo analisado no Senado (Projeto de Lei da Câmara – PLC n. 34/2015), mas já com rejeição por parte da Comissão de Ciência, Tecnologia, Inovação, Comunicação e Informática (CCT) sob os seguintes argumentos:

O direito fundamental à informação, um dos pilares da democracia e do Estado de Direito, pertence a toda a coletividade e encontra previsão expressa no art. 5º, inciso XIV, da Constituição, que garante ser "assegurado a todos o acesso à informação [...]".

[...] o direito fundamental do consumidor à informação independe da presença ou da ausência de riscos à sua saúde advindos do produto. Assim, ainda que se alegue a inexistência de riscos decorrentes de OGMs, ao consumidor é garantido o acesso integral às informações relativas ao produto, inclusive no que se refere às suas características e composição.

[...] segundo a sistemática atualmente em vigor, disciplinada pela atual redação do art. 40 da Lei n. 11.105, de 2005, pelo Decreto n. 4.680, de 2003, e pela Portaria do Ministério da Justiça n. 2.658, de 2003, a identificação da origem transgênica é realizada com base na matéria prima utilizada na composição do produto final, isto é, no início do processo produtivo. Assim, no sistema atual, basta que determinada espécie transgênica tenha sido utilizada para que advenha a necessidade de rotulagem do produto acerca da presença de OGM. A lógica é simples: havendo matéria prima transgênica, deverá ocorrer a rotulagem. Observe-se que, dada a facilidade de se identificar a presença de OGM na matéria-prima utilizada no produto, não há necessidade de qualquer comprovação laboratorial.

Já pela proposta contida no PL n. 34, de 2015, a identificação da origem transgênica seria realizada no próprio produto final, por meio de análise laboratorial. A identificação, portanto, não mais seria realizada com base na matéria prima, mas no próprio produto acabado, na última fase do processo produtivo, por meio da tal "análise específica".

Na prática, como a maior parte dos alimentos que contém OGM em sua constituição são (ultra) processados (como óleos e margarinas, por exemplo), a detecção da origem transgênica não será possível de ser realizada. Com isso, a matéria-prima poderá ser 100 % transgênica, mas, em função do processo industrial de fabricação do alimento, este não mais poderá ser identificado como produto de um OGM, dada a impossibilidade de se detectar o DNA da matéria-prima transgênica. (SENADO FEDERAL. Parecer aprovado pela Comissão de Ciência, Tecnologia, Inovação, Comunicação e Informática, rejeitando o PLC n. 34/2015, de relatoria do Senador Randolfe Rodrigues. Brasília, 13-10-2015).

1.3.10 Princípio da participação

O Princípio 10 da Declaração do Rio de Janeiro sobre Meio Ambiente e Desenvolvimento, dispõe a respeito do princípio da participação do seguinte modo: "A melhor maneira de tratar questões ambientais é assegurar a participação, no nível apropriado, de todos os cidadãos interessados".

Segundo Granziera[61], o art. 225 da CF/88, ao assegurar o "direito ao meio ambiente ecologicamente equilibrado", impondo

---

[61] GRANZIERA, 2014, p. 70.

"o dever defendê-lo e preservá-lo" "ao Poder Público e à coletividade", estabelece as vertentes para participação da coletividade na proteção ambiental.

A participação popular para a proteção ambiental está inserida num contexto mais amplo da participação dos direitos difusos e coletivos da sociedade e pode ocorrer no âmbito das decisões administrativas ambientais (como conselhos com poderes consultivos onde há participação de organizações não governamentais e outros membros da sociedade civil) e na participação por intermédio de recursos administrativos (a Lei n. 7.802/1989 permite que as associações de defesa do meio ambiente e consumidor ingressem com recurso administrativo para impugnar o registro de pesticidas)[62].

Outro exemplo de participação em matéria ambiental está previsto na Política Nacional de Recursos Hídricos, ao estipular que o uso das águas na bacia hidrográfica deve ser decidido de forma compartilhada entre a coletividade e o Poder Público, de forma que diferentes interesses sejam discutidos e negociados democraticamente em ambiente público e transparente.

Para tanto, cada bacia hidrográfica deve ter um comitê, com a participação de representantes dos usuários diretos de recursos hídricos, dos poderes públicos (Municípios, Estados e União) e das organizações civis na defesa dos interesses coletivos e difusos.

1.3.11 Princípio do *in dubio pro natura*

Pelo princípio hermenêutico *in dubio pro natura*, quando houver dúvidas ou mais de um entendimento possível sobre determinado tema, a decisão ou interpretação a serem feitas da norma jurídica deve ser aquela que mais favoreça a proteção ambiental. Isso porque o ordenamento jurídico considera o meio ambiente como bem de interesse difuso e coletivo.

---

[62] MACHADO, 2002, p. 77-80.

Em uma ação civil pública visando a responsabilidade pelo dano ambiental causado por desmatamento sem autorização em área de preservação permanente, situada no bioma Mata Atlântica, o Ministério Público do Estado de Minas Gerais pediu a condenação do predador à reparação do dano, ao pagamento de indenização em dinheiro e à obrigação de fazer (reflorestamento) e não fazer (não mais interferir sobre a área).

Na primeira e segunda instâncias, o pedido foi julgado parcialmente procedente, condenando o predador à reparação específica do bem ambiental, isto é, determinando a reconstituição do meio ambiente agredido (isolamento da área com cerca de arame farpado, para favorecer o processo de regeneração natural) e a cessação da atividade lesiva (abstenção de efetuar qualquer intervenção na área desmatada).

Rejeitou-se, porém, o pedido de cumulação da reparação *in natura* com a indenização, sob o fundamento de que o art. 3º da Lei n. 7.347/85, veda expressamente a cumulação, em ação civil pública, da condenação no cumprimento de obrigação de fazer com indenização em pecúnia. Entendeu-se que, somente na ausência ou na impossibilidade de recuperação da área degradada, seria possível obter a reparação em dinheiro. De fato, a conjunção "ou" contida no art. 3º da legislação citada, indicaria uma alternativa: "Art. 3º. A ação civil poderá ter por objeto a condenação em dinheiro *ou* o cumprimento de obrigação de fazer ou não fazer" (grifo nosso).

Todavia, ao apreciar o recurso especial interposto pelo Ministério Público, o Superior Tribunal de Justiça (STJ) entendeu pela possibilidade de cumulação das obrigações de fazer e indenizar, considerando a conjunção "ou" de cunho aditivo, de modo a assegurar a reparação integral do dano ambiental. Dentre vários argumentos, o STJ se baseou no princípio do *in dubio pro natura*:

> O juiz, diante das normas de Direito Ambiental, recheadas que são de conteúdo ético intergeracional atrelado às presentes e futuras gerações, deve levar em conta o comando do art. 5º da Lei

de Introdução ao Código Civil, que dispõe que, ao aplicar a lei, deve-se atender "aos fins sociais a que ela se dirige e às exigências do bem comum". Corolário dessa regra é o fato de que, em caso de dúvida ou outra anomalia técnica, a norma ambiental deve ser interpretada ou integrada de acordo com o princípio hermenêutico *in dubio pro natura* (STJ, REsp 1.180.078/MG, 2ª Turma, Rel. Min. Herman Benjamin, j. 2-12-2010).

1.3.12 Princípio da função social da propriedade rural e sua dimensão ambiental

A CF/88 garantiu ao proprietário rural a possibilidade de exploração econômica de suas terras (art. 5º, XXII), mas introduziu uma restrição de igual grandeza, qual seja, o respeito à sua função social (art. 5º, XXIII)[63].

A função social é "parte dos contornos internos da propriedade", ou seja, condição essencial para "sua aquisição, gozo, utilização e manutenção"[64]. Ela estabelece uma relação da propriedade com a sociedade, inexistindo apoio jurídico "para a propriedade que agrida a sociedade"[65].

O princípio constitucional da função social da propriedade rural está disciplinado no art. 186 da Constituição e possui quatro requisitos que, para fins didáticos, podem ser agrupados em três vertentes ou dimensões:

> a) *Econômica:* a propriedade rural deve ser aproveitada de forma racional e adequada (art. 186, I, da CF/88), em outras palavras, ela deve ser produtiva;
>
> b) *Social:* o imóvel rural deve ser explorado respeitando a legislação trabalhista (art. 186, III, da CF/88) e favorecendo o bem-estar dos

---

[63] MORAES, 2002, p. 16.
[64] RAMOS, 2009, p. 75-76.
[65] MACHADO, 2002, p. 177.

proprietários e dos trabalhadores (art. 186, IV, da CF/88); ou seja, não causar conflitos sociais.

c) *Ambiental:* a propriedade rural deve utilizar os recursos naturais disponíveis de forma adequada e preservar o meio ambiente (art. 186, II, da CF/88).

Somente quando todos os requisitos agrupados nas três vertentes são atendidos de forma concomitante, por meio de critérios e graus de exigência estabelecidos em leis, pode-se dizer que a propriedade cumpre sua função social e é "socialmente útil"[66].

A função social pode ser pensada como uma "hipoteca social"[67] que grava perpetuamente a propriedade privada. Acrescente-se que o direito de explorar economicamente a propriedade privada e o cumprimento de sua função social são dois dos princípios gerais da atividade econômica (art. 170, II e III, da CF/88), colocados em mesmo nível de igualdade no texto constitucional.

A Constituição Federal fornece as linhas gerais para o uso social do imóvel rural, cabendo ao Estado desenhar, fomentar e gerir políticas públicas para que essa "hipoteca social" passe a atuar concretamente sobre os imóveis rurais.

Pensando na vertente ambiental, também chamada de "dimensão ambiental da função social da propriedade"[68], as áreas de preservação permanente e de reserva legal, disciplinadas na Lei Florestal, impõem restrições à plena exploração do imóvel rural e regulamentam a dimensão ambiental do princípio em comento.

Importante ressaltar que, dentro do sistema constitucional brasileiro, a função social da propriedade rural possui grande relevância, ao ponto de existir uma sanção ao proprietário de terra que

---

[66] SILVA D., 2007.
[67] BRASIL; INCRA 2011, p. 31.
[68] FIGUEIREDO, 2004, p. 20.

não observa os critérios e exigências desse princípio: a desapropriação de seu imóvel:

> Art. 184. Compete à União desapropriar por interesse social, para fins de reforma agrária, o imóvel rural que não esteja cumprindo sua função social, mediante prévia e justa indenização em títulos da dívida agrária, com cláusula de preservação do valor real, resgatáveis no prazo de até vinte anos, a partir do segundo ano de sua emissão, e cuja utilização será definida em lei.

A Lei da Reforma Agrária (Lei n. 8.629/93) regulamentou o preceito anterior:

> Art. 2º A propriedade rural que não cumprir a função social prevista no art. 9º é passível de desapropriação, nos termos desta lei, respeitados os dispositivos constitucionais.
>
> § 1º Compete à União desapropriar por interesse social, para fins de reforma agrária, o imóvel rural que não esteja cumprindo sua função social.

Para não ser desapropriado à luz dos dispositivos supratranscritos, o imóvel rural deve atender, simultaneamente, aos requisitos legais das vertentes econômica, social e ambiental do princípio da função social. Se um deles não for respeitado, a propriedade não cumpre sua função social e, portanto, está sujeita à desapropriação por interesse social para fins de reforma agrária, conforme dispõe a Lei n. 8.629/93:

> Art. 9º A função social é cumprida quando a propriedade rural atende, *simultaneamente*, segundo graus e critérios estabelecidos nesta lei, os seguintes requisitos:
>
> I – aproveitamento racional e adequado;
>
> II – utilização adequada dos recursos naturais disponíveis e preservação do meio ambiente;
>
> III – observância das disposições que regulam as relações de trabalho;
>
> IV – exploração que favoreça o bem-estar dos proprietários e dos trabalhadores (grifo nosso).

Observa-se que advérbio "simultaneamente" atrela todos os requisitos da função social da propriedade rural[69]. Todavia, parte da doutrina e jurisprudência argumenta que a propriedade rural produtiva, mesmo que não cumpra sua função social, desfrutaria de uma espécie de imunidade à sanção desapropriatória, com base no art. 185, II, da CF/88: "Art. 185. São insuscetíveis de desapropriação para fins de reforma agrária: [...] II – a propriedade produtiva".

Em que pese esse entendimento, deve-se levar em conta que o dispositivo não está isolado no mundo jurídico, mas devidamente inserido na Constituição Federal e no sistema jurídico brasileiro. Isso significa que a produtividade do inciso I do art. 185 da CF, também mencionada na Lei de Reforma Agrária, deve ser interpretada em consonância com todo o ordenamento jurídico pátrio.

Sobre o assunto, D'Ávila esclarece que:

> Os incisos deste dispositivo (art. 186 da CF/1988) trazem os quatro elementos que, atendidos simultaneamente pela propriedade rural, indicam o cumprimento da função social. Assim, para se perfazer a função social – e ser assegurada a propriedade privada, de modo a impedir a desapropriação por interesse social, para fins de reforma agrária – deve haver a presença de cada um desses quatro fatores: o primeiro ligado à produtividade (inc. I), o segundo ao meio ambiente (inc. II), o terceiro às relações de trabalho (inc. III) e o quarto ao bem-estar dos proprietários e dos trabalhadores (inc. IV). Estes elementos são considerados subfunções da propriedade e, presentes simultaneamente (exigência não prevista anteriormente pelo Estatuto da Terra), formam a função social da propriedade rural.
>
> Com efeito, a redação do art. 185, inc. II, ao estabelecer que a propriedade produtiva é insuscetível de desapropriação para fins de reforma agrária, aparentemente teria esvaziado o conteúdo do princípio da função social, uma vez que, nestes termos, a propriedade produtiva (que atendesse, portanto, somente ao inc. I do art.

---

[69] SILVA D., 2007.

186) estaria imune à desapropriação-sanção, ainda que não cumprisse as demais especificações elencadas no art. 186.

[...]

Na linha da doutrina de Varella (1998 apud D'Ávila, 2011), adotamos o entendimento pelo qual as normas constitucionais devem ser interpretadas de forma a coexistirem no ordenamento jurídico, mantendo-se a aplicabilidade de ambos os artigos, o que resultaria numa antinomia apenas aparente. Assim, para ser considerada produtiva (na forma do art. 185, inc. II), a propriedade deve, além de ser produtiva (no sentido puramente economicista – inc. I, do art. 186), observar os outros três critérios impostos para o cumprimento da função social da propriedade, atendendo ao meio ambiente, possuindo boas relações de trabalho e promovendo o bem-estar social[70].

A Procuradoria Federal Especializada do Instituto Nacional de Reforma Agrária (Incra) compactua com esse entendimento, defendendo que, embora a propriedade rural seja produtiva sob o aspecto economicista, ela pode sofrer a desapropriação-sanção se violar qualquer outro critério da função social da propriedade, afinal "a Constituição não se interpreta em tiras, aos pedaços"[71].

Todavia, o entendimento anterior é bastante controvertido na doutrina, como demonstrou Pinheiro[72].

Nesse sentido, em caso prático analisado por Cunha e Mello--Théry[73], a Fazenda Nova Alegria, situada em Minas Gerais, foi inteiramente desapropriada por interesse social, para fins de reforma agrária, pelo Decreto de 19 de agosto de 2009, editado pelo então Presidente Lula. O decreto se baseou em um processo administrativo instaurado pelo Incra, cuja conclusão foi o descumprimento da

---

[70] D'ÁVILA, 2011.
[71] BRASIL, 2011, p. 32.
[72] PINHEIRO, 2015.
[73] CUNHA E MELLO-THÉRY, 2012.

função social por parte da fazenda, pelos seguintes motivos: (i) suas áreas de reserva legal e de preservação permanente estavam aquém dos limites fixados pelo então vigente Código Florestal Brasileiro (violação da dimensão ambiental – art. 186, II, da CF/88); e (ii) em razão de conflito social, eis que, em 2002, parte da fazenda foi ocupada por integrantes do MST e, dois anos depois, alguns acampados do movimento foram vítimas de uma chacina executada por pistoleiros contratados por um dos proprietários (violação da dimensão social – art. 186, IV, da CF/88).

Todavia, como aponta Pinheiro[74], quando a questão chegou ao Judiciário, a 12ª Vara Federal de Belo Horizonte, julgou procedente o pedido dos fazendeiros e anulou o procedimento administrativo do Incra, bem como todos os seus atos subsequentes, inclusive o Decreto Presidencial desapropriatório. E o motivo principal de tal decisão foi a produtividade do imóvel rural:

> É dizer que, a infração às normas ambientais não sujeita a propriedade à ação de desapropriação para fins de reforma agrária, pois a produtividade do imóvel, atestada pelo próprio INCRA, por si só, o imuniza da desapropriação por interesse social para fins de reforma agrária, mesmo que não sejam atendidos todos os requisitos relativos à sua função social (12ª Vara Federal de Belo Horizonte, Ação Ordinária 0037008-48.2007.4.01.3800, Juíza Federal Rosilene Maria Clemente de Souza Ferreira, j. 7-11-2014, *DJe* 15-1-2015).

1.3.13 Princípio da proibição do retrocesso na proteção ambiental

Foi abordado anteriormente que o direito ao meio ambiente ecologicamente equilibrado (art. 225, *caput*, da CF/88) é uma extensão do direito à vida (art. 5º da CF/88), sem o qual não há falar no princípio fundamental dignidade da pessoa humana (art. 1º, III,

---

[74] PINHEIRO, 2015, p. 58.

da CF/88). Daí a premissa de que eventuais alterações das normas jurídicas não impliquem um recuo na proteção ambiental e, consequentemente, ofensa ao "equilíbrio do meio ambiente"[75].

O princípio da proibição do retrocesso ambiental é baseado em uma vedação imposta ao legislador e ao administrador público, em suprimir os progressos no campo legislativo de proteção do meio ambiente, o que inclui a norma jurídica propriamente dita e a sua implementação.

É a "garantia que no avançar do tempo, e da edição de novas normas e sua aplicação, se mantenha ou avance também a proteção do meio ambiente, não se admitindo sua flexibilização e, jamais, sua redução"[76].

Benjamin[77] afirma que o princípio da não regressão é essencial para a consolidação do direito ambiental e para evitar o chamado "ioiô legislativo" de conquistas e retrações normativas que ainda ocorrem em nosso país.

A diretriz do não retrocesso está relacionada com questões importantes para a sociedade, como o reconhecimento dos direitos humanos e fundamentais e a proteção dos interesses das futuras gerações, que "não têm voz nos debates legislativos do presente"[78-79].

Apesar de não estar expressamente previsto na CF/88 e, muito menos, em normas infraconstitucionais, a doutrina considera a proibição do retrocesso como um princípio geral do direito ambiental[80], pois decorre do sistema legislativo de proteção

---

[75] GRANZIERA, 2014, p. 73.

[76] MILARÉ, 2013, p. 277.

[77] BENJAMIN, 2012, p. 55.

[78] Benjamin (2012, p. 70) aponta que a degradação ambiental "vista como custo social, não passa de tributação das gerações futuras".

[79] BENJAMIN, 2012.

[80] BENJAMIN, 2012, p. 62; PRIEUR, 2012, p. 14; NOGUEIRA, 2013; GRANZIERA, 2014, p. 74.

ambiental e da jurisprudência, que optaram por "caminhar somente para frente"[81].

Tendo em vista que a CF/88 é um sistema aberto de regras e princípios explícitos ou implícitos, Nogueira[82] considera a proibição do retrocesso ambiental como um princípio implícito no texto constitucional, "equivalente ao do não retrocesso social", com fundamento na dignidade da pessoa humana, no próprio Estado Democrático de Direito e nos princípios da máxima eficácia e efetividade das normas definidoras dos direitos fundamentais, da segurança jurídica, dentre outros.

Além da doutrina, vários precedentes jurisprudenciais consideram a não regressão como um dos princípios gerais e fundamentais do direito ambiental[83].

Os princípios clássicos do direito ambiental dão suporte ao princípio do não retrocesso[84], sendo que alguns "imperativos jurídico-ambientais mínimos" da CF/88 servem de embasamento, dentre os quais: os deveres de "preservar e restaurar os processos ecológicos essenciais", de "preservar a diversidade e a integridade do patrimônio genético do País", de "proteger a fauna e a flora", e impedir "práticas que coloquem em risco sua função ecológica" ou "provoquem a extinção de espécies" (art. 225, § 1º, I, II e VII)[85].

Portanto, o princípio da proibição do retrocesso ambiental não envolve só a revogação de uma norma jurídica, mas também aborda o enfraquecimento de sua "força coativa", como, por exemplo, dificultar a sanção penal, administrativa ou civil[86]. Procura-se,

---

[81] BENJAMIN, 2012, p. 62-63.
[82] NOGUEIRA, 2013.
[83] STJ, Embargos de Divergência em REsp 418.565/SP, Rel. Min. Teori Albino Zavascki, j. 13-10-2010.
[84] PRIEUR, 2013, p. 16-17.
[85] BENJAMIN, 2012.
[86] BENJAMIN, 2012, p. 67-68.

pois, garantir não só as conquistas da legislação, como aquelas de natureza "administrativo-procedimentais"[87].

A discussão desse princípio se fortaleceu durante o processo político-legislativo de desmonte do antigo Código Florestal (Lei n. 4.771/65) e sua substituição por uma lei que foi considerada um retrocesso ambiental (a Lei n. 12.651/2012). Tanto é que, após a edição final da Nova Lei Florestal, a Procuradora-Geral da República ingressou com três ações diretas de inconstitucionalidade (ADIns), questionando uma série de alterações promovidas pela norma em relação às regras alusivas às áreas de preservação permanente (APPs) e reserva legal (RL), que teriam tornado vulneráveis esses espaços protegidos diante da proteção legal antes consolidada pelo revogado Código Florestal. O princípio da proibição do retrocesso ambiental foi posto como um dos argumentos da petição inicial[88]:

> Conforme conclusão compartilhada pela unanimidade da doutrina constitucional, a Constituição Federal de 1988 consagrou um "dever constitucional geral de não degradação". [...] As inconstitucionalidades suscitadas na presente ação decorrem da afronta, consubstanciada em diversos dispositivos legais referentes às áreas de preservação permanente e à reserva legal, ao regime constitucional dos espaços territoriais especialmente protegidos, notadamente, aos deveres fundamentais que impõem ao Poder Público: (i) a vedação de que espaços territoriais especialmente protegidos sejam utilizados de forma que comprometa os atributos que justificam sua proteção; (ii) o dever de preservar e restaurar os processos ecológicos essenciais; (iii) o dever de proteger a diversidade e a integridade

---

[87] NOGUEIRA, 2013, p. 24.

[88] STF, ADIn 4.901, Rel. Min. Luiz Fux. Aguardando julgamento. Disponível em: <http://www.stf.jus.br>. Acesso em 4 ago. 2014.

STF. ADIn 4.902, Relator Ministra Rosa Weber. Aguardando julgamento. Disponível em: <http://www.stf.jus.br>. Acesso em 4 ago. 2014.

STF. ADIn 4.903, Relator Ministra Rosa Weber. Aguardando julgamento. Disponível em: <http://www.stf.jus.br>. Acesso em 4 ago. 2014.

do patrimônio genético e (iv) o dever de proteger a fauna e a flora, com a vedação de práticas que coloquem em risco sua função ecológica. [...] as normas impugnadas violam o princípio da vedação de retrocesso social, pois, de forma geral, estabelecem um padrão de proteção ambiental manifestamente inferior ao anteriormente existente. [...] Além da diminuição direta dos padrões de proteção, em virtude da fragilização dos espaços territoriais especialmente protegidos, merece especial atenção dessa Corte Constitucional a sem precedentes fragilização dos instrumentos de proteção ambiental e a autorização para consolidação dos danos ambientais já perpetrados, ainda que praticados com afronta à legislação anteriormente vigente.

Prieur[89] alerta sobre as ameaças que podem ensejar o recuo do direito ambiental, ou seja, as ameaças políticas ("vontade demagógica de simplificar o direito") e as ameaças econômicas (em que as obrigações jurídico-ambientais são consideradas freios "ao desenvolvimento e à luta contra a pobreza").

O princípio da proibição do retrocesso não possui um caráter absoluto, isto é, "não institui camisa de força ao legislador e ao implementador do direito ambiental, mas impõe-lhes limites não discricionários a sua atuação"[90]. É preciso, portanto, analisar se determinada alteração legislativa ou sua implementação mantêm assegurados "os processos ecológicos essenciais", protegem as "espécies ameaçadas de extinção", "ampliam ou reduzem os riscos ambientais a *habitats* vulneráveis" ou dificultam a execução da lei[91].

Esse balanceamento não é tarefa elementar, inclusive para o Poder Judiciário no seu exercício de controle judicial[92]. Nesse sentido, pode-se citar a ação direta de inconstitucionalidade, ajuizada

---

[89] PRIEUR, 2012, p. 12.
[90] BENJAMIM, 2012, p. 69.
[91] BENJAMIM, 2012, p. 70.
[92] BENJAMIN, 2012, p. 70-72.

pelo Procurador Geral de Justiça do Estado de Santa Catarina, impugnando alguns dispositivos da Lei estadual n. 14.661/2009, que redefiniu os limites do Parque Estadual da Serra do Tabuleiro, em Santa Catarina. O referido parque é uma unidade de conservação de proteção integral, onde não se admite a exploração direta de recursos naturais (arts. 7º, § 1º, e 10, da Lei n. 9.985/2000).

A citada lei catarinense transformou algumas regiões do parque em Áreas de Proteção Ambiental (APA), que é uma categoria de unidade de conservação menos restritiva, onde se permite a ocupação e a exploração humana (arts. 7º, § 2º, e 15). Salienta-se que a conversão parcial ou total de uma unidade de conservação de proteção integral (como um parque) para uma de uso sustentável (menos restritiva, como uma APA), é permitida somente por intermédio de lei (inciso III do § 1º do art. 225 da CF/88), vedada, no entanto, "qualquer utilização que comprometa a integridade dos atributos que justifiquem sua proteção".

No caso em análise, uma das regiões do Parque Estadual da Serra do Tabuleiro afetada pela Lei catarinense n. 14.661/2009 era um manancial responsável pelo abastecimento de água da Grande Florianópolis, cuja transformação em APA poderia causar o esgotamento dos recursos hídricos. Por esse motivo, o Ministério Público invocou a violação do princípio do não retrocesso ecológico contra o citado abrandamento, ante o risco de supressão de direitos constitucionais, como o meio ambiente ecologicamente equilibrado essencial à dignidade da pessoa humana.

Apesar disso, no balanceamento feito pelo Tribunal de Justiça do Estado de Santa Catarina, decidiu-se, por maioria de votos, que a Lei n. 14.661/2009 não autorizava a poluição da água potável e que tanto a norma revogada, como a nova legislação mantinham a proteção dos mananciais hídricos da área transformada em APA. Sendo assim, o acórdão concluiu da seguinte forma:

> Assim, inexistindo na Lei 14.661/09 afronta direta à Constituição do Estado, e não configurado o aludido retrocesso com a

reclassificação do Parque Estadual Serra do Tabuleiro, uma vez que a preservação do meio ambiente ainda está em pauta na legislação catarinense, tampouco evidenciado o aumento da degradação ambiental pela comunidade que habita o Parque da Serra do Tabuleiro há décadas, não há como reconhecer a inconstitucionalidade (TJSC, ADIn 2009.027858-3, Órgão Especial, Relator Desembargador Pedro Manuel Abreu, j. 29-7-2011).

Existem argumentos contrários ao princípio do retrocesso na proteção do meio ambiente. Como lembra Granziera[93], alguns entendem que, por não estar expressamente previsto na legislação, a vedação ao retrocesso ambiental "seria apenas uma regra de valoração e não um princípio".

Outros entendimentos destacam que, a aplicação da vedação do retrocesso estaria restrita aos direitos sociais consagrados em normas definidoras de direitos, não podendo ser aplicado à temática ambiental. Além disso, alguns argumentos expõem o dinamismo da sociedade e o regime democrático como motivos para justificar a possibilidade de eventual revisão e atualização de normas jurídicas, inclusive a flexibilização de mecanismos e instrumentos ambientais[94].

Porém, concordamos com Granziera[95], para quem a proibição do retrocesso na proteção ambiental vem ganhando relevância em grande parte da doutrina e se tornando um princípio fundamental do

---

[93] GRANZIERA, 2014, p. 74.

[94] Ver, por exemplo, os argumentos lançados pela Associação Brasileira de Companhias de Energia Elétrica em sua manifestação como *amicus curiae*:

STF, ADIn 4.901, Rel. Min. Luiz Fux. Aguardando julgamento. Disponível em: <http://www.stf.jus.br>. Acesso em 4 ago. 2014.

STF, ADIn 4.902, Relator Ministra Rosa Weber. Aguardando julgamento. Disponível em: <http://www.stf.jus.br>. Acesso em 4 ago. 2014.

STF, ADIn 4.903, Relator Ministra Rosa Weber. Aguardando julgamento. Disponível em: <http://www.stf.jus.br>. Acesso em 4 ago. 2014.

[95] GRANZIERA, 2014.

direito ambiental para combater recuos normativos que causem prejuízos ambientais, tanto no âmbito nacional, como internacional[96].

1.4 Considerações finais

O direito ambiental é materializado por um conjunto de normas e princípios jurídicos que regulam a conduta humana, especialmente no que tange ao direito de exploração econômica dos recursos ambientais e ao direito de propriedade, de forma a proteger o meio ambiente, mitigar os danos ambientais, melhorar a qualidade de vida das pessoas e garantir a dignidade humana, bem como assegurar às futuras gerações um ambiente equilibrado que permita seu pleno desenvolvimento.

Apesar de recente, o direito ambiental consolidou um campo principiológico que garante sua independência e permite transformar institutos clássicos de outros ramos tradicionais do direito e influenciar todo o ordenamento jurídico brasileiro. A crescente degradação ambiental faz com que esses princípios ganhem corpo e influenciem cada vez mais a aplicação do Direito e a produção de suas fontes.

Os princípios aqui elencados são tidos como fundamentais para o direito ambiental. Sua aplicação e interpretação nem sempre são fáceis e, ao longo do anos, eles têm sido construídos e consolidados de forma a garantir e expandir a proteção do meio ambiente tanto para as presentes, como para as futuras gerações.

REFERÊNCIAS

ANTUNES, Paulo de Bessa. **Direito ambiental**. 15. ed. São Paulo: Atlas, 2013.

BELINKY, Aron. Nascemos *cowboys*, viramos astronautas. **Página 22**, n. 80, São Paulo: FGV/GVces, p. 25, nov. 2013.

---

[96] PRIEUR, 2012.

BENJAMIN, Antonio Herman. Princípio da proibição de retrocesso ambiental. In: BENJAMIN, Antonio Herman (Org.). **Colóquio Internacional sobre o Princípio da Proibição de Retrocesso Ambiental**. Brasília: Comissão de Meio Ambiente, Defesa do Consumidor e Fiscalização e Controle do Senado Federal, p. 55-72, mar. 2012.

BRASIL. Câmara dos Deputados. **Projeto de Lei n. 792/2007**. Autor: Anselmo de Jesus. Disponível em: <http://www.camara.gov.br/proposicoesWeb/fichadetramitacao?idProposicao=348783>. Acesso em: 4 ago. 2014.

_____. **Constituição (1988). Constituição da República Federativa do Brasil**. Disponível em: <http://www.planalto.gov.br/ccivil_03/Constituicao/Constituiçao.htm>. Acesso em: 16 maio 2014.

_____. **Decreto n. 4.680, de 24 de abril de 2003**. Disponível em: <http://www.planalto.gov.br/ccivil_03/leis/l4680.htm>. Acesso em: 4 ago. 2014.

_____. **Lei n. 4.771, de 15 de setembro de 1965**. Disponível em: <http://www.planalto.gov.br/ccivil_03/leis/l4771.htm>. Acesso em: 4 ago. 2014.

_____. **Lei n. 6.938, de 31 de agosto de 1981**. Disponível em: <http://www.planalto.gov.br/ccivil_03/leis/l6938.htm>. Acesso em: 4 ago. 2014.

_____. **Lei n. 7.347, de 24 de julho de 1985**. Disponível em: <http://www.planalto.gov.br/ccivil_03/leis/l7347orig.htm>. Acesso em: 4 ago. 2014.

_____. **Lei n. 7.802, de 11 de julho de 1989**. Disponível em: <http://www.planalto.gov.br/ccivil_03/leis/l7802.htm>. Acesso em: 4 ago. 2014.

_____. **Lei n. 8.078, de 11 de setembro de 1990. Código de Defesa do Consumidor**. Disponível em: < http://www.planalto.gov.br/ccivil_03/leis/l8078.htm>. Acesso em: 4 ago. 2014.

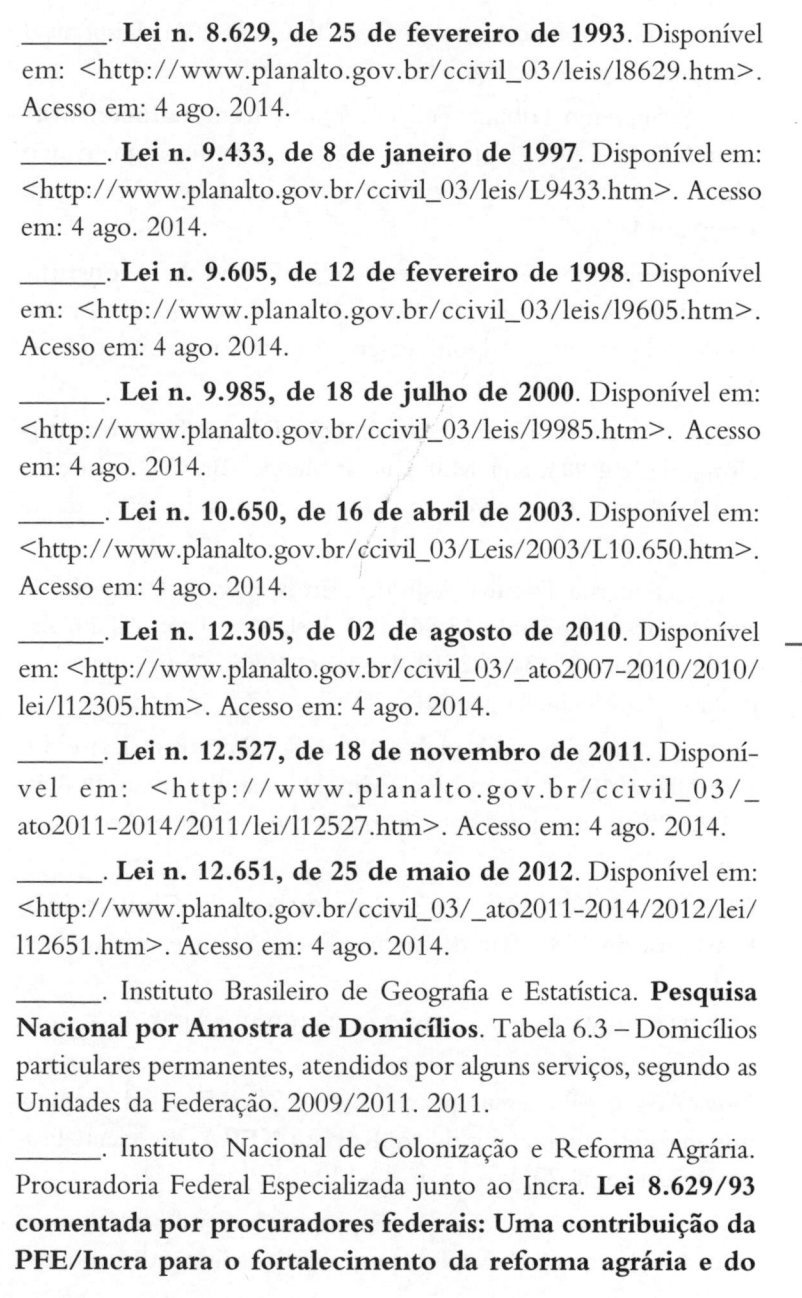

_____. **Lei n. 8.629, de 25 de fevereiro de 1993**. Disponível em: <http://www.planalto.gov.br/ccivil_03/leis/l8629.htm>. Acesso em: 4 ago. 2014.

_____. **Lei n. 9.433, de 8 de janeiro de 1997**. Disponível em: <http://www.planalto.gov.br/ccivil_03/leis/L9433.htm>. Acesso em: 4 ago. 2014.

_____. **Lei n. 9.605, de 12 de fevereiro de 1998**. Disponível em: <http://www.planalto.gov.br/ccivil_03/leis/l9605.htm>. Acesso em: 4 ago. 2014.

_____. **Lei n. 9.985, de 18 de julho de 2000**. Disponível em: <http://www.planalto.gov.br/ccivil_03/leis/l9985.htm>. Acesso em: 4 ago. 2014.

_____. **Lei n. 10.650, de 16 de abril de 2003**. Disponível em: <http://www.planalto.gov.br/ccivil_03/Leis/2003/L10.650.htm>. Acesso em: 4 ago. 2014.

_____. **Lei n. 12.305, de 02 de agosto de 2010**. Disponível em: <http://www.planalto.gov.br/ccivil_03/_ato2007-2010/2010/lei/l12305.htm>. Acesso em: 4 ago. 2014.

_____. **Lei n. 12.527, de 18 de novembro de 2011**. Disponível em: <http://www.planalto.gov.br/ccivil_03/_ato2011-2014/2011/lei/l12527.htm>. Acesso em: 4 ago. 2014.

_____. **Lei n. 12.651, de 25 de maio de 2012**. Disponível em: <http://www.planalto.gov.br/ccivil_03/_ato2011-2014/2012/lei/l12651.htm>. Acesso em: 4 ago. 2014.

_____. Instituto Brasileiro de Geografia e Estatística. **Pesquisa Nacional por Amostra de Domicílios**. Tabela 6.3 – Domicílios particulares permanentes, atendidos por alguns serviços, segundo as Unidades da Federação. 2009/2011. 2011.

_____. Instituto Nacional de Colonização e Reforma Agrária. Procuradoria Federal Especializada junto ao Incra. **Lei 8.629/93 comentada por procuradores federais: Uma contribuição da PFE/Incra para o fortalecimento da reforma agrária e do** direito agrário autônomo. Brasília: INCRA, 2011. Disponível em: <http://www.incra.gov.br>. Acesso em: 4 ago. 2014.

_____. Supremo Tribunal Federal. **Ação Direta de Inconstitucionalidade 4.901.** Rel. Min. Luiz Fux. Brasília. Aguardando julgamento. Disponível em: <http://www.stf.jus.br>. Acesso em: 4 ago. 2014.

_____. Supremo Tribunal Federal. **Ação Direta de Inconstitucionalidade 4.902.** Relator: Ministra Rosa Weber. Brasília. Aguardando julgamento. Disponível em: <http://www.stf.jus.br>. Acesso em: 4 ago. 2014.

_____. Supremo Tribunal Federal. **Ação Direta de Inconstitucionalidade 4.903.** Rel. Min. Gilmar Mendes. Brasília. Aguardando julgamento. Disponível em: <http://www.stf.jus.br>. Acesso em: 4 ago. 2014.

_____. Superior Tribunal de Justiça. **Embargos de Divergência em Recurso Especial 418.565/SP.** Rel. Min. Teori Albino Zavascki. Brasília. J. 13-10-2010. Disponível em: <http://www.stj.jus.br>. Acesso em: 4 ago. 2014.

_____. Superior Tribunal de Justiça. **Recurso Especial 1.180.078/MG.** 2ª Turma. Rel. Min. Herman Benjamin. Brasília. J. 2-12-2010. Disponível em: <http://www.stj.jus.br>. Acesso em: 4 ago. 2014.

CRETELLA JUNIOR, José. **Comentários à Constituição brasileira de 1988.** Rio de Janeiro: Forense Universitária, 1989. V. I.

CUNHA, Paulo Roberto; MELLO-THÉRY, Neli Aparecida de. A terra prometida ainda é promessa... desapropriação da Fazenda Nova Alegria pelo descumprimento do Código Florestal: conflito, impunidade e imbróglio jurídico. **Revista NERA.** Presidente Prudente: Unesp, n. 20, ano 15, p. 99-130, jan./jun. 2012.

D'ÁVILA, Renata Almeida. A desapropriação por descumprimento da função socioambiental da propriedade: prática administrativa e avanços jurisprudenciais. **Revista Âmbito Jurídico** Eletrônica, n. 91, ano XIV, ago. 2011. Disponível em: <http://www.ambito--juridico.com.br/site/?n_link=revista_artigos_leitura&artigo_id=10162>. Acesso em: 2 jun. 2014.

DISTRITO FEDERAL. Tribunal Regional da 1ª Região. **Ação civil pública 1998.34.00.027682-0**. 6ª Vara Federal. Juiz Federal: Antônio Souza Prudente. Brasília. J. 26-6-2000. Disponível em: <http://www.trf1.jus.br>. Acesso em: 4 ago. 2014.

_____. Tribunal Regional de 1ª Região. **Apelação cível 2003.34.00.013411-4/DF**. 6ª Turma. Relator: Desembargadora Maria Isabel Galotti Rodrigues. Brasília. J. 8-5-2006. Disponível em: <http://www.trf1.jus.br>. Acesso em: 4 ago. 2014.

_____. Tribunal Regional da 1ª Região. **Apelação cível 2001.34.00.022280-6/DF**. 5ª Turma. Relator: Desembargadora Federal Selene Almeida. Brasília. J. 13-8-2012. Disponível em: <http://www.trf1.jus.br>. Acesso em: 4 ago. 2014.

FIGUEIREDO, Guilherme José Purvin de. **A propriedade no direito ambiental**. Rio de Janeiro: Esplanada, 2004.

GONÇALVES, Carlos Walter Porto. **Os (dês) caminhos do meio ambiente**. 8. ed. São Paulo: Contexto, 2001.

GRANZIERA, Maria Luiza Machado. **Direito Ambiental**. 3. ed. São Paulo: Atlas, 2014.

INSTITUTO SAÚDE E SUSTENTABILIDADE. **Avaliação do Impacto da Poluição Atmosférica no Estado de São Paulo sob a visão da saúde**. 2013. Disponível em: <http://www.saudeesustentabilidade.org.br/site/wp-content/uploads/2013/09/Documentofinaldapesquisapadrao_2409-FINAL-sitev1.pdf>. Acesso em: 6 jun. 2014.

LEFF, Henrique. **Saber Ambiental: sustentabilidade, racionalidade, complexidade, poder**. Petrópolis: Vozes, 2009.

MACHADO, Paulo Affonso Leme. **Direito ambiental brasileiro**. São Paulo: Malheiros, 2002.

MILARÉ, Édis. **Direito do ambiente: doutrina, jurisprudência, glossário**. 3. ed. São Paulo: Revista dos Tribunais, 2004.

_____. **Direito do ambiente**. 8. ed. São Paulo: Revista dos Tribunais, 2013.

MORAES, Luís Carlos Silva de. **Código Florestal comentado**. 3. ed. São Paulo: Atlas, 2002.

NOGUEIRA, Alexandre de Castro Nogueira. A (in)aplicabilidade do princípio a proibição de retrocesso ambiental no direito brasileiro. **Revista Direito e Liberdade da Escola da Magistratura do Rio Grande do Norte**, v. 15, n. 2, Natal: ESMARAN, p. 9-32, maio/ago. 2013.

ORGANIZAÇÃO DAS NAÇÕES UNIDAS (ONU). **Declaração do Rio de Janeiro sobre Meio Ambiente e Desenvolvimento**. Disponível em: <http://www.onu.org.br/rio20/img/2012/01/rio92.pdf>. Acesso em: 4 ago. 2014

PINHEIRO, Naiara Suelen. **A função social da propriedade rural e sua dimensão ambiental**. 2015. 72 f. Monografia apresentada à Faculdade de Direito do Centro Universitário Padre Anchieta. Jundiaí, 2015.

PRIEUR, Michel. Princípio da proibição de retrocesso ambiental. In: BENJAMIN, Antonio Herman (Org.). **Colóquio Internacional sobre o Princípio da Proibição de Retrocesso Ambiental**. Brasília: Comissão de Meio Ambiente, Defesa do Consumidor e Fiscalização e Controle do Senado Federal, p. 11-54, março 2012.

RAMOS, A. M. F. **Áreas de Preservação Permanente e Reserva Legal: contornos jurídicos e questões controvertidas**. Dissertação (Mestrado em Direito Ambiental) – Pontifícia Universidade Católica de São Paulo (PUC), São Paulo, 2009.

REALE, Miguel. **Lições preliminares de direito**. 20. ed. São Paulo: Saraiva, 1993.

SANTA CATARINA. Tribunal de Justiça. **Ação Direta de Inconstitucionalidade 2009.027858-3**. Órgão Especial. Relator:

Desembargador Pedro Manuel Abreu. Florianópolis. J. 29-7-2011. Disponível em: <http://www.tjsc.jus.br>. Acesso em: 4 ago. 2014.

SÃO PAULO. Tribunal de Justiça. **Ação civil pública 577.04.251938-9**. 5ª Vara Cível. Juiz: Ana Paula Theodosio de Carvalho. São José dos Campos. J. 13-7-2010. Disponível em: <http://www.tjsp.jus.br>. Acesso em: 4 ago. 2014.

_____. Tribunal de Justiça. **Agravo de Instrumento 2020235--03.2013.8.26.0000**. 2ª Câmara Reservada ao Meio Ambiente. Relator: Desembargador Alvaro Passos. São Paulo, J. 15-6-2014. Disponível em: <http://www.tjsp.jus.br>. Acesso em: 4 ago. 2014.

SILVA, Daniel Leite da. O descumprimento da função socioambiental como fundamento único da desapropriação para reforma agrária. **Jus Navigandi**, Teresina, ano 12, n. 1632, 20 dez. 2007. Disponível em: <http://jus.com.br/artigos/10774>. Acesso em: 4 ago. 2014.

SILVA, José Afonso da. **Direito ambiental constitucional**. 4. ed. São Paulo: Malheiros, 2003.

TRINDADE, Antonio A. Cançado. **Direitos humanos e meio ambiente: paralelos dos sistemas de proteção internacional**. Porto Alegre: Fabris, 1993.

VARELLA, Marcelo Dias. **Introdução ao direito à reforma agrária: o direito face os novos conflitos sociais**. São Paulo: LED, 1998.

2 O LICENCIAMENTO AMBIENTAL: COMPETÊNCIA, PROCEDIMENTO E FISCALIZAÇÃO

Pilar Carolina Villar
*Professora do Programa de Pós-Graduação Lato Sensu da
FGV DIREITO SP (GVlaw); professora do Bacharelado Interdisciplinar
em Ciência e Tecnologia do Mar da Universidade Federal de São Paulo
(UNIFESP); doutora e mestre em Ciência Ambiental pelo Programa de
Pós-Graduação em Ciência Ambiental pela Universidade de São Paulo
(USP); especialista em Instrumentos e Políticas de Gestão Ambiental
na Europa pelo Instituto Universitário de Estudos Europeus
da Universidade CEU San Pablo; advogada.*

2.1 Introdução

O processo de licenciamento ambiental apareceu no Brasil no início da década de 1970. Embora não mencionasse o termo licenciamento, o Decreto n. 1.413/75 permitiu que Estados e Municípios estabelecessem condições para o funcionamento de indústrias poluidoras, reservando a competência da União no caso de atividades de alto interesse do desenvolvimento e segurança nacional[1]. Um ano depois, o Estado de São Paulo editou a Lei n. 997/76, que condicionou, conforme o art. 5º, a "instalação, a construção ou a ampliação, bem como a operação ou funcionamento das fontes de poluição [...] à prévia autorização do órgão estadual de controle da poluição do meio ambiente, mediante licenças de instalação e de funcionamento".

A previsão expressa do licenciamento como instrumento de política ambiental se deu nos arts. 9º, IV, e 10 da Lei n. 6.938/81, que foi regulamentado pelas Resoluções n. 1/86 e n. 237/97 do Conselho Nacional do Meio Ambiente (Conama), bem como pela Lei Complementar n. 140/2011, que, dentre outros temas, definiu a competência comum dos entes federativos para o licenciamento ambiental, e o Decreto Federal n. 8.437/2015, que estabeleceu as tipologias de empreendimentos e atividades cujo licenciamento ambiental será de competência da União.

O licenciamento é aplicável na construção, instalação, ampliação e funcionamento de estabelecimentos e atividades utilizado-

---

[1] KRELL, 2004.

res de recursos ambientais, efetiva ou potencialmente poluidores ou capazes, sob qualquer forma, de causar degradação ambiental. Sua definição jurídica mais recente se encontra na Lei Complementar n. 140/2011 que o conceitua como:

> Art. 2º [...]
>
> I – [...] o procedimento administrativo destinado a licenciar atividades ou empreendimentos utilizadores de recursos ambientais, efetiva ou potencialmente poluidores ou capazes, sob qualquer forma, de causar degradação ambiental.

Esse instrumento condiciona o exercício do direito de propriedade e o desempenho da ordem econômica, pois submete ao controle estatal as obras ou atividades capazes de transformar negativamente o meio ambiente, seja ao verificar sua viabilidade, analisar seus impactos e riscos, definir as medidas mitigatórias e compensatórias necessárias ou impor regras para o monitoramento dos riscos.

Portanto, trata-se "de uma ação típica e indelegável do Poder Executivo [...] na medida em que, por meio dele, a Administração Pública busca exercer o controle sobre as atividades humanas que interferem nas condições ambientais", compatibilizando crescimento econômico e proteção ambiental[2].

O licenciamento ambiental é um ato de caráter complexo, no qual podem intervir diversos órgãos ambientais e exige a apresentação de estudos técnicos prévios[3]. Sua principal função "é fazer com que determinados projetos e atividades que possam causar degradação ao meio ambiente, pertencentes a particulares ou ao Poder Público, possam ser previamente analisados"[4].

Infelizmente, sua aplicação foi alvo de inúmeros conflitos, seja no momento de determinar o órgão ambiental competente, o tipo

---

[2] MILARÉ, 2013, p. 777.

[3] MILARÉ, 2013.

[4] KRELL, 2004, p. 58.

e a qualidade do estudo apresentado ou o tempo para a concessão dessa licença ambiental, o que acaba criando "um regime administrativo cuja principal característica é a insegurança"[5]. Apesar disso, pode-se afirmar que a edição da Lei Complementar n. 140/2011 e do Decreto Federal n. 8.437/2015 trouxeram maior claridade ao licenciamento, contribuindo para torná-lo mais eficiente.

Dito isso, o presente trabalho busca analisar esse importante instrumento de direito ambiental, pontuando quais são os órgãos ambientais responsáveis pelo licenciamento a partir da edição da lei citada, como esse procedimento estrutura é estruturado, quais estudos ambientais são necessários e como ocorre a sua fiscalização.

2.2 Competência comum, Sisnama e o licenciamento ambiental

A Constituição Federal, no art. 23, determinou a competência comum dos entes federados para:

> Art. 23. [...]
> I – zelar pela guarda da Constituição, das leis e das instituições democráticas e conservar o patrimônio público;
> [...]
> III – proteger os documentos, as obras e outros bens de valor histórico, artístico e cultural, os monumentos, as paisagens naturais notáveis e os sítios arqueológicos;
> [...]
> VI – proteger o meio ambiente e combater a poluição em qualquer de suas formas;
> VII – preservar as florestas, a fauna e a flora;
> [...]

---

[5] ANTUNES, 2012, p. 193.

XI – registrar, acompanhar e fiscalizar as concessões de direitos de pesquisa e exploração de recursos hídricos e minerais em seus territórios;
[...]
Parágrafo único. Leis complementares fixarão normas para a cooperação entre a União e os Estados, o Distrito Federal e os Municípios, tendo em vista o equilíbrio do desenvolvimento e do bem-estar em âmbito nacional.

A repartição da competência ambiental comum corresponde a um dos temas mais relevantes para a proteção ambiental e a aplicação do licenciamento. Antunes[6] o classifica como o problema jurídico de maior complexidade para a proteção ambiental. Nesse sentido, Cirne[7] exemplifica algumas dificuldades envolvendo a competência: (a) como determinar quais são as atribuições a serem compartilhadas; e (b) quem são os agentes legitimados para agir no caso concreto, uma vez que há um dever de agir conjuntamente[8], porém, ao mesmo tempo, não se permite a atuação concomitante[9].

A competência comum pressupõe um federalismo cooperativo, que visa uma atuação administrativa conjunta dos entes federativos, que embora autônomos, devem compartilhar responsabilidades na proteção ambiental[10]. Contudo, na prática, o que se viu foi um federalismo competitivo, o qual em vez de se "estabelecer uma cooperação entre os entes federativos", ocorreu "uma verdadeira competição entre eles" gerando "prejuízos a todos os segmentos da sociedade"[11].

---

[6] ANTUNES, 2012, p. 91.
[7] CIRNE, 2013.
[8] MACHADO, 2013.
[9] MUKAI, 2012.
[10] ANTUNES, 2012.
[11] GUERRA, 2012, p. 2.

Isso se justificou pela ausência da regulação da competência comum por meio de lei complementar, conforme previsto no parágrafo único do art. 23 da Constituição Federal. Apenas em 2011, com a edição da Lei Complementar n. 140/2011, que foram fixadas as normas para a cooperação entre a União, os Estados, o Distrito Federal e os Municípios nas ações administrativas decorrentes do exercício da competência comum relativas ao meio ambiente.

Esse artigo constitucional é de suma importância para o direito ambiental, pois ele atribuiu à União, ao Distrito Federal, aos Estados e aos Municípios a competência comum para o exercício do Poder de Polícia Ambiental[12]. Essa atribuição conjunta permitiu construir uma gestão ambiental compartilhada, mas ao mesmo tempo, gerou uma série de dúvidas e conflitos sobre qual seria o órgão responsável pelo seu exercício no caso concreto.

Com a edição da LC n. 140/2011 se torna possível a materialização de uma atuação mais harmônica e de cooperação no exercício do poder de polícia ambiental nas três esferas de governo, bem como uma redução no número de conflitos de competência em matéria ambiental[13].

Segundo Antunes[14], o licenciamento ambiental e a fiscalização são as principais manifestações do poder de polícia ambiental "sobre as atividades utilizadoras de recursos ambientais". Com base no conceito de poder de polícia expresso no art. 78 do Código Tributário Nacional (CTN), Machado[15] definiu o Poder de Polícia Ambiental como:

> [...] a atividade da administração que disciplina direito, interesse ou liberdade, regula a prática de ato ou a abstenção de fato

---

[12] DAWALIBI, 1999.
[13] AMADO, 2012.
[14] ANTUNES, 2012, p. 193.
[15] MACHADO, 2013, p. 385.

em razão de interesse público concernente à saúde da população, à conservação dos ecossistemas, à disciplina da produção e do mercado, ao exercício de atividades econômicas ou outras atividades, dependentes de concessão, autorização/permissão ou licença do Poder Público de cujas atividades possam decorrer poluição ou agressão à natureza.

Esse poder é exercido principalmente pelos órgãos ambientais que compõem o Sistema Nacional do Meio Ambiente (Sisnama), instituído pela Lei n. 6.938/81, o qual, segundo o art. 6º corresponde a uma rede de "órgãos e entidades da União, dos Estados, do Distrito Federal, dos Territórios e dos Municípios, bem como as fundações instituídas pelo Poder Público, responsáveis pela proteção e melhoria da qualidade ambiental". Sendo estruturado da seguinte forma:

>Art. 6º [...]
>
>I – órgão superior: o Conselho de Governo, com a função de assessorar o Presidente da República na formulação da política nacional e nas diretrizes governamentais para o meio ambiente e os recursos ambientais;
>
>II – órgão consultivo e deliberativo: o Conselho Nacional do Meio Ambiente (CONAMA), com a finalidade de assessorar, estudar e propor ao Conselho de Governo, diretrizes de políticas governamentais para o meio ambiente e os recursos naturais e deliberar, no âmbito de sua competência, sobre normas e padrões compatíveis com o meio ambiente ecologicamente equilibrado e essencial à sadia qualidade de vida;
>
>III – órgão central: Ministério do Meio Ambiente[16], com a finalidade de planejar, coordenar, supervisionar e controlar, como órgão federal, a política nacional e as diretrizes governamentais fixadas para o meio ambiente;

---

[16] O texto legal se refere ainda à Secretaria do Meio Ambiente, que a partir de 1992 passou a se chamar Ministério do Meio Ambiente.

IV – órgãos executores: o Instituto Brasileiro do Meio Ambiente e dos Recursos Naturais Renováveis – IBAMA e o Instituto Chico Mendes de Conservação da Biodiversidade – Instituto Chico Mendes, com a finalidade de executar e fazer executar a política e as diretrizes governamentais fixadas para o meio ambiente, de acordo com as respectivas competências;

V – Órgãos Seccionais: os órgãos ou entidades estaduais responsáveis pela execução de programas, projetos e pelo controle e fiscalização de atividades capazes de provocar a degradação ambiental;

VI – Órgãos Locais: os órgãos ou entidades municipais, responsáveis pelo controle e fiscalização dessas atividades, nas suas respectivas jurisdições;

O procedimento de licenciamento ambiental se insere nos atos de polícia ambiental, no qual o órgão público competente do Sisnama, mediante provocação do interessado, verifica se uma obra ou atividade preenche os requisitos legais e técnicos necessários, de modo a expedir ou negar a licença[17]. Destaca-se que, dentro do Sisnama, há órgãos ambientais encarregados pelo licenciamento em todos os de níveis de governo (União, Estados, Distrito Federal e Municípios).

Infelizmente, a aplicação do licenciamento foi marcada por diversas dificuldades, dentre elas a insegurança jurídica causada pela indefinição do órgão competente para realizá-lo. Os tribunais estão repletos de casos de conflitos de competência, em que os órgãos ambientais das distintas esferas, o Ministério Público, associações não governamentais, ou mesmo indivíduos questionam a competência do ente federativo que conduziu o procedimento.

A competência da União foi definida no art. 7º, XIV, da LC n. 140/2011 e no art. 3º do Decreto Federal n. 8.437/2015. Nas hipóteses ali previstas, caberá ao Instituto Brasileiro do Meio Ambiente e dos Recursos Naturais Renováveis (Ibama) conduzir o li-

---

[17] DAWALIBI, 1999.

cenciamento, cujo procedimento geral foi estabelecido por meio da Instrução Normativa (IN) Ibama n. 184/2008, alterada pela IN n. 14/2011. É importante ressaltar que o Instituto Chico Mendes de Conservação da Biodiversidade (ICMBio) foi classificado como um órgão executor, porém, não detêm competência de ente licenciador, apesar de participar no licenciamento de obras ou empreendimentos que afetem as unidades de conservação federais[18].

Segundo a Instrução Normativa ICMBio n. 5/2009, a principal função do ICMBio é a gestão de unidades de conservação instituídas pela União, sua participação no licenciamento é limitada à "análise de impactos ambientais potenciais ou efetivos sobre as unidades de conservação federais" (art. 1º, parágrafo único). No âmbito estadual, cada Estado determinará qual é o órgão ambiental responsável pelo licenciamento. Por exemplo, no caso de São Paulo, têm-se a Companhia Ambiental do Estado de São Paulo (Cetesb), em Minas Gerais a Fundação Estadual do Meio Ambiente (Feam), no Paraná, o Instituto Ambiental do Paraná (IAP). O art. 8º, XIV, da LC n. 140/2011 consagrou a competência residual dos Estados. Logo, se o licenciamento não for competência da União ou dos Municípios, caberá ao órgão estadual executá-lo.

O art. 9º, XIV, da LC n. 140/2011 consolidou a possibilidade de os órgãos ambientais municipais conduzirem o licenciamento. Esse tema gerou diversos embates jurídicos em virtude do conflito de normas, pois a redação original da Lei n. 6.938/81 atribuiu o licenciamento ao órgão estadual (art. 10, antes da alteração da LC n. 140/2011), já a Resolução Conama n. 237/97, no art. 6º, autorizava o licenciamento ambiental municipal nos casos de impacto ambiental local ou por delegação pelo Estado por instrumento legal ou convênio. Isso gerou controvérsias, pois se questionou se uma resolução teria forças para alterar um diploma normativo superior.

---

[18] AGU/PGF/PFE, 2011.

Nesse sentido, ao julgar o Incidente de Inconstitucionalidade de Lei n. 151.638-0/9-00 da Comarca de Cubatão, a maioria do Tribunal de Justiça de São Paulo declarou a inconstitucionalidade do art. 6º da Resolução Conama n. 237/97 conforme se depreende da ementa do julgado proferido em 26 de agosto de 2009:

> Controle de constitucionalidade (CF, arts. 93, XI, e 97; CPC, art. 480). Incidente suscitado pela 3ª Câmara da Seção de Direito Público deste Tribunal, objetivando a declaração da inconstitucionalidade da Resolução Conama n. 237/97 em face da Constituição da República. Matéria Ambiental Competência legislativa concorrente (CF, art. 24, VI e VIII) não podendo ser mitigada por lei de outro ente federativo ou por ato normativo inferior. O município tem competência somente para suplementar as normas já existentes (CF, art. 30, II). Incidente conhecido. Declaração de inconstitucionalidade do art. 6º da Resolução Conama n. 237/97, com efeito apenas no processo (*incidenter tantum*).

Para tentar contornar a discussão sobre a legitimidade, os órgãos estaduais realizaram convênios com os órgãos municipais como forma de legitimar sua competência, porém esses convênios tiveram sua legalidade questionada por meio de ações civis públicas, impetradas pelo Ministério Público, como ocorreu nos municípios de Lins[19] e São Carlos[20].

O art. 9º, XIV, *a* e *b*, da LC n. 140/2011 autoriza expressamente o licenciamento municipal no caso de atividades de impacto local, que serão definidas conforme tipologia estabelecida pelos respectivos Conselhos Estaduais de Meio Ambiente ou localizadas em unidades de conservação instituídas pelo Município, exceto em Áreas de Proteção Ambiental (APAs). Contudo, a capacidade para

---

[19] TJSP, AI 0458249-30.2010.8.26.0000, 1ª Câmara Reservada ao Meio Ambiente, Relator Otávio Henrique, j. 28-4-2011.

[20] A título exemplificativo pode-se citar: TJSP, AI 0325654-67.2010.8.26.0000, 1ª Câmara Reservada ao Meio Ambiente, Relator Renato Nalini, j. 9-8-2010.

licenciar dos municípios depende da definição do conceito de impacto local pelos Conselhos Estaduais de Meio Ambiente. Por isso, mesmo após a edição dessa lei, alguns municípios se viram impossibilitados de conduzir o licenciamento por conta de decisões judiciais.

Pode-se citar o caso do município de São Paulo, que possui uma estrutura de órgãos ambientais, representada pela Secretaria Municipal do Meio Ambiente (SMMA) (órgão licenciador) e o Conselho Municipal do Meio Ambiente e Desenvolvimento Sustentável (Cades). O licenciamento ambiental era realizado com base em um convênio celebrado com a Companhia de Tecnologia de Saneamento Ambiental (Cetesb), que foi questionado por meio de ação civil pública. O Tribunal Estadual suspendeu o licenciamento ambiental municipal diante da falta de definição por parte do Conselho Estadual de Meio Ambiente do que seria impacto local[21].

Com a edição da Deliberação Normativa Consema n. 1/2014, que fixou a tipologia para o exercício da competência municipal, no âmbito do licenciamento ambiental, o Estado de São Paulo definiu o conceito de impacto local pondo um fim na controvérsia sobre o licenciamento municipal. Apesar de nem todos os municípios paulistanos estarem aptos a conduzir esse procedimento, aos poucos se define sua capacidade de licenciar em relação aos tipos de impactos (alto, médio e baixo)[22].

Deve-se ressaltar que a competência comum não pressupõe a participação concomitante de todos os entes federativos, tanto que o art. 7º da Resolução Conama n. 237/97 e o art. 13 da LC n. 140/2011 determinam que os empreendimentos e atividades serão

---

[21] TJSP, AI 0001766-74.2012.8.26.0000, 1ª Câmara Reservada ao Meio Ambiente, Relator Zélia Maria Antunes Alves, j. 5-12-2013.

[22] Para verificar os municípios que já estão aptos para exercer o licenciamento ambiental, bem como a classificação do impacto ambiental do empreendimento ou atividade que o município pode atender consulte: <http://www.cetesb.sp.gov.br/licenciamento/licenciamento-ambiental/1-pagina-inicial>.

licenciados ou autorizados por um único ente federativo. Caso outro ente tenha interesse no licenciamento, pode se manifestar no procedimento, contudo, tal manifestação não tem caráter vinculante e deve respeitar os prazos e procedimentos do licenciamento. Walcacer et al.[23] explicam que a realização do licenciamento em um único nível de competência se alinha com os princípios constitucionais da razoabilidade e da eficiência.

A definição da competência do órgão ambiental para o licenciamento pode se fundamentar em diversos critérios que serão abordados a seguir.

2.3 Critérios para a definição do órgão competente para o licenciamento

A definição do órgão competente para o licenciamento se baseia na maioria dos casos em dois critérios: a) o da predominância do interesse relacionado à dimensão do impacto ou dano ambiental (local, estadual, regional ou nacional); e b) o da dominialidade do bem público afetável[24].

O critério da predominância do interesse se fundamenta na extensão geográfica dos impactos ambientais diretos de uma atividade conforme previsto no art. 4º, III, da Resolução Conama n. 237/97, que foi retomado pela LC n. 140/2011. Sua aplicação prática gerou vários conflitos diante das dificuldades em valorar o que é realmente impacto direto ou indireto[25].

Diante disso, na tentativa de delimitá-lo, a LC n. 140/2011 atribuiu à Comissão Tripartite Nacional[26] (art. 7º, XIV, h) e aos

---

[23] WALCACER et al., 2011.

[24] AMADO, 2012.

[25] SILVA R., 2012.

[26] O art. 4º, § 2º, prevê que a Comissão Tripartite Nacional "será formada, paritariamente, por representantes dos Poderes Executivos da União, dos Estados, do

Conselhos Estaduais de Meio Ambiente (art. 9º, XIV, *a*), respectivamente, o papel de definir as tipologias de impacto cuja competência seria federal ou municipal, com base nos critérios de porte, potencial poluidor e natureza da atividade ou empreendimento. O Decreto Federal n. 8.437/2015 definiu as tipologias de empreendimentos e atividades cujo licenciamento ambiental será de competência da União. No Estado de São Paulo se editou a Deliberação Normativa Consema n. 1/2014, que fixou a tipologia para o exercício da competência municipal no âmbito do licenciamento ambiental.

O órgão ambiental municipal só poderá exercer sua competência inerente de ente licenciador no caso de impacto local e se o Conselho Estadual de Meio Ambiente tiver editado a tipologia dos impactos locais, como ocorreu no estado de São Paulo. Ressalta-se, ainda, que o município deve contar com um órgão ambiental capacitado[27] e Conselho Municipal de Meio Ambiente, com caráter deliberativo e participação social[28].

Por sua vez, o critério da dominialidade se fixa pela titularidade dos bens e se aplica especialmente no caso dos bens pertencentes à União. Além da dominialidade, tem-se o critério da especificidade ou da segurança nacional, que envolvem temas de competência privativa da União como energia nuclear ou assuntos militares. Dessa forma, à semelhança da Resolução Conama n. 237/97, o art. 7º, XIV, da LC n. 140/2011 determina ser atribuição da União promover o licenciamento de empreendimentos e atividades:

> Art. 7º [...]
> a) localizados ou desenvolvidos conjuntamente no Brasil e em país limítrofe;

Distrito Federal e dos Municípios, com o objetivo de fomentar a gestão ambiental compartilhada e descentralizada entre os entes federativos".

[27] Esse tema será retomado quando se falar da atuação supletiva.

[28] MACHADO, 2013.

b) localizados ou desenvolvidos no mar territorial, na plataforma continental ou na zona econômica exclusiva;

c) localizados ou desenvolvidos em terras indígenas;

d) localizados ou desenvolvidos em unidades de conservação instituídas pela União, exceto em Áreas de Proteção Ambiental (APAs);

e) localizados ou desenvolvidos em 2 (dois) ou mais Estados;

f) de caráter militar, excetuando-se do licenciamento ambiental, nos termos de ato do Poder Executivo, aqueles previstos no preparo e emprego das Forças Armadas, conforme disposto na Lei Complementar n. 97, de 9 de junho de 1999;

g) destinados a pesquisar, lavrar, produzir, beneficiar, transportar, armazenar e dispor material radioativo, em qualquer estágio, ou que utilizem energia nuclear em qualquer de suas formas e aplicações, mediante parecer da Comissão Nacional de Energia Nuclear (Cnen); ou

h) que atendam tipologia estabelecida por ato do Poder Executivo, a partir de proposição da Comissão Tripartite Nacional, assegurada a participação de um membro do Conselho Nacional do Meio Ambiente (Conama), e considerados os critérios de porte, potencial poluidor e natureza da atividade ou empreendimento.

A regulamentação da alínea *h* veio apenas em 2015, por meio do Decreto Federal n. 8.437/2015. Em síntese o art. 3º desse Decreto atribui o licenciamento à União para diversas obras de infraestrutura, referindo-se a rodovias federais; ferrovias federais; hidrovias federais; portos, exceto nos casos de volume inferior a 450.000 TEU/ano ou a 15.000.000 ton/ano; terminais de uso privado e instalações portuárias que movimentem carga em volume superior a 450.000 TEU/ano ou a 15.000.000 ton/ano; exploração e produção de petróleo, gás natural e outros hidrocarbonetos fluidos nos casos previstos no inciso VI, alíneas *a*, *b* e *c*; sistemas de geração e transmissão de energia elétrica nos casos de usinas eólicas localizadas na zona de transição terra mar ou *offshore*, usinas hidrelétricas e termoelétricas com capacidade instalada igual ou superior a trezentos megawatt.

O licenciamento de atividades ou empreendimentos nas unidades de conservação da natureza, com exceção das Áreas de Proteção Ambiental (APAs), utiliza o critério da prevalência do ente federativo instituidor da unidade de conservação (art. 12). Logo, o órgão responsável pelo licenciamento será aquele vinculado ao ente administrativo que instituiu a Unidade de Conservação.

É importante afirmar que o licenciamento das APAs não segue essa lógica, já que utilizam critérios específicos estabelecidos nos arts. 7º, 8º e 9º da LC n. 140/2011, conforme dicção do art. 12, parágrafo único.

Dessa forma, o órgão ambiental com competência para o licenciamento não se vincula ao ente administrativo que instituiu a respectiva APA. No caso desta, os critérios da predominância do interesse, da dominialidade do bem público afetável ou ainda da competência residual dos Estados são analisados de acordo com o caso concreto. Por exemplo, um empreendimento em uma APA estadual poderá ser licenciado pelo órgão municipal, utilizando-se o critério do alcance do impacto direto da atividade. Silva R.[29] justifica esse tratamento diferenciado com base nos objetivos da APA que visa "disciplinar o processo de ocupação e assegurar a sustentabilidade do uso dos recursos naturais".

Além desses critérios, há também o da atuação supletiva, definido no art. 14, § 3º, e no art. 15 da seguinte forma:

> Art. 14. Os órgãos licenciadores devem observar os prazos estabelecidos para tramitação dos processos de licenciamento.
>
> [...]
>
> § 3º O decurso dos prazos de licenciamento, sem a emissão da licença ambiental, não implica emissão tácita nem autoriza a

---

[29] SILVA R., 2012.

prática de ato que dela dependa ou decorra, mas instaura a competência supletiva referida no art. 15.

Art. 15. Os entes federativos devem atuar em caráter supletivo nas ações administrativas de licenciamento e na autorização ambiental, nas seguintes hipóteses:

I – inexistindo órgão ambiental capacitado ou conselho de meio ambiente no Estado ou no Distrito Federal, a União deve desempenhar as ações administrativas estaduais ou distritais até a sua criação;

II – inexistindo órgão ambiental capacitado ou conselho de meio ambiente no Município, o Estado deve desempenhar as ações administrativas municipais até a sua criação; e

III – inexistindo órgão ambiental capacitado ou conselho de meio ambiente no Estado e no Município, a União deve desempenhar as ações administrativas até a sua criação em um daqueles entes federativos.

Percebe-se que a competência supletiva ocorre em dois casos: "quando inexistir órgão ambiental capacitado ou conselho de meio ambiente no ente federado com a competência para licenciar ou autorizar"; e "quando o órgão ambiental deixa de emitir a licença no prazo estabelecido para a tramitação do processo"[30].

O licenciamento nos Estados e municípios está condicionado à existência de Conselho de Meio Ambiente e órgão ambiental capacitado, faltando um desses requisitos, o ente superior assume a responsabilidade pelo procedimento. A capacidade do órgão ambiental se fundamenta em três requisitos expostos no art. 5º, parágrafo único, da LC n. 140/2011: a) ter técnicos próprios ou em consórcio; b) ter técnicos devidamente habilitados; e c) ter técnicos em número compatível com a demanda das ações administrativas a serem delegadas.

---

[30] MACHADO, 2013, p. 327.

A competência supletiva por inércia do órgão ambiental surge diante do "retardamento imotivado do processo de licenciamento ambiental"[31]. Ressalta-se que a solicitação de complementação de informações, não corresponde a retardamento imotivado, já que o pedido de dados ou documentos pelo órgão ambiental é condição suspensiva do processo e dos prazos do licenciamento, que só voltarão a fluir com o efetivo cumprimento por parte do interessado das exigências requisitadas[32].

Deve-se mencionar, ainda, que o novo Código Florestal (Lei n. 12.651/2012), estabeleceu regras específicas para a fixação de competência no processo de licenciamento ambiental[33]. Contudo, como esclarece Amado[34] foi uma "opção infeliz, pois o tema deveria ser concentrado na LC n. 140/2011", além disso, o art. 23, parágrafo único, da Constituição Federal, determinou a exigência de lei complementar para regular as competências materiais comuns, o que pode gerar questionamentos sobre a validade das regras licenciatórias da Lei n. 12.651/2012 e conflitos na sua aplicação.

Como se percebe, a LC n. 140/2011 e o Decreto Federal n. 8.437/2015 contribuíram para a segurança jurídica, porém não encerraram as controvérsias sobre qual será o órgão ambiental competente. Além disso, pairam dúvidas sobre a aplicabilidade das regras de competência específicas estabelecidas por outras normas federais posteriores à edição da lei complementar, apenas restando esperar para ver como os órgãos ambientais e tribunais vão construir a aplicação do licenciamento ambiental na lei em comento.

Após exposição das dificuldades sobre a definição do órgão competente, segue-se com a análise da estrutura do licenciamento.

---

[31] MACHADO, 2013, p. 328.

[32] MACHADO, 2013.

[33] Como exemplos: art. 10, art. 11-A, § 1º, III, art. 26, *caput*, art. 31, § 7º, e art. 37, *caput* e parágrafo único, do Novo Código Florestal.

[34] AMADO, 2012, p. 150.

2.4 Etapas e procedimentos do licenciamento ambiental

O licenciamento ambiental enquanto procedimento administrativo complexo se caracteriza por uma "sucessão itinerária e encadeada de atos administrativos que tendem, todos, a um resultado final e conclusivo", qual seja, a concessão de uma licença ambiental, a qual pode ou não ser deferida pelo órgão ambiental[35].

Silva J. explica que "as licenças ambientais constituem atos administrativos que se propõem a controlar preventivamente as atividades de particulares no exercício de seus direitos, no que diz respeito à exploração ou uso de um bem ambiental de sua propriedade"[36]. A Resolução Conama n. 237/97, art. 1º, II, define a licença ambiental como:

> Art. 1º [...]
>
> II – [...] ato administrativo pelo qual o órgão ambiental competente, estabelece as condições, restrições e medidas de controle ambiental que deverão ser obedecidas pelo empreendedor, pessoa física ou jurídica, para localizar, instalar, ampliar e operar empreendimentos ou atividades utilizadoras dos recursos ambientais consideradas efetiva ou potencialmente poluidoras ou aquelas que, sob qualquer forma, possam causar degradação ambiental.

A licença ambiental é o "ato final de cada etapa do licenciamento ambiental, sendo, na verdade, o ato administrativo de concessão do pedido feito pelo particular ao Poder Público"[37].

Sua natureza jurídica é controversa entre os doutrinadores. Farias[38] esclarece que há três posicionamentos sobre o tema: a) "a licença ambiental é uma licença administrativa", b) "licença ambien-

---

[35] MILARÉ, 2013, p. 778.
[36] SILVA J., 2003, p. 281-282.
[37] FARIAS, 2007, p. 24.
[38] FARIAS, 2007, p. 13.

tal é uma autorização administrativa" e c) "a licença ambiental é uma nova espécie dos atos administrativos que reúne características da autorização administrativa e da licença administrativa"[39].

Em que pesem tais definições, o Tribunal de Justiça de São Paulo já se manifestou no sentido de classificar a licença ambiental como autorização[40]:

> [...] a Lei Nacional 6.938/81 tem natureza jurídica de norma geral, sendo, portanto, aplicável aos Estados-membros e aos Municípios. Referida lei disciplina a chamada licença ambiental, exigindo-a e prevendo a sua concessão pelos Estados-Membros, através do "órgão estadual competente" (art. 10). O exame dessa lei revela que a licença em tela tem natureza jurídica de autorização, tanto que o § 1º, de seu art. 10, fala em pedido "renovação" de licença, indicando, assim que se trata de autorização, pois, se fosse juridicamente licença, seria ato definitivo, sem necessidade de renovação. A circunstância de não ser juridicamente licença e sim mera autorização, muda, radicalmente, o enfoque da questão, pois, como se sabe, a autorização é ato precário e não vinculado, sujeito, sempre, às alterações ditadas pelo interesse público.

Não é o foco deste capítulo discutir o debate terminológico sobre a natureza da licença ambiental, por isso a abordagem se restringirá a explicar as três principais características da licença ambiental: a) ela se desdobra em três etapas (licença prévia, licença de instalação e licença de operação); b) sua concessão exige na maioria dos casos a apresentação de avaliação de impacto ambiental prévia; e c) possui prazos de validade determinados, o que a confere um caráter de estabilidade durante sua vigência, porém não gera direito adquirido[41].

---

[39] Para uma análise mais aprofundada sobre esse tema consulte: FARIAS, 2007.
[40] TJSP, AR. 178.554-1/6, j. 12-5-1993, Rel. Leite Cintra apud **Revista de Direito Ambiental**, v. 0, p. 226, jan. 1996.
[41] MILARÉ, 2013.

O Decreto n. 99.274/90 e a Resolução Conama n. 237/97 estabeleceram regras gerais sobre o procedimento do licenciamento, sendo que os Estados deverão observá-las ao regulamentar o licenciamento, podendo inclusive adicionar exigências para cada fase. O art. 10 descreve suas fases, a saber:

I – Definição pelo órgão ambiental competente, com a participação do empreendedor, dos documentos, projetos e estudos ambientais, necessários ao início do processo de licenciamento correspondente à licença a ser requerida;

II – Requerimento da licença ambiental pelo empreendedor, acompanhado dos documentos, projetos e estudos ambientais pertinentes e seu anúncio público;

III – Análise pelo órgão ambiental competente, dos documentos, projetos e estudos ambientais apresentados e a realização de vistorias técnicas, se necessário;

IV – Solicitação de esclarecimentos e complementações pelo órgão ambiental competente;

V – Realização ou dispensa da Audiência pública;

VI – Solicitação de esclarecimentos e complementações pelo órgão ambiental competente decorrentes de audiências públicas;

VII – Emissão de parecer técnico conclusivo e, quando couber, parecer jurídico;

VIII – Deferimento ou indeferimento do pedido de licença, dando-se a devida publicidade.

A emissão da licença ambiental é dividida em três etapas, cada uma com suas características, as quais são definidas tanto no decreto, como na resolução do Conama citadas anteriormente. Logo:

I – Licença Prévia (LP) – concedida na fase preliminar do planejamento do empreendimento ou atividade aprovando sua localização e concepção, atestando a viabilidade ambiental e estabelecendo os requisitos básicos e condicionantes a serem atendidos nas próximas fases de sua implementação;

II – Licença de Instalação (LI) – autoriza a instalação do empreendimento ou atividade de acordo com as especificações constantes dos planos, programas e projetos aprovados, incluindo as medidas de controle ambiental e demais condicionantes, da qual constituem motivo determinante;

III – Licença de Operação (LO) – autoriza a operação da atividade ou empreendimento, após a verificação do efetivo cumprimento do que consta das licenças anteriores, com as medidas de controle ambiental e condicionantes determinados para a operação.

Como se depreende da leitura do artigo, cada uma dessas licenças tem objetivos específicos, ou seja, a licença prévia atesta a viabilidade do projeto, pois trata-se de uma análise documental e não autoriza qualquer tipo de ação no sentido de implantar esse projeto no mundo real. Inclusive, apesar de votos dissidentes, a Câmara Reservada ao Meio Ambiente do Tribunal de São Paulo tem entendido que a concessão de Licença Prévia representa fase preliminar, que atesta se os elementos e estudos apresentados estão de acordo com as normas vigentes[42].

Presume-se que o órgão ambiental escolherá a melhor alternativa técnica, fará as exigências e imporá as condicionantes necessárias para as próximas etapas, por isso somente a partir do não atendimento destas é que seria possível a intervenção judicial para anular a licença.

Como segunda etapa, a licença de instalação possibilita a concretização do projeto no espaço, porém não autoriza o efetivo funcionamento da atividade ou empreendimento, o que exige a concessão da licença de operação. O empreendedor se vincula aos limites de cada licença e ao cumprimento de suas condicionantes, caso contrário poderá ser responsabilizado nos âmbitos administrativo e penal nos termos da Lei n. 9.605/98 e do Decreto n.

---

[42] TJSP, AI 0088054-25.2012.8.26.0000, 1ª Câmara Reservada ao Meio Ambiente, Relator Torres de Carvalho, j. 31-1-2013.

6.514/2008, sem eximi-lo de responsabilidade civil por eventuais danos causados ao meio ambiente.

Em muitos casos, a concessão dessas licenças pelo órgão ambiental é questionada no Poder Judiciário. Isso se deve porque a concessão dessas licenças pelo órgão ambiental não se restringe unicamente aos critérios de oportunidade e conveniência, típicos da discricionariedade dos atos administrativos, devendo incluir também o aspecto valorativo sobre o atendimento do melhor estado ecológico e humano[43].

Nesse sentido, a jurisprudência do Superior Tribunal de Justiça (STJ) esclarece que compete ao Poder Judiciário:

> [...] imiscuir-se no mérito do ato administrativo, ainda que discricionário, para averiguar os aspectos de legalidade do ato, mormente quando as questões de cunho eminentemente ambientais demonstram a incúria da Administração em salvaguardar o meio ambiente (STJ, Agravo Regimental no Agravo em REsp 476.067, 2ª Turma, Rel. Min. Humberto Martins, j. 22-5-2014).

As licenças ambientais não são definitivas, como se pode depreender da redação da Lei n. 6.938/81 que, no art. 9, IV, estabeleceu a "revisão de atividades efetiva ou potencialmente poluidoras" e o art. 10, § 1º, da Lei 6.938/81, que condiciona a publicidade da renovação do licenciamento.

Sua validade é especificada pelo órgão ambiental no respectivo documento da licença, que deve respeitar os prazos previstos no art. 18 da Resolução Conama n. 237/97. O decurso desses prazos sem a respectiva emissão da licença ambiental, "não implica emissão tácita nem autoriza a prática de ato que dela dependa ou decorra", de acordo com a LC n. 140/2011, art. 14, § 3º. Nesse sentido, o art. 18 da Resolução citada afirma que:

> Art. 18. O órgão ambiental competente estabelecerá os prazos de validade de cada tipo de licença, especificando-os no

---

[43] VIANA; PATRUS, 2014.

respectivo documento, levando em consideração os seguintes aspectos:

I – O prazo de validade da Licença Prévia (LP) deverá ser, no mínimo, o estabelecido pelo cronograma de elaboração dos planos, programas e projetos relativos ao empreendimento ou atividade, não podendo ser superior a 5 (cinco) anos.

II – O prazo de validade da Licença de Instalação (LI) deverá ser, no mínimo, o estabelecido pelo cronograma de instalação do empreendimento ou atividade, não podendo ser superior a 6 (seis) anos.

III – O prazo de validade da Licença de Operação (LO) deverá considerar os planos de controle ambiental e será de, no mínimo, 4 (quatro) anos e, no máximo, 10 (dez) anos.

§ 1º A Licença Prévia (LP) e a Licença de Instalação (LI) poderão ter os prazos de validade prorrogados, desde que não ultrapassem os prazos máximos estabelecidos nos incisos I e II.

§ 2º O órgão ambiental competente poderá estabelecer prazos de validade específicos para a Licença de Operação (LO) de empreendimentos ou atividades que, por sua natureza e peculiaridades, estejam sujeitos a encerramento ou modificação em prazos inferiores.

§ 3º Na renovação da Licença de Operação (LO) de uma atividade ou empreendimento, o órgão ambiental competente poderá, mediante decisão motivada, aumentar ou diminuir o seu prazo de validade, após avaliação do desempenho ambiental da atividade ou empreendimento no período de vigência anterior, respeitados os limites estabelecidos no inciso III.

§ 4º A renovação da Licença de Operação (LO) de uma atividade ou empreendimento deverá ser requerida com antecedência mínima de 120 (cento e vinte) dias da expiração de seu prazo de validade, fixado na respectiva licença, ficando este automaticamente prorrogado até a manifestação definitiva do órgão ambiental competente.

De acordo com Milaré[44], a licença ambiental não é permanente, pois goza de estabilidade temporal, que não se confunde com o caráter precário das autorizações, nem como o caráter definitivo das licenças típicas, sendo assim, "a licença ambiental não assegura ao seu titular a manutenção do *status quo* vigorante ao tempo de sua expedição", mas também não permite a sua suspensão por mera discricionariedade do Poder Público. Durante sua vigência, a licença só pode ser alterada, suspensa ou cancelada nos casos previstos no art. 19 da Resolução Conama n. 237/97:

> Art. 19. O órgão ambiental competente, mediante decisão motivada, poderá modificar os condicionantes e as medidas de controle e adequação, suspender ou cancelar uma licença expedida, quando ocorrer:
>
> I – Violação ou inadequação de quaisquer condicionantes ou normas legais.
>
> II – Omissão ou falsa descrição de informações relevantes que subsidiaram a expedição da licença.
>
> III – superveniência de graves riscos ambientais e de saúde.

Ou seja, a licença ambiental poderá ser modificada, suspensa ou cancelada nas seguintes situações: se o titular descumprir os seus termos; se sua expedição tiver ocorrido com base em informações falsas ou parciais; ou ainda no caso de interesse público fundamentado na superveniência de graves riscos ambientais e de saúde. Caso contrário, o empreendedor tem direito a estabilidade das condições da licença ambiental durante o período de sua vigência.

Trata-se de um compromisso no qual o empreendedor se "compromete a implantar e operar a atividade segundo as condicionantes constantes dos alvarás de licença recebidos", enquanto o órgão ambiental garante que "durante o prazo de vigência da licen-

---

[44] MILARÉ, 2013, p. 786.

ça, obedecidas suas condicionantes, em circunstâncias normais, nada mais lhe será exigido a título de proteção ambiental"[45].

Dessa forma, a licença não gera direito adquirido para o empreendedor exercer sua atividade *ad aeternum*, pelo contrário, ele é obrigado a solicitar sua renovação com antecedência mínima de 120 dias do vencimento do prazo de validade, caso em que é automaticamente prorrogada até a manifestação do órgão ambiental. Não foi estabelecido um limite para essa prorrogação, que mantém o empreendedor diligente em condição regular até a manifestação do órgão ambiental.

Se o empreendedor não respeitar o prazo, a prorrogação automática não se aplica e ele poderá ficar em situação irregular se a renovação não for deferida pelo órgão ambiental até data do seu vencimento, podendo inclusive ser penalizado por isso. Contudo, diante da morosidade do órgão ambiental em renovar as licenças é possível encontrar decisões que afastam a responsabilidade do empreendedor quando a administração pública também desrespeita os prazos legais do licenciamento. Nesse sentido:

> AMBIENTAL E ADMINISTRATIVO. MANDADO DE SEGURANÇA. AGRAVO DE INSTRUMENTO. PEDIDO DE RENOVAÇÃO DE LICENÇA AMBIENTAL. INÉRCIA DA ADMINISTRAÇÃO NA ANÁLISE DO REQUERIMENTO.
>
> [...]
>
> 2. No presente caso, a empresa agravante desenvolve a atividade de mineração, tendo sido autuada pelo IBAMA em 26 de julho de 2013 porque flagrada sem a devida licença ambiental. É que a licença anteriormente deferida pelo órgão estadual competente, o Instituto de Desenvolvimento Econômico e do Meio Ambiente do Rio Grande do Norte (IDEMA/RN), vencera em 28 de dezembro de 2012.

---

[45] MILARÉ, 2013, p. 804.

3. É verdade que a Lei Complementar 140/2011 estipula que a renovação da licença deverá ser solicitada pelo empreendedor com antecedência mínima de 120 (cento e vinte) dias antes do seu vencimento. *In casu*, a agravante não observou, de fato, o prazo previsto em lei, porque teria, em tese, até 28/08/2012, mas só requerera a renovação em 30/10/2012.

4. Entretanto, não é razoável o embargo imposto à empresa pelo IBAMA em 26/07/2013, dado que, mesmo tendo requerido a prorrogação da licença a menos de 120 (cento e vinte) dias do seu vencimento, houve inércia administrativa do próprio IDEMA/RN que, em tese, também teria 120 dias para apreciar o pedido protocolado em 30/10/2012, é dizer, até o final de fevereiro de 2013.

5. De resto, como se trata de uma irregularidade apenas formal (quanto à intempestividade do pedido de prorrogação) e, de outra banda, dada a inércia da Administração em apreciar o pedido e, ainda, à míngua de qualquer notícia de efetivo dano ambiental, impõe-se a reforma da decisão agravada.

6. Agravo de Instrumento provido (TRF da 5ª Região, AI 8030004220134050000, 2ª Turma, Relator Desembargador Federal Paulo Roberto de Oliveira Lima, j. 13-5-2014).

Se a licença ambiental não é permanente, o órgão ambiental não é obrigado a renová-la nos mesmos termos, podendo, inclusive, revogá-la. A jurisprudência é pacífica sobre isso, veja-se o acórdão do Tribunal de Justiça de São Paulo:

> Ação declaratória de nulidade de ato jurídico. Pretensão de invalidar a negativa de renovação da Licença de Operação da CETESB. Ausência de direito adquirido à imutabilidade do regime jurídico, mormente na seara do licenciamento ambiental. Necessidade de regularização das instalações nos termos da legislação superveniente. Sentença de improcedência. Apelação não provida.
>
> [...]
>
> No caso das licenças ambientais de funcionamento de atividades potencialmente poluidoras, as autorizações não são perenes.

A especial proteção ao meio ambiente impede que o Poder Público conceda uma licença definitiva ao particular. E bem sabe o empresário, tanto que ele, por lei, é obrigado a fazer pedido de renovação. O pedido de renovação sinaliza, sobretudo, que a licença vai ser objeto de nova análise, o que significa que a renovação não é automática. [...] O fato de as licenças ambientais serem temporárias já comprova que a renovação exige a análise da presença dos requisitos da lei vigente ao tempo da renovação. Não há nisso ofensa ao direito adquirido. Haveria essa afronta se o Poder Público, com base nas leis atuais, multasse a empresa porque, no passado, ela não atendia aos requisitos da nova legislação (TJSP, Ap. 0011767-90.2011.8.26.0053, 1ª Câmara Reservada ao Meio Ambiente, Rel. Antonio Celso Aguilar Cortez, j. 23-1-2014).

Percebe-se assim, que a licença ambiental é estável durante o seu prazo de validade, contudo essa estabilidade não é absoluta, podendo ser alterada nas condições do art. 19 da Resolução Conama n. 237/97 e no momento de sua renovação, a qual confere ao órgão ambiental liberdade para impor novas condições e aplicar as normas ambientais presentes, podendo inclusive indeferir a licença, se a permanência da atividade no local for incompatível com a legislação atual.

O caráter mutável da licença ambiental provoca o seguinte questionamento: a alteração, suspensão, cancelamento da licença ambiental no caso de superveniência de graves riscos ambientais e de saúde gera dever de indenização ao empreendedor inocente?

O tema é controverso, para a doutrina administrativa, segundo Meirelles[46] e Medauar[47], a licença, classificada como ato administrativo vinculado, só poderia ser suprimida mediante indenização do beneficiário. No campo do direito ambiental, há duas correntes opostas: para autores como Figueiredo[48], a indenização é devida,

---

[46] MEIRELLES, 2012.
[47] MEDAUAR, 2012.
[48] FIGUEIREDO, 2004.

pois se trata de ato vinculado, que exige a divisão equânime das cargas públicas. No mesmo sentido Milaré[49] defende que a indenização será sempre devida no caso do titular que cumpriu as condicionantes e não agiu com má-fé para obter a licença ambiental (art. 19, I e II). Por outro lado, outros autores, como Dawalibi[50], opõem-se à indenização, pois ninguém possui o direito de implementar empreendimento lesivo ao meio ambiente.

No caso da negativa de concessão de licença ou de sua renovação, tem predominado o entendimento de que não cabe direito à indenização. Sobre o assunto, o Tribunal de Justiça de Minas Gerais se manifestou da seguinte forma:

APELAÇÃO CÍVEL. DIREITO ADMINISTRATIVO. DIREITO CIVIL. LICENCIAMENTO AMBIENTAL. LICENÇA DE OPERAÇÃO. MUDANÇA DE LEGISLAÇÃO. INDEFERIMENTO. RESOLUÇÃO CONAMA 316/2002. RESPONSABILIDADE DO MUNICÍPIO. NÃO CONFIGURADA. DANO MATERIAL. DANO MORAL. HONORÁRIOS ADVOCATÍCIOS. MAJORAÇÃO. RECURSOS IMPROVIDOS.

O indeferimento do pedido de licença ambiental de operação em virtude de mudança da legislação municipal sobre o uso e ocupação do solo não gera direito à indenização pelos gastos e benfeitorias realizadas pela empresa que pretendia iniciar suas atividades.

O licenciamento ambiental é um procedimento administrativo, ou seja, uma série de atos sucessivos e coordenados que tendem a um resultado final e conclusivo. Assim, é necessário preencher os requisitos legais para obter as licenças para localização, instalação e operação. Somente com todas as licenças obtidas, considera-se o estabelecimento apto a exercer suas atividades, sob a ótica da preservação do meio ambiente.

Em matéria ambiental, a prevenção é preceito fundamental, uma vez que os danos ambientais, na maioria das vezes, são irrever-

---

[49] MILARÉ, 2013.
[50] DAWALIBI, 2000.

síveis e irreparáveis. Assim, se a nova legislação municipal prevê que o bairro em que a empresa pretende se instalar tem característica residencial, agiu o Município dentro da mais estrita legalidade ao prestar essa informação ao Órgão Estadual competente, que, tendo em vista o previsto no art. 9º da Resolução Conama n. 316/2002, indeferiu o pedido de licença de operação.

Constitui risco inerente à própria atividade empresarial que pode causar danos ao meio ambiente, a obtenção ou não das licenças necessárias, não havendo que se falar em indenização por danos materiais pelos gastos dispendidos com os testes e benfeitorias realizadas (TJMG, Ap. cível 10518110207629001, Quarta Câmara Cível, Relator Dárcio Lopardi Mendes, j. 24-4-2014).

Como se percebe, diante da importância do meio ambiente e de seu caráter de direito indisponível, o Poder Público pode negar a licença ou sua renovação e não cabe a alegação de direito adquirido[51], pois este não abarca o direito de poluir. Verifica-se que a complexidade do processo de licenciamento foi idealizada com o objetivo de proteger, evitar ou minimizar os danos ao meio ambiente. Por essa razão é que ele se subdivide em três etapas, tem validade determinada, marca-se pela publicidade de seus atos e exige a apresentação de avaliação de impacto ambiental.

2.5 Avaliação de Impacto Ambiental e o Licenciamento Ambiental

O processo de licenciamento ambiental pressupõe a realização de estudos ambientais que analisem os possíveis impactos ao meio ambiente. O conceito de impacto ambiental foi previsto no art. 1º da Resolução Conama n. 1/86:

---

[51] Para maiores informações consulte também: TRF da 4ª Região, AI 200704000040570, 3ª Turma, Relator Luiz Carlos de Castro Lugon, j. 5-6-2007.

Art. 1º Para efeito desta Resolução, considera-se impacto ambiental qualquer alteração das propriedades físicas, químicas e biológicas do meio ambiente, causada por qualquer forma de matéria ou energia resultante das atividades humanas que, direta ou indiretamente, afetam:

I – a saúde, a segurança e o bem-estar da população;
II – as atividades sociais e econômicas;
III – a biota;
IV – as condições estéticas e sanitárias do meio ambiente;
V – a qualidade dos recursos ambientais.

O impacto ambiental pode ser positivo ou negativo. Apesar de algumas iniciativas para incentivar os impactos positivos, como o pagamento por serviços ambientais, o direito ambiental prioriza a aferição dos impactos ambientais negativos, pois esses têm potencial para gerar danos ambientais[52]. Sendo assim, a Avaliação de Impactos Ambientais (AIA), prevista no art. 9º, III da Lei n. 6.938/81, foi incluída como parte do processo de licenciamento para evitar a ocorrência de danos ambientais.

A avaliação de impacto ambiental é um instrumento da política ambiental, que se materializa por meio de um:

[...] conjunto de estudos capazes de assegurar, desde o início do processo, que se faça um exame sistemático dos impactos ambientais de uma ação proposta [...] e de suas alternativas, e que os resultados sejam apresentados de forma adequada ao público e aos tomadores de decisão[53].

Esse instrumento ganhou contornos constitucionais, quando uma de suas modalidades, o Estudo Prévio de Impacto Ambiental (EIA), foi prevista no art. 225, IV. Esta condicionou a instalação de obra ou atividade potencialmente causadora de significativa

---

[52] ANTUNES, 2012.
[53] MOREIRA, 1990, p. 33.

degradação do meio ambiente, à elaboração do EIA. Sendo assim, pode-se observar que o Estudo de Impacto Ambiental (EIA) é um importante mecanismo para compatibilizar o projeto desenvolvimentista e a proteção ambiental. Portanto, é "uma informação técnica posta à disposição da administração com vistas a subsidiar o licenciamento ambiental de obra ou atividade capaz de potencial ou efetivamente causar significativa degradação ambiental"[54].

Esse estudo será exigido sempre que se licenciar obra ou atividade efetiva ou potencialmente poluidora ou degradadora do meio ambiente, cuja regulamentação se encontra na Resolução Conama n. 1/86. O EIA deve ser apresentado em conjunto com o seu respectivo relatório de impacto ambiental (Rima). O Rima é uma síntese do EIA, devendo refletir suas principais conclusões, cujo conteúdo mínimo está previsto, respectivamente, nos arts. 6º e 9º da resolução.

Esses documentos embora relacionados, não se confundem, visto que o EIA "é o conjunto de pesquisas [...] necessárias para avaliar o impacto ambiental de um determinado empreendimento", e, por sua vez o Rima "é parte integrante do EIA e tem por finalidade fazer com que os conceitos técnicos e científicos sejam acessíveis à população em geral"[55].

O art. 2º da Resolução Conama n. 1/86 elenca as atividades que exigem a apresentação de EIA/Rima. Esse rol é meramente exemplificativo, pois ao utilizar a expressão "tais como", o dispositivo indica rol aberto e não de *numerus clausus*. Desse modo, o órgão ambiental pode exigir a elaboração de EIA/Rima para atividade ou empreendimento que não figure nessa listagem, mas que segundo sua compreensão possa causar significativa degradação ambiental.

Há uma presunção de que as atividades constantes no rol do art. 2º da Resolução Conama n. 1/1986 causam significativo im-

---

[54] ANTUNES, 2012, p. 369.
[55] MILARÉ, 2013, p. 399.

pacto. Tanto que, boa parte da doutrina defendia a ideia de presunção absoluta, a qual retiraria a discricionaridade da Administração Pública em relação ao tipo de estudo a ser apresentado, sob pena de invalidar o licenciamento, já que este era ato vinculado[56].

Contudo, com a edição da Resolução Conama n. 237/97, ficou consagrada a tese da presunção relativa (art. 3º, parágrafo único), sendo assim, caso o órgão ambiental entenda que determinada atividade não gera significativo impacto, pode ser dispensada de apresentar o EIA/Rima. Nesse sentido, a jurisprudência explica[57]:

> A Resolução Conama n. 237/97, por sua vez, não exige EIA/Rima, segundo a natureza da atividade, mas, segundo a natureza do impacto ambiental, competindo ao órgão ambiental estabelecer o procedimento adequado ao licenciamento sob sua análise [...].

Prescreve o art. 3º da Resolução Conama n. 237/97:

"Art. 3º A licença ambiental para empreendimentos e atividades consideradas efetiva ou potencialmente causadoras de significativa degradação do meio dependerá de prévio estudo de impacto ambiental e respectivo relatório de impacto sobre o meio ambiente (EIA/Rima), ao qual dar-se-á publicidade, garantida a realização de audiências públicas, quando couber, de acordo com a regulamentação.

Parágrafo único. O órgão ambiental competente, verificando que a atividade ou empreendimento não é potencialmente causador de significativa degradação do meio ambiente, definirá os estudos ambientais pertinentes ao respectivo processo de licenciamento".

A definição da significância dos impactos ambientais que poderiam ser causados por uma obra ou atividade depende de características como sua tipologia, seu porte e sua localização [...].

---

[56] CAPPELLI, 1992.

[57] TJSP, AI 0233635-71.2012.8.26.0000, 1ª Câmara Reservada ao Meio Ambiente, Relator Zélia Maria Antunes Alves, j. 22-5-2014.

O EIA/Rima, apesar de ser indispensável para proteção ambiental, trata-se um estudo custoso e complexo que exige uma equipe multidisciplinar, realização de audiências públicas e diversos estudos ambientais, devendo ser estabelecido apenas quando realmente haja significativo impacto ambiental. Ou seja, mesmo que o projeto esteja no rol do art. 2º da Resolução Conama n. 1/86, o órgão ambiental tem certa liberdade para avaliar a exigência do EIA/Rima com base no art. 3º, parágrafo único, da Resolução Conama n. 237/97.

Percebe-se assim que nem sempre será exigido EIA/Rima no processo de licenciamento, já que existem outros estudos ambientais aplicáveis às atividades e empreendimentos que não causem significativo dano ambiental. Por exemplo, a Instrução Normativa do Ibama n.184/2008 prevê a realização de Estudo Ambiental Simplificado e Plano de Controle Ambiental para atividades de baixo impacto.

No caso do estado de São Paulo, além do EIA, a Resolução SMA n. 49/2014 regulamenta o Estudo Ambiental Simplificado (impacto ambiental muito pequeno e não significativo) e o Relatório Ambiental Preliminar (atividades consideradas potencial ou efetivamente causadoras de degradação ambiental).

O debate sobre os impactos ambientais e o processo de licenciamento ambiental interessa à toda a coletividade, visto que, tais procedimentos visam justamente garantir a qualidade sadia do meio ambiente, classificada como direito fundamental. Essa característica faz com que o processo de licenciamento seja marcado pela publicidade de seus atos e pela possibilidade da participação social como forma de garantir a sua transparência.

Sendo assim, respeitado o sigilo industrial, o Rima ficará acessível ao público e seu conteúdo pode ser discutido em audiência pública, o que foi regulado no âmbito federal pela Resolução Conama n. 9/87. Essa resolução obriga a realização de audiência pública quando o órgão ambiental julgar necessário, por solicitação de entidade civil, do Ministério Público ou de 50 ou mais cidadãos.

Além disso, de acordo com o art. 10, § 1º, da Lei n. 6.938/81 os "pedidos de licenciamento, sua renovação e a respectiva concessão serão publicados no jornal oficial, bem como em periódico regional ou local de grande circulação, ou em meio eletrônico de comunicação mantido pelo órgão ambiental competente".

2.6 Licenciamento ambiental, fiscalização e responsabilidade do Poder Público

O art. 23 da Constituição Federal determinou a competência comum para o exercício do poder de polícia ambiental, no qual se incluiu o licenciamento, mas também a fiscalização das atividades poluidoras. Sendo assim, a União, os Estados, o Distrito Federal e os municípios possuem o dever de fiscalizar e controlar a aplicação das normas e padrões de qualidade ambiental. A possibilidade de fiscalização pelos três entes busca ampliar a possibilidade de controle efetivo da execução das leis ambientais.

A permissão do exercício concomitante da fiscalização ambiental gerou em alguns casos a duplicidade de ações e o conflito de determinar qual órgão ambiental teria preferência no caso concreto para agir e aplicar as penalidades da lei[58].

A LC n. 140/2011 regulamentou a competência comum para a fiscalização, determinando a preferência do órgão ambiental licenciador. Nesse sentido, o art. 17 da referida lei determina que:

> Art. 17. Compete ao órgão responsável pelo licenciamento ou autorização, conforme o caso, de um empreendimento ou atividade, lavrar auto de infração ambiental e instaurar processo administrativo para a apuração de infrações à legislação ambiental cometidas pelo empreendimento ou atividade licenciada ou autorizada.
>
> § 1º Qualquer pessoa legalmente identificada, ao constatar infração ambiental decorrente de empreendimento ou atividade

---
[58] CAPPELLI, 2003.

utilizadores de recursos ambientais, efetiva ou potencialmente poluidores, pode dirigir representação ao órgão a que se refere o *caput*, para efeito do exercício de seu poder de polícia.

§ 2º Nos casos de iminência ou ocorrência de degradação da qualidade ambiental, o ente federativo que tiver conhecimento do fato deverá determinar medidas para evitá-la, fazer cessá-la ou mitigá-la, comunicando imediatamente ao órgão competente para as providências cabíveis.

§ 3º O disposto no *caput* deste artigo não impede o exercício pelos entes federativos da atribuição comum de fiscalização da conformidade de empreendimentos e atividades efetiva ou potencialmente poluidores ou utilizadores de recursos naturais com a legislação ambiental em vigor, prevalecendo o auto de infração ambiental lavrado por órgão que detenha a atribuição de licenciamento ou autorização a que se refere o *caput*.

A competência para a fiscalização é comum, ou seja, os órgãos ambientais dos distintos entes federativos podem fiscalizar, contudo, com a edição da LC n. 140/2011, o órgão ambiental responsável pelo licenciamento possuirá prioridade. Para tanto, vale destacar trecho da jurisprudência do Tribunal Regional da 5ª Região:

4. Fazendo-se uma análise da legislação em estudo, o que se verifica é que no âmbito das ações de licenciamento e fiscalização a regra geral é a de que o ente competente para promover o licenciamento é o que detém a atribuição de fiscalização. [...]. 5. Ocorre que, o parágrafo 3º do artigo citado traz uma exceção fundamental para a interpretação do dispositivo, estipulando que qualquer ente federativo pode exercer a fiscalização dos empreendimentos e atividades potencialmente poluidores, analisando sua compatibilidade frente à legislação ambiental vigente, porém, em caso de ilícito ambiental, prevalecerá o Auto de Infração do ente competente para o licenciamento [...]. 6. Sendo assim, o ente federativo não competente para o licenciamento pode sim promover a fiscalização de empreendimentos, para averiguar a conformidade legal destes, como aconteceu na situação, com a lavratura do Auto de Infração 738547-D pelo IBAMA, e isso porque trata-se de

competência comum. De todo modo, em hipótese de infração ambiental, prevalecerá a autuação do ente federativo com atribuições para o licenciamento, o que inexistiu no caso (TRF da 5ª Região, Ap em Reexame Necessário 0009145-25.2012.4.05.8200, 2ª Vara Federal, Relator Desembargador Federal Manoel de Oliveira Erhardt. Em andamento).

A LC n. 140/2011 não restringe a prática da fiscalização ao ente licenciador, porém, no caso de sobreposição de diversos órgãos, a prioridade é daquele que fez o licenciamento. O art. 70 da Lei n. 9.605/98 regulamenta o conceito de infração administrativa e a competência para a fiscalização, que foi atribuída aos entes do Sisnama, bem como aos agentes das Capitanias dos Portos e do Ministério da Marinha:

> Art. 70. Considera-se infração administrativa ambiental toda ação ou omissão que viole as regras jurídicas de uso, gozo, promoção, proteção e recuperação do meio ambiente.
>
> § 1º São autoridades competentes para lavrar auto de infração ambiental e instaurar processo administrativo os funcionários de órgãos ambientais integrantes do Sistema Nacional de Meio Ambiente – Sisnama, designados para as atividades de fiscalização, bem como os agentes das Capitanias dos Portos, do Ministério da Marinha.
>
> § 2º Qualquer pessoa, constatando infração ambiental, poderá dirigir representação às autoridades relacionadas no parágrafo anterior, para efeito do exercício do seu poder de polícia.
>
> § 3º A autoridade ambiental que tiver conhecimento de infração ambiental é obrigada a promover a sua apuração imediata, mediante processo administrativo próprio, sob pena de corresponsabilidade.
>
> § 4º As infrações ambientais são apuradas em processo administrativo próprio, assegurado o direito de ampla defesa e o contraditório, observadas as disposições desta Lei.

O artigo explicita que a fiscalização é uma atribuição comum dos órgãos ambientais das três esferas da Federação e que sua atuação "é um dever, e não uma faculdade, cabendo responsabilidade solidária no caso de omissão"[59]. Esse tratamento se justifica diante do art. 225 da Constituição Federal, que estabelece o direito de todos a um meio ambiente ecologicamente equilibrado e impõe ao Poder Público e à coletividade o dever de defendê-lo e preservá-lo para as presentes e futuras gerações.

O Ministro Herman Benjamin esclarece que o regime comum e geral da responsabilidade civil do Estado por omissão é o subjetivo ou por culpa, contudo ele possui duas exceções: a) "quando a responsabilização objetiva do ente público decorrer de expressa previsão legal, em microssistema especial, como na proteção do meio ambiente (Lei n. 6.938/81, art. 3º, IV, c/c o art. 14, § 1º)" e b) "quando as circunstâncias indicarem a presença de um *standard* ou dever de ação estatal mais rigoroso do que aquele que jorra, consoante a construção doutrinária e jurisprudencial, do texto constitucional"[60].

O Poder Público tem um dever constitucional de proteger o meio ambiente, o qual inclui a obrigação de observar as regras informadoras dos processos de licenciamento e fiscalizar o cumprimento das normas ambientais, com base nos art. 225, 23, VI e VII, e 170, VI, da Constituição Federal; na Lei n. 6.938/81, art. 2º, I e V, e art. 6º e da Lei n 9.605/98.

Por esse motivo, a omissão dos entes administrativos permite que eles sejam classificados como poluidores, na modalidade de causador indireto da atividade causadora de degradação ambiental; conforme previsão no art. 3º, V, da Lei n. 6.938/81.

Assim, o Estado pode ser responsabilizado de forma objetiva e solidária por danos causados por terceiros, já que cabe a ele controlar e impedir sua ocorrência. Contudo, a responsabilidade estatal

---

[59] CIRNE, 2013, p. 8.
[60] STJ, REsp 1071741/SP, 2ª Turma, Rel. Min. Herman Benjamim, j. 16-10-2010.

solidária possui natureza subsidiária, uma vez que é mais conveniente para o interesse coletivo que se responsabilize pela degradação quem de fato lucrou com ela[61]. Nesse sentido, a jurisprudência do STJ afirma que:

> PROCESSUAL CIVIL, ADMINISTRATIVO E AMBIENTAL. ADOÇÃO COMO RAZÕES DE DECIDIR DE PARECER EXARADO PELO MINISTÉRIO PÚBLICO. INEXISTÊNCIA DE NULIDADE. ART. 2º, PARÁGRAFO ÚNICO, DA LEI 4.771/65. DANO AO MEIO AMBIENTE. RESPONSABILIDADE CIVIL DO ESTADO POR OMISSÃO. ARTS. 3º, IV, C/C 14, § 1º, DA LEI 6.938/81. DEVER DE CONTROLE E FISCALIZAÇÃO.
>
> 1. A jurisprudência predominante no STJ é no sentido de que, em matéria de proteção ambiental, há responsabilidade civil do Estado quando a omissão de cumprimento adequado do seu dever de fiscalizar for determinante para a concretização ou o agravamento do dano causado pelo seu causador direto. Trata-se, todavia, de responsabilidade subsidiária, cuja execução poderá ser promovida caso o degradador direto não cumprir a obrigação, "seja por total ou parcial exaurimento patrimonial ou insolvência, seja por impossibilidade ou incapacidade, por qualquer razão, inclusive técnica, de cumprimento da prestação judicialmente imposta, assegurado, sempre, o direito de regresso (art. 934 do Código Civil), com a desconsideração da personalidade jurídica, conforme preceitua o art. 50 do Código Civil" (STJ, REsp 1071741/SP, 2ª Turma, Rel. Min. Herman Benjamim, j. 16-10-2010; STJ, Agravo Regimental no REsp 1.001.780/PR, 1ª Turma, Rel. Min. Teori Albino Zavascki, j. 27-9-2011).

A jurisprudência[62] tem se consolidado no sentido de reconhecer que a Administração Pública "é solidária, objetiva e ilimitada-

---

[61] MILARÉ, 2013.
[62] STJ, REsp 1.071.741/SP, 2ª Turma, Rel. Min. Herman Benjamim, j. 16-12--2010.

mente responsável, nos termos da Lei n. 6.938/1981" pelos danos ambientais causados pela "omissão do seu dever de controlar e fiscalizar, na medida em que contribua, direta ou indiretamente, tanto para a degradação ambiental em si mesma, como para o seu agravamento, consolidação ou perpetuação", contudo, isso não exime a responsabilidade do agente público relapso ou desidioso.

A responsabilidade solidária da Administração Pública será subsidiária, devido ao fato de que, caso fosse o contrário, a sociedade teria que suportar com o ônus da atividade nociva ao meio ambiente. Ora, esta não se beneficiou da atividade, suportou o dano ambiental gerado e ainda sofreria penalidade, pois em última instância caberia a ela, por meio do Estado, recuperar o meio ambiente e indenizar os danos.

Dessa forma, baseado no princípio do poluidor pagador, nada mais justo que quem se beneficia, direta ou indiretamente, da atividade ou obra degradadora responda primeiro pela obrigação de internalizar as externalidades, recupere o meio ambiente e indenize as vítimas.

2.7 Considerações finais

O licenciamento ambiental é um procedimento fundamental para compatibilizar o desenvolvimento econômico e a proteção ambiental, contudo, sua aplicação prática é marcada por uma série de incertezas e conflitos.

Trata-se de um procedimento complexo por diversos motivos, dentre os principais, citam-se: a) a falta de coordenação institucional entre os órgãos ambientais do Sisnama, b) o número de documentos e estudos que são exigidos no processo; b) a morosidade dos órgãos ambientais em analisar os pedidos; c) a subdivisão da licença ambiental em três etapas; e d) o grau de incerteza atrelado à licença ambiental, seja pela validade ou estabilidade limitadas, como também pela frequência com que são questionadas no âmbito judicial.

A edição da Lei Complementar n. 140/2011 representou um avanço significativo no tema, pois regulou a competência ambiental comum e assentou os critérios para a definição do órgão ambiental competente na condução do licenciamento e fiscalização ambiental, pondo um fim à discussão da ilegitimidade dos critérios estabelecidos pela Resolução Conama n. 237/97. A promulgação do Decreto n. 8.437/2015 foi outro passo importante, assim como a edição da Deliberação Consema n. 2/2014, pois esses instrumentos contribuem para clarificar a competência de cada ente administrativo no processo administrativo. Entretanto, tais instrumentos ainda não encerram as controvérsias, já que, parte dos seus pressupostos demandam regulamentação e diante de sua novidade, ainda é incerto como os órgãos ambientais e tribunais vão construir sua aplicação.

A proteção ao meio ambiente e o combate à poluição se tornam cada vez mais urgentes diante da precarização das condições ambientais, o que fortalece o papel do licenciamento e implica uma série de obrigações e ônus aos empreendedores, que não se justificariam nos ramos tradicionais do direito. Porém, não é apenas a responsabilidade do empreendedor que aumenta, mas, também, o papel da Administração Pública, que face ao seu dever legal de proteger o meio ambiente, passa a ser responsabilizado diante de sua omissão no dever de controlar e fiscalizar as atividades causadoras de potencial dano ambiental.

REFERÊNCIAS

AMADO, Frederico. **Direito ambiental esquematizado**. 3. ed. Rio de Janeiro: Forense; São Paulo: Método, 2012.

ANTUNES, Paulo de Bessa. **Direito ambiental**. 14. ed. São Paulo: Atlas, 2012.

BRASIL. **Constituição (1988). Constituição da República Federativa do Brasil**. Disponível em: <http://www.planalto.gov.br/ccivil_03/Constituicao/Constituiçao.htm>. Acesso em: 16 maio. 2014.

_____. **Decreto n. 1.413, de 14 de agosto de 1975**. Disponível em: <http://www.planalto.gov.br/ccivil_03/decreto/1995/D1413.htm>. Acesso em: 8 ago. 2014.

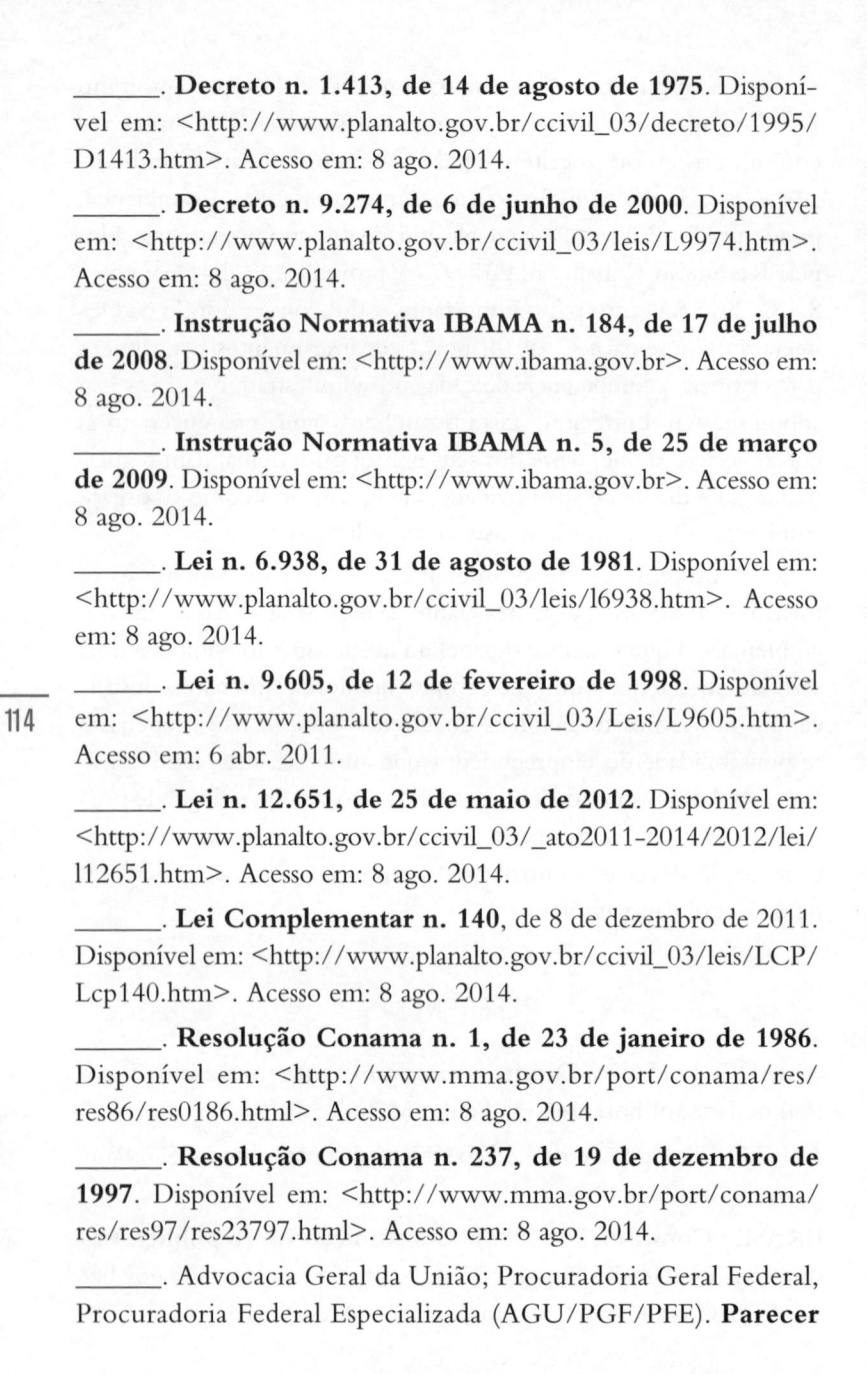

_____. **Decreto n. 9.274, de 6 de junho de 2000**. Disponível em: <http://www.planalto.gov.br/ccivil_03/leis/L9974.htm>. Acesso em: 8 ago. 2014.

_____. **Instrução Normativa IBAMA n. 184, de 17 de julho de 2008**. Disponível em: <http://www.ibama.gov.br>. Acesso em: 8 ago. 2014.

_____. **Instrução Normativa IBAMA n. 5, de 25 de março de 2009**. Disponível em: <http://www.ibama.gov.br>. Acesso em: 8 ago. 2014.

_____. **Lei n. 6.938, de 31 de agosto de 1981**. Disponível em: <http://www.planalto.gov.br/ccivil_03/leis/l6938.htm>. Acesso em: 8 ago. 2014.

_____. **Lei n. 9.605, de 12 de fevereiro de 1998**. Disponível em: <http://www.planalto.gov.br/ccivil_03/Leis/L9605.htm>. Acesso em: 6 abr. 2011.

_____. **Lei n. 12.651, de 25 de maio de 2012**. Disponível em: <http://www.planalto.gov.br/ccivil_03/_ato2011-2014/2012/lei/l12651.htm>. Acesso em: 8 ago. 2014.

_____. **Lei Complementar n. 140**, de 8 de dezembro de 2011. Disponível em: <http://www.planalto.gov.br/ccivil_03/leis/LCP/Lcp140.htm>. Acesso em: 8 ago. 2014.

_____. **Resolução Conama n. 1, de 23 de janeiro de 1986**. Disponível em: <http://www.mma.gov.br/port/conama/res/res86/res0186.html>. Acesso em: 8 ago. 2014.

_____. **Resolução Conama n. 237, de 19 de dezembro de 1997**. Disponível em: <http://www.mma.gov.br/port/conama/res/res97/res23797.html>. Acesso em: 8 ago. 2014.

_____. Advocacia Geral da União; Procuradoria Geral Federal, Procuradoria Federal Especializada (AGU/PGF/PFE). **Parecer**

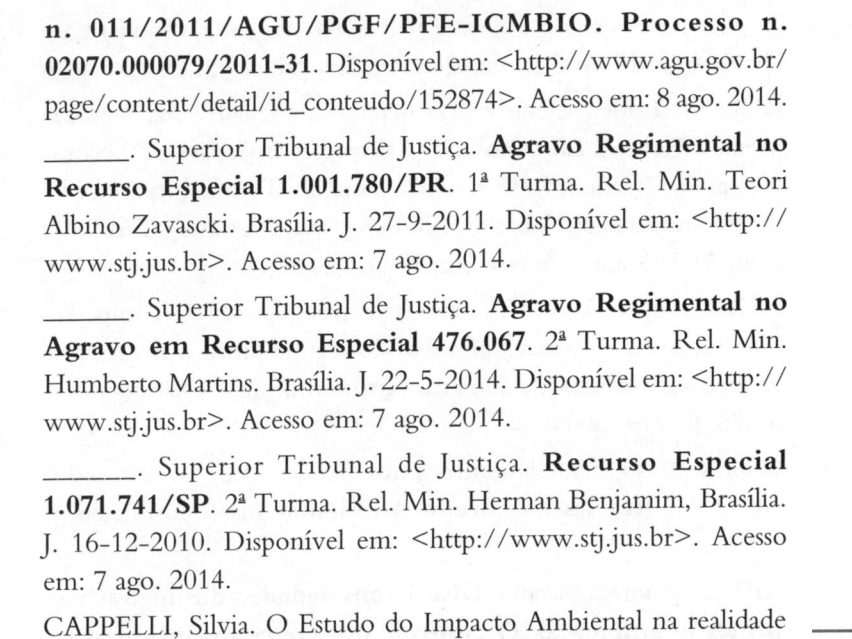

n. 011/2011/AGU/PGF/PFE-ICMBIO. **Processo n. 02070.000079/2011-31**. Disponível em: <http://www.agu.gov.br/page/content/detail/id_conteudo/152874>. Acesso em: 8 ago. 2014.

_____. Superior Tribunal de Justiça. **Agravo Regimental no Recurso Especial 1.001.780/PR**. 1ª Turma. Rel. Min. Teori Albino Zavascki. Brasília. J. 27-9-2011. Disponível em: <http://www.stj.jus.br>. Acesso em: 7 ago. 2014.

_____. Superior Tribunal de Justiça. **Agravo Regimental no Agravo em Recurso Especial 476.067**. 2ª Turma. Rel. Min. Humberto Martins. Brasília. J. 22-5-2014. Disponível em: <http://www.stj.jus.br>. Acesso em: 7 ago. 2014.

_____. Superior Tribunal de Justiça. **Recurso Especial 1.071.741/SP**. 2ª Turma. Rel. Min. Herman Benjamim, Brasília. J. 16-12-2010. Disponível em: <http://www.stj.jus.br>. Acesso em: 7 ago. 2014.

CAPPELLI, Silvia. O Estudo do Impacto Ambiental na realidade brasileira. Rio Grande do Sul. **Revista do Ministério Público**, n. 27, p. 45-60, 1992. Disponível online: <http://www.mprs.mp.br/ambiente/doutrina/id21.htm>. Acesso: 23 jun. 2014.

_____. Gestão Ambiental no Brasil: Sistema Nacional de Meio Ambiente – do formal à realidade. **Conferencia Internacional sobre aplicación y cumplimiento de la normativa ambiental em America Latina**. Buenos Aires, 2003. Disponível em: <http://www.mpgo.mp.br/portal/system/resources/W1siZiIsIjIwMT-MvMDQvMTUvMTRfNDNfNDdfNTA4X0dlc3Rhb19hbWJp ZW50YWxfbm9fQnJhc2lsLnBkZiJdXQ/Gestao%20ambiental%20no%20Brasil.pdf>. Acesso em: 23 jan. 2014.

CIRNE, M. B. A Lei Complementar 140/2011 e as competências ambientais fiscalizatórias. **Revista de Direito Ambiental [online]**, n. 72, São Paulo, p. 1-30, out. 2013.

DAWALIBI, M. Licença ou autorização ambiental? **Revista de Direito Ambiental**, n. 17, São Paulo, p. 179-187, 2000.

_____. O poder de polícia em matéria ambiental. **Revista de Direito Ambiental [online]**, n. 14, São Paulo, p. 1-9, abr. 1999.

FARIAS, Talden Queiroz. Da licença ambiental e sua natureza jurídica. **Revista Eletrônica de Direito Ambiental**, n. 9, Salvador, p. 1-27, jan./fev./mar. 2007. Disponível em: <http://www.direitodoestado.com/revista/REDE-9-JANEIRO-2007-TALDEN%20FARIAS.pdf>. Acesso em: 10 jun. 2014.

FIGUEIREDO, L. V. Discriminação constitucional das competências ambientais. Aspectos pontuais do regime jurídico das licenças ambientais. **Revista de Direito Ambiental**, n. 35, São Paulo, p. 39-55, jul./set. 2004.

Guerra, S. O licenciamento ambiental de acordo com a LC 140/2011. **Revista de Direito Ambiental**, n. 66, São Paulo, p. 1-17, abr. 2012.

KRELL, Andreas Joachin. **Discricionariedade administrativa e proteção ambiental. O controle dos conceitos jurídicos indeterminados e as competências dos órgãos ambientais: um estudo comparativo.** Porto Alegre: Livraria do Advogado, 2004.

MACHADO, Paulo Affonso Leme. **Direito ambiental brasileiro**. 21. ed. São Paulo: Malheiros, 2013.

MEDAUAR, Odete. **Direito administrativo moderno**. 16. ed. São Paulo: Revista dos Tribunais, 2012.

MEIRELLES, Hely Lopes. **Direito administrativo brasileiro**. 38. ed. São Paulo: Malheiros, 2012

MILARÉ, Édis. **Direito do ambiente**. 8. ed. São Paulo: Revista dos Tribunais, 2013.

MOREIRA, Iara Verocai Dias. **Vocabulário básico de meio ambiente**. Rio de Janeiro: Fundação Estadual de Engenharia do Meio Ambiente, 1990.

MUKAI, Toshio. **Direito ambiental sistematizado**. Rio de Janeiro: Forense, 2012.

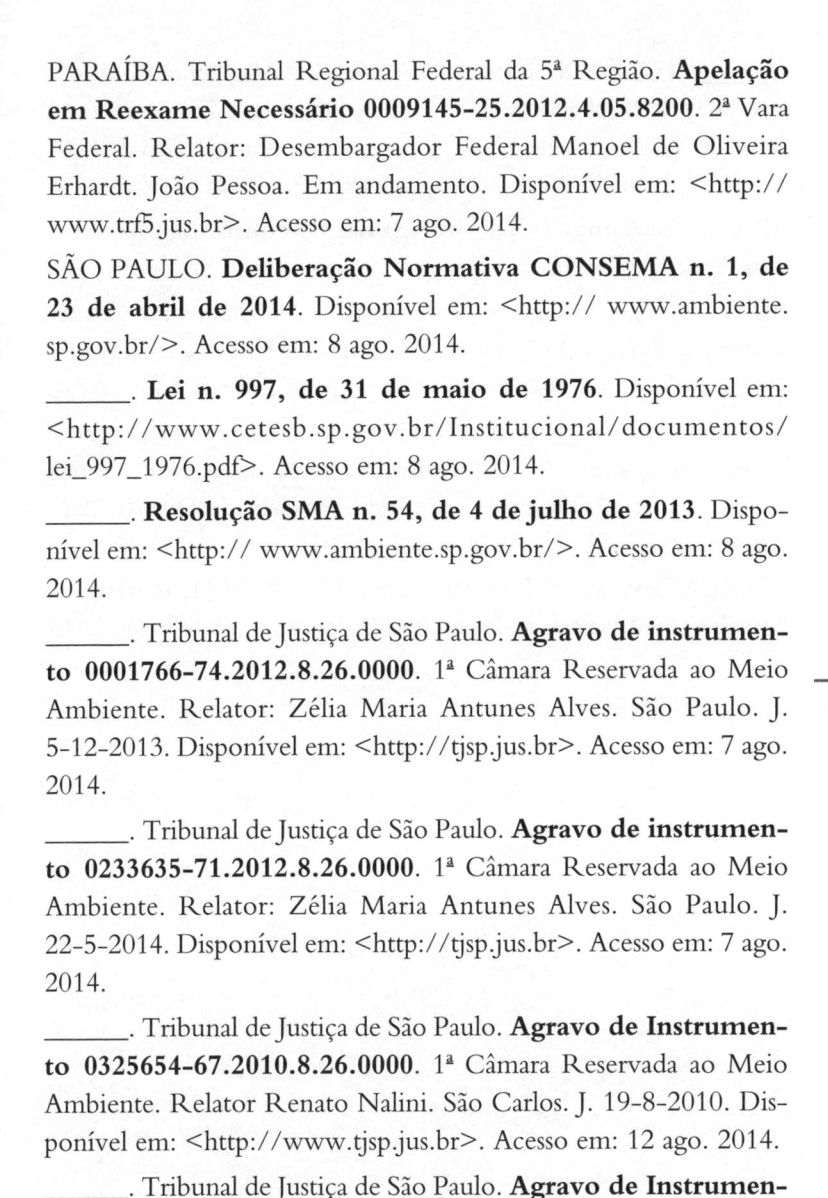

PARAÍBA. Tribunal Regional Federal da 5ª Região. **Apelação em Reexame Necessário 0009145-25.2012.4.05.8200**. 2ª Vara Federal. Relator: Desembargador Federal Manoel de Oliveira Erhardt. João Pessoa. Em andamento. Disponível em: <http://www.trf5.jus.br>. Acesso em: 7 ago. 2014.

SÃO PAULO. **Deliberação Normativa CONSEMA n. 1, de 23 de abril de 2014**. Disponível em: <http:// www.ambiente.sp.gov.br/>. Acesso em: 8 ago. 2014.

_____. **Lei n. 997, de 31 de maio de 1976**. Disponível em: <http://www.cetesb.sp.gov.br/Institucional/documentos/lei_997_1976.pdf>. Acesso em: 8 ago. 2014.

_____. **Resolução SMA n. 54, de 4 de julho de 2013**. Disponível em: <http:// www.ambiente.sp.gov.br/>. Acesso em: 8 ago. 2014.

_____. Tribunal de Justiça de São Paulo. **Agravo de instrumento 0001766-74.2012.8.26.0000**. 1ª Câmara Reservada ao Meio Ambiente. Relator: Zélia Maria Antunes Alves. São Paulo. J. 5-12-2013. Disponível em: <http://tjsp.jus.br>. Acesso em: 7 ago. 2014.

_____. Tribunal de Justiça de São Paulo. **Agravo de instrumento 0233635-71.2012.8.26.0000**. 1ª Câmara Reservada ao Meio Ambiente. Relator: Zélia Maria Antunes Alves. São Paulo. J. 22-5-2014. Disponível em: <http://tjsp.jus.br>. Acesso em: 7 ago. 2014.

_____. Tribunal de Justiça de São Paulo. **Agravo de Instrumento 0325654-67.2010.8.26.0000**. 1ª Câmara Reservada ao Meio Ambiente. Relator Renato Nalini. São Carlos. J. 19-8-2010. Disponível em: <http://www.tjsp.jus.br>. Acesso em: 12 ago. 2014.

_____. Tribunal de Justiça de São Paulo. **Agravo de Instrumento 0458249-30.2010.8.26.0000**. 1ª Câmara Reservada ao Meio Ambiente. Relator: Otávio Henrique. Lins. J. 28-4-2011. Disponível em: <http://www.tjsp.jus.br>. Acesso em: 12 ago. 2014.

_____. Tribunal de Justiça de São Paulo. **Apelação 0011767-
-90.2011.8.26.0053**. 1ª Câmara Reservada ao Meio Ambiente.
Relator: Antonio Celso Aguilar Cortez. São Paulo. J. 23-1-2014.
Disponível em: <http://www.tjsp.jus.br> Acesso em: 7 ago. 2014.

SILVA, José Afonso da. **Direito ambiental constitucional**. 4. ed.
São Paulo: Malheiros, 2003.

SILVA, R. F. T. Comentários sobre a nova lei de competências em
matéria ambiental (LC 140, de 08.12.2011). **Revista de Direito
Ambiental**, n. 66, São Paulo, p. 55-77, abr. 2012.

VIANA. A. L; PATRUS, R. D. Controle jurisdicional do licenciamento ambiental: O Poder Judiciário e a proteção ao meio ambiente sob a égide da Constituição de 1988. **Revista de Direito Ambiental**, n. 74, São Paulo, p. 1-6, abr. 2014.

WALCACER. F. et al. Notas sobre a LC 140/2011. **Revista de
Direito Ambiental**, v. 18, n. 70, São Paulo, p. 39-74, jun. 2013.

3 RESPONSABILIDADE EM MATÉRIA AMBIENTAL E OS SEUS EFEITOS PARA AS EMPRESAS

Pilar Carolina Villar
Professora do Programa de Pós-Graduação Lato Sensu da FGV DIREITO SP (GVlaw); professora do Bacharelado Interdisciplinar em Ciência e Tecnologia do Mar da Universidade Federal de São Paulo (UNIFESP); doutora e mestre em Ciência Ambiental pelo Programa de Pós-Graduação em Ciência Ambiental pela Universidade de São Paulo (USP); especialista em Instrumentos e Políticas de Gestão Ambiental na Europa pelo Instituto Universitário de Estudos Europeus da Universidade CEU San Pablo; advogada.

Juliana Cassano Cibim
Advogada e consultora ambiental; doutora e mestre em ciência ambiental pelo Procam/IEE/USP; professora do MBA em Direito Empresarial da FGV DIREITO SP (GVlaw); professora do MBA em gestão estratégica do agronegócio do Centro de Estudos em Agronegócios (GVAgro) da Escola de Economia de São Paulo da Fundação Getulio Vargas (EAESP) e na Escola Superior de Agricultura "Luiz de Queiroz" da Universidade de São Paulo (ESALQ-USP); professora de Direito Internacional Público da Faculdade de Direito e de disciplinas sobre meio ambiente no curso de Relações Internacionais da Fundação Armando Álvares Penteado (FAAP).

3.1 Introdução

O desafio do desenvolvimento sustentável exige um sistema eficiente de responsabilização, que seja capaz de garantir à coletividade (titular do bem ambiental) um meio ecologicamente equilibrado e a responsabilização dos causadores de um dano ambiental. O art. 225, § 3º, da Constituição Federal trouxe o fundamento da responsabilidade ambiental ao determinar que as "condutas e atividades consideradas lesivas ao meio ambiente sujeitarão os infratores, pessoas físicas ou jurídicas, a sanções penais e administrativas, independentemente da obrigação de reparar os danos causados".

Dessa forma, consagrou-se a tríplice responsabilização em matéria ambiental: civil, penal e administrativa. Essa tripla responsabilização pelo mesmo fato gerador não afronta o princípio do *ne bis in idem*, pois tais esferas são independentes, possuindo princípios e institutos peculiares a cada uma delas. Além disso, o dano ambiental tem "dupla valência", pois abarca a proteção do meio ambiente globalmente considerado, bem como os interesses pessoais relacionados aos elementos específicos do ambiente[1].

Por isso, a ocorrência de um passivo ambiental ou o descumprimento das normas ambientais acarreta pesadas sanções e onera consideravelmente a atividade empresarial, pois permite múltiplas imputações ao degradador ambiental, fora as perdas relativas ao valor das ações da empresa ou à sua imagem. A seguir se apresentam

---
[1] LEITE; AYALA, 2012, p. 99.

a perspectiva jurídica do meio ambiente, o dano ambiental e seus efeitos em relação à responsabilidade civil, as particularidades e efeitos da responsabilidade administrativa e penal.

3.2 O meio ambiente como um bem jurídico

A responsabilidade em matéria ambiental nasce do reconhecimento do ambiente como um bem jurídico, cujas particularidades vão influenciar a forma como ocorre o sistema de responsabilização. A Lei n. 6.938/81, em seu art. 3º, I, trouxe a primeira definição jurídica de meio ambiente compreendido como "o conjunto de condições, leis, influências e interações de ordem física, química e biológica, que permite, abriga e rege a vida em todas as suas formas".

O legislador adotou uma definição ampla de ambiente, pois englobou tudo aquilo que permite, abriga e rege a vida dos seres humanos ou demais espécies[2]. Ao que pesem as críticas sobre a amplitude do conceito, ele permite a construção de uma interpretação que inclua as interações homem e natureza, indo além da proteção dos elementos do patrimônio natural ou dos recursos naturais[3].

A Constituição Federal reforçou essa visão ampla de ambiente, abarcando a proteção ao meio ambiente natural (art. 225), o meio ambiente artificial (espaço urbano construído, art. 182 da CF), o meio ambiente cultural (patrimônio histórico, artístico, arqueológico, paisagístico e turísticos, referidos nos arts. 215 e 216 da CF) e o meio ambiente do trabalho (local de exercício das funções laborais, art. 200, VIII)[4]. A previsão legal do conceito de meio ambiente e a obrigação jurídica de protegê-lo em suas diversas formas o transformaram em bem jurídico a ser tutelado.

---

[2] MACHADO, 2013.

[3] LEITE; AYALA, 2012.

[4] AMADO, 2012; MACHADO, 2013.

Sendo assim, vale a pena trazer a definição de José Afonso da Silva[5], que conceitua o ambiente como a "interação do conjunto de elementos naturais, artificiais e culturais que propiciam o desenvolvimento da vida em todas as suas formas". Nessa concepção o ambiente pode ser entendido como macrobem, pois compreende o conjunto de fatores que interagem e condicionam a vida das pessoas, possuindo natureza incorpórea e imaterial. Dessa forma, ele diz respeito ao complexo de bens agregados que compõem o ambiente, sem se confundir com os elementos materiais que o formam[6]. O ambiente entendido como macrobem pertence a toda a coletividade, pois se trata de bem de uso comum do povo, conforme estabelecido no art. 225 da Constituição Federal.

Contudo, o ambiente como macrobem "é composto por entidades singulares [...] que em si mesmas são bens jurídicos"[7]. Nesse caso, ele é concebido como microbem, posto que, esses elementos são individualmente considerados e fracionados do ambiente (a floresta, o rio, o imóvel de valor histórico), possuindo natureza corpórea e sujeitos aos regimes públicos ou privado de propriedade.

Essa dupla dimensão do ambiente tem efeitos na responsabilização. Há uma responsabilidade compartilhada entre Poder Público, empresas e sociedade na proteção do meio ambiente (macrobem). Todos têm o dever de zelar pelo ambiente ecologicamente equilibrado e sua degradação prejudica a todos, de forma coletiva e individual, bem como os efeitos dessa degradação podem ir além dos limites onde ela foi produzida e se prolongar no tempo, atingindo pessoas indeterminadas, inclusive as futuras gerações.

---

[5] SILVA, 1994, p. 20.
[6] BENJAMIM, 1993.
[7] BENJAMIN, 1993, p. 75.

3.3 Dano ambiental e a responsabilidade civil

A responsabilidade civil possui natureza reparatória, tendo como principal objetivo reparar, compensar ou indenizar um dano ambiental. Leite e Pilati[8] ponderam que ela também possui vocação preventiva, pois diante da certeza da imputação, o poluidor é estimulado a assumir um papel proativo para evitar o dano ambiental.

O dano ambiental é um elemento essencial da responsabilização ambiental, pois sua caracterização irá determinar quais são e o alcance das obrigações impostas. A lei brasileira não definiu o dano ambiental, mas o vinculou aos conceitos de degradação ambiental e poluição previstos no art. 3º da Lei n. 6.938/81:

> II – degradação da qualidade ambiental, a alteração adversa das características do meio ambiente;
>
> III – poluição, a degradação da qualidade ambiental resultante de atividades que direta ou indiretamente:
>
> a) prejudiquem a saúde, a segurança e o bem-estar da população;
>
> b) criem condições adversas às atividades sociais e econômicas;
>
> c) afetem desfavoravelmente a biota;
>
> d) afetem as condições estéticas ou sanitárias do meio ambiente;
>
> e) lancem matérias ou energia em desacordo com os padrões ambientais estabelecidos.

Todas as atividades humanas geram algum tipo de degradação ou poluição, a questão posta é qual o grau de tolerabilidade dessa alteração indesejada nas condições ambientais e quando ela se torna juridicamente relevante. O dano ambiental pressupõe um prejuízo inaceitável aos seres humanos e suas atividades, bem como aos ecos-

---

[8] LEITE; PILATI, 2006.

sistemas[9]. A responsabilidade vai depender justamente do exame da gravidade da alteração ambiental e de que ela ultrapasse determinados critérios de tolerabilidade.

Leite e Ayala definiram o dano ambiental como:

> [...] toda a lesão intolerável causada por qualquer ação humana (culposa ou não) ao meio ambiente, diretamente, como macrobem de interesse da coletividade, em uma concepção totalizante, e indiretamente, a terceiros, tendo em vista interesses próprios e individualizáveis e que refletem no macrobem.

Esses autores esclarecem que diante do caráter multifacetário do dano ambiental, ele pode ser classificado de formas distintas conforme "a amplitude do bem protegido, quanto ao grau de reparabilidade e os interesses jurídicos envolvidos e quanto à extensão e ao interesse objetivado"[10].

Em relação à amplitude, o dano pode ser: a) dano ecológico puro: atinge os "bens próprios da natureza em sentido estrito"; b) dano ambiental *lato sensu*: diz respeito aos interesses difusos da coletividade, abarcando "todos os componentes do meio ambiente"[11]; e c) dano individual ambiental, reflexo ou ricochete: abrange os prejuízos sofridos pelas pessoas e os seus bens em decorrência do dano ambiental[12]. Nesse caso, embora o dano se relacione ao meio ambiente, trata-se de fato de dano individual, pois o "objetivo primordial não é a tutela dos valores ambientais, mas sim dos interesses próprios do lesado, relativos ao microbem ambiental"[13].

Quanto à reparabilidade e os interesses envolvidos, o dano ambiental pode ser: a) de reparabilidade direta: se dá no caso de interesses individuais e individuais homogêneos, a indenização é

---

[9] LEITE; AYALA, 2012.
[10] LEITE; ALAYA, 2012, p. 92.
[11] LEITE; ALAYA, 2012, p. 93.
[12] MILARÉ, 2013.
[13] LEITE; ALAYA, 2012, p. 93.

devida àquele que foi prejudicado por um dano ao meio ambiente; b) reparabilidade indireta: corresponde aos interesses difusos, coletivos e individuais de dimensão coletiva (ação popular) destinados a proteger o macrobem ambiental. A reparabilidade visa à recuperação do bem ambiental e não ao ressarcimento de interesses pessoais[14].

No que tange à extensão, o dano ambiental pode ser a) patrimonial: recai sobre o próprio bem ambiental e visa a sua restituição, recuperação ou indenização; b) extrapatrimonial ou moral: abarca os valores psíquicos, englobando a sensação de perda ou desconforto causada pela lesão ao meio ambiente, nesse caso, desdobra-se em dano ambiental extrapatrimonial individual e coletivo[15].

Por fim, em relação aos interesses objetivados, o dano por ser de: a) interesse da coletividade ou interesse público; b) de interesse particular individual próprio; e c) interesse do particular em defender o macrobem coletivo via ação popular[16].

O dano ambiental difere do dano clássico, o qual é atrelado a uma visão individualista e exige certeza. No direito civil clássico, a responsabilidade decorre de culpa ou imposição legal (contrato ou norma jurídica), sendo que no caso de ato ilícito a regra é a da teoria da culpa, que possui natureza subjetiva. Porém, no caso de dano ambiental, o Brasil adotou a responsabilidade objetiva.

A adoção da teoria objetiva se justifica diante da importância jurídica do bem tutelado, o qual é indisponível, das peculiaridades do dano ambiental, da pulverização das vítimas e da necessidade de evitar que o degradador ambiental privatize os lucros da apropriação de um bem coletivo e solidarize as perdas. A responsabilidade civil se norteia pelo princípio do poluidor pagador, que impõem ao po-

---

[14] LEITE; ALAYA, 2012.
[15] LEITE; ALAYA, 2012.
[16] LEITE; ALAYA, 2012.

luidor o dever de reparar o dano causado por sua conduta e pelo princípio da reparação integral do dano ambiental[17].

O art. 14, § 1º, da Lei n. 6.938/81 determinou que o poluidor é "obrigado, independentemente da existência de culpa, a indenizar ou reparar os danos causados ao meio ambiente e a terceiros, afetados por sua atividade". A teoria objetiva não exige a demonstração de culpa; basta demonstrar o evento danoso (fato que causou o prejuízo ao meio ambiente), a conduta lesiva (ação ou omissão) e o nexo causal entre o dano e a conduta do poluidor.

No ordenamento jurídico, a responsabilidade objetiva pode ser pautada pela teoria do risco integral ou pela teoria do risco criado. Annelise Steigleder diferencia essas duas teorias:

> [...] a teoria do risco integral supõe que a mera existência do risco gerado pela atividade, intrínseco ou não a ela, deverá conduzir à responsabilização. Havendo mais de uma causa provável do dano, todas serão reputadas eficientes para produzi-lo, não se distinguindo entre causa principal e causas secundárias, pelo que a própria existência da atividade é reputada causa do evento lesivo [...].

> [...] na teoria do risco criado, que resolve os problemas causais a partir da teoria da causalidade adequada, em que seleciona "entre as diversas causas que podem ter condicionado a verificação do dano, aquela que, numa perspectiva de normalidade e adequação sociais, apresente sérias probabilidades de ter criado um risco socialmente inaceitável, risco esse concretizado no resultado danoso" [...][18].

No Brasil, a responsabilidade ambiental é norteada pela teoria do risco integral ou teoria do risco da atividade. Na obrigação de reparar o dano, não se analisa a subjetividade do agente, bastando a comprovação do evento danoso e do nexo causal com a fonte po-

---

[17] LEITE; ALAYA, 2012.
[18] STEIGLEDER, 2004, p. 197-198.

luidora. Sendo assim, Milaré[19] esclarece que a adoção dessa teoria traz como consequências "a) a prescindibilidade da culpa; b) a irrelevância da licitude da atividade; e c) a inaplicação das causas de exclusão da responsabilidade civil".

A grande maioria dos doutrinadores e da jurisprudência não admite a força maior, o caso fortuito e o fato de terceiros como capazes de excluir a responsabilidade pelo dano ambiental. Contudo, Machado[20] afirma que "quem alegar caso fortuito ou a força maior deve produzir a prova de que impossível evitar ou impedir os efeitos do fato necessário – terremoto, raio, temporal, enchente". Por sua vez, Lemos[21] distingue a possibilidade da aplicabilidade das excludentes com base no tipo de atividade. O proprietário que não desenvolve atividade de risco poderia alegar a excludente de força maior, porém o que desenvolve atividade de risco assume a responsabilidade com base na teoria do risco da atividade, não podendo se valer das excludentes.

Outra peculiaridade do dano ambiental diz respeito à inversão do ônus da prova no caso de atividades potencialmente perigosas. Se há nexo de causalidade provável entre a atividade e o dano, transfere-se ao empreendedor o ônus de demonstrar que sua atividade não foi a responsável pelo dano. No direito ambiental, esse tratamento se justifica com base no princípio da precaução/prevenção e no princípio *in dubio pro natura*, e seu fundamento jurídico decorre da interpretação do art. 6º, VIII, da Lei n. 8.078/90 c/c o art. 21 da Lei n. 7.347/85[22].

Apesar de a responsabilidade civil normalmente exigir o nexo de causalidade, tal comprovação não se aplicaria nos casos de responsabilidade do adquirente de imóvel degradado. A doutrina e a

---

[19] MILARÉ, 2013, p. 431.

[20] MACHADO, 2013, p. 423.

[21] LEMOS, 2008, p. 111-112.

[22] Para maiores informações, consultar: REsp 972.902/RS e REsp 883.656/RS.

jurisprudência têm entendido que a obrigação de reparar o dano ambiental é *propter rem*, o que excluiria a discussão sobre culpa ou nexo causal. Por isso, o proprietário ou possuidor pode ser responsabilizado independentemente de ter causado o dano ambiental, posto que a obrigação de reparar adere ao título de domínio ou posse da propriedade[23]. Essa possibilidade foi expressamente prevista na Lei n. 12.651/2012, no art. 2º, § 2º: "as obrigações previstas nesta Lei têm natureza real e são transmitidas ao sucessor, de qualquer natureza, no caso de transferência de domínio ou posse do imóvel rural".

A prescrição do dano ambiental também apresenta peculiaridades. Como esclarece Leite e Ayala "a prescrição da lesão individual tradicional e reflexa dos componentes ambientais tem prazo determinado para ser questionada em juízo, conforme estipula o Código Civil. Por seu turno, a lesão ao bem difuso tem como característica a imprescritibilidade"[24].

A jurisprudência tem entendido que o dano ambiental difuso possui caráter de dano continuado e a pretensão dedicada à cessação desse dano é imprescritível. Esse tratamento se justifica por se tratar de direito indisponível, pois o ambiente é condição essencial para o direito à vida e para a afirmação dos povos[25]. Nesse sentido, vale a pena trazer um trecho do seguinte acórdão do STJ:

> Em matéria de prescrição cumpre distinguir qual o bem jurídico tutelado: se eminentemente privado seguem-se os prazos normais das ações indenizatórias; se o bem jurídico é indisponível, fundamental, antecedendo a todos os demais direitos, pois sem ele não há vida, nem saúde, nem trabalho, nem lazer, considera-se imprescritível o direito à reparação (STJ, REsp 1.120.117/AC, 2ª Turma, Rel. Min. Eliana Calmon, j.10-11-2009).

---

[23] Para maiores informações consultar: Agravo em REsp 327.687/SP.

[24] LEITE; AYALA, 2012, p. 97.

[25] Para uma análise mais aprofundada vide REsp 1.223.092/SC.

Percebe-se que a sistemática da responsabilidade civil ambiental se fecha cada vez mais com o objetivo de recompor o dano ambiental. Inclusive, essa recomposição não se restringe à questão do patrimônio ambiental, mas inclui também os danos extrapatrimoniais. O dano moral foi estabelecido na Constituição Federal, no art. 5º, V. A proteção dos interesses transindividuais está promovendo uma ampliação de sua interpretação de forma a incorporar não apenas a dimensão individual, mas também a coletiva. O dano moral coletivo corresponde a uma lesão na esfera moral de uma comunidade e o seu fundamento jurídico se alicerça nas alterações promovidas pela Lei n. 12.529/2011 no art. 1º da Lei n. 7.347/85, que incluiu a responsabilidade por danos morais e patrimoniais. Segundo Medeiros Neto são pressupostos do dano moral coletivo:

> (1) a conduta antijurídica (ação ou omissão) do agente, pessoa física ou jurídica; (2) a ofensa a interesses jurídicos fundamentais, de natureza extrapatrimonial, titularizados por uma determinada coletividade (comunidade, grupo, categoria ou classe de pessoas); (3) a intolerabilidade da ilicitude, diante da realidade apreendida e da sua repercussão social; (4) o nexo causal observado entre a conduta e o dano correspondente à violação do interesse coletivo (*lato sensu*)[26].

Nesse contexto surge a possibilidade de imputação do dano ambiental moral coletivo, que se "caracteriza pela ofensa, devidamente evidenciada, ao sentimento difuso ou coletivo resultante da lesão ambiental patrimonial"[27]. Essa matéria ainda é controvertida nos tribunais, que em muitos casos não admitem o dano moral coletivo ou o afastam por exigir prova da ofensa moral. Contudo, o Superior Tribunal de Justiça já se manifestou favoravelmente em relação a sua admissibilidade (vide REsp 1.269.494/MJ; REsp 1.367.923/RJ). Nesse sentido, no REsp 1.269.494/MG, afirma que:

---

[26] MEDEIROS NETO, 2007, p. 136.
[27] MILARÉ, 2013, p. 323.

[...] a reparação civil segue em seu processo evolutivo, iniciado com a negação do direito à reparação do dano moral puro para a previsão de reparação de dano a interesses difusos, coletivos e individuais homogêneos, ao lado do já consagrado direito à reparação pelo dano moral sofrido pelo indivíduo e pela pessoa jurídica (cf. Súmula 227/STJ).

[...]

É evidente que uma coletividade pode sofrer ofensa à sua honra, à sua dignidade, à sua boa reputação, à sua história, costumes, tradições e ao seu direito a um meio ambiente salutar para si e seus descendentes. Isso não importa exigir que a coletividade sinta a dor, a repulsa, a indignação, tal qual fosse um indivíduo isolado. Essas decorrem do sentimento de participar de determinado grupo ou coletividade, relacionando a própria individualidade à ideia do coletivo. Assim sendo, reconheço a possibilidade de existência de dano extrapatrimonial coletivo, podendo o mesmo ser examinado e mensurado (STJ, REsp 1.269.494/MG, Rel. Min. Eliana Calmon, j. 24-9-2013).

Percebe-se que a responsabilidade civil ambiental busca compreender as múltiplas dimensões do dano ambiental e promover a reparação ambiental da forma mais integral possível. Desse modo, para reparar, mitigar ou compensar o dano ambiental, seja ele patrimonial ou moral, torna-se possível a imposição de obrigações de fazer, não fazer e pagar sem configurar *bis in idem*[28].

3.4 Responsabilidade administrativa ambiental

A responsabilidade administrativa ambiental está diretamente vinculada ao poder de polícia da administração pública, cujo conceito foi definido no art. 78 do Código Tributário Nacional[29]. Não

---

[28] Para maiores informações consultar: REsp 1.180.078/MG.

[29] Art. 78. Considera-se poder de polícia atividade da administração pública que, limitando ou disciplinando direito, interesse ou liberdade, regula a prática de ato

há um conceito jurídico para o poder de polícia ambiental, mas a doutrina tem trabalhado o tema; Machado o define como:

> [...] a atividade da Administração Pública que limita ou disciplina direito, interesse ou liberdade, regula a prática de ato ou a abstenção de fato em razão de interesse público concernente à saúde da população, à conservação dos ecossistemas, à disciplina da produção e do mercado, ao exercício de atividades econômicas ou de outras atividades dependentes de concessão, autorização/ permissão ou licença do Poder Público de cujas atividades possam decorrer poluição ou agressão à natureza[30].

Dessa forma, a responsabilidade administrativa está atrelada à atuação dos órgãos da Administração direta e indireta da União, dos Estados, do Distrito Federal e dos Municípios e depende do descumprimento de uma regra jurídica. Ao contrário da responsabilidade civil que pressupõe a ocorrência de um dano, a responsabilidade administrativa decorre de uma infração administrativa, definida pelo art. 70 da Lei n. 9.605/98 como "toda ação ou omissão que viole as regras jurídicas de uso, gozo, promoção, proteção e recuperação do meio ambiente".

Percebe-se assim, que o foco central da responsabilidade administrativa é impedir a prática de ilícitos e garantir o respeito às normas jurídicas, prescindindo da consumação do dano ambiental. Dito isso, ela possui um papel preventivo e repressivo, pois, por meio do aparato estatal, busca evitar a ocorrência de danos ambientais ao impor determinados comportamentos e atribui sanções administrativas aos infratores[31].

---

ou abstenção de fato, em razão de interesse público concernente à segurança, à higiene, à ordem, aos costumes, à disciplina da produção e do mercado, ao exercício de atividades econômicas dependentes de concessão ou autorização do Poder Público, à tranquilidade pública ou ao respeito à propriedade e aos direitos individuais ou coletivos.

[30] MACHADO, 2013, p. 385.
[31] PACIORNIK, 2007, p. 144.

A Constituição Federal determinou a competência material comum entre todos os entes políticos para proteger o ambiente e combater a poluição, a competência legislativa concorrente entre União e Estados na temática ambiental e a competência dos municípios para legislar sobre assuntos de interesse local, dessa forma, no limite dessas competências, cada ente pode instituir regras e sanções ambientais. A divisão de competências se relaciona ao Sistema Nacional de Meio Ambiente – Sisnama, definido pela Lei n. 6.938/81. Essa estrutura de entidades e órgãos ambientais se tornou o principal responsável pelo exercício do poder de polícia ambiental.

No plano federal, as infrações administrativas são reguladas pela Lei n. 9.605/98, no capítulo VI, arts. 70 a 76, e pelo Decreto n. 6.514/2008, o qual revogou o Decreto n. 3.179/99 e, para alguns autores, o art. 14 da Lei n. 6.938/81, com exceção do § 1º[32].

O Decreto n. 6.514/2008 apresenta as infrações ambientais, sendo que a maioria delas também é considerada crime ambiental pela Lei n. 9.605/98. As infrações administrativas se encontram na Seção III do referido decreto, e se dividem da seguinte forma: Das Infrações Contra a Fauna (arts. 24 a 42); Das Infrações Contra a Flora (arts. 43 a 60-A); Das Infrações Relativas à Poluição e outras Infrações Ambientais (arts. 61 a 71-A); Das Infrações Contra o Ordenamento Urbano e o Patrimônio Cultural (arts. 72 a 75); Das Infrações Administrativas Contra a Administração Ambiental (arts. 76 a 83); Das Infrações Cometidas Exclusivamente em Unidades de Conservação (arts. 84 a 93).

Os Estados e Municípios também podem instituir infrações administrativas, o que contribui para aperfeiçoar a tutela administrativa. Ressalta-se, ainda, que os órgãos do Sisnama possuem capacidade normativa, porém seus atos normativos (regulamento, portaria, instrução, resolução etc.), devem se fundamentar em lei, pois como explica Mello "a Administração não poderá proibir ou impor

---

[32] AMADO, 2012; MILARÉ, 2013.

comportamento algum a terceiro, salvo se estiver previamente embasada em determinada lei que lhe faculte proibir ou impor algo a quem quer que seja"[33].

O autor das infrações administrativas pode ser tanto uma pessoa física quanto jurídica, contudo no caso da pessoa jurídica se exige que a infração tenha sido praticada "por decisão de seu representante legal ou contratual, ou de seu órgão colegiado, no interesse ou benefício da sua entidade" (art. 3º da Lei n. 9.605/98).

A grande polêmica em relação à responsabilidade administrativa ambiental se dá em relação a sua natureza jurídica, que apresenta grande divergência na doutrina e jurisprudência, pois parte dos autores entende que ela é objetiva e outros que ela é subjetiva.

O primeiro posicionamento, baseado nos ensinamentos de Hely Lopes Meirelles, argumenta que a responsabilidade administrativa é objetiva, pois a definição de infração ambiental não pressupõe voluntariedade, isto é, não há "liberdade de opção pelo comportamento correto ou incorreto. Sem voluntariedade, não há dolo ou culpa"[34]. Defendem essa corrente Freitas[35], Machado (2013) e Paciornik[36], entre outros.

Há precedentes na jurisprudência do STJ sobre o reconhecimento da responsabilidade objetiva em matéria administrativa na aplicação de multa.

> ADMINISTRATIVO. IBAMA. APLICAÇÃO DE MULTA. INFRAÇÃO AMBIENTAL. ARMAZENAMENTO DE MADEIRA PROVENIENTE DE VENDAVAL OCORRIDO NA REGIÃO. EXISTÊNCIA DE TAC. COMPROVADA BOA-FÉ. REEXAME DE PROVAS. SÚMULA 7/STJ.

---

[33] MELLO, 2013, p. 105.
[34] MILARÉ, 2013.
[35] FREITAS, 2010.
[36] PACIORNIK, 2007.

1. A responsabilidade é objetiva; dispensa-se portanto a comprovação de culpa, entretanto há de constatar o nexo causal entre a ação ou omissão e o dano causado, para configurar a responsabilidade.

2. A Corte de origem, com espeque no contexto fático dos autos, afastou a multa administrativa. Incidência da Súmula 7/STJ. Agravo regimental improvido (STJ, Agravo Regimental no REsp 1.277.638/SC, 2ª Turma, Rel. Min. Humberto Martins, j. 7-5-2013).

Em contrapartida, tem-se a corrente jurídica que defende a responsabilidade administrativa ambiental subjetiva. Autores como Carneiro[37], Milaré[38], Osório[39] e Vitta[40] defendem a imprescindibilidade da culpa, *lato sensu*, para caracterizar as infrações administrativas. Nesse sentido, vale a pena trazer trecho da ementa do acórdão do STJ:

> AMBIENTAL. RECURSO ESPECIAL. MULTA APLICADA ADMINISTRATIVAMENTE EM RAZÃO DE INFRAÇÃO AMBIENTAL. EXECUÇÃO FISCAL AJUIZADA EM FACE DO ADQUIRENTE DA PROPRIEDADE. ILEGITIMIDADE PASSIVA. MULTA COMO PENALIDADE ADMINISTRATIVA, DIFERENTE DA OBRIGAÇÃO CIVIL DE REPARAR O DANO.
> [...]
> 9. Isso porque a aplicação de penalidades administrativas não obedece à lógica da responsabilidade objetiva da esfera cível (para reparação dos danos causados), mas deve obedecer à sistemática da teoria da culpabilidade, ou seja, a conduta deve ser cometida pelo alegado transgressor, com demonstração de seu elemento subjetivo, e com demonstração do nexo causal entre a conduta e o dano. [...]

---

[37] CARNEIRO, 2005.
[38] MILARÉ, 2013.
[39] OSÓRIO, 2011.
[40] VITTA, 2008.

(STJ, REsp 1.251.697/PR, 2ª Turma, Rel. Min. Mauro Campbel Marques, 12-4-2004).

Milaré defende a ideia de que a responsabilidade administrativa ambiental constitui "um sistema híbrido entre responsabilidade civil objetiva (que se contenta com o comportamento adverso aos regulamentos) e a responsabilidade penal subjetiva (que reclama a presença da ilicitude no comportamento)"[41]. Para esse autor, a responsabilidade administrativa é subjetiva com base na teoria da culpa presumida, assim o ônus probatório recai naquele que foi acusado da prática da infração administrativa, que pode se eximir dessa responsabilização se demonstrar a ausência específica do elemento subjetivo. Dessa forma, permite-se a incidência das excludentes de ilicitude.

A fiscalização do cumprimento das obrigações administrativas ambientais cabe aos órgãos que integram o Sisnama, as Capitanias dos Portos e o Ministério da Marinha, sendo possível haver delegação às polícias militares ou outros órgãos criados para atuar na gestão ambiental[42]. Ao constatar uma infração administrativa ambiental, qualquer dos órgãos supracitados tem competência para lavrar o auto de infração.

A Lei Complementar n. 140/2011 definiu a competência de cada um dos entes da Federação no exercício da atividade administrativa ambiental e ressalvou no art. 17 que todos eles podem fiscalizar o cumprimento das normas administrativas, contudo prevalece o auto de infração ambiental lavrado pelo órgão responsável pelo licenciamento ou autorização ambiental.

O auto de infração deverá ser lavrado em impresso próprio, com a identificação do autuado, a descrição clara e objetiva das infrações constatadas e a indicação dos respectivos dispositivos legais e regulamentares infringidos, sem emendas ou rasuras que comprometam sua validade (art. 97 do Decreto n. 6.514/2008). No plano

---

[41] MILARÉ, 2013, p. 344.

[42] MILARÉ, 2013.

federal o processo administrativo é regulamentado pelos arts. 113 a 133, do Decreto n. 6.514/2008, pela Instrução Normativa Ibama n. 10/2012, que revogou a IN Ibama n. 14/2009 e pela Instrução Normativa ICM n. 6 /2009. No Estado de São Paulo, pela Resolução SMA n. 32/2010.

O art. 72 da Lei n. 9.605/98 e o art. 3º do Decreto n. 6.514/2008 estabeleceram as seguintes sanções para as infrações administrativas: advertência; multa simples; multa diária; apreensão dos animais, produtos e subprodutos da fauna e flora e demais produtos e subprodutos objeto da infração, instrumentos, petrechos, equipamentos ou veículos de qualquer natureza utilizados na infração; destruição ou inutilização do produto; suspensão de venda e fabricação do produto; embargo de obra ou atividade e suas respectivas áreas; demolição de obra; suspensão parcial ou total das atividades; e restritiva de direitos.

A prescrição da pretensão punitiva administrativa ambiental federal é regulamentada pela Lei n. 9.873/99, que afirma o seguinte:

Art. 1º Prescreve em cinco anos a ação punitiva da Administração Pública Federal, direta e indireta, no exercício do poder de polícia, objetivando apurar infração à legislação em vigor, contados da data da prática do ato ou, no caso de infração permanente ou continuada, do dia em que tiver cessado.

§ 1º Incide a prescrição no procedimento administrativo paralisado por mais de três anos, pendente de julgamento ou despacho, cujos autos serão arquivados de ofício ou mediante requerimento da parte interessada, sem prejuízo da apuração da responsabilidade funcional decorrente da paralisação, se for o caso.

§ 2º Quando o fato objeto da ação punitiva da Administração também constituir crime, a prescrição reger-se-á pelo prazo previsto na lei penal.

Art. 1º-A Constituído definitivamente o crédito não tributário, após o término regular do processo administrativo, prescreve em 5 (cinco) anos a ação de execução da administração pública federal relativa a crédito decorrente da aplicação de multa por infração à legislação em vigor.

O *caput* do art. 1º trata da regra geral da prescrição incidente sobre o *jus puniendi* administrativo. O § 1º lida com a prescrição administrativa intercorrente, que ocorre diante da inércia da Administração em dar andamento ao procedimento. O § 2º influi diretamente na prescrição, pois se a infração administrativa também for considerada crime, a prescrição será regida pelo art. 109 do Código Penal[43]. No caso do art. 1º tem-se a prescrição da pretensão executória. Sobre o tema, o STJ editou a Súmula 467 que afirma o seguinte: "Prescreve em cinco anos, contados do término do processo administrativo, a pretensão da Administração Pública de promover a execução de multa por infração ambiental".

3.5 Responsabilidade penal ambiental

O reconhecimento do meio ambiente ecologicamente equilibrado como um direito fundamental da pessoa o elevou à categoria de bem jurídico de alta relevância, o que justifica sua inserção na tutela do direito penal. A proteção penal do ambiente se ampara na importância desse bem jurídico e no maior poder dissuasório da esfera penal, em virtude do estigma gerado por um processo penal[44].

A tutela penal ambiental se encontra amparada no art. 14, § 1º, da Lei n. 6.938/81 e no art. 225, § 3º, da Constituição Federal, sendo regulamentada pela Lei n. 9.605/98, podendo ser o sujeito ativo dos crimes ambientais uma pessoa física ou jurídica.

O art. 2º da Lei n. 9.605/98 determina que:

> Art. 2º Quem, de qualquer forma, concorre para a prática dos crimes previstos nesta Lei, incide nas penas a estes cominadas, na medida da sua culpabilidade, bem como o diretor, o administra-

---

[43] AMADO, 2012.

[44] FREITAS, 2006.

dor, o membro de conselho e de órgão técnico, o auditor, o gerente, o preposto ou mandatário de pessoa jurídica, que, sabendo da conduta criminosa de outrem, deixar de impedir a sua prática, quando podia agir para evitá-la.

A primeira parte desse artigo não traz grandes novidades, pois segue a sistemática do concurso de pessoas previsto no art. 29 do Código Penal. Por sua vez, a segunda parte do artigo estabeleceu a responsabilidade por omissão do diretor, do administrador, do membro de conselho e de órgão técnico, do auditor, do gerente, do preposto ou mandatário de pessoa jurídica. Dessa forma, esse grupo de pessoas responde por sua ação, bem como pela omissão, que se torna juridicamente relevante. O dever jurídico de agir desse grupo de pessoas depende de dois requisitos, a ciência do fato e a possibilidade de evitá-lo.

O art. 2º permite que as pessoas naturais sejam responsabilizadas pela conduta que praticam por intermédio de uma pessoa jurídica, porém para que isso ocorra é obrigatório que a denúncia narre uma descrição mínima de como se deu a participação de cada acusado no delito. Sem essa exposição o exercício do direito de defesa restaria comprometido, admitindo-se a indesejada responsabilidade penal objetiva.

A jurisprudência do STF e do STJ tem se mostrado contra a denúncia genérica, ou seja, aquela que não estabelece o mínimo vínculo entre o fato narrado na denúncia e a pessoa denunciada, como mostra a seguir a jurisprudência do STJ:

> *HABEAS CORPUS.* CRIME AMBIENTAL (ARTIGO 54, § 3º, DA LEI 9.605/1998). INÉPCIA DA DENÚNCIA. MERA CONDIÇÃO DE INTEGRANTE DO CONSELHO DE ADMINISTRAÇÃO DE SOCIEDADE EMPRESÁRIA. AUSÊNCIA DE DESCRIÇÃO DO NEXO CAUSAL. AMPLA DEFESA PREJUDICADA. CONSTRANGIMENTO ILEGAL EVIDENCIADO. ORDEM CONCEDIDA.
>
> 1. A hipótese em apreço cuida de denúncia que narra supostos delitos praticados por intermédio de pessoa jurídica, a qual,

por se tratar de sujeito de direitos e obrigações, e por não deter vontade própria, atua sempre por representação de uma ou mais pessoas naturais.

2. A tal peculiaridade deve estar atento o órgão acusatório, pois embora existam precedentes desta própria Corte Superior de Justiça admitindo a chamada denúncia genérica nos delitos de autoria coletiva e nos crimes societários, não lhe é dado eximir-se da responsabilidade de descrever, com um mínimo de concretude, como os imputados teriam agido, ou de que forma teriam contribuído para a prática da conduta narrada na peça acusatória.

3. No caso, olvidou-se o órgão acusatório de narrar qual conduta voluntária praticada pelo paciente teria dado ensejo à poluição noticiada, limitando-se a apontar que seria um dos autores do delito simplesmente por se tratar de conselheiro da sociedade empresária em questão, circunstância que, de fato, impede o exercício de sua defesa em juízo na amplitude que lhe é garantida pela Carta Magna (STJ, HC 217.229/RS, 5ª Turma, Rel. Min. Jorge Mussi, j. 15-8-2013).

Dessa forma, o diretor, o administrador, o membro de conselho e de órgão técnico, o auditor, o gerente, o preposto ou mandatário de pessoa jurídica não podem ser denunciados por crime ambiental pelo mero fato de ocuparem um cargo na pessoa jurídica. A denúncia precisa expor como a conduta da pessoa física contribuiu para a ocorrência do fato delitivo.

A pessoa jurídica também pode ser penalizada criminalmente. Apesar da controvérsia doutrinária sobre a correta interpretação do art. 225, § 3º, da Constituição Federal, a jurisprudência tem admitido a responsabilidade penal da pessoa jurídica por crime ambiental. A Lei n. 9.605/98 regulamentou essa responsabilidade em seu art. 3º da seguinte forma:

> Art. 3º As pessoas jurídicas serão responsabilizadas administrativa, civil e penalmente conforme o disposto nesta Lei, nos casos em que a infração seja cometida por decisão de seu representante legal ou contratual, ou de seu órgão colegiado, no interesse ou benefício da sua entidade.

Parágrafo único. A responsabilidade das pessoas jurídicas não exclui a das pessoas físicas, autoras, coautoras ou partícipes do mesmo fato.

Da leitura desse artigo, percebe-se que a responsabilidade penal da pessoa jurídica foi admitida desde que presente dois requisitos. O primeiro deles diz respeito a que o crime seja praticado por meio de decisão de seu corpo diretivo, o segundo é que a infração penal beneficie a pessoa jurídica. Dessa forma, se o diretor da empresa toma a decisão de cometer uma infração ambiental em benefício próprio, não cabe a responsabilização da pessoa jurídica. No mesmo sentido, se um funcionário, que não pertence ao quadro diretivo, nem recebeu ordens deste, comete uma infração ambiental, também não se pode falar em responsabilidade penal da pessoa jurídica. Além disso, se a infração ocorre por acidente que em nada beneficiou a pessoa jurídica também não há justa causa para a ação penal[45]. O trancamento da ação penal contra a pessoa física se dá por meio de *habeas corpus*, já no caso da pessoa jurídica cabe mandado de segurança.

Considerando o entendimento de que a pessoa jurídica atua por meio das pessoas físicas que a representam, o STJ tinha consolidado o entendimento da dupla imputação nos crimes ambientais, ou seja, a possibilidade de responsabilização da pessoa jurídica depende da imputação simultânea da pessoa moral e física. Dessa forma, não se admitia o oferecimento da denúncia apenas contra a pessoa jurídica. Prado esclarece que essa postura se embasa na "teoria da responsabilidade penal por ricochete, de empréstimo, subsequente ou por procuração, [...] a responsabilidade penal da pessoa moral está condicionada à prática de um fato punível suscetível de ser reprovado a uma pessoa física"[46]. Sendo assim, no caso da exclusão da imputação à pessoa física da conduta incriminadora, deve-se trancar a ação penal relativa à pessoa jurídica.

---

[45] MILARÉ, 2013.
[46] PRADO, 2009, p. 133.

Contudo, o STF na decisão do RE 548.181/PR foi de encontro ao posicionamento do STJ, pois admitiu a condenação da pessoa jurídica pela prática de crime ambiental, mesmo com a absolvição do dirigente pessoa física. A decisão por maioria, vencidos os Ministros Marco Aurélio e Luiz Fux, entendeu que o condicionamento da persecução penal da pessoa jurídica à imputação de uma ação humana individual afrontaria o art. 225, § 3º, da CF, pois subordinaria a condenação da pessoa jurídica à da pessoa física. Essa decisão marca um precedente importante, que certamente vai influenciar a aplicação da responsabilidade penal da pessoa jurídica.

As sanções previstas para a pessoa física são: pena privativa de liberdade, pena restritiva de direitos e multa. As penas restritivas de direito estão previstas no art. 8º da Lei n. 9.605/1998 e incluem: prestação de serviços à comunidade; interdição temporária de direitos; suspensão parcial ou total de atividades; prestação pecuniária; recolhimento domiciliar. As sanções para a pessoa jurídica foram estabelecidas no art. 22 da referida lei e incluem: suspensão parcial ou total de atividades; interdição temporária de estabelecimento, obra ou atividade; proibição de contratar com o Poder Público, bem como dele obter subsídios, subvenções ou doações.

3.6 Considerações finais

A importância do meio ambiente ecologicamente equilibrado e da necessidade de garanti-lo como um direito fundamental justificou uma revisão da abordagem tradicional da responsabilidade. Dessa forma, a crescente degradação ambiental tem justificado a transformação e agravamento da interpretação da responsabilidade ambiental. Cada vez mais, o direito abandona dogmas que lhe são caros, como forma de buscar uma melhor tutela do meio ambiente. O dano moral coletivo ou a responsabilidade penal da pessoa jurídica embora choquem as correntes mais puras do direito civil e penal, gradualmente, têm sido aplicados na jurisprudência. Sendo assim, os empreendedores terão que incluir a dimensão ambiental em seus negócios, pois a amplitude do dano ambiental e dos seus efeitos se amplia, pois a sociedade se mostra menos tolerante à degradação ambiental, o que se reflete também nos tribunais.

REFERÊNCIAS

AMADO, Frederico. **Direito ambiental esquematizado.** 3. ed. rev. at. amp. Rio de Janeiro: Forense; São Paulo: Método, 2012.

BANDEIRA DE MELLO, Celso Antonio. **Curso de direito administrativo.** 30. ed. São Paulo: Malheiros, 2013.

BENJAMIN, Antônio Herman de Vasconcellos e. Função ambiental. In: BENJAMIN, Antônio Herman de Vasconcellos e (Coord.). **Dano ambiental: prevenção, reparação e repressão.** São Paulo: Revista dos Tribunais, 1993.

BRASIL. **Constituição da República Federativa do Brasil de 1988, de 5 de outubro de 1988.** Disponível em: <http://www.planalto.gov.br/ccivil_03/Constituicao/Constituicao.htm>. Acesso em: 27 nov. 2013.

_____. **Código Penal de 7 de dezembro de 1940.** Disponível em: <http://www.planalto.gov.br/ccivil_03/decreto-lei/del-2848compilado.htm>. Acesso em: 27 nov. 2013.

_____. **Código Tributário Nacional, de 25 de outubro de 1966.** Disponível em: <http://www.planalto.gov.br/ccivil_03/leis/l5172.htm>. Acesso em: 27 nov., 2013.

_____. **Decreto n. 6.514, de 22 de julho de 2008.** Disponível em: <http://www.planalto.gov.br/ccivil_03/_ato2007-2010/2008/decreto/D6514.htm>. Acesso em: 27 nov. 2013.

_____. **Instrução Normativa IBAMA n. 10, de 20 de setembro de 2011.** Disponível em: <http://www.ibama.gov.br/>. Acesso em: 27 nov. 2013.

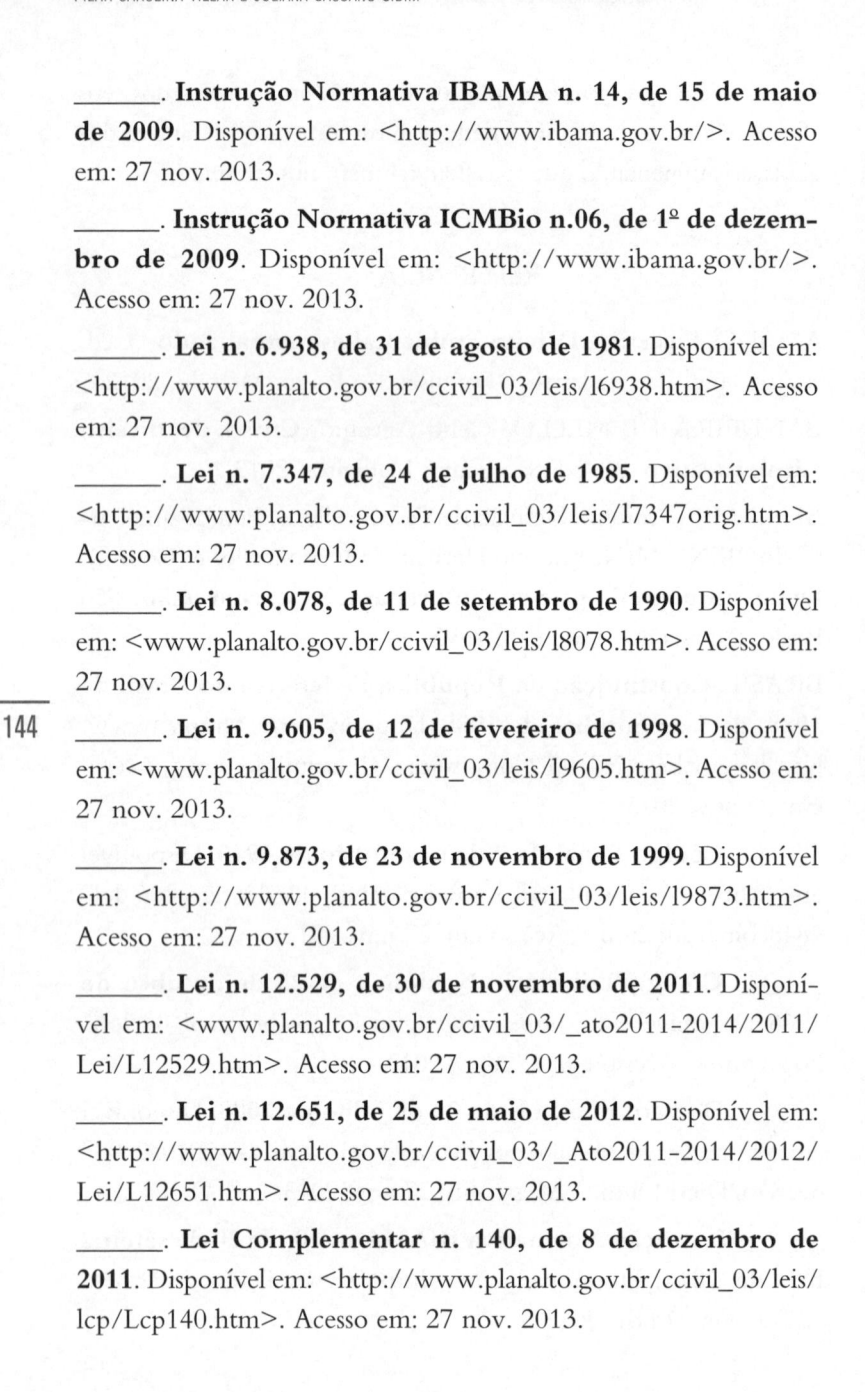

_____. **Instrução Normativa IBAMA n. 14, de 15 de maio de 2009**. Disponível em: <http://www.ibama.gov.br/>. Acesso em: 27 nov. 2013.

_____. **Instrução Normativa ICMBio n.06, de 1º de dezembro de 2009**. Disponível em: <http://www.ibama.gov.br/>. Acesso em: 27 nov. 2013.

_____. **Lei n. 6.938, de 31 de agosto de 1981**. Disponível em: <http://www.planalto.gov.br/ccivil_03/leis/l6938.htm>. Acesso em: 27 nov. 2013.

_____. **Lei n. 7.347, de 24 de julho de 1985**. Disponível em: <http://www.planalto.gov.br/ccivil_03/leis/l7347orig.htm>. Acesso em: 27 nov. 2013.

_____. **Lei n. 8.078, de 11 de setembro de 1990**. Disponível em: <www.planalto.gov.br/ccivil_03/leis/l8078.htm>. Acesso em: 27 nov. 2013.

_____. **Lei n. 9.605, de 12 de fevereiro de 1998**. Disponível em: <www.planalto.gov.br/ccivil_03/leis/l9605.htm>. Acesso em: 27 nov. 2013.

_____. **Lei n. 9.873, de 23 de novembro de 1999**. Disponível em: <http://www.planalto.gov.br/ccivil_03/leis/l9873.htm>. Acesso em: 27 nov. 2013.

_____. **Lei n. 12.529, de 30 de novembro de 2011**. Disponível em: <www.planalto.gov.br/ccivil_03/_ato2011-2014/2011/Lei/L12529.htm>. Acesso em: 27 nov. 2013.

_____. **Lei n. 12.651, de 25 de maio de 2012**. Disponível em: <http://www.planalto.gov.br/ccivil_03/_Ato2011-2014/2012/Lei/L12651.htm>. Acesso em: 27 nov. 2013.

_____. **Lei Complementar n. 140, de 8 de dezembro de 2011**. Disponível em: <http://www.planalto.gov.br/ccivil_03/leis/lcp/Lcp140.htm>. Acesso em: 27 nov. 2013.

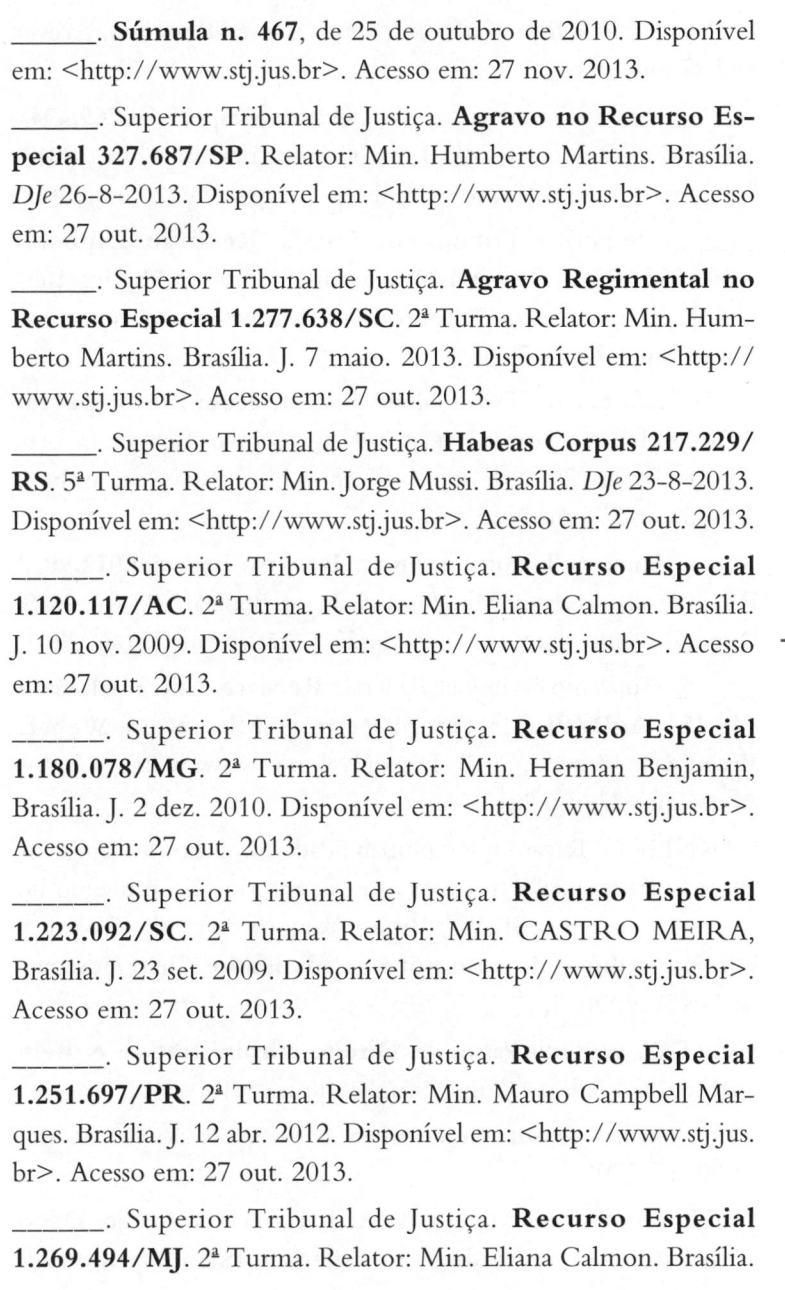

_____. **Súmula n. 467**, de 25 de outubro de 2010. Disponível em: <http://www.stj.jus.br>. Acesso em: 27 nov. 2013.

_____. Superior Tribunal de Justiça. **Agravo no Recurso Especial 327.687/SP**. Relator: Min. Humberto Martins. Brasília. DJe 26-8-2013. Disponível em: <http://www.stj.jus.br>. Acesso em: 27 out. 2013.

_____. Superior Tribunal de Justiça. **Agravo Regimental no Recurso Especial 1.277.638/SC**. 2ª Turma. Relator: Min. Humberto Martins. Brasília. J. 7 maio. 2013. Disponível em: <http://www.stj.jus.br>. Acesso em: 27 out. 2013.

_____. Superior Tribunal de Justiça. **Habeas Corpus 217.229/RS**. 5ª Turma. Relator: Min. Jorge Mussi. Brasília. DJe 23-8-2013. Disponível em: <http://www.stj.jus.br>. Acesso em: 27 out. 2013.

_____. Superior Tribunal de Justiça. **Recurso Especial 1.120.117/AC**. 2ª Turma. Relator: Min. Eliana Calmon. Brasília. J. 10 nov. 2009. Disponível em: <http://www.stj.jus.br>. Acesso em: 27 out. 2013.

_____. Superior Tribunal de Justiça. **Recurso Especial 1.180.078/MG**. 2ª Turma. Relator: Min. Herman Benjamin, Brasília. J. 2 dez. 2010. Disponível em: <http://www.stj.jus.br>. Acesso em: 27 out. 2013.

_____. Superior Tribunal de Justiça. **Recurso Especial 1.223.092/SC**. 2ª Turma. Relator: Min. CASTRO MEIRA, Brasília. J. 23 set. 2009. Disponível em: <http://www.stj.jus.br>. Acesso em: 27 out. 2013.

_____. Superior Tribunal de Justiça. **Recurso Especial 1.251.697/PR**. 2ª Turma. Relator: Min. Mauro Campbell Marques. Brasília. J. 12 abr. 2012. Disponível em: <http://www.stj.jus.br>. Acesso em: 27 out. 2013.

_____. Superior Tribunal de Justiça. **Recurso Especial 1.269.494/MJ**. 2ª Turma. Relator: Min. Eliana Calmon. Brasília.

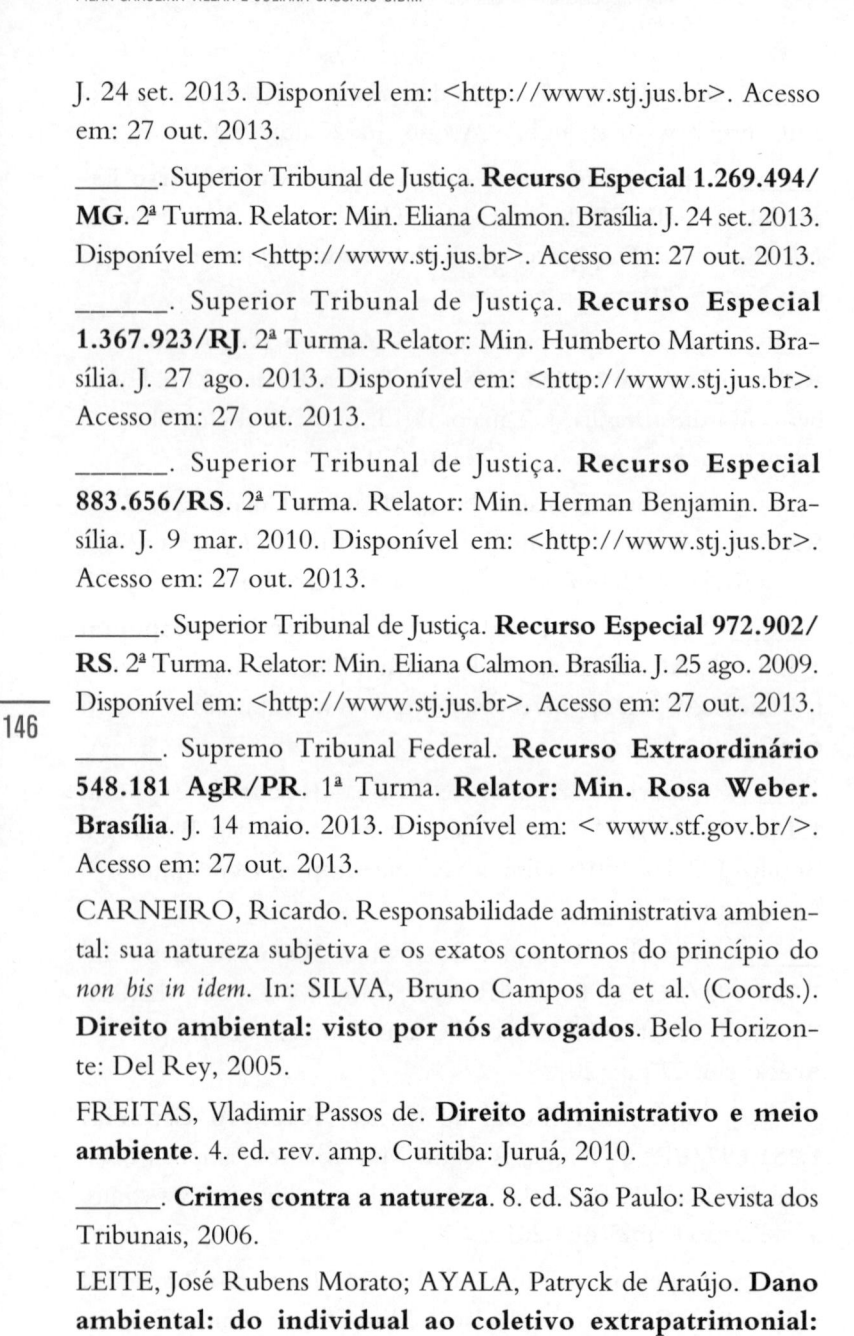

J. 24 set. 2013. Disponível em: <http://www.stj.jus.br>. Acesso em: 27 out. 2013.

_____. Superior Tribunal de Justiça. **Recurso Especial 1.269.494/MG**. 2ª Turma. Relator: Min. Eliana Calmon. Brasília. J. 24 set. 2013. Disponível em: <http://www.stj.jus.br>. Acesso em: 27 out. 2013.

_____. Superior Tribunal de Justiça. **Recurso Especial 1.367.923/RJ**. 2ª Turma. Relator: Min. Humberto Martins. Brasília. J. 27 ago. 2013. Disponível em: <http://www.stj.jus.br>. Acesso em: 27 out. 2013.

_____. Superior Tribunal de Justiça. **Recurso Especial 883.656/RS**. 2ª Turma. Relator: Min. Herman Benjamin. Brasília. J. 9 mar. 2010. Disponível em: <http://www.stj.jus.br>. Acesso em: 27 out. 2013.

_____. Superior Tribunal de Justiça. **Recurso Especial 972.902/RS**. 2ª Turma. Relator: Min. Eliana Calmon. Brasília. J. 25 ago. 2009. Disponível em: <http://www.stj.jus.br>. Acesso em: 27 out. 2013.

_____. Supremo Tribunal Federal. **Recurso Extraordinário 548.181 AgR/PR**. 1ª Turma. **Relator: Min. Rosa Weber. Brasília**. J. 14 maio. 2013. Disponível em: < www.stf.gov.br/>. Acesso em: 27 out. 2013.

CARNEIRO, Ricardo. Responsabilidade administrativa ambiental: sua natureza subjetiva e os exatos contornos do princípio do *non bis in idem*. In: SILVA, Bruno Campos da et al. (Coords.). **Direito ambiental: visto por nós advogados**. Belo Horizonte: Del Rey, 2005.

FREITAS, Vladimir Passos de. **Direito administrativo e meio ambiente**. 4. ed. rev. amp. Curitiba: Juruá, 2010.

_____. **Crimes contra a natureza**. 8. ed. São Paulo: Revista dos Tribunais, 2006.

LEITE, José Rubens Morato; AYALA, Patryck de Araújo. **Dano ambiental: do individual ao coletivo extrapatrimonial:**

teoria e prática. 5. ed. rev. atual amp. São Paulo: Revista dos Tribunais, 2012.

_____; PILATI, Luciana Cardoso. Reparabilidade do dano ambiental no sistema da responsabilização civil: 25 anos da lei 6938/1981. **Revista Sequência**, n. 53, p. 43-80, dez. 2006.

LEMOS, Patrícia Faga Iglecias. **Meio ambiente e responsabilidade civil do proprietário**. São Paulo: Revista dos Tribunais, 2008.

MACHADO, Paulo Affonso Leme. **Direito ambiental brasileiro**. 21. ed. rev. amp. atual. São Paulo: Malheiros, 2013.

MEDEIROS NETO, Xisto Tiago de. **Dano moral coletivo**. 2. ed. São Paulo: LTr, 2007.

MILARÉ, Édis. **Direito do ambiente**. 8. ed. rev. atual. ampl. São Paulo: Revista dos Tribunais, 2013.

OSÓRIO, Fábio Medina. **Direito administrativo sancionador**. 4. ed. São Paulo: Revista dos Tribunais, 2011.

PACIORNIK, Joel Ilan. Tutela administrativa das águas. In: FREITAS, Vladimir Passos de (Coord.). **Águas: aspectos jurídicos e ambientais**. 3. ed. Curitiba: Juruá, 2007.

PRADO, Luis Regis. **Direito penal do ambiente**. São Paulo: Revista dos Tribunais, 2009.

SÃO PAULO. **Resolução SMA n. 32, de 11 de maio de 2010**. Disponível em: <http://www.ambiente.sp.gov.br/legislacao/resolucoes-sma/resolucao-sma-32-2010/>. Acesso em: 27 nov. 2013.

STEIGLEDER, Annelise Monteiro. **Responsabilidade civil ambiental**: as dimensões do dano ambiental no direito brasileiro. Porto Alegre: Livraria do Advogado, 2004.

SILVA, José Afonso da. **Direito ambiental constitucional**. 2. ed. São Paulo: Malheiros, 1994.

VITTA, Heraldo Garcia. **Responsabilidade civil e administrativa por dano ambiental**. São Paulo: Malheiros, 2008.

4 UMA ABORDAGEM SOBRE AS NORMAS CRIMINAIS NA LEI N. 9.605/98

Fernando José da Costa

Palestrante do Programa de Pós-Graduação Lato Sensu da FGV DIREITO SP (GVlaw); mestre e doutor pela Universidade de São Paulo (USP); doutor pela Università degli Studi di Sassari; advogado criminalista; foi Conselheiro Seccional da Ordem dos Advogados do Brasil de São Paulo (OAB/SP), presidente da Comissão de Direito Criminal e vice-presidente da Comissão de Direito Ambiental da OAB/SP.

4.1 Introdução

Este capítulo é resultado de estudos, aulas, palestras e livro publicado sobre a matéria, com os juristas Paulo José da Costa Júnior e Édis Milaré[1] e, principalmente, do dia a dia na atividade advocatícia.

Não se está aqui pretendendo esgotar a matéria, já que este texto busca lançar algumas reflexões sobre a Lei n. 9.605, de 12 de fevereiro de 1998, após mais de 18 anos de sua vigência, e colocar em discussão alguns dos aspectos mais polêmicos e, porque não dizer, falhos na legislação que prevê os delitos ambientais.

Desde que veio ao ordenamento jurídico nacional, a propalada legislação trouxe diversas posições jurisprudenciais e indagações dos estudiosos que se dedicam ao tema. Algumas delas serão aqui debatidas, mormente em sua faceta prática, sem que se deixe de externar nosso posicionamento.

Entretanto, os comentários lançados em relação à lei dos crimes ambientais não serão apenas críticos, visto que seus aspectos positivos também serão objeto de análise, sempre com sugestões que possam ensejar maior eficácia ao principal escopo da lei que não é, certamente, o de punir os infratores, mas sim, o de conferir ampla proteção ao meio ambiente, conforme ditame constitucional.

As questões serão iniciadas pela análise constitucional, como não poderia deixar de ser, da proteção ao meio ambiente, por ser a Constituição Federal de 1988 o fundamento de validade da punição

---

[1] MILARÉ; COSTA JUNIOR; COSTA, 2013.

às infrações ambientais. Posteriormente, seguirão pontos sobre a parte geral da legislação aplicável ao tema e, por fim, serão objeto de estudo algumas tipificações que merecem maior destaque.

Seguindo o proposto *supra*, primeiro será objeto de sucinta análise o Título VIII, Capítulo VI, da Constituição Federal, que trata "Do meio ambiente", com maior profundidade ao art. 225, § 3º, do referido diploma legislativo.

Após, já debruçados sobre a legislação ordinária, especificamente a lei ambiental de 1998, passar-se-á ao estudo de suas disposições gerais, objetivando análise da parte que se refere à responsabilização do agente infrator, especialmente em relação ao sujeito ativo e da não obrigatoriedade de concurso necessário de agentes entre pessoas físicas e jurídicas no cometimento do delito, assentada em 6 de agosto de 2013, pela Primeira Turma do Egrégio Supremo Tribunal Federal (STF)[2].

Nesse ponto, entende-se ser vital um estudo de índole eminentemente processual, tendo em vista que o anterior entendimento adotado pelo Superior Tribunal de Justiça (STJ) era pelo concurso necessário entre as pessoas físicas e jurídicas, tornando inválidas diversas ações já propostas, devido à declaração de inépcia das respectivas iniciais acusatórias, se nelas contassem uma pessoa jurídica sem a inclusão de uma física.

Também sobre os aspectos processuais, a respeito das exordiais formuladas em delitos ambientais pelo Ministério Público, serão comentados alguns requisitos obrigatórios da ação penal, os quais, se ausentes, geram sua invalidade.

Superadas, mas não esgotadas, as questões processuais, se passará ainda, à análise das disposições gerais da lei ordinária, a comentar a aplicação das penas, fazendo observações a respeito das

---

[2] STF, Agravo Regimental do RE 548.181/PR, 1ª Turma, Rel. Min. Rosa Weber, j. 6-8-2013.

espécies de punições aplicáveis à pessoa jurídica e à pessoa física, bem como as circunstâncias agravantes, atenuantes e aspectos importantes sobre prescrição.

Já no que diz respeito aos delitos propriamente ditos, será feita uma análise sobre crimes ambientais não tratados pela Lei n. 9.605/98, sempre em confronto com este diploma legislativo, trazendo subsídios para que seja enfrentado o concurso aparente de normas, regramento utilizado para nortear a norma a ser aplicada. Em tal estudo, será tomado como base o Código Penal e a Lei de Parcelamento de Solo Urbano (Lei n. 6.766/79).

Também serão analisadas questões pertinentes aos preceitos primários dos tipos penais e as dificuldades na aplicação da legislação de crimes ambientais, bem como as penas insculpidas, e as respectivas causas de aumento e de diminuição de pena.

Por fim, será abordada a aplicabilidade da Lei n. 9.099/95 aos delitos acomodados na lei de crimes ambientais, bem como a possibilidade de proposta de composição cível pelo membro do Ministério Público quando se tratar de delito de menor potencial ofensivo.

4.2 Aspectos constitucionais da proteção ao meio ambiente

A preocupação ambiental está presente na legislação brasileira há um bom tempo. Já se encontrava descrita nas Ordenações do Reino[3]: Ordenações Afonsinas (Título LVIII), Manoelinas (Livro V, Título LXXXIII; Livro V, Título XCVII; e Título C) e Filipinas (Livro I, Título LVIII; Livro II, Título IX; Livro IV, Título XXXIII; Livro V, Títulos LXXXVIII, LXXV e LXXVII.), dispositivos que demonstravam a tutela ao meio ambiente.

---

[3] O conteúdo das Ordenações do Reino está disponível para consulta na Biblioteca Digital do Senado Federal. Disponível em: <http://www2.senado.leg.br/bdsf/>. Acesso em: 20 maio. 2014.

Ainda que existissem preceitos normativos que buscavam a tutela do meio ambiente, mesmo que de forma esparsa, a realidade da exploração da colônia, no mais das vezes, impossibilitava que sua proteção fosse efetiva.

Em estudo da História do Brasil, desde seu descobrimento, sempre houve a exploração das riquezas naturais do território brasileiro, ao custo da exploração desenfreada de nossos recursos naturais.

Seguiram-se explorações naturais no Brasil, por exemplo, o pau-brasil, a cana de açúcar, o ciclo do ouro, a exploração da borracha e o café. Evidentemente que, diante da voracidade com que a exploração econômica se impunha, a questão ambiental viu-se em segundo plano, havendo algumas manifestações isoladas em prol do meio ambiente.

A partir de 1916, com a edição do Código Civil, passaram a integrar o ordenamento jurídico nacional diversos diplomas legislativos que tinham como objeto o meio ambiente, traçando normas específicas de caráter ambiental, contrariamente ao que se tinha anteriormente, com disposições esparsas em diplomas diversos.

Já na década de 1980, viu-se o grande desenvolvimento da legislação em matéria ambiental, culminando com a promulgação da Constituição Federal de 1988, a qual tratou o assunto de maneira específica em capítulo próprio.

Aliás, a alcunhada "Constituição Cidadã" foi a primeira a abordar o meio ambiente de forma isolada. Porém, não foi a primeira na América Latina que assim o fez, sendo precedida pelas Constituições do Equador e do Peru de 1979, Chile e Guiana de 1980, Honduras de 1982, Panamá de 1983, Guatemala de 1985, Haiti e Nicarágua de 1987. Anteriormente, países europeus já tinham introduzido o tema em suas respectivas Constituições, como Portugal e Espanha, respectivamente, em 1976 e em 1978[4].

---

[4] MACHADO, 2014, p. 142.

Inicialmente, não é demais consignar que, atualmente, o direito ao meio ambiente ecologicamente equilibrado é um dos direitos fundamentais da pessoa humana, nos termos do art. 5º, § 2º, da Constituição Federal[5].

O diploma constitucional inaugura o capítulo dedicado ao meio ambiente por meio do art. 225, *caput*, sacramentando que "todos têm direito ao meio ambiente ecologicamente equilibrado", sendo este de uso comum do cidadão e bem "essencial à sadia qualidade de vida". Ainda no mencionado dispositivo, o Poder Constituinte Originário ordenou ao Poder Público e à sociedade a tarefa de defender o meio ambiente para as presentes e futuras gerações.

Segue definindo, em seu § 1º e incisos, as incumbências do Poder Público para que possa ser assegurada a mencionada proteção. São verdadeiros mandamentos que devem ser seguidos como instrumentos de tutela, incluindo o poder de fiscalização sobre todas as atividades correlatas.

E mais, há disposições que dizem respeito à exploração dos recursos ambientais, determinando a intervenção dos órgãos constituídos, bem como a necessidade de estudos e controles sobre quaisquer atividades que possam apresentar qualquer risco ao meio ambiente, determinando, inclusive, que seja promovida a educação ambiental em todos os níveis de ensino e a conscientização pública para que haja preservação.

O § 2º determina expressamente a obrigatoriedade de recuperação de qualquer degradação ao meio ambiente àquele que explorar recursos naturais, de acordo com as soluções técnicas exigidas pelos órgãos competentes.

Já os §§ 4º, 5º e 6º do art. 225 dizem respeito a patrimônios nacionais, terras devolutas e usinas nucleares, também relacionados

---

[5] MILARÉ, 2013, p. 258.

à tutela do meio ambiente e que reclamam atuação dos agentes públicos, mas que não serão objeto de estudo neste texto.

Temos maior interesse em comentar o § 3º que determina a responsabilização penal e administrativa das pessoas físicas ou jurídicas por condutas e atividades lesivas ao meio ambiente, independentemente da reparação do dano causado.

A leitura do dispositivo supracitado dá uma noção muito clara de que as atividades lesivas ao meio ambiente terão sempre a exigência de que os danos sejam reparados. Ainda mais, há uma clara distinção entre as esferas nas quais ocorrerão as sanções, quais sejam, a penal e a administrativa, aplicadas de forma independente.

Também merece destaque a responsabilização criminal dos infratores, sendo estes pessoas físicas ou jurídicas, característica essencial para que possa ser intentada a ação criminal.

A responsabilização criminal inserida na Constituição Federal demonstra o ponto a que chegou a tutela do meio ambiente, mesmo porque, sendo o direito penal considerado como *ultima ratio*, fica bem claro o entendimento de que, isoladamente, os demais ramos jurídicos não foram eficientes para tutelar o bem jurídico discutido.

A possibilidade de responsabilização criminal foi alçada ao âmbito constitucional, tamanha a seriedade do tema "meio ambiente" e necessidade de sua proteção, ainda mais quando se leva em consideração as consequências que têm sido sentidas pela humanidade e pelo planeta Terra, as quais eram previstas há décadas pelos estudiosos do tema. A tutela desse bem jurídico tem sido atualmente considerada como questão de sobrevivência para toda a humanidade.

Também reflexo da modernização do contexto em que é realizada a exploração, comparado com as mais modernas modalidades de consecução de atividades no ramo empresarial, é a possibilidade de responsabilização, exclusivamente no contexto dos delitos ambientais, da pessoa jurídica envolvida nas condutas e das atividades lesivas ao meio ambiente.

Será analisada, em momento oportuno, essa modalidade de responsabilização, mas temos que tal possibilidade demonstra atenção às novas espécies de lesão ou ameaça de lesão ao meio ambiente, antes restritas às pessoas físicas que tinham como atividade, como já dito, a exploração desordenada dos recursos naturais. Esta espécie de responsabilização da pessoa física passou, a partir dessa lei, a ser dividida com a da pessoa jurídica.

A presença de grupos econômicos, que têm como atividade o manuseio de recursos naturais, trouxe ao legislador o desafio de sistematizar as punições a tais entes, não mais restritas às pessoas físicas, mas, também às pessoas jurídicas, devido ao montante de danos causados, somado a uma tendência mundial surgida com o direito penal contemporâneo.

Certamente é inovadora a solução encontrada, mesmo passível de críticas, já superadas, vindas de parte da doutrina autorizada que entende não ser possível a responsabilização ou, até mesmo, ser dispensável a atuação criminal na esfera ambiental. É certo que a prática demonstra que as investigações criminais e as ações penais têm se valido amplamente da responsabilização penal da pessoa jurídica, mesmo que, muitas vezes de forma equivocada, conforme será posteriormente demonstrado.

Neste ponto da análise constitucional, vê-se a preocupação com o tema ambiental e a responsabilização criminal das pessoas jurídicas, além da responsabilização das pessoas físicas já existentes.

Porém, esse mandamento constitucional dependia de legislação específica que lhe conferisse eficácia, sobrevindo, para tanto, a Lei n. 9.605/98. Assim, no Brasil a pessoa jurídica só responde pelos crimes descritos na lei ambiental.

4.3 Responsabilidade criminal na Lei n. 9.605/98

A responsabilização criminal por delitos contra o bem jurídico "meio ambiente" não é nova no ordenamento jurídico, estando também presente no Código Penal e legislação esparsa antes mesmo da promulgação da Constituição Federal de 1988.

O tratamento dado à legislação ambiental sempre ocorreu de forma dispersa e sem qualquer sistematização, havendo, conjuntamente com o Código Penal, diversas legislações especiais que elencavam dispositivos criminais.

A Lei n. 9.605/98 foi editada com a proposta de dar à matéria um tratamento uniforme, em conjunto com as questões de índole administrativa. A mencionada lei tentou, sem sucesso, abarcar todos os dispositivos que tratam do meio ambiente, todavia, o veto ao art. 1º do mencionado diploma[6] é uma prova de que tal objetivo não foi alcançado.

As razões de veto informam que o projeto se propunha a consolidar a legislação relativa ao meio ambiente na esfera penal. Porém, tal objetivo não foi alcançado, não tendo a nova legislação abrangência necessária para que todas as condutas lesivas ao meio ambiente fossem contempladas. Era, então, necessária à tutela do meio ambiente, que as leis já existentes permanecessem em vigor para que fossem mantidas as proibições estranhas à nova lei ambiental.

A mencionada legislação, além de questões referentes às responsabilizações administrativas e penais, traz disposições gerais que merecem cotejo com os delitos prescritos na "parte geral" da legislação ordinária.

O dispositivo previsto no art. 2º da Lei n. 9.605/98 trata da responsabilização daqueles que, de qualquer forma, concorrem para a prática dos delitos previstos na lei ambiental, cada qual na medida de sua culpabilidade. Ainda, tal artigo traz o rol daqueles que, sa-

---

[6] "Art. 1º As condutas e atividades lesivas ao meio ambiente são punidas com sanções administrativas, civis e penais, na forma estabelecida nesta Lei. Parágrafo único. As sanções administrativas, civis e penais poderão cumular-se, sendo independentes entre si."

bendo da conduta e podendo evitá-la, não o fizeram, incidindo nas mesmas penas.

É extremamente criticável o mencionado artigo, pois sua primeira parte mostra-se dispensável, eis que é mera repetição do art. 29 do Código Penal, o qual diz respeito ao concurso de pessoas, segundo o qual aquele que, de qualquer modo, concorrer para o crime incidirá nas penas a este cominadas, na medida de sua culpabilidade. A norma insculpida no Código Penal tem caráter geral e, para que fosse aplicada, bastava que a lei especial não trouxesse dispositivo contrário, nos termos do princípio da especialidade.

Ainda, o art. 2º da Lei n. 9.605/98 elenca as pessoas passíveis de responsabilização criminal, o que seria dispensável, bastando que fosse mencionado genericamente membro da pessoa jurídica que, ciente da conduta de outrem, não impeça a prática da infração, quando pudesse ou devesse assim proceder.

Pelo entendimento da doutrina, há outras impropriedades no mencionado artigo, pois, sendo norma genérica, impõe delito omissivo próprio sem que haja tipo penal correspondente, levando em discussão ainda uma significativa distinção entre "podia" agir para impedir a prática delitiva, conforme descrito na norma, e "devia" agir.

Sobre esse tema ensina Édis Milaré:

> A norma em questão incorre em outras impropriedades, enquanto norma genérica *que prevê modalidade especial de delito omissivo próprio, sem o correspondente tipo legal*. Assim, não é estabelecido, como se impunha, qualquer dever de agir, tornado o dispositivo inaplicável.

Em sua parte final, o art. 2º criou uma "modalidade especial de delito omissivo próprio, sem o correspondente tipo legal", como observou Luiz Regis Prado.

O omitente coopera na realização do evento por meio de uma condição negativa: ou deixando de atuar ou não impedindo que o resultado se concretize. Nenhuma diferença se vislumbra entre a obrigação de impedir o evento e a de intervir[7].

Ainda, no que diz respeito à responsabilização dos agentes envolvidos em delitos ambientais, temos o art. 3º da Lei n. 9.605/98[8], o qual merece extrema atenção pela possibilidade de responsabilização da pessoa jurídica, bem como pelas questões processuais que seus comandos nos trazem.

4.4 Responsabilidade criminal da pessoa jurídica

A responsabilização penal da pessoa jurídica, conforme já salientado, foi introduzida no ordenamento jurídico pátrio pela Constituição Federal trazendo à baila a dupla imputação: das pessoas físicas e jurídicas.

São dois relevantes motivos que levaram o legislador a responsabilizar criminalmente a pessoa jurídica: (i) uma moderna responsabilização penal social em vez de uma rígida responsabilização embasada na culpabilidade e (ii) a possibilidade de intimidar e eventualmente punir uma pessoa jurídica, quando tiver o interesse de agir, mesmo tendo a conduta sido praticada por uma pessoa física.

Parte da doutrina, pelo princípio da *societas delinquere non potest*, defendeu a inconstitucionalidade da pessoa jurídica. Nestes termos, pode-se ler o entendimento de Régis Prado:

> Por outra parte, a grande novidade de caráter geral dessa lei vem a ser o agasalho no art. 3º da responsabilidade penal da pessoa jurídica, quebrando-se, assim, o clássico axioma do *societas delinque-*

---

[7] MILARÉ; COSTA JUNIOR; COSTA, 2013, p. 56.

[8] "Art. 3º As pessoas jurídicas serão responsabilizadas administrativa, civil e penalmente conforme o disposto nesta Lei, nos casos em que a infração seja cometida por decisão de seu representante legal ou contratual, ou de seu órgão colegiado, no interesse ou benefício da sua entidade. Parágrafo único. A responsabilidade das pessoas jurídicas não exclui a das pessoas físicas, autoras, coautoras ou partícipes do mesmo fato."

re non potest. Não obstante, em rigor, diante da configuração do ordenamento jurídico brasileiro – em especial do subsistema penal – e dos princípios constitucionais penais (v.g., princípios da personalidade das penas, da culpabilidade, da intervenção mínima) que o regem e que são reafirmados pela vigência daquele, fica extremamente difícil não admitir a inconstitucionalidade deste artigo, exemplo claro de responsabilidade penal *objetiva*[9].

Em sentido contrário, Paulo José da Costa Júnior, Fernando José da Costa e Édis Milaré já defendiam a responsabilidade da pessoa jurídica *in verbis:*

> Aplicados os cânones tradicionais que conceituam a culpabilidade, no âmbito penal, impossível reconhecer-se a responsabilidade penal da pessoa jurídica. Nesse ponto, para atender à prevenção e repressão de crimes, cuja prática tem-se perpetuado entre nós, mister a reformulação do conceito. A culpabilidade da pessoa jurídica não está adstrita à vontade, enquanto laço psicológico entre a conduta e o agente, ou à sua consciência, mas à reprovabilidade de sua conduta[10].

Após muitos julgados, inclusive do extinto Tribunal de Alçada Criminal, decidindo pela impossibilidade da responsabilização criminal da pessoa jurídica, no julgamento do REsp 564.960/SC interposto pelo Ministério Público do Estado de Santa Catarina[11], o Egrégio Superior Tribunal de Justiça, em lapidar voto do Ministro

---

[9] PRADO, 1998, p. 179-180.

[10] MILARÉ; COSTA JUNIOR; COSTA, 2013, p. 36.

[11] "CRIMINAL. CRIME AMBIENTAL PRATICADO POR PESSOA JURÍDICA. RESPONSABILIDADE PENAL DO ENTE COLETIVO. POSSIBILIDADE. PREVISÃO CONSTITUCIONAL REGULAMENTADA POR LEI FEDERAL. OPÇÃO POLÍTICA DO LEGISLADOR. FORMA DE PREVENÇÃO DE DANOS AO MEIO AMBIENTE. CAPACIDADE DE AÇÃO. EXISTÊNCIA JURÍDICA. ATUAÇÃO DOS ADMINISTRADORES EM NOME E PROVEITO DA PESSOA JURÍDICA. CULPABILIDADE COMO RESPONSABILIDADE SOCIAL. CORRESPONSABILIDADE. PENAS ADAPTADAS À NATUREZA JURÍDICA DO ENTE COLETIVO. RECURSO PROVIDO.

Gilson Dipp, assentou o entendimento pela possibilidade da responsabilização da pessoa jurídica em matéria criminal.

I. Hipótese em que pessoa jurídica de direito privado, juntamente com dois administradores, foi denunciada por crime ambiental, consubstanciado em causar poluição em leito de um rio, através de lançamento de resíduos, tais como, graxas, óleo, lodo, areia e produtos químicos, resultantes da atividade do estabelecimento comercial. II. A Lei ambiental, regulamentando preceito constitucional, passou a prever, de forma inequívoca, a possibilidade de penalização criminal das pessoas jurídicas por danos ao meio ambiente. III. A responsabilização penal da pessoa jurídica pela prática de delitos ambientais advém de uma escolha política, como forma não apenas de punição das condutas lesivas ao meio ambiente, mas como forma mesmo de prevenção geral e especial. IV. A imputação penal às pessoas jurídicas encontra barreiras na suposta incapacidade de praticarem uma ação de relevância penal, de serem culpáveis e de sofrerem penalidades. V. Se a pessoa jurídica tem existência própria no ordenamento jurídico e pratica atos no meio social através da atuação de seus administradores, poderá vir a praticar condutas típicas e, portanto, ser passível de responsabilização penal. VI. A culpabilidade, no conceito moderno, é a responsabilidade social, e a culpabilidade da pessoa jurídica, neste contexto, limita-se à vontade do seu administrador ao agir em seu nome e proveito. VII. A pessoa jurídica só pode ser responsabilizada quando houver intervenção de uma pessoa física, que atua em nome e em benefício do ente moral. VIII. 'De qualquer modo, a pessoa jurídica deve ser beneficiária direta ou indiretamente pela conduta praticada por decisão do seu representante legal ou contratual ou de seu órgão colegiado. IX. A atuação do colegiado em nome e proveito da pessoa jurídica é a própria vontade da empresa. A coparticipação prevê que todos os envolvidos no evento delituoso serão responsabilizados na medida de sua culpabilidade. X. A Lei Ambiental previu para as pessoas jurídicas penas autônomas de multas, de prestação de serviços à comunidade, restritivas de direitos, liquidação forçada e desconsideração da pessoa jurídica, todas adaptadas à sua natureza jurídica. XI. Não há ofensa ao princípio constitucional de que 'nenhuma pena passará da pessoa do condenado...', pois é incontroversa a existência de duas pessoas distintas: uma física – que de qualquer forma contribui para a prática do delito – e uma jurídica, cada qual recebendo a punição de forma individualizada, decorrente de sua atividade lesiva. XII. A denúncia oferecida contra a pessoa jurídica de direito privado deve ser acolhida, diante de sua legitimidade para figurar no polo passivo da relação processual-penal. XIII. Recurso provido, nos termos do voto do Relator" (STJ, REsp 565.960/SC, 5ª Turma, Rel. Min. Gilson Dipp, j. 2 jun. 2005).

No citado feito, o Juízo singular havia rejeitado denúncia em face de pessoa jurídica. Interposto recurso em sentido estrito, o Tribunal de Justiça do Estado de Santa Catarina negou provimento, sob o argumento de que não se poderia responsabilizar penalmente a pessoa jurídica[12].

Contrariado, o Ministério Público Catarinense interpôs recurso especial; no julgamento prevaleceu a possibilidade da responsabilização penal da pessoa jurídica.

Diante disso, é indispensável uma análise mais profunda dessa decisão. Isso porque, nesse julgado, o STJ entendeu que a Constituição Federal de 1988, seguindo uma tendência mundial em dar maior atenção aos interesses difusos, elevou o meio ambiente à categoria de bem jurídico tutelado de forma autônoma, destinando um capítulo inteiro à sua proteção. Feita a opção constitucional pela responsabilização da pessoa moral, dez anos depois, foi editada a Lei n. 9.605/98, regulamentando o disposto no § 3º do art. 225 da CF e prevendo, de forma inequívoca, a possibilidade de penalização criminal das pessoas jurídicas por danos ao meio ambiente.

Aponta que referida responsabilização surge como forma não apenas de punição, mas também de prevenção, em consonância com a política ambiental. Opinam os Ministros desta Corte que na responsabilidade da pessoa jurídica deve haver modificação na dogmática penal clássica, na conduta, na culpabilidade e na penalidade.

No caso da responsabilidade da pessoa jurídica, a responsabilidade penal subjetiva defendida pela Escola Clássica (e, portanto, baseada na culpa) deve ser alterada para uma responsabilidade contemporânea, classificada como social.

---

[12] A ementa do acórdão estadual foi escrita nos seguintes termos: "Ação Penal – Crime Contra o Meio Ambiente – Rejeição de Denúncia – Responsabilidade Penal da Pessoa Jurídica – Impossibilidade – Precedente Deste Tribunal – Recurso Ministerial Não Provido" (TJSC, Processo 2002.023129-6, Segunda Câmara Criminal, Relator Desembargador Irineu João da Silva, j. 18-1-2013).

Assentada em nossos Tribunais a possibilidade de que seja responsabilizada criminalmente a pessoa jurídica, tem-se a análise das condições para que seja levada a efeito essa responsabilização, conforme preconizado pelo art. 3º da Lei n. 9.605/98.

Para que haja responsabilização nos moldes da Lei n. 9.605/98, a infração deve ser cometida por decisão do representante legal ou contratual ou do órgão colegiado. Dessa feita, o inquérito policial ou elemento de informação que instruir a inicial acusatória deve, de forma obrigatória, ser conclusivo quanto ao real autor da conduta, sob pena de impossibilitar a responsabilização penal da pessoa jurídica.

As investigações relacionadas aos delitos ambientais devem incluir o representante legal ou contratual, identificado por meio das informações encontradas nos atos societários, incluindo as atas de assembleia em caso de decisão tomada por órgão colegiado. A identificação desse representante e de sua decisão é essencial para que se afigure tal responsabilização.

Não se está aqui defendendo um concurso necessário de agentes entre uma pessoa jurídica e uma física, o que se sustenta é apenas o preenchimento de um dos requisitos indispensáveis a tal responsabilização, como forma de comprovar o indispensável "interesse de agir" da sociedade, mesmo que só a pessoa jurídica seja criminalizada por tal conduta.

O art. 3º também determina outro requisito indispensável, o de que a infração seja cometida no "interesse ou benefício" da sua entidade. É impensável a atribuição de responsabilidade penal à pessoa jurídica de conduta que não se coadune com os interesses ou que não traga benefícios a ela. A esse respeito:

> Para identificar se a ação é institucional (isto é, se é da pessoa jurídica e não da pessoa física), o ponto crucial é o interesse econômico. Há casos em que o comportamento criminoso dos diretores, quase sempre à margem dos estatutos sociais, somente traz benefícios a eles próprios. Entretanto, há casos em que a empresa aufere be-

neficios. O benefício para a empresa permite a atribuição da ação ao ente coletivo. Portanto o benefício é determinante para imputação da conduta à pessoa jurídica[13].

Dessarte, conforme entendimento supracitado deve haver separação entre condutas que beneficiem apenas alguns de seus representantes e aquelas que beneficiam a própria pessoa jurídica. Apenas e tão somente neste último caso, caberá a sua responsabilização penal.

Tem-se que para responsabilização penal da pessoa jurídica é necessária a coexistência dos seguintes elementos: (i) ação delituosa; (ii) ação antijurídica; (iii) decisão do representante legal ou contratual ou do órgão colegiado; e (iv) ação institucional que esteja de acordo com os interesses da empresa ou que lhe traga benefícios.

A atuação profissional tem demonstrado que tais itens raramente são observados quando da propositura da ação penal, pois nem sempre estão presentes os elementos necessários para a imputação da conduta à pessoa jurídica, dando ensejo à exordiais genéricas, formuladas pelo Ministério Público, que não contêm os elementos previstos expressamente pelo dispositivo legal aplicável.

Nesses casos, não só há o descumprimento do art. 3º da Lei n. 9.605/98, mas também do art. 41 do Código de Processo Penal, segundo o qual é indispensável à inicial acusatória a exposição do fato criminoso em todas as suas circunstâncias.

Diante da ausência dos requisitos previstos no art. 1º da Lei 9.605/98, o art. 2º restará contrariado, sendo a inicial acusatória considerada inepta e o feito contaminado, *ab ovo*, por nulidade insanável, nos termos do art. 564, III, *a*, do Código de Processo Penal.

Em plano constitucional, a denúncia elaborada nos termos citados ofende o princípio da ampla defesa, estampado como cláusula pétrea, previsto no art. 5º, LV, da Constituição Federal, por não permitir o exercício da defesa em toda a sua amplitude.

---

[13] MILARÉ; COSTA JÚNIOR; COSTA, 2013, p. 43-44.

A ampla defesa tem duas vertentes: a autodefesa e a defesa técnica. Entendemos que a exordial inepta, formulada nos termos supraexaminados, prejudica ambas as vertentes. A autodefesa, consubstanciada na oportunidade de a parte trazer provas que possam influenciar o convencimento do magistrado, assim como o direito de se dirigir ao julgador apresentando sua versão sobre os fatos, resta prejudicada se as informações exigidas por lei não constarem da exordial acusatória.

Assim, na prática, como poderá o representante da pessoa jurídica manifestar-se sobre decisão tomada caso esta não conste da inicial acusatória? De que forma o possível preposto da pessoa jurídica poderá se manifestar sobre o interesse ou o benefício que ela teria em determinada conduta se tal elemento não figurar da peça inicial? Será impossível a autodefesa.

Não se pode olvidar que o acusado, seja pessoa física ou jurídica, se defende da descrição da conduta que consta da denúncia e não da capitulação existente. Além disso, a defesa técnica também é essencialmente prejudicada nestes casos, tendo em vista que o defensor não dispõe de elementos mínimos para que seja feita a defesa de seu constituinte.

Como se opor àquilo que não está descrito na peça que delimita o objeto da ação penal? Tem-se que a solução, novamente, é a declaração de nulidade absoluta. Mesmo que não seja necessária a demonstração de prejuízo, observe-se que, neste caso, ele é evidente. A narrativa descrita na denúncia é tão importante que, mesmo havendo uma tipificação errônea, o magistrado poderá, ao final da instrução, desde que a narrativa esteja correta, alterar a tipificação, denominada *emendatio libeli*.

Por fim, a sentença condenatória, nos casos em que a responsabilidade penal recai sobre a pessoa jurídica, deve indicar obrigatoriamente os elementos do art. 3º da Lei n. 9.605/98, senão poderá incorrer em contrariedade ao art. 381 do Código de Processo Penal, que dispõe sobre o conteúdo da sentença criminal.

4.5 Dupla imputação: necessidade?

Superadas as questões que dizem respeito aos requisitos da denúncia e da sentença condenatória, quando atribuída a responsabilidade penal à pessoa jurídica, depara-se com tema de alta relevância: a obrigatoriedade ou não da dupla imputação, ainda tendo atenção ao parágrafo único do art. 3º da Lei n. 9.605/98.

O tema sempre foi motivo de debates, principalmente pela tradicional posição que sustentava a incapacidade da pessoa jurídica de praticar condutas criminais, questão hoje superada.

Optou-se por debater a questão da dupla imputação com uma análise de situações práticas encontradas na advocacia criminal, externando a opinião por meio do comentário de cada uma dessas situações.

Na atuação profissional, há três formas de denúncias criminais oferecidas em face de pessoas jurídicas: (i) denúncia isolada da pessoa jurídica; (ii) denúncia da pessoa jurídica na figura do seu representante legal; e (iii) denúncia conjunta das pessoas jurídicas e físicas.

A possibilidade de denúncia em que conste isoladamente a pessoa jurídica é defendida sob o argumento de que, inicialmente, além de estar previsto na legislação, não há previsão legal que exija o concurso necessário entre as pessoas físicas e jurídicas. O intérprete não pode formular qualquer exigência que não seja feita pela legislação aplicável.

Sustenta-se a possibilidade de responsabilização penal somente da pessoa jurídica nos casos em que o ato for praticado exclusivamente de acordo com seu interesse. Adicionar à *persecutio criminis* a figura da pessoa física, sob o pretexto da pessoa jurídica não poder agir isoladamente, necessitando de uma pessoa física para agir em seu nome, é sustentar a, inadmissível, aplicabilidade da responsabilidade penal objetiva.

No que diz respeito à situação em que a pessoa jurídica atua isoladamente, mas é citada na figura do seu representante legal, há uma hipótese similar à primeira.

É corriqueiro na prática forense a existência de processos que apresentam denúncia oferecida em face da sociedade, na pessoa do representante legal. Na narrativa destes processos, apenas a pessoa física é mencionada, mas na parte dispositiva da exordial, consta apenas a denominação da pessoa jurídica, não existindo na maioria das peças acusatórias qualquer indício de que o representante tenha agido em interesse da sociedade.

Apesar de a conduta ter sido praticada pela pessoa física, a denunciada era a pessoa jurídica, constando aquela apenas como representante. Tal situação ocorre pelo simples fato de aquele representante ser funcionário da pessoa jurídica.

Nesses casos, como também não há demonstração de culpa por parte do representante legal, se ele fosse incluído no polo passivo da ação penal, concretizar-se-ia uma pretensa responsabilidade penal por representação, o que se demonstra temerário, sendo que a pessoa física que consta da exordial oferecida nesta situação não poderia, jamais, ser coautora da pessoa jurídica e, consequentemente, sofrer qualquer efeito de uma eventual sentença condenatória.

Mas não é só. A inicial nesses termos não traz qualquer ato praticado pela pessoa física, não havendo qualquer nexo entre esta e a pessoa jurídica. Assim, entende-se que esta modalidade de denúncia, é inepta, pois não apresenta os requisitos indispensáveis à responsabilização da pessoa jurídica, nem da pessoa física.

Há aqueles que entendem ser necessária a dupla imputação, o que significa que a exordial acusatória deve trazer, em concurso necessário, as pessoas físicas e jurídicas. Aqueles que se filiam a essa corrente, embora admitam que as posições do direito penal tradicional foram flexibilizadas para o acolhimento da responsabilização penal da pessoa jurídica, sustentam que a pessoa jurídica jamais poderia agir de modo isolado, pois a ação em si sempre será humana.

Além disso, a responsabilização da pessoa jurídica, *ex vi* ao art. 3º da Lei n. 9.605/98, sempre ocorrerá nas infrações cometidas "por decisão de seu representante legal ou contratual, ou de seu órgão colegiado, no interesse ou benefício da sua entidade". Dessa feita, não se poderia admitir a responsabilização penal sem que a decisão do representante ou órgão colegiado venha aos autos para que haja a dupla imputação.

Tal posição pela obrigatoriedade da dupla imputação foi adotada em nossos Tribunais superiores pela primeira vez em 2007, pelo Superior Tribunal de Justiça, tendo como relator o Ministro Felix Fischer[14]. Todavia, essa teoria adquiriu grande destaque em decisão posterior do mesmo Tribunal, em setembro de 2009, a qual teve como relator o Ministro Arnaldo Esteves Lima[15].

Tal aresto traz em seu bojo trechos do REsp 610.114/RN[16], no qual o Ministro Gilson Dipp admite a responsabilização da pessoa jurídica, mas sempre que houver a identificação das pessoas físicas que atuaram em nome e proveito da pessoa jurídica, em julgado no qual sustenta não ser possível dissociar o ente social da pessoa física, que age com dolo ou culpa. Neste contexto, poder-se-ia ter uma denúncia contra uma pessoa jurídica se identificada a pessoa física que, em nome da jurídica, praticou a conduta típica.

Tal entendimento é seguido por Luiz Flávio Gomes:

---

[14] "PROCESSUAL PENAL. RECURSO ESPECIAL. CRIMES CONTRA O MEIO AMBIENTE. DENÚNCIA REJEITADA PELO E. TRIBUNAL *A QUO*. SISTEMA OU TEORIA DA DUPLA IMPUTAÇÃO.

Admite-se a responsabilidade penal da pessoa jurídica em crimes ambientais desde que haja a imputação simultânea do ente moral e da pessoa física que atua em seu nome ou em seu benefício, uma vez que 'não se pode compreender a responsabilização do ente moral dissociada da atuação de uma pessoa física, que age com elemento subjetivo próprio', cf. REsp n. 564960/SC, 5ª Turma, Rel. Min. Gilson Dipp, *DJ* de 13/06/2005 (Precedentes). Recurso especial provido" (STJ, REsp 889.528/SC, 5ª Turma, Rel. Min. Felix Fischer, j. 17-4-2007).

[15] STJ, REsp 865.864/PR, 5ª Turma, Rel. Min. Arnaldo Esteves Lima, j. 10-9-2009.

[16] STJ, 610.114/RN, 5ª Turma, Rel. Min. Gilson Dipp, j. 17-11-2005.

O respeito ao princípio da dupla imputação (imputação à pessoa física e à pessoa jurídica) é uma imperiosidade lógica, visto o surrealismo de só se denunciar a pessoa jurídica, deixando de fora o verdadeiro criminoso. Permitir que somente a pessoa jurídica seja a processada criminalmente seria incrementar a produtividade da nossa fábrica de delinquentes (que já transita por patamares bastante elevados)[17].

Atrelado aos argumentos já apresentados, é de se observar que sempre que identificadas as pessoas físicas que agiram com dolo ou culpa em benefício da pessoa jurídica, ambas deveriam responder criminalmente por seus atos.

Todavia, sob os argumentos da dupla imputação, nos casos em que não fosse possível identificar quais pessoas físicas praticaram a conduta ilícita, não se poderia responsabilizar a pessoa jurídica e logo não se teria a aplicabilidade do direito penal, mesmo tendo um resultado jurídico.

Nesse sentido, outros julgados consideraram como ineptas incontáveis denúncias formuladas apenas contra a pessoa jurídica, e assim, sedimentaram o entendimento do Superior Tribunal de Justiça, situação que levou o Ministério Público a elaborar novas denúncias criminais à pessoa jurídica e à física. Contudo, em 6 de agosto de 2013, em sintonia com nossa posição sustentada desde o surgimento da Lei Ambiental, o Supremo Tribunal Federal, em sua Primeira Turma, tendo como relatora a Ministra Rosa Weber, decidiu por maioria de votos pela possibilidade de uma pessoa jurídica ser responsabilizada sem a necessidade de com ela ser responsabilizada uma pessoa física[18].

Não se está aqui sustentando pela impossibilidade de uma pessoa física ser coautora de uma pessoa jurídica. Ainda há essa possibilidade, mas, para que ocorra precisará ser identificada e ter agido visando interesse diverso do da pessoa jurídica.

---

[17] GOMES, 2010.
[18] STF, RE 548181/PR, 1ª Turma, Rel. Min. Rosa Weber, j. 6-8-2013.

4.6 Penas aplicáveis

A partir do art. 6º, a Lei n. 9.605/98 passa a tratar da aplicação da pena. A leitura de suas disposições demonstra que a lei seguiu o preceituado pelo Código Penal, fixando as penas privativas de liberdade, restritivas de direitos e multa, sendo apenas estas duas últimas, evidentemente, aplicáveis às pessoas jurídicas.

Também é de se notar a tendência a penas diferentes das privativas de liberdade, mesmo porque é notória a falência do sistema prisional, bem como a escassa ressocialização daqueles que cumprem penas nos estabelecimentos carcerários.

Ainda, tendo em vista as penas preconizadas pela Lei n. 9.605/98, em poucos preceitos, quando aplicadas ultrapassam três anos, o que possibilita, desde que satisfeitos os demais requisitos, em caso de condenação, a suspensão condicional da pena, nos termos do art. 16 da Lei em comento.

Não é demais salientar ainda que, satisfeitos os demais requisitos, também caberá a substituição da pena privativa de liberdade por restritivas de direito, de acordo com o art. 44 do Código Penal, desde que a pena aplicada não supere quatro anos de prisão. Na lei ambiental, aplicadas as penas máximas prescritas, só não alcançariam a substituição os crimes elencados nos arts. 35, 40 e 54, § 2º, da Lei n. 9.605/98.

No que diz respeito às penas insculpidas na legislação, é de se verificar a vasta aplicação dos benefícios preceituados pela Lei n. 9.099/95, sempre observando o art. 28 da Lei n. 9.605/98, com a possibilidade de transação penal ou suspensão condicional do processo, conhecida como *sursis* processual. Ambas são aplicáveis, dependendo da quantidade da pena prevista e desde que preenchidas as demais condições para tanto, sendo que, no primeiro caso, a pena máxima não deve ser superior a dois anos e, no segundo, a pena mínima não será superior a um ano.

Cabe salientar, ainda, no que diz respeito à aplicação dos benefícios preconizados pela Lei dos Juizados Especiais (Lei n.

9.099/95), que a reparação do dano também deve ser observada, conforme art. 27 da Lei Ambiental.

Este diploma legal, em seu art. 21, proclama expressamente as sanções aplicáveis, isoladamente, alternativa ou cumulativamente, às pessoas jurídicas, quais sejam: a multa, penas restritivas de direitos e prestação de serviços à comunidade. Os arts. 22 e 23 preveem a aplicação às pessoas jurídicas de penas restritivas de direitos e de prestação de serviços à comunidade, dentro das especificidades que esta responsabilização reclama, nas próximas linhas apresentadas.

Ponto importante é o art. 24 da Lei Ambiental, que determina a liquidação forçada da pessoa jurídica constituída ou utilizada, preponderantemente, para a prática, facilitação ou ocultação de crimes definidos na referida lei. Neste caso, o seu patrimônio é considerado instrumento de crime e, assim sendo, perdido em favor do Fundo Penitenciário Nacional. Denomina-se essa pena como uma espécie de "pena de morte" da pessoa jurídica.

Da leitura do capítulo II da Lei de Crimes Ambientais ainda pode-se vislumbrar algumas especificidades, tendo em vista que esta sempre procura a reconstituição do dano causado ao meio ambiente e leva em consideração o histórico do agente em relação ao meio ambiente.

O art. 6º da Lei n. 9.605/98 disciplina o roteiro a ser seguido pelo magistrado sentenciante ao calcular a pena a ser aplicada, de forma similar ao art. 59 do Código Penal, sendo que é de se notar que haverá agravamento da sanção quando forem analisados os motivos da infração e suas consequências para a saúde pública ou meio ambiente. Ainda neste contexto, conforme dito *supra*, serão levados em conta os antecedentes do infrator em relação ao cumprimento da legislação de interesse ambiental. Isso quer dizer que, mesmo que o agente tenha antecedentes criminais não ambientais, para o delito ambiental será considerado primário e sem antecedentes.

O art. 7º da Lei n. 9.605/98 reproduz o *caput* do art. 44 do Código Penal e diz respeito às penas restritivas de direitos, informando que são autônomas e impondo as condições para que possam substituir as penas privativas de liberdade.

Da mesma forma, o inciso I do art. 7º da Lei de Crimes Ambientais dá praticamente o mesmo comando insculpido no inciso I do art. 44 do Código Penal, dando a possibilidade de, nos crimes dolosos, substituir a pena privativa de liberdade pela restritiva de direitos. Ressaltando que, no caso da legislação ambiental, a substituição poderá ocorrer quando a reprimenda corporal for inferior a quatro anos e, no segundo caso, do Código Penal, quando não superior a tal período. Em ambas as legislações, a substituição pode ser operada quando se tratar de delito culposo, porém, no doloso tratado pelo Código Penal, exige-se ainda o não cometimento de violência ou grave ameaça à pessoa.

O inciso II do art. 7º da Lei Ambiental reproduz o inciso III do art. 44 do Código Penal, acrescentando que a avaliação procedida para a substituição deve levar em conta, como requisito subjetivo, sua suficiência para efeitos de reprovação e de prevenção do crime.

Por fim, o parágrafo único do art. 7º determina que as penas restritivas de direitos tenham a mesma duração das penas restritivas de liberdade substituídas.

Prosseguindo na Lei n. 9.605/98, o art. 8º enumera as modalidades de penas restritivas de direitos, estando a primeira elencada no inciso I, que dispõe acerca da prestação de serviços à comunidade. Conforme o art. 9º da mesma legislação, a prestação de serviços à comunidade consiste "na atribuição ao condenado de tarefas gratuitas junto a parques e jardins públicos e unidades de conservação e, no caso de dano da coisa particular, pública ou tombada, na restauração desta, se possível".

No que diz respeito à pessoa jurídica, o art. 23 determina que a prestação de serviços à comunidade consistirá em "custeio de programas e de projetos ambientais, execução de obras de recuperação de áreas degradadas, manutenção de espaços públicos e contribuições a entidades ambientais ou culturais públicas".

A segunda modalidade de pena restritiva de direitos prevista no inciso II do art. 8º da Lei n. 9.605/98 é a interdição temporária de direitos, explicitada pelo art. 10 como "a proibição de o condenado de contratar com o Poder Público, de receber incentivos fiscais ou quaisquer outros benefícios, bem como de participar de licitações, pelo prazo de 5 (cinco) anos, no caso de crime doloso, e de 3 (três) anos, no caso de crime culposo".

O § 3º do art. 22 determina que, no caso da pessoa jurídica, a pena restritiva de direito consistente na proibição de contratar com o Poder Público e dele obter subsídios, subvenções ou doações não poderá exceder o prazo de dez anos.

A terceira modalidade de pena restritiva de direito prevista no inciso III do art. 8º é a suspensão total ou parcial das atividades que, nos termos do art. 11, será aplicada quando estas atividades não estiverem obedecendo às prescrições legais.

O art. 22, em seus §§ 1º e 2º, determina que a suspensão das atividades ocorrerá quando estas não estiverem obedecendo às normas relativas ao meio ambiente e que a interdição temporária do estabelecimento, obra ou atividade ocorrerá quando um destes estiver funcionando sem a autorização ou em desacordo com a concedida autorização.

Ainda, o inciso IV do art. 8º prescreve a prestação pecuniária como pena restritiva de direito. O art. 12 esclarece que:

> A prestação pecuniária consiste no pagamento em dinheiro à vítima ou à entidade pública ou privada com fim social, de importância, fixada pelo juiz, não inferior a um salário mínimo nem superior a trezentos e sessenta salários mínimos. O valor pago será deduzido do montante de eventual reparação civil a que for condenado o infrator.

Por fim, tem-se o recolhimento domiciliar como a última pena restritiva de direito, nos termos do art. 8º, V, o qual, conforme art. 13 é baseado na autodisciplina e responsabilidade do condenado, que deverá trabalhar, frequentar cursos ou exercer atividade autorizada, permanecendo recolhido em sua residência ou local de moradia habitual nos dias e horários de folga, isso sem que haja qualquer vigilância.

Também constam dos arts. 14 e 15 da mesma legislação, respectivamente, circunstâncias que atenuam ou agravam a penas. É de se notar, como em todo o restante da legislação, a preocupação com a reparação do dano ambiental ou sua limitação, sendo estas circunstâncias atenuantes da pena, além do baixo grau de instrução ou escolaridade do criminoso.

De outro lado, algumas das causas de agravamento da reprimenda são bem próprias e características em relação aos delitos contra o meio ambiente, como quando se atinge área de unidade de conservação, área sujeita, por ato do Poder Público, a regime especial de uso, área urbana ou assentamentos humanos, bem como se praticado em período de defeso à fauna ou em época de seca ou inundações.

Também prevista como preceito secundário, há a pena de multa, aplicada em substituição à pena restritiva de direito ou a ela cumulada.

O art. 18 informa que a multa será calculada segundo os critérios do Código Penal e, caso se revele insuficiente em seu valor máximo, poderá ser aumentada em até três vezes, de acordo com o valor da vantagem econômica auferida.

O Código Penal, por sua vez, no art. 49, determina que a pena de multa consiste no pagamento ao Fundo Penitenciário Nacional de quantia fixada na sentença e calculada em dias multa, no mínimo de dez e no máximo de 360. O valor do dia multa será fixado entre um trigésimo a cinco vezes o valor do maior salário mínimo vigente ao tempo do fato e corrigido até o momento de seu pagamento.

4.7 Alguns comentários sobre a prescrição

A prescrição é uma das espécies de extinção de punibilidade tratadas no Código Penal. Trata-se da perda do direito de punir do

Estado pelo decurso de um lapso temporal ocorrido na pretensão punitiva ou executória.

Apesar de ser uma extinção de punibilidade, devendo, portanto, ser analisada após a configuração da prática criminosa, os Tribunais, contrariando nosso entendimento, nos casos de prescrição da pretensão punitiva, a analisam preliminarmente, sem concluir se o crime foi praticado ou não pelo agente.

Por ser uma espécie de extinção de punibilidade, deveriam primeiramente analisar e demonstrar a prática do crime para, em uma nova fase, analisar a extinção de sua punição, sob a lógica de que "se não há crime, não pode haver análise da aplicação ou extinção de sua sanção".

Feitas algumas considerações a respeito das penas previstas para os delitos contra o meio ambiente e da prescrição, observa-se que, na prática, a maioria acaba por ter declarada extinta a punibilidade em virtude da prescrição, sendo em menor quantidade pela pena abstrata e, em sua maioria, pelo cálculo da pena em concreto.

Tal fenômeno ocorre porque as penas mínimas insculpidas nos preceitos secundários da lei são muito baixas e, quando a pena em concreto é aplicada, em sua grande maioria mínima ou próxima desta, a prescrição ocorre em três ou quatro anos.

Assim, tem-se a prescrição punitiva nas seguintes situações: quando o período prescricional calculado com a pena em abstrato for alcançado na data do fato até o recebimento da denúncia ou posteriormente; quando calculado com a pena em concreto desta denúncia até o seu recebimento; ou então, deste até a primeira condenação; e, por fim, desta até o trânsito em julgado do processo.

Se ocorrida no lapso temporal entre a condenação definitiva e o início do cumprimento da pena ou de sua interrupção até seu reinício, ter-se-á a prescrição da pretensão executória.

A alteração operada pela Lei n. 12.234/2010 elevou o mínimo prescricional constante do art. 109 do Código Penal, de dois para três anos, auxiliando a não configuração da prescrição em diversos casos. No entanto, a prática forense deixa claro que prazo de três anos é ultrapassado na maioria das vezes.

Sustenta-se a elevação das bandas penais mínimas registradas na Lei dos Crimes Ambientais, bem como que os prazos prescricionais passassem a ter o interregno mínimo de quatro anos. Lembrando que o prazo prescricional será reduzido pela metade se praticado por jovens entre 18 e 21 anos ou se, quando da sentença transitada em julgado, o condenado tiver mais de 70 anos.

Um ponto em que a lei foi omissa diz respeito ao prazo prescricional da pessoa jurídica. Se forem processadas uma pessoa jurídica e uma física e ocorrer prescrição da pessoa física em abstrato, tem-se entendido que o prazo prescricional da pessoa jurídica seria o mesmo daquela.

Todavia, a celeuma se inicia quando há apenas uma pessoa jurídica no polo passivo da ação ou quando à pessoa física for aplicada uma prescrição calculando a pena privativa de liberdade em concreto. Para tanto, não há entendimento pacificado, pois alguns querem aplicar o prazo da pena de multa três anos, enquanto outros, o prazo calculado pela pena máxima em abstrato.

Quando a pessoa física também é acusada, sustenta-se que deverá ser aplicado à pessoa jurídica o mesmo prazo estipulado à física.

Entende-se que a lei precisa, em caráter de urgência, regular essa situação estipulando um prazo ou um critério de cálculo. Enquanto isso não ocorrer, entendemos que o prazo prescricional da pessoa jurídica deveria ser o mesmo da pena de multa imposta à pessoa física, ou seja, dois anos, já que esta é uma de suas sanções.

Com tais medidas, certamente, se tornaria a lei ambiental mais eficaz e passível de condenações a seus infratores, além de manter a prescrição, instituto imprescindível à celeridade da aplicação da Justiça, apesar de muito criticada pela sociedade, que não compreende seu imprescindível papel de punir o Estado por sua morosidade.

4.8 Algumas observações sobre os tipos penais inscritos na Lei n. 9.605/98

Nesta parte será feita a análise de alguns tipos inscritos na Lei n. 9.605/98, de outros dispositivos incriminadores que constam de leis esparsas e do Código Penal, iniciando-se por algumas observações a respeito das normas penais em branco.

4.8.1 Leis Penais em Branco

A Lei n. 9.605/98 traz, de forma excessiva, diversas normas penais em branco. Sobre a norma penal em branco, destaca-se:

> Preceito e sanção se fundem, indissoluvelmente, numa unidade lógica. Isto se se tratar de normas perfeitas, que contêm esses dois elementos. Normas ditas *imperfeitas*, também denominadas *normas penais em branco*, o preceito deverá ser completado por outro dispositivo, via de regra, estabelecido em normas extrapenais. O complemento da norma penal, que vem a integrá-la, encontra-se em outra lei, ato legislativo ou administrativo (portaria, decreto)[19].

De fato, diversos preceitos primários da lei exigem complementação de fontes legislativas diversas na previsão do crime, como a definição de funcionário público, floresta, produto ou substância tóxica, dentre outras. Essa complementação se faz necessária, tendo em vista a complexidade e o necessário cotejamento do direito penal ambiental com outros ramos jurídicos e respectivas legislações, mormente no que diz respeito ao direito administrativo. Assim a doutrina se posiciona:

> Nos crimes contra o meio ambiente, a detalhada e exaustiva descrição do comportamento do agente mostra-se, na maioria das vezes, bastante difícil ou quase impossível. Com certa frequência é necessário que a lei faça remissão a disposições externas, a normas e conceitos técnicos[20].

---

[19] COSTA JUNIOR, 2008, p. 23.
[20] FREITAS G.; FREITAS V., 2001, p. 36.

Acolhe-se a posição da doutrina, mesmo porque não se afigura como inconstitucional a existência de normas penais em branco, tendo em vista que muitas definições ou normas complementadoras são estranhas ao direito penal.

Ainda mais, a complexidade e a dinâmica da matéria ambiental certamente não seriam acompanhadas pelas morosas alterações legislativas, o que faria com que as tipificações se tornassem letras mortas. Todavia, melhor seria se sua quantidade fosse reduzida.

Basta analisar o crime previsto no art. 33 da Lei n. 9.605/98 de provocar o perecimento de espécimes da fauna aquática, por meio da emissão de efluentes ou carreamento de materiais em rios, lagos, açudes, lagoas, baías ou águas jurisdicionais brasileiras. Se atentar que mencionada espécime da fauna é aquática, não haveria necessidade de especificar todos os locais aquáticos. Da mesma forma, ao incluir qualquer água jurisdicional brasileira, não se atenta que tal questão já vem delineada no Código Penal, quando trata da aplicação da lei brasileira ao crime cometido no território nacional.

Cabe a ressalva, porém, de que a inicial acusatória, em sua descrição, deve fazer expressa menção às normas jurídicas complementadoras, fazendo a integração com o preceito primário encontradiço na Lei n. 9.605/98, sob pena de nulidade insanável da exordial acusatória.

Há casos de denúncias pela prática de crime de causar poluição qualificada pelo lançamento de resíduos em desacordo com a lei ou regulamento, sem a menção de qual lei ou regulamento o agente teria desobedecido.

4.8.2 Tipos penais ambientais

A Lei n. 9.605/98 procurou sistematizar os delitos contra o meio ambiente, mas esse objetivo não foi alcançado pelo legislador, o que fez com que algumas tipificações ainda permanecessem no Código Penal e na legislação esparsa como, respectivamente, o envenenamento da água potável e dos crimes previstos na lei de parcelamento do solo. Será examinada, sem qualquer pretensão de esgotar as capitulações ambientais, alguns dos tipos penais previstos nesta lei com os quais são mais encontradas na atuação profissional.

A maior parte das ações criminais com as quais se tem deparado está relacionada ao delito capitulado no art. 54 da Lei n. 9.605/98, que disciplina o crime de poluição.

Art. 54. Causar poluição de qualquer natureza em níveis tais que resultem ou possam resultar em danos à saúde humana, ou que provoquem a mortandade de animais ou a destruição significativa da flora:

Pena – reclusão, de um a quatro anos, e multa.

§ 1º Se o crime é culposo:

Pena – detenção, de seis meses a um ano, e multa.

§ 2º Se o crime:

I – tornar uma área, urbana ou rural, imprópria para a ocupação humana;

II – causar poluição atmosférica que provoque a retirada, ainda que momentânea, dos habitantes das áreas afetadas, ou que cause danos diretos à saúde da população;

III – causar poluição hídrica que torne necessária a interrupção do abastecimento público de água de uma comunidade;

IV – dificultar ou impedir o uso público das praias;

V – ocorrer por lançamento de resíduos sólidos, líquidos ou gasosos, ou detritos, óleos ou substâncias oleosas, em desacordo com as exigências estabelecidas em leis ou regulamentos:

Pena – reclusão, de um a cinco anos.

§ 3º Incorre nas mesmas penas previstas no parágrafo anterior quem deixar de adotar, quando assim o exigir a autoridade competente, medidas de precaução em caso de risco de dano ambiental grave ou irreversível.

Pela leitura, a primeira consideração a ser feita é a ausência de boa técnica na sua construção faltando clareza ao preceito primário em análise. A capitulação não informa quais seriam os níveis "tais" de poluição, nem o que seria a destruição "significativa" da flora. Assim, já se posicionou:

> Importa destacar, também aqui, a falta de técnica na construção do tipo, que encerra dispositivo de duvidosa constitucionalidade, eis que demasiadamente aberto, destoante das exigências do princípio da legalidade e agressivo aos princípios da ampla defesa e do contraditório[21].

A solução ao problema é dada pela interpretação normativa de cada julgador, o que, evidentemente, não se coaduna com o Direito Penal Moderno, no qual a leitura do tipo deveria responder quais níveis de poluição podem resultar danos e o que seria a destruição de uma parcela significativa da flora.

Ainda, tratando-se de aspectos práticos, o delito em comento é daqueles que, em sua grande maioria, deixa vestígios, sendo necessária para a comprovação da materialidade, nos termos do art. 158 do Código de Processo Penal, a realização de perícia, que quando realizada, lhe falta técnica, ou então, não tem sido feita. Não são poucos os casos de perícias que, de forma superficial, atestam, apenas copiando a lei, poluição em níveis que possam resultar em dano à saúde humana ou ao meio ambiente, sem se preocupar, por exemplo, no caso de rios, desde quando estas águas estão poluídas, em realizar amostragem na vazante e na cheia, em suas extremidades, desembocadura, em horários e períodos diversos e de apontar o nexo causal entre a conduta praticada pelo agente e a poluição causada ao meio ambiente.

Entendemos que essas falhas, em regra ocorridas no curso de um inquérito policial, afastam a materialidade delitiva e com isso inexiste justa causa para a propositura da *persecutio criminis*.

---

[21] MILARÉ, 2000, p. 374-375.

Melhor seria, como ocorre com mais frequência em outras áreas do direito, que a perícia no curso do inquérito policial fosse realizada com a possibilidade de formulação de quesitos pelas partes e participação de assistentes técnicos indicados por elas, para acompanhar sua realização e poder ter respondidas suas indagações, isso porque lamentavelmente no inquérito não há contraditório, apenas ampla defesa.

Em relação à pena aplicável, não há respeito à proporcionalidade. O meio ambiente foi tutelado, mas de maneira muito tímida, pois, se o agente praticar a conduta de causar poluição hídrica que torne uma área urbana ou rural imprópria para a ocupação humana ou interrompa o abastecimento público de água ou ainda que impeça o uso de praias, terá uma pena de um a cinco anos de reclusão, que poderá ser aumentada de 1/6 a 1/5 se resultar em dano irreversível à flora ou ao meio ambiente; enquanto que o agente que subtrair um patrimônio de outrem rompendo um obstáculo, como o ladrão que estoura o vidro de um automóvel para tirar um rádio, sofrerá uma pena de reclusão de dois a oito anos, pena maior que aquela tratada na lesão ambiental.

Urge, portanto, maior valoração e proteção ao bem meio ambiente aumentando a sanção proporcionalmente à lesão sofrida, como foi feito na alteração legislativa de 2006 (Lei n. 11.284/2006), em que a pena aplicada ao crime de desmatar, explorar ou degradar floresta de domínio público ou devolutas, elencada no art. 50-A da Lei n. 9.605/98, deve ser aumentada em um ano de reclusão para cada mil hectares degradados em uma área acima de 1.000 hectares.

Há um concurso aparente de normas entre o art. 54 da Lei n. 9.605/98 que define de forma genérica a conduta de causar poluição e o art. 271 do Código Penal que criminaliza a corrupção ou poluição específica de água potável.

Por um lado, o dispositivo do Código Penal foi criado em 1940, enquanto a lei ambiental entrou em vigor em 1998; dessa forma, pelo princípio da ultratividade, a lei posterior deveria revogar a lei mais antiga. Todavia, há outro princípio mais adequado, o qual é denominado princípio da especialidade, que dispõe que uma norma específica deve prevalecer sobre uma norma genérica.

Assim sendo, o cometimento de qualquer poluição será punido pela lei ambiental, exceto se for de água potável, o qual, neste caso, em respeito à especialidade, será aplicada a norma incriminadora trazida no Código Penal.

Merece também referência crítica a sanção imposta no art. 50 da Lei Ambiental que prevê ser de três meses a um ano de detenção e multa para a conduta, considerada grave, de destruir ou danificar floresta plantada ou nativa ou vegetação fixadora de dunas, protetora de mangues, sendo estas de especial preservação.

O delito em comento é um dos mais praticados e sua tipificação visa evitar diversos danos às espécies vegetais encontradas em nosso território, o problema é que a pena é muito baixa, alcançando com facilidade a prescrição, ainda mais se comparar com as penas previstas para o art. 50-A da mesma Lei, ou seja, reclusão de dois a quatro anos e multa.

Além disso, nos crimes contra a flora elencados nos arts. 38, 38-A, 49 e 50 da Lei de Crimes Ambientais não é realizada qualquer distinção quanto à conduta de destruir ou danificar, deixando a cargo do julgador aplicá-la na pena em abstrato. Todavia, em respeito aos demais critérios legais que norteiam a aplicabilidade da dosimetria da pena, outras circunstâncias precisam ser respeitadas quanto à sua imposição, como a primariedade, antecedentes criminais ambientais e a personalidade do agente, sobrando pouca ou quase nenhuma margem de pena para o julgador distinguir o dano sofrido em uma destruição ou danificação.

Oportuno lembrar que danificação é uma destruição parcial, enquanto a destruição é total. Logo, uma danificação de floresta pode ser caracterizada pelo corte de um punhado de árvores, enquanto a destruição representa a totalidade da floresta.

Melhor seria, em respeito à proporcionalidade entre o dano causado e a sanção imposta, que houvesse, neste caso, uma pena relacionada ao dano sofrido, como ocorre no art. 50-A, que prevê aumento de um ano por milhar de hectare explorado.

Também merece referência o exagero da pena imposta no art. 69-A, que contraria os demais dispositivos da Lei Ambiental, pois dispõe que a pena é de três a seis anos de reclusão para quem elabora ou apresenta estudo, laudo ou relatório ambiental falso para concessão florestal, podendo ser ainda aumentada conforme o § 2º, de um a 2/3 quando houver dano ao meio ambiente em decorrência do uso de informação falsa, incorreta ou enganosa na elaboração ou apresentação de estudo, laudo ou relatório ambiental, conforme capitulação inscrita no *caput*.

Enquanto há uma pena máxima de 10 anos de reclusão para a configuração de dano "significativo"[22] ambiental, após a apresentação de um documento falso, por outro lado, existe uma pena que não alcança oito anos de reclusão para o cometimento de poluição que cause dano "irreversível" ao meio ambiente. Patente ofensa à proporcionalidade.

Como é possível admitir que a pena máxima em abstrato para o crime de perigo, tratado pelo *caput* do art. 69-A, seja maior que a pena máxima apresentada ao crime de dano, que cause poluição? É um contrassenso.

4.9 Considerações finais

O direito penal ambiental é um ramo que a cada dia ganha mais importância nas ciências jurídicas, pois o direito, como ciência social, deve acompanhar o desenvolvimento e a própria sobrevivência da humanidade, que dá cada vez mais importância à preservação do meio ambiente.

---

[22] Sobre o termo "significativo" verificar comentários feitos sobre o art. 54 da Lei Ambiental.

Talvez a importância dada ao meio ambiente seja fruto da observância das consequências que a sua destruição certamente causará à própria existência da humanidade.

Por meio da educação e da lei ambiental, o homem deve adequar suas condutas respeitando o planeta como um todo, promovendo uma exploração natural consciente.

Acompanhando o anseio social, passou-se a regulamentar, no direito brasileiro, as questões relativas ao meio ambiente. A previsão normativa dessas questões ambientais foi incrementada, certamente, após a década de 1980, com o florescer de movimentos sociais que preconizavam uma defesa mais efetiva.

Essa atmosfera social contaminou positivamente a Assembleia Nacional Constituinte que, pela primeira vez, deu ao meio ambiente, um capítulo próprio na Constituição Federal de 1988, o qual prevê, inclusive, a responsabilidade penal das pessoas físicas e jurídicas. Não obstante, antes mesmo da Carta Magna de 1988, já existiam leis que incriminavam algumas condutas contra o meio ambiente.

A necessidade de uma maior sistematização levou o legislador ordinário a trazer a lume a Lei n. 9.605/98 que, inicialmente, tinha o escopo de abarcar todos os delitos contra o meio ambiente, mas não teve êxito nesse objetivo, permanecendo em vigor leis esparsas que tutelavam este bem jurídico.

A referida lei deu efetividade à responsabilização penal da pessoa jurídica prevista na Constituição Federal, disciplinando em quais condições poderia haver tal responsabilização. Esta disciplina teve consequências não somente quanto à imputação, mas também reflexos processuais, em razão dos diversos requisitos obrigatórios para que a pessoa jurídica integrasse o polo passivo da ação penal.

Sobre essas condições, o Superior Tribunal de Justiça, conforme demonstrado, proferiu julgado no sentido de que a pessoa jurídica só poderia ser processada criminalmente por delitos ambientais se uma pessoa física fosse com ela processada, determinando um concurso necessário de agentes.

Posteriormente, em maio de 2013, o Supremo Tribunal Federal, de maneira contrária, se posicionou decidindo pela inexistência de um concurso necessário de agentes entre uma pessoa jurídica e uma física, possibilitando que aquela possa ser processada isoladamente, conforme previsto na lei ambiental.

Os tipos penais inscritos nesta lei precisam imediatamente ser revistos. Muito embora seja necessária a presença das normas penais em branco, visto que os tipos penais não podem abrir mão da integração necessária do meio ambiente, a lei estudada abusou da tipificação genérica, tendo alguns preceitos primários de duvidosa constitucionalidade.

Tem-se que as penas previstas para os delitos contra o meio ambiente propiciam prazos prescricionais que, na prática, são facilmente atingíveis mesmo com a alteração normativa que elevou o prazo prescricional mínimo das penas privativas de liberdade de dois para três anos. Assim, quer pelos raros casos que alcançam condenação ambiental na esfera criminal, quer pela baixa sanção diante da lesão causada aos casos não alcançados pela prescrição, a norma criminal ambiental não intimida o infrator, tornando-a ineficaz e, de certa forma, autorizando os infratores a continuar ofendendo o meio ambiente.

Propõe-se também uma melhor adequação entre o resultado jurídico causado pelo agente e a sanção imposta, pois com isso estar-se-ia preenchendo as finalidades da pena, preventiva (subdividida em geral e especial) e retributiva.

Outro ponto que precisa ser modificado é a técnica na elaboração de perícia. Melhor seria se pudesse ser acompanhada por assistente técnico das partes, além da possibilidade de apresentar quesitos, se elaborada no curso de um inquérito policial.

A referida Lei n. 9.605/98, no que diz respeito à competência quanto aos crimes ambientais, se Federal ou Estadual, cometeu um erro grave, já que foi omissa, gerando decisões que ora entendem pela competência daquela e ora pela última. O Superior Tribunal de Justiça, em 21 de outubro de 1993, editou a Súmula 91 nos seguintes termos: "Compete à Justiça Federal processar e julgar os crimes praticados contra a fauna", a qual, na sessão de 8 de novembro de 2000, foi cancelada. Dessa forma, caberá ao julgador analisar caso a caso, assim como se o bem tutelado pertence à União para estabelecer a competência daquele caso.

Já existiram processos iniciados pela Justiça Federal por entendimento de que o órgão que lavrou a autuação era Federal, para, posteriormente ser compreendido que a competência não poderia ser estabelecida em razão do órgão que realizara a autuação[23].

Além disso, os casos de crime cometido em rio ou em suas margens banhado por dois Estados têm sido assinalados como de competência federal e, quando banhado por um Estado, de competência estadual[24]. Com isso, vários processos iniciados pela Justiça

---

[23] "Recurso Extraordinário: Crime previsto no artigo 38 (destruir/danificar floresta) da Lei 9.605/98. Competência da justiça estadual comum. Esta 1ª Turma, recentemente, em 20.11.2001, ao julgar o RE 300.244, em caso semelhante ao presente, decidiu que, não havendo em causa bem da União (a hipótese então em julgamento dizia respeito a desmatamento e depósito de madeira proveniente da Mata Atlântica que se entendeu não ser bem da União), nem interesse direito e específico da União (o interesse desta na proteção do meio ambiente só é genérico), nem decorrer a competência da Justiça Federal da circunstância que cabe ao IBAMA que é órgão federal, a fiscalização da preservação do meio ambiente, a competência para julgar o crime que estava em causa era da Justiça estadual comum. Nesse mesmo sentido, posteriormente, em 18.12.2001, voltou a manifestar-se, no RE 299.856, esta 1ª Turma, no que foi seguida, no RE 335.929, por decisão do eminente Ministro Carlos Velloso da 2ª Turma. A mesma orientação é de ser seguida no caso presente" (STF, RE 349.196/TO, 1ª Turma, Rel. Min. Moreira Alves, j. 17-9-2002).

[24] "RECURSO EM SENTIDO ESTRITO. PROCESSUAL PENAL. DELITO TIPIFICADO NO ARTIGO 48 DA LEI N. 9.605/98. COMPETÊNCIA DA JUSTIÇA FEDERAL. RECURSO PROVIDO.

1 – Consoante o auto de infração de n. 009746 (fls. 02/03), o Recorrido, ao utilizar área de preservação permanente com 124,3 metros quadrados em edifi-

Federal, ou vice e versa, muitas vezes são deslocados para outra justiça, gerando além de custos desnecessários e trabalho praticamente imprestável, já que praticado por um juízo incompetente, maior probabilidade da prescrição. Melhor seria se a própria lei determinasse a competência dos crimes ambientais, independentemente se estadual ou federal.

Por fim, a Lei n. 9.605/98 significou um grande avanço para o direito ambiental brasileiro, mas acredita-se que, após mais de 18 anos desde a sua criação, algumas modificações, em síntese, acima

---

cação e 54,75 metros quadrados de área impermeabilizada, à margem esquerda do reservatório da UHE de Ilha Solteira, estaria impedindo a regeneração natural da vegetação.

2 – A Lei 9.605/98 não dispôs sobre a competência para processar e julgar os crimes nela tipificados, sendo certo que o artigo 23, inciso VI e VII, da Constituição Federal conferiu competência comum à União, aos Estados, ao Distrito Federal e aos Municípios para proteção do meio ambiente.

3 – Assim, o processo e o julgamento dos crimes praticados contra a flora, ora compete à Justiça Estadual, ora à Justiça Federal, dependendo de uma análise em cada caso em concreto.

4 – No presente caso, ficou demonstrado o interesse da União, uma vez que se trata de eventual delito praticado nas margens de um rio de domínio da União.

5 – A Represa de Ilha Solteira é formada por rio federal denominado Rio Paraná, que banha os estados de São Paulo e Minas Gerais, portanto integra os bens pertencentes à União e como consequência firma a competência da Justiça Federal, de acordo com artigo 109, inciso I, c/c artigo 20, inciso III, ambos da Constituição Federal.

6 – Ressalta-se, ainda, o Decreto n. 24.643/34, que, em seu artigo 29, inciso I, letra "f", prevê que as águas públicas de uso comum, bem como o seu álveo, pertencem a União, quando percorrerem dois ou mais Estados, como é o caso do Rio Paraná.

7 – Verificada a potencial lesão a bem público da União, é de rigor o reconhecimento da competência da Justiça Federal.

9 – Recurso provido" (TRF da 3ª Região, Processo n. 2004.61.24.000557-6, 2ª Turma, Relator Desembargador Federal Contrim Guimarães, j. 3-6-2008).

tratadas, podem trazer soluções mais práticas para o quanto objetivado quando de sua criação "tutelar o meio ambiente".

REFERÊNCIAS

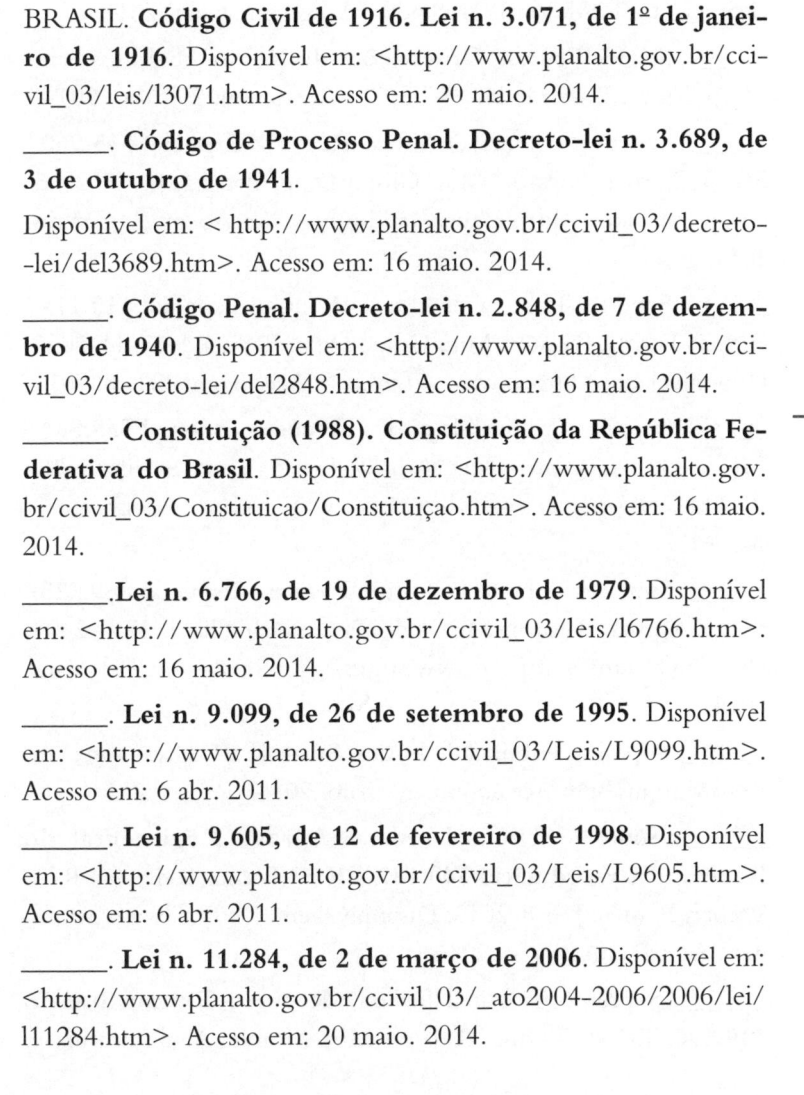

BRASIL. **Código Civil de 1916. Lei n. 3.071, de 1º de janeiro de 1916**. Disponível em: <http://www.planalto.gov.br/ccivil_03/leis/l3071.htm>. Acesso em: 20 maio. 2014.

_____. **Código de Processo Penal. Decreto-lei n. 3.689, de 3 de outubro de 1941**. Disponível em: < http://www.planalto.gov.br/ccivil_03/decreto-lei/del3689.htm>. Acesso em: 16 maio. 2014.

_____. **Código Penal. Decreto-lei n. 2.848, de 7 de dezembro de 1940**. Disponível em: <http://www.planalto.gov.br/ccivil_03/decreto-lei/del2848.htm>. Acesso em: 16 maio. 2014.

_____. **Constituição (1988). Constituição da República Federativa do Brasil**. Disponível em: <http://www.planalto.gov.br/ccivil_03/Constituicao/Constituiçao.htm>. Acesso em: 16 maio. 2014.

_____.**Lei n. 6.766, de 19 de dezembro de 1979**. Disponível em: <http://www.planalto.gov.br/ccivil_03/leis/l6766.htm>. Acesso em: 16 maio. 2014.

_____. **Lei n. 9.099, de 26 de setembro de 1995**. Disponível em: <http://www.planalto.gov.br/ccivil_03/Leis/L9099.htm>. Acesso em: 6 abr. 2011.

_____. **Lei n. 9.605, de 12 de fevereiro de 1998**. Disponível em: <http://www.planalto.gov.br/ccivil_03/Leis/L9605.htm>. Acesso em: 6 abr. 2011.

_____. **Lei n. 11.284, de 2 de março de 2006**. Disponível em: <http://www.planalto.gov.br/ccivil_03/_ato2004-2006/2006/lei/l11284.htm>. Acesso em: 20 maio. 2014.

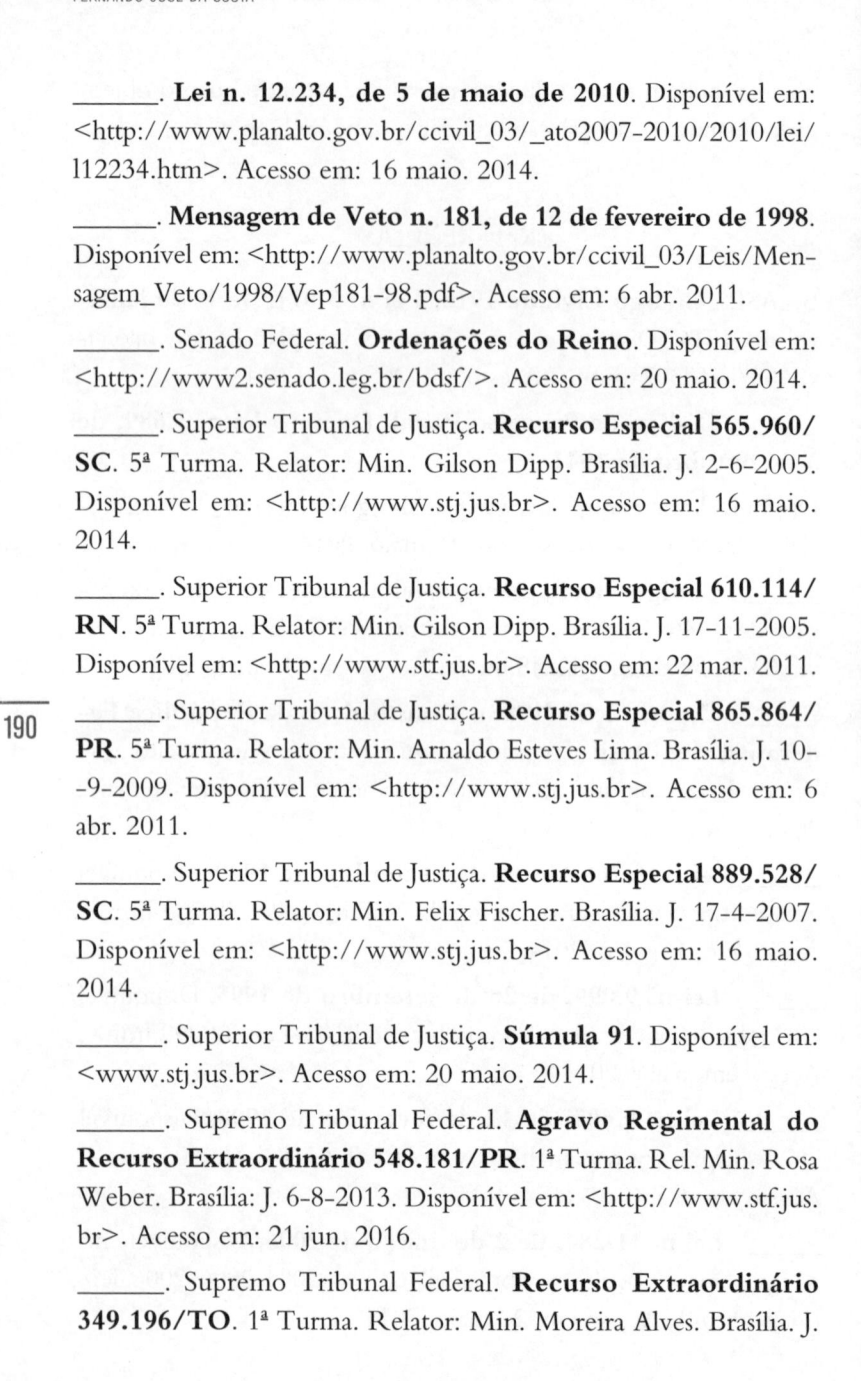

_____. **Lei n. 12.234, de 5 de maio de 2010**. Disponível em: <http://www.planalto.gov.br/ccivil_03/_ato2007-2010/2010/lei/l12234.htm>. Acesso em: 16 maio. 2014.

_____. **Mensagem de Veto n. 181, de 12 de fevereiro de 1998**. Disponível em: <http://www.planalto.gov.br/ccivil_03/Leis/Mensagem_Veto/1998/Vep181-98.pdf>. Acesso em: 6 abr. 2011.

_____. Senado Federal. **Ordenações do Reino**. Disponível em: <http://www2.senado.leg.br/bdsf/>. Acesso em: 20 maio. 2014.

_____. Superior Tribunal de Justiça. **Recurso Especial 565.960/SC**. 5ª Turma. Relator: Min. Gilson Dipp. Brasília. J. 2-6-2005. Disponível em: <http://www.stj.jus.br>. Acesso em: 16 maio. 2014.

_____. Superior Tribunal de Justiça. **Recurso Especial 610.114/RN**. 5ª Turma. Relator: Min. Gilson Dipp. Brasília. J. 17-11-2005. Disponível em: <http://www.stf.jus.br>. Acesso em: 22 mar. 2011.

_____. Superior Tribunal de Justiça. **Recurso Especial 865.864/PR**. 5ª Turma. Relator: Min. Arnaldo Esteves Lima. Brasília. J. 10-9-2009. Disponível em: <http://www.stj.jus.br>. Acesso em: 6 abr. 2011.

_____. Superior Tribunal de Justiça. **Recurso Especial 889.528/SC**. 5ª Turma. Relator: Min. Felix Fischer. Brasília. J. 17-4-2007. Disponível em: <http://www.stj.jus.br>. Acesso em: 16 maio. 2014.

_____. Superior Tribunal de Justiça. **Súmula 91**. Disponível em: <www.stj.jus.br>. Acesso em: 20 maio. 2014.

_____. Supremo Tribunal Federal. **Agravo Regimental do Recurso Extraordinário 548.181/PR**. 1ª Turma. Rel. Min. Rosa Weber. Brasília: J. 6-8-2013. Disponível em: <http://www.stf.jus.br>. Acesso em: 21 jun. 2016.

_____. Supremo Tribunal Federal. **Recurso Extraordinário 349.196/TO**. 1ª Turma. Relator: Min. Moreira Alves. Brasília. J.

17-9-2002. Disponível em: <http://www.stf.jus.br>. Acesso em: 16 maio. 2014.

COSTA JUNIOR, Paulo José da. **Curso de direito penal**. 9. ed. São Paulo: Saraiva, 2008.

FREITAS, Gilberto Passos; FREITAS, Vladimir Passos. **Crimes contra a natureza de acordo com a Lei 9.605/98**. 7. ed. São Paulo: Revista dos Tribunais, 2001.

GOMES, Luiz Flávio. SOUSA, Áurea Maria Ferraz de. **Responsabilidade da pessoa jurídica: princípio da dupla imputação**. 2010. Disponível em: <http://ww3.lfg.com.br/public_html/article.php?story=20100706181307472>. Acesso em: 17 mar. 2011.

MACHADO, Paulo Affonso Leme. **Direito ambiental brasileiro**. 10. ed. São Paulo: Malheiros, 2014.

MILARÉ, Édis. **Direito do ambiente**. 2. ed. São Paulo: Revista dos Tribunais, 2000.

_____. **Direito do ambiente**. 8. ed. São Paulo: Revista dos Tribunais, 2013.

_____; COSTA JUNIOR, Paulo José da; COSTA, Fernando José da. **Direito penal ambiental**. 2. ed. São Paulo: Revista dos Tribunais, 2013.

MUKAI, Toshio. **Direito ambiental sistematizado**. 2. ed. Rio de Janeiro: Forense Universitária, 1994.

_____. **Direito ambiental sistematizado**. 3. ed. Rio de Janeiro: Forense Universitária, 1998.

NUCCI, Guilherme de Souza. **Leis penais e processuais penais comentadas**. 2. ed. São Paulo: Revista dos Tribunais, 2007.

PRADO, Luiz Regis. **Crimes contra o meio Ambiente**. São Paulo: Revista dos Tribunais, 1998.

_____. **Direito penal ambiental: problemas fundamentais**. São Paulo: Revista dos Tribunais, 1992.

SANTA CATARINA. Tribunal de Justiça. **Processo 2002.023129--6**. Segunda Câmara Criminal. Relator: Desembargador Irineu João da Silva. Florianópolis. J. 18-1-2013. Disponível em: <http://www.tj.sc.gov.br>. Acesso em: 17 abr. 2014.

SÃO PAULO. Tribunal Regional Federal da 3ª Região. **Processo 2004.61.24.000557-6**. 2ª Turma. Relator: Desembargador Federal Contrim Guimarães. São Paulo. J. 3-6-2008. Disponível em: <http://www.trf3.jus.br>. Acesso em: 16 maio. 2014.

5 O DIREITO DAS ÁGUAS E SUA INTERFACE COM OS ESPAÇOS TERRITORIAIS PROTEGIDOS

Juliana Cassano Cibim

Advogada e consultora ambiental; doutora e mestre em ciência ambiental pelo Procam/IEE/USP; professora do MBA em Direito Empresarial da FGV DIREITO SP (GVlaw); professora do MBA em gestão estratégica do agronegócio do Centro de Estudos em Agronegócios (GVAgro) da Escola de Economia de São Paulo da Fundação Getulio Vargas (EAESP) e na Escola Superior de Agricultura "Luiz de Queiroz" da Universidade de São Paulo (ESALQ-USP); professora de Direito Internacional Público da Faculdade de Direito e de disciplinas sobre meio ambiente no curso de Relações Internacionais da Fundação Armando Álvares Penteado (FAAP).

Pilar Carolina Villar

Professora do Programa de Pós-Graduação Lato Sensu da FGV DIREITO SP (GVlaw); professora do Bacharelado Interdisciplinar em Ciência e Tecnologia do Mar da Universidade Federal de São Paulo (UNIFESP); doutora e mestre em Ciência Ambiental pelo Programa de Pós-Graduação em Ciência Ambiental pela Universidade de São Paulo (USP); especialista em Instrumentos e Políticas de Gestão Ambiental na Europa pelo Instituto Universitário de Estudos Europeus da Universidade CEU San Pablo; advogada.

5.1 Introdução

A Lei das Águas (Lei n. 9.433/97) estabeleceu no art. 1º, V, que "a bacia hidrográfica é a unidade territorial para a implementação da Política Nacional de Recursos Hídricos e a atuação do Sistema Nacional de Gerenciamento de Recursos Hídricos". A bacia hidrográfica é, assim, uma unidade biogeofisiográfica que desenha um formato de gestão influenciado por uma série de elementos territoriais que vão além dos cursos de água.

A escolha dessa unidade de gestão se justifica como um meio de inter-relacionar os diversos elementos físicos, climáticos, bióticos e sociais que influenciam a disponibilidade hídrica.

A transformação do uso do solo por meio da remoção da cobertura vegetal causa impacto em todos os componentes do ciclo hidrológico, pois altera a forma como ocorre o escoamento superficial, compromete a recarga dos aquíferos e diminui a evapotranspiração, interferindo no regime de chuvas[1]. Além disso, o desmatamento contribui para a erosão do solo, assoreamento e carreamento de substâncias poluentes aos corpos de água e maior risco de inundações e deslizamentos.

Há, portanto, uma íntima relação entre disponibilidade hídrica e vegetação, de modo que esta assume um papel prioritário na preservação daquela, uma vez que: (i) possui função reguladora do regime hídrico por meio da retenção da água da chuva e infiltração

---

[1] MENDES; CIRILO, 2001.

no lençol freático; (ii) constitui uma barreira física para os materiais trazidos no escoamento superficial (sedimentos ou resíduos); (iii) ajuda na contenção de escorregamentos e do assoreamento; e (iv) configura uma zona de interação entre o ecossistema aquático e terrestre, com grande importância para a biodiversidade[2]. Dessa forma, a vegetação assume um papel vital na proteção e na disponibilidade hídrica, contribuindo para evitar a crise hídrica, que ameaça a humanidade[3].

O direito ambiental brasileiro reconheceu essa relação tanto na política nacional de recursos hídricos como nos diversos diplomas que tratam sobre florestas e espaços territoriais protegidos.

Este capítulo pretende apresentar, em linhas gerais, as principais normas dedicadas à gestão das águas e da vegetação, expondo como se dá essa gestão das águas no direito brasileiro e discorrendo sobre os principais instrumentos da política nacional de recursos hídricos. Posteriormente, serão expostos os principais marcos jurídicos relacionados à vegetação, com destaque ao Código Florestal, à Lei da Mata Atlântica e à Lei do Sistema Nacional de Unidades de Conservação.

5.2 A proteção das águas no direito brasileiro

O Código de Águas do Brasil (Decreto n. 26.643/34) representou o primeiro marco jurídico para a gestão de águas ao estabelecer o domínio das águas, que podiam ser públicas ou privadas, e as condições de seu uso, especialmente para o aproveitamento industrial das águas e o aproveitamento e exploração da energia hidráulica. Contudo, o desenho de gestão centralizada não conseguiu promover a boa gestão das águas, o que suscitou a necessidade de revisão desse Código.

---

[2] MARTINS, 2005, p. 8.
[3] RIBEIRO, 2008.

A Lei da Política Nacional do Meio Ambiente (Lei n. 6.938/81) categorizava as águas como recursos ambientais em seu art. 3º, V. A promulgação da Constituição Federal de 1988 trouxe profundas alterações no formato de gestão ambiental, o que repercutiu no tema das águas, tendo em vista o art. 225, *caput*, da Constituição Federal que classificou o meio ambiente como bem de uso comum do povo, acarretando as seguintes consequências no uso das águas:

> O uso da água não pode ser apropriado por uma só pessoa física ou jurídica, com exclusão absoluta dos outros usuários em potencial; o uso da água não pode significar a poluição ou a agressão desse bem; o uso da água não pode esgotar o próprio bem utilizado e a concessão ou a autorização (ou qualquer tipo de outorga) do uso da água deve ser motivada ou fundamentada pelo gestor público[4].

O entendimento da água como bem de domínio público foi solidificado pelo art. 1º, I, da Lei da Política Nacional de Recursos Hídricos (Lei n. 9.433/97). Dessa forma, a classificação das águas como bens da União ou dos Estados na Constituição Federal (art. 20, III, e art. 26, I)[5] não transforma os poderes públicos federal e

---

[4] MACHADO, 2008, p. 443.

[5] "Art. 20. São bens da União: I – os que atualmente lhe pertencem e os que lhe vierem a ser atribuídos; II – as terras devolutas indispensáveis à defesa das fronteiras, das fortificações e construções militares, das vias federais de comunicação e à preservação ambiental, definidas em lei; III – os lagos, rios e quaisquer correntes de água em terrenos de seu domínio, ou que banhem mais de um Estado, sirvam de limites com outros países, ou se estendam a território estrangeiro ou dele provenham, bem como os terrenos marginais e as praias fluviais; IV – as ilhas fluviais e lacustres nas zonas limítrofes com outros países; as praias marítimas; as ilhas oceânicas e as costeiras, excluídas, destas, as áreas referidas no art. 26, II; IV – as ilhas fluviais e lacustres nas zonas limítrofes com outros países; as praias marítimas; as ilhas oceânicas e as costeiras, excluídas, destas, as que contenham a sede de Municípios, exceto aquelas áreas afetadas ao serviço público e a unidade ambiental federal, e as referidas no art. 26, II; V – os recursos naturais da plataforma continental e da zona econômica exclusiva; VI – o mar territorial; VII – os terrenos de

estadual em proprietários da água, mas atribuiu a eles o papel de seu gestor, no interesse de todos[6]. Nesse sentido, Massimo Severo Giannini, enfatiza que "o ente público não é proprietário, senão no sentido puramente formal (tem o poder de autotutela do bem), na substância é um simples gestor do bem de uso coletivo"[7]. Esse posicionamento também foi incorporado na reformulação do Código Civil de 2002 que, em seu art. 99, considera os rios como bens públicos de uso comum do povo[8].

Portanto, com a Constituição de 1988, o meio ambiente passa a ser classificado como um bem difuso, de titularidade transindividual, ou seja, que pode ser desfrutado por todos dentro dos limites constitucionais, cabendo tanto à coletividade quanto ao Poder Público por ele zelar[9].

Em relação aos bens difusos, Pompeu Tomanik alerta que:

> Há que se fazer a distinção, todavia, entre essa categoria de bem ambiental, como um todo, e a dos que têm titular constitucionalmente definido, como são p. ex., as águas, mesmo que públicas de uso comum, os potenciais hidráulicos e as jazidas minerais, bem não difusos, mas concretos, cabendo aos respectivos titulares geri-los, especificamente[10].

---

marinha e seus acrescidos; VIII – os potenciais de energia hidráulica; IX – os recursos minerais, inclusive os do subsolo; X – as cavidades naturais subterrâneas e os sítios arqueológicos e pré-históricos; XI – as terras tradicionalmente ocupadas pelos índios."

"Art. 26. Incluem-se entre os bens dos Estados: I – as águas superficiais ou subterrâneas, fluentes, emergentes e em depósito, ressalvadas, neste caso, na forma da lei, as decorrentes de obras da União."

[6] MACHADO, 2008, p. 443.
[7] GIANNINI apud MACHADO, 2008, p. 443.
[8] Bens de uso comum do povo são aqueles "destinados, por natureza ou por lei, ao uso coletivo" (DI PIETRO, 2012, p. 726).
[9] POMPEU, 2006, p. 69.
[10] POMPEU, 2006, p. 69.

Desse modo, ainda que as águas não sejam passíveis de propriedade, elas possuem um titular, que assume o papel de gestor desse recurso natural e não o de "dono"[11]. A Lei Federal n. 9.433/97, que instituiu a Política Nacional de Recursos Hídricos e criou o Sistema Nacional de Gerenciamento de Recursos Hídricos (Singreh), representou um grande avanço ao Código de Águas, transformando a gestão de recursos hídricos ao estabelecer uma estrutura institucional organizacional (incluindo instâncias colegiadas e abertas à participação social, bem como diversos instrumentos de administração dedicados a aprimorar essa gestão).

O art. 1º da Política Nacional de Recursos Hídricos apresenta os fundamentos que embasam a gestão das águas. Ao determinar que a água é um "recurso natural limitado, dotado de valor econômico" (inciso II), o dispositivo normativo permitiu a cobrança pelo uso dos recursos hídricos como forma de indicar ao usuário o seu real valor (art. 19, I). Além disso, a menção ao "uso múltiplo das águas" (inciso IV) chama a atenção para a diversidade de aproveitamentos possíveis da água, assim como para os possíveis conflitos advindos do aumento do número de usuários.

Com exceção do consumo humano e animal em caso de escassez (inciso III), nenhum uso goza de prioridade sobre o outro[12]. Nesse caso, Machado alerta que "cumpre ao órgão público federal ou estadual responsável pela outorga dos direitos de uso da água

---

[11] Ou seja, ainda que as águas não sejam passíveis de propriedade, elas possuem um titular, que assume o papel de gestor desse recurso natural e não o de "dono". Nesse contexto, é importante fazer a distinção entre o vocábulo água e a expressão recurso hídrico, pois é comum a utilização de um ou de outro como sinônimo, o que não é verdade. Como explica Pompeu: a "água é o elemento natural, descomprometido com qualquer uso ou utilização. É o gênero. Recurso Hídrico é a água como bem econômico, utilitário, passível de uso com tal fim". A água é que, deve-ser protegida, conservada e preservada para as atuais e futuras gerações, não apenas os recursos hídricos (POMPEU, 2006, p. 71).

[12] CAUBET, 2004.

suspender parcial ou totalmente as outorgas que prejudiquem o consumo humano[13] e a dessedentação dos animais"[14].

A criação do Singreh e de estruturas colegiadas em diversas escalas (Conselho Nacional de Recursos Hídricos, Conselhos Estaduais, Comitês de Bacia estaduais e federais) permitiu a politização da gestão, na medida em que se minimizou o caráter centralizador e permitiu o envolvimento dos usuários e da sociedade civil nos processos de consulta e decisão[15].

Outro avanço relevante trazido pela legislação mencionada foi justamente estabelecer de forma clara os instrumentos que devem nortear a Política Nacional de Recursos Hídricos: ainda, enquanto que a outorga dos direitos de uso[16] (inciso III) é um instrumento de disciplinamento do uso das águas, a cobrança (inciso IV) e a compensação aos municípios (inciso V) são instrumentos de incentivo e os sistemas de informação (inciso VII) são instrumentos de apoio[17].

> Art. 5º São instrumentos da Política Nacional de Recursos Hídricos:
>
> I – os Planos de Recursos Hídricos;
>
> II – o enquadramento dos corpos de água em classes, segundo os usos preponderantes da água;

---

[13] Nesse sentido, "no consumo humano estará compreendido somente o uso para as necessidades mínimas de cada pessoa, isto é, água para beber, para comer e para higiene" (MACHADO, 2008, p. 449).

[14] MACHADO, 2008, p. 449.

[15] GUIVANT; JACOBI, 2003.

[16] A Resolução CNRH n. 16/2001, deixa claro que "a outorga de direito de uso de recursos hídricos é o ato administrativo mediante o qual a autoridade outorgante faculta ao outorgado previamente ou mediante o direito de uso de recurso hídrico, por prazo determinado, nos termos e nas condições expressas no respectivo ato, consideradas as legislações específicas vigentes" (art. 1º).

[17] PORTO; PORTO, 2008.

III – a outorga dos direitos de uso de recursos hídricos;
IV – a cobrança pelo uso de recursos hídricos;
V – a compensação a municípios;
VI – o Sistema de Informações sobre Recursos Hídricos.

Esses instrumentos possuem funções distintas, os planos de bacia e o enquadramento dos corpos de água[18] visam à "construção de consensos na bacia hidrográfica", pois ampliam a discussão sobre o planejamento tradicional ao incluir a possibilidade de participação da sociedade civil e dos agentes econômicos[19]. A outorga[20] é um instrumento de disciplinamento do uso das águas, enquanto a cobrança e a compensação aos municípios são instrumentos de incentivo, e os sistemas de informação são instrumentos de apoio[21].

Do ponto de vista dos usos econômicos, a outorga representa o principal instrumento para a gestão das águas. A Resolução n. 16/2001 do Conselho Nacional de Recursos Hídricos (CNRH n. 16/2001) esclarece que a outorga "não implica alienação total ou parcial das águas, que são inalienáveis, mas o simples direito de uso" (art. 1º, § 1º), o qual será "condicionado à disponibilidade hídrica e ao regime de racionamento, sujeitando o outorgado à suspensão da outorga" (art. 1º, § 2º) ou até ao seu cancelamento.

---

[18] O enquadramento das águas superficiais é regulamentado pela Resolução Conama n. 357/2005 e pela Resolução Conama n. 430/2011, enquanto o enquadramento das águas subterrâneas é previsto na Resolução Conama n. 396/2008. Deve-se esclarecer que a outorga deve ser concedida com base nas diretrizes estabelecidas no Plano de Recursos Hídricos e respeitar o enquadramento dos corpos hídricos.

[19] PORTO; PORTO, 2008, p. 51.

[20] A Resolução CNRH n. 16/2001 deixa claro que, "a outorga de direito de uso de recursos hídricos é o ato administrativo mediante o qual a autoridade outorgante faculta ao outorgado previamente ou mediante o direito de uso de recurso hídrico, por prazo determinado, nos termos e nas condições expressas no respectivo ato, consideradas as legislações específicas vigentes" (art. 1º).

[21] PORTO; PORTO, 2008.

Estão sujeitos à outorga[22], segundo o art. 12 da Lei n. 9.433/97, os seguintes usos: "derivação ou captação de parcela de água existente em um corpo de água, para consumo final, inclusive abastecimento público ou insumo de processo produtivo" (inciso I), "extração de água de aquífero subterrâneo para consumo final ou insumo de processo produtivo" (inciso II), "lançamento em corpo de água de esgotos e demais resíduos líquidos ou gasosos, tratados ou não, com o fim de sua diluição, transporte ou disposição final" (inciso III), "uso para fins de aproveitamento de potenciais hidrelétricos" (inciso IV) e "outros usos e/ou interferências, que alterem o regime, a quantidade ou a qualidade da água existente em um corpo de água" (inciso V). Por sua vez, o artigo define os usos isentos de outorga. No Estado de São Paulo esse tema foi regulado pela Portaria DAEE n. 2292/2006, retificada em 2012, que obriga a requerer ao DAEE a dispensa de outorga e solicitar seu registro no cadastro dos usos não sujeitos a outorga.

Os critérios da outorga de direito de uso da água serão definidos pelos órgãos pertencentes ao Singreh com base nos planos de bacia e no enquadramento dos corpos de água. A outorga é condição para o uso das águas e premissa do processo de licenciamento ambiental, sendo que sua ausência acarreta sanções previstas pela legislação em vigor. Nesse sentido, a Lei do Estado de São Paulo n. 7.663/91, em seu art. 11, I, tipifica a falta de outorga como infração administrativa. Além disso, a Resolução CNRH n. 65/2006, estabelece diretrizes de articulação dos procedimentos para obtenção da outorga de direito de uso de recursos hídricos com os procedimentos de licenciamento ambiental.

No que tange à relação entre água e licenciamento ambiental, a Resolução Conama n. 273/97 determinou a sujeição das obras

---

[22] Os critérios da outorga de direito de uso da água serão definidos pelos órgãos pertencentes ao Sistema Nacional de Gerenciamento de Recursos Hídricos com base nos planos de bacia e no enquadramento dos corpos de água.

civis como barragens, diques, canais para drenagem, retificação de cursos d'água, abertura de barras, embocaduras e canais, transposição de bacias hidrográficas ao respectivo processo de licenciamento.

Outro instrumento importante é o Estudo de Impacto Ambiental e respectivo Relatório de Impacto Ambiental (EIA/Rima), exigido pela Resolução Conama n. 1/86, no art. 2º, VII, para o licenciamento de obras hidráulicas para exploração de recursos hídricos, tais como barragens para fins hidrelétricos, acima de 10 MW, de saneamento ou de irrigação, abertura de canais para navegação, drenagem e irrigação, retificação de cursos d'água, abertura de barras e embocaduras, transposição de bacias, diques. Tal exigência se dá em função da complexidade das obras, considerando impactos ambientais positivos e negativos.

Diploma importante que também compõe o regime de águas no ordenamento brasileiro é a Lei de Crimes Ambientais (Lei n. 9.605/98), que criminaliza a conduta de "causar poluição de qualquer natureza em níveis tais que resultem ou possam resultar em danos à saúde humana, ou que provoquem a mortandade de animais ou a destruição da flora". Sendo que o crime é agravado se essa poluição hídrica tornar "necessária a interrupção do abastecimento público de água de uma comunidade" (art. 54).

Além desses instrumentos, a proteção às águas é complementada por uma série de leis ambientais relacionadas às florestas, que serão tratadas no próximo item.

5.3 Florestas e demais formas de vegetação

O Brasil possui vários diplomas legais destinados a proteger as florestas, podendo-se destacar três instrumentos principais: o Código Florestal (Lei n. 12.652/2012); o Sistema Nacional de Unidades de Conservação (Lei n 9.985/2000) e a Lei da Mata Atlântica (Lei n. 11.428/2006, regulamentada pelo Decreto n. 6.660/2008), os quais serão brevemente expostos a seguir.

5.3.1 Código Florestal

A Lei n. 12.651/12, alterada pela Lei n. 12.727/2012, estabeleceu o novo Código Florestal, que instituiu as normas gerais relativas à proteção da vegetação, das áreas de Preservação Permanente e das áreas de Reserva Legal, bem como a exploração florestal, o suprimento de matéria-prima florestal, o controle da origem dos produtos florestais e o controle e prevenção dos incêndios florestais, prevendo, ainda, instrumentos de caráter econômico e financeiro que sejam necessários para implementar esses objetivos (art. 1º-A, *caput*).

O art. 2º da Lei Federal n. 12.651/2012 determina que as florestas e as demais formas de vegetação nativa existentes no território nacional "são bens de interesse comum a todos os habitantes do País" (*caput*), razão pela qual o direito dos proprietários rurais estará condicionado às limitações que essa legislação estabelecer. Uma dessas limitações é a que qualifica as obrigações de preservar e recompor essa vegetação nativa como "obrigações *propter rem*" transmissíveis ao sucessor, independentemente de sua natureza jurídica, nos casos de transferência de domínio ou posse do imóvel rural (art. 2º, § 2º).

O novo Código Florestal estabeleceu como objetivo a implementação do desenvolvimento sustentável, valendo-se, para isso, dos seguintes princípios norteadores: (i) preservação das florestas e demais formas de vegetação nativa, assim como da biodiversidade, do solo, dos recursos hídricos e da integridade do sistema climático (art. 1º-A, I); (ii) ratificação da função estratégica da atividade agropecuária e do papel das florestas e demais formas de vegetação nativa (art. 1º-A, II); (iii) compatibilização e harmonização entre o uso produtivo da terra e a preservação da água, do solo e da vegetação (art. 1º-A, III); (iv) criação de políticas para a preservação e restauração da vegetação nativa e de suas funções ecológicas e sociais nas áreas urbanas e rurais (art. 1º-A, IV); (v) fomento à pesquisa científica e tecnológica voltada a questões ambientais (art. 1º-A, V); (vi) fomento à preservação e a recuperação da vegetação nativa e promoção do desenvolvimento de atividades produtivas sustentáveis (art. 1º-A, VI).

As principais definições sobre o tema, bem como noções sobre utilidade pública, interesse social e atividades eventuais ou de baixo impacto, são apresentadas pelo art. 3º da referida Lei Federal. Essas definições são de grande importância, pois estabelecem situações em que espaços territorialmente protegidos, com destaque para as áreas de preservação permanente, podem sofrer intervenções antrópicas[23].

Quadro: Atividades consideradas de utilidade pública, interesse social e baixo impacto segundo o novo Código Florestal

Utilidade pública	Interesse social	Atividades eventuais ou de baixo impacto ambiental
As atividades de segurança nacional e proteção sanitária.	As atividades imprescindíveis à proteção da integridade da vegetação nativa, tais como prevenção, combate e controle do fogo, controle da erosão, erradicação de invasoras e proteção de plantios com espécies nativas.	Abertura de pequenas vias de acesso interno e suas pontes e pontilhões, quando necessárias à travessia de um curso d'água, ao acesso de pessoas e animais para a obtenção de água ou à retirada de produtos oriundos das atividades de manejo agroflorestal sustentável.

---

[23] Antes da publicação do novo Código Florestal, essa temática era regulamentada pela Resolução Conama n. 369/2006. Contudo, alguns autores, a exemplo de Milaré (MILARÉ, 2013) defendem que essa resolução foi revogada, vez que o novo Código Florestal não atribuiu competência ao Conama para legislar sobre esse assunto.

Utilidade pública	Interesse social	Atividades eventuais ou de baixo impacto ambiental
As obras de infraestrutura destinadas às concessões e aos serviços públicos de transporte, sistema viário, inclusive aquele necessário aos parcelamentos de solo urbano aprovados pelos Municípios, saneamento, gestão de resíduos, energia, telecomunicações, radiodifusão, instalações necessárias à realização de competições esportivas estaduais, nacionais ou internacionais, bem como mineração, exceto, neste último caso, a extração de areia, argila, saibro e cascalho.	A exploração agroflorestal sustentável praticada na pequena propriedade ou posse rural familiar ou por povos e comunidades tradicionais, desde que não descaracterize a cobertura vegetal existente e não prejudique a função ambiental da área.	Implantação de instalações necessárias à captação e condução de água e efluentes tratados, desde que comprovada a outorga do direito de uso da água, quando couber.
Atividades e obras de defesa civil.	A implantação de infraestrutura pública destinada a esportes, lazer e atividades educacionais e culturais ao ar livre em áreas urbanas e rurais consolidadas, observadas as condições estabelecidas nesta Lei.	Implantação de trilhas para o desenvolvimento do ecoturismo.
Atividades que comprovadamente proporcionem melhorias na proteção das funções ambientais referidas no inciso II deste artigo.	A regularização fundiária de assentamentos humanos ocupados predominantemente por população de baixa renda em áreas urbanas consolidadas, observadas as condições estabelecidas na Lei n. 11.977, de 7 de julho de 2009.	Construção de rampa de lançamento de barcos e pequeno ancoradouro.

Utilidade pública	Interesse social	Atividades eventuais ou de baixo impacto ambiental
Outras atividades similares devidamente caracterizadas e motivadas em procedimento administrativo próprio, quando inexistir alternativa técnica e locacional ao empreendimento proposto, definidas em ato do Chefe do Poder Executivo federal.	Implantação de instalações necessárias à captação e condução de água e de efluentes tratados para projetos cujos recursos hídricos são partes integrantes e essenciais da atividade.	Construção de moradia de agricultores familiares, remanescentes de comunidades quilombolas e outras populações extrativistas e tradicionais em áreas rurais, onde o abastecimento de água se dê pelo esforço próprio dos moradores.
	As atividades de pesquisa e extração de areia, argila, saibro e cascalho, outorgadas pela autoridade competente.	Construção e manutenção de cercas na propriedade.
	Outras atividades similares devidamente caracterizadas e motivadas em procedimento administrativo próprio, quando inexistir alternativa técnica e locacional à atividade proposta, definidas em ato do Chefe do Poder Executivo federal.	Pesquisa científica relativa a recursos ambientais, respeitados outros requisitos previstos na legislação aplicável.
		Coleta de produtos não madeireiros para fins de subsistência e produção de mudas, como sementes, castanhas e frutos, respeitada a legislação específica de acesso a recursos genéticos.
		Plantio de espécies nativas produtoras de frutos, sementes, castanhas e outros produtos vegetais, desde que não implique supressão da vegetação existente nem prejudique a função ambiental da área.

Utilidade pública	Interesse social	Atividades eventuais ou de baixo impacto ambiental
		Exploração agroflorestal e manejo florestal sustentável, comunitário e familiar, incluindo a extração de produtos florestais não madeireiros, desde que não descaracterizem a cobertura vegetal nativa existente nem prejudiquem a função ambiental da área.
		Outras ações ou atividades similares, reconhecidas como eventuais e de baixo impacto ambiental em ato do Conselho Nacional do Meio Ambiente – Conama ou dos Conselhos Estaduais de Meio Ambiente.

Fonte: BRASIL. Lei n. 12.651, de 25 de maio de 2012. Disponível em: <http://www.planalto.gov.br/ccivil_03/_ato2011-2014/2012/lei/l12651.htm>. Acesso em: 27 mar. 2014.

As áreas de preservação permanente são definidas pelo art. 3º, II, como áreas protegidas, que podem ou não ser cobertas por vegetação nativa que tenha por função ambiental a preservação dos recursos hídricos, a paisagem, a estabilidade geológica e a biodiversidade, ou, ainda, que tenha por função ambiental facilitar o fluxo gênico de fauna e flora, a proteção do solo e assegurar o bem-estar das populações humanas.

O novo Código Florestal, em seu o art. 4º, define e classifica as Áreas de Preservação Permanente (APP) em zonas rurais e urbanas. Ademais das diversas hipóteses elencadas no referido art. 4º[24],

---

[24] "Art. 4º Considera-se Área de Preservação Permanente, em zonas rurais ou urbanas, para os efeitos desta Lei: I – as faixas marginais de qualquer curso d'água

importante salientar que a própria lei prevê, em seu art. 6º, casos específicos nos quais, além dessas áreas, o chefe do Poder Executivo pode criar Áreas de Preservação Permanente por interesse social.

A intervenção ou a supressão de vegetação nativa em Área de Preservação Permanente somente ocorrerá nas hipóteses de utilidade pública, de interesse social ou de baixo impacto ambiental pre-

---

natural perene e intermitente, excluídos os efêmeros, desde a borda da calha do leito regular, em largura mínima de: a) 30 (trinta) metros, para os cursos d'água de menos de 10 (dez) metros de largura; b) 50 (cinquenta) metros, para os cursos d'água que tenham de 10 (dez) a 50 (cinquenta) metros de largura; c) 100 (cem) metros, para os cursos d'água que tenham de 50 (cinquenta) a 200 (duzentos) metros de largura; d) 200 (duzentos) metros, para os cursos d'água que tenham de 200 (duzentos) a 600 (seiscentos) metros de largura; e) 500 (quinhentos) metros, para os cursos d'água que tenham largura superior a 600 (seiscentos) metros; II – as áreas no entorno dos lagos e lagoas naturais, em faixa com largura mínima de: a) 100 (cem) metros, em zonas rurais, exceto para o corpo d'água com até 20 (vinte) hectares de superfície, cuja faixa marginal será de 50 (cinquenta) metros; b) 30 (trinta) metros, em zonas urbanas; III – as áreas no entorno dos reservatórios d'água artificiais, decorrentes de barramento ou represamento de cursos d'água naturais, na faixa definida na licença ambiental do empreendimento; IV – as áreas no entorno das nascentes e dos olhos d'água perenes, qualquer que seja sua situação topográfica, no raio mínimo de 50 (cinquenta) metros; V – as encostas ou partes destas com declividade superior a 45º, equivalente a 100% (cem por cento) na linha de maior declive; VI – as restingas, como fixadoras de dunas ou estabilizadoras de mangues; VII – os manguezais, em toda a sua extensão; VIII – as bordas dos tabuleiros ou chapadas, até a linha de ruptura do relevo, em faixa nunca inferior a 100 (cem) metros em projeções horizontais; IX – no topo de morros, montes, montanhas e serras, com altura mínima de 100 (cem) metros e inclinação média maior que 25º, as áreas delimitadas a partir da curva de nível correspondente a 2/3 (dois terços) da altura mínima da elevação sempre em relação à base, sendo esta definida pelo plano horizontal determinado por planície ou espelho d'água adjacente ou, nos relevos ondulados, pela cota do ponto de sela mais próximo da elevação; X – as áreas em altitude superior a 1.800 (mil e oitocentos) metros, qualquer que seja a vegetação; XI – em veredas, a faixa marginal, em projeção horizontal, com largura mínima de 50 (cinquenta) metros, a partir do espaço permanentemente brejoso e encharcado."

vistas na no art. 8º do novo Código Florestal e, para que isso ocorra, esta deverá ser autorizada pelos órgãos ambientais competentes.

Outro instrumento para a proteção das florestas previsto no Código é o instituto da Reserva Legal, definido, pelo art. 3º, III, como:

> Art. 3º Para os efeitos desta Lei, entende-se por:
> [...]
> III – Reserva Legal: área localizada no interior de uma propriedade ou posse rural, delimitada nos termos do art. 12, com a função de assegurar o uso econômico de modo sustentável dos recursos naturais do imóvel rural, auxiliar a conservação e a reabilitação dos processos ecológicos e promover a conservação da biodiversidade, bem como o abrigo e a proteção de fauna silvestre e da flora nativa.

Dessa definição se depreende que a Reserva Legal possui função econômica, tanto que a área pode ser explorada mediante Plano de Manejo Florestal Sustentável[25], aprovado pelos órgãos ambientais competentes.

O Código Florestal, em seu art. 12 especifica que todo imóvel rural deve ter delimitada a Reserva Legal sem prejuízo da aplicação das normas sobre as Áreas de Preservação Permanente, obser-

---

[25] A exploração de florestas e formações sucessoras sob o regime de manejo florestal sustentável, tanto de domínio público como de domínio privado, dependerá de prévia aprovação do Plano de Manejo Florestal Sustentável pelo órgão competente do Sistema Nacional do Meio Ambiente e deverão ter os seguintes fundamentos técnicos e científicos: caracterização do meio físico e biológico; determinação do estoque existente; intensidade de exploração compatível com a capacidade da floresta; ciclo de corte compatível com o tempo de restabelecimento do volume de produto extraído da floresta; promoção da regeneração natural da floresta; adoção de sistema silvicultural adequado; adoção de sistema de exploração adequado; monitoramento do desenvolvimento da floresta remanescente e adoção de medidas mitigadoras dos impactos ambientais e sociais (Decreto n. 5.975/2006).

vados os seguintes percentuais mínimos em relação à área do imóvel, excetuado os casos previstos no art. 68 do referido Código:

> Art. 12. Todo imóvel rural deve manter área com cobertura de vegetação nativa, a título de Reserva Legal, sem prejuízo da aplicação das normas sobre as Áreas de Preservação Permanente, observados os seguintes percentuais mínimos em relação à área do imóvel, excetuados os casos previstos no art. 68 desta Lei:
>
> I – localizado na Amazônia Legal:
>
> a) 80% (oitenta por cento), no imóvel situado em área de florestas;
>
> b) 35% (trinta e cinco por cento), no imóvel situado em área de cerrado;
>
> c) 20% (vinte por cento), no imóvel situado em área de campos gerais;
>
> II – localizado nas demais regiões do País: 20% (vinte por cento).

Esse artigo também ressalva os casos em que não será exigida a constituição de áreas de Reserva Legal, são eles: os empreendimentos de abastecimento público de água e tratamento de esgoto (§ 6º); as áreas adquiridas ou desapropriadas por detentor de concessão, permissão ou autorização para exploração de potencial de energia hidráulica, nas quais funcionem empreendimentos de geração de energia elétrica, subestações ou sejam instaladas linhas de transmissão e de distribuição de energia elétrica (§ 7º) e áreas adquiridas ou desapropriadas com o objetivo de implantação e ampliação de capacidade de rodovias e ferrovias (§ 8º).

Por sua vez, o art. 15 da referida Lei permite que as Áreas de Preservação Permanente sejam computadas no cálculo da Reserva Legal:

> Art. 15. Será admitido o cômputo das Áreas de Preservação Permanente no cálculo do percentual da Reserva Legal do imóvel, desde que:

I – o benefício previsto neste artigo não implique a conversão de novas áreas para o uso alternativo do solo;

II – a área a ser computada esteja conservada ou em processo de recuperação, conforme comprovação do proprietário ao órgão estadual integrante do Sisnama; e

III – o proprietário ou possuidor tenha requerido inclusão do imóvel no Cadastro Ambiental Rural – CAR, nos termos desta Lei.

Nesse caso, as Áreas de Preservação Permanente e o regime de uso e intervenção continuarão com sua função ambiental e regime inalterados (art. 15, § 1º), sendo que o cômputo dessa área aplica-se a todas as modalidades de cumprimento da Reserva Legal, abrangendo a regeneração, a recomposição e a compensação (art. 15, § 3º).

Cabe ainda mencionar que as áreas de Reserva Legal excedentes, ou seja, aquelas que ultrapassem os percentuais definidos pelo art. 13 da referida Lei Federal, e cujo imóvel esteja inscrito no Cadastro Ambiental Rural (CAR), de que trata o art. 29, poderá utilizar a área excedente para fins de constituição de servidão ambiental, Cota de Reserva Ambiental e outros instrumentos congêneres previstos no Código Florestal (art. 15, § 2º).

O Cadastro Ambiental Rural (CAR) foi criado pela Lei Federal n. 12.651/2012 no âmbito do Sistema Nacional de Informação sobre Meio Ambiente (Sinima). Trata-se de um registro público eletrônico de âmbito nacional, obrigatório para todos os imóveis rurais, com a finalidade de integrar as informações ambientais das propriedades e posses rurais, compondo base de dados para controle, monitoramento, planejamento ambiental e econômico e combate ao desmatamento (art. 29). Segundo Lima[26], o CAR é o principal instrumento para a adesão aos Programas de Regularização Ambiental (PRA).

---

[26] LIMA, 2013.

O Decreto n. 8.235, de 5 de maio de 2014, estabelece normas gerais para a implementação dos Programas de Regularização Ambiental pelos Estados e pelo DF e recria o Programa Mais Ambiente como ação do governo federal para apoiá-los na implementação da lei. Esse programa deverá ser implementado pelo Cadastro Ambiental Rural (CAR), que foi regulamentado pela IN n. 2/2014 do MMA. No Estado de São Paulo, o Programa de Regularização Ambiental das propriedades e imóveis rurais foi instituído pela Lei n. 15.684/2015.

O Código Florestal, em seu art. 3º, IV e XXVI, define, respectivamente, área rural e urbana consolidadas. Trata-se de uma inovação legal.

A área urbana consolidada corresponde a "aquela de que trata o inciso II do *caput* do art. 47 da Lei n. 11.977/09". Ou seja, trata-se da parcela da área urbana com densidade demográfica superior a 50 habitantes por hectare com malha viária implantada e que tenha, no mínimo, dois dos seguintes equipamentos de infraestrutura urbana implantados: a) drenagem de águas pluviais urbanas; b) esgotamento sanitário; c) abastecimento de água potável; d) distribuição de energia elétrica; ou e) e manejo de resíduos sólidos.

A área rural consolidada foi definida como a "área de imóvel rural com ocupação antrópica preexistente a 22 de julho de 2008, com edificações, benfeitorias ou atividades agrossilvipastoris, admitida, neste último caso, a adoção do regime de pousio" (art. 3º, IV). Importante salientar que esse tema foi abordado nos arts. 61-A a 68 da Lei n. 12.651/2012 e no art. 19 do Decreto n. 7.830/2012, os quais flexibilizaram consideravelmente as restrições ambientais impostas ao direito de propriedade nas áreas de preservação permanente e reserva legal.

No caso das Áreas de Preservação Permanente há uma significativa redução de sua área, que passa a ser contada com base no tamanho da propriedade e não no recurso hídrico a ser protegido. A redução dessas áreas é particularmente expressiva nas propriedades de até quatro módulos fiscais. Além disso, se autorizou a permanência das atividades agrossilvipastoris, de ecoturismo e de turismo em áreas rurais consolidadas até 22 de julho de 2008 (art. 61-A da Lei n. 12.651/2012). A recuperação dessas áreas pode ser feita inclusive com o plantio intercalado de exóticas e nativas (art. 19 do Decreto n. 7830/2012).

Outra inovação do Código foi o estabelecimento das Áreas Consolidadas em Áreas de Reserva Legal (arts. 66 a 68), casos em que a recuperação dessas áreas pode ser feita por meio de quaisquer das modalidades de cumprimento da Reserva Legal. A recomposição pode ser feita com o plantio intercalado entre espécies nativas e exóticas ou frutíferas, de modo que a área recomposta por estas não pode ultrapassar 50% da área a ser recuperada.

A compensação referida exige a inscrição da propriedade no CAR e, nos termos do art. 66, § 5º, será feita por meio de:

> Art. 66. O proprietário ou possuidor de imóvel rural que detinha, em 22 de julho de 2008, área de Reserva Legal em extensão inferior ao estabelecido no art. 12, poderá regularizar sua situação, independentemente da adesão ao PRA, adotando as seguintes alternativas, isolada ou conjuntamente:
>
> [...]
>
> § 5º A compensação de que trata o inciso III do caput deverá ser precedida pela inscrição da propriedade no CAR e poderá ser feita mediante:
>
> I – aquisição de Cota de Reserva Ambiental – CRA;
>
> II – arrendamento de área sob regime de servidão ambiental ou Reserva Legal;
>
> III – doação ao poder público de área localizada no interior de Unidade de Conservação de domínio público pendente de regularização fundiária;
>
> IV – cadastramento de outra área equivalente e excedente à Reserva Legal, em imóvel de mesma titularidade ou adquirida em

imóvel de terceiro, com vegetação nativa estabelecida, em regeneração ou recomposição, desde que localizada no mesmo bioma.

Importante que se destaque o conteúdo dos arts. 67 e 68 do Código Florestal. Tais normativas afirmam, em apertada síntese, que em determinados casos os percentuais de reserva legal podem ser inferiores aos prescritos no art. 12. O art. 67 dispõe que os imóveis rurais com área de até quatro módulos ficais e remanescentes de vegetação nativa, a reserva Legal será constituída com a área de vegetação existente em 22 de julho de 2008, vedadas novas conversões para uso alternativo do solo. Por sua vez, segundo o art. 68, os proprietários ou possuidores que realizaram a supressão da vegetação nativa respeitando os percentuais de Reserva Legal previstos estão dispensados de promover a recomposição.

Dito isso, conclui-se que o novo Código Florestal é mais permissivo que o antigo (Lei n. 4.771/65) o que suscitou controvérsias especialmente sobre a possibilidade de aplicação retroativa da Lei Federal n. 12.621/2012.

Segundo a Primeira Câmara Reservada ao Meio Ambiente do Tribunal de Justiça de São Paulo, no Agravo Regimental 2012816-29.2013.8.26.0000[27], não cabe a aplicação retroativa da Lei Federal, afirmando que "se as obrigações eram decorrentes de regras regularmente vigentes e que deveriam ser obedecidas, inviabiliza-se revisões ou mesmo reavaliações apenas em decorrência das mudanças posteriores". Concomitantemente, foram proferidas várias decisões determinando a incidência imediata do novo Código Florestal quando de sua entrada em vigor[28].

---

[27] TJSP, AI 2012816-29.2013.8.26.0000, 1ª Câmara Reservada ao Meio Ambiente, Relator João Negrini Filho, j. 7-11-2013.

[28] Para maiores informações, são indicados os sites *Conjur* e *Observatório Florestal*. Disponível em: <http://www.conjur.com.br/2013-abr-10/decisoes-consagram--incidencia-imediata-codigo-florestal> e <http://www.observatorioflorestal.org.br/wp-content/uploads/2013/11/artigo_decisoes-judiciais-reconhecem--legalidade-nova-lei.pdf>.

O processo de elaboração do novo Código Florestal foi marcado pelo conflito entre o setor ambientalista e dos ruralistas, que enxergavam as exigências ambientais do antigo código um entrave ao processo produtivo e um ônus muito pesado ao agricultor. Na queda de braço, o novo código se tornou bem mais permissivo que o anterior. Essa controvérsia foi para o âmbito jurídico, tanto que foram propostas ao Supremo Tribunal Federal ações diretas de inconstitucionalidade em face da Lei n. 12.651/2012, dentre elas a ADIn 4.901, ADIn 4.902 e ADIn 4.903[29].

A ADIn 4.901 questiona, entre outros dispositivos, o art. 12 (§§ 4º, 5º, 6º, 7º e 8º), que trata da redução da Reserva Legal delimitada em razão da existência de terras indígenas e unidades de conservação em território de município e a dispensa de constituição de reserva legal por empreendimentos de abastecimento público de água, tratamento de esgoto, exploração de energia elétrica e implantação ou ampliação de ferrovias e rodovias. A ADIn 4.902 discute temas relacionados à recuperação de áreas desmatadas, à anistia de multas e outras medidas que desestimulariam a recomposição da vegetação original, em especial o § 3º do art. 7º; o art. 17 e o art. 59. Por sua vez, a ADIn 4.903 questiona a redução da área de Reserva Legal prevista no novo Código Florestal, em especial os seguintes dispositivos da Lei n. 12.651/2012: art. 3º, VIII, *b*, IX, XVII, XIX e parágrafo único; art. 4º, III, IV, §§ 1º, 4º, 5º, 6º; arts. 5º, 8º, § 2º; arts. 11 e 62.

Dessa exposição conclui-se que boa parte da Lei n. 12.651/2012 tem a sua constitucionalidade questionada. As principais inovações trazidas pelo novo Código, tais como o regime jurídico aplicado nas áreas consolidadas, as mudanças no cálculo das APPs, e

---

[29] BRASIL. Supremo Tribunal Federal. Supremo recebe ADIs contra dispositivos do novo Código Florestal. Brasília: STF, 2013. Disponível em: <http://www.stf.jus.br/portal/cms/verNoticiaDetalhe.asp?idConteudo=228842>. Acesso em: 5 mar. 2014.

as formas de compor a Reserva Legal se encontram nesse conjunto de dispositivos sob risco de serem declarados inconstitucionais. Esse cenário gera um quadro de incerteza jurídica relevante, pois enquanto as ADIns não são julgadas, os aplicadores de lei hesitam em seguir os mandamentos do novo Código, por sua vez dependendo da sentença, o código pode se tornar um fragmento legislativo.

5.3.2 As especificidades da Mata Atlântica

O marco regulatório para a Mata Atlântica surgiu com a finalidade de proteger um dos biomas mais degradados do Brasil. Nessa área se localiza o maior contingente populacional aumentando a pressão sobre os recursos naturais, contribuindo para o desmatamento das florestas e para um quadro de criticidade hídrica na zona desse bioma, que coincide com a zona costeira[30].

As restrições à remoção da vegetação remanescente de Mata Atlântica são estabelecidas pela Lei n. 11.428/2006, regulamentada pelo Decreto n. 6.660/2008, bem como por regulamentação complementar, composta principalmente pelas Resoluções Conama n. 10/93, n. 1/94, n. 3/96, n. 7/96, n. 9/96, n. 249/99, n. 278/2001, n. 317/2002, n. 388/2007, n. 417/2009 e n. 423/2010. Esses diplomas definem os parâmetros para enquadramento da vegetação de Mata Atlântica segundo estágios de regeneração (inicial, médio e avançado) e determinam como se processa a intervenção nessa vegetação segundo seus diferentes estágios.

A partir da vigência da Lei n. 11.428/2006 a supressão de vegetação primária e de vegetação secundária em estágio avançado de regeneração do Bioma da Mata Atlântica só poderá ser autorizada nos casos de utilidade pública (art. 14). Nos casos de vegetação secundária em estágio médio de regeneração, esta só poderá ser

---

[30] Informações oficiais sobre o Bioma da Mata Atlântica disponíveis no site do Ministério do Meio Ambiente: <www.mma.gov.br/biomas/mata-atlantica>.

suprimida nos casos de utilidade pública e interesse social desde que não exista alternativa técnica e locacional ao empreendimento proposto, ressalvado o disposto no inciso I do art. 30 e nos §§ 1º e 2º do art. 31. Nesses casos, o corte e supressão de vegetação exigem autorização dos órgãos ambientais e são condicionados à compensação ambiental, conforme estabelecido nos arts. 12, 14. 15 e 17.

5.3.3 As Unidades de Conservação

As Unidades de Conservação constituem mais uma modalidade de espaço territorialmente protegido. O marco jurídico do tema é constituído pela Lei Federal n. 9.985/2000, que regulamentou o art. 225, § 1º, I, II, III e VII, da Constituição Federal, e pelo Decreto n. 4.340/2002. De acordo com o art. 2º, I, da Lei n. 9.985/2000, as unidades de conservação são definidas como o:

> Art. 2º Para os fins previstos nesta Lei, entende-se por:
>
> I – unidade de conservação: espaço territorial e seus recursos ambientais, incluindo as águas jurisdicionais, com características naturais relevantes, legalmente instituído pelo Poder Público, com objetivos de conservação e limites definidos, sob regime especial de administração, ao qual se aplicam garantias adequadas de proteção.

As unidades de conservação se dividem em dois grupos: unidades de proteção integral e unidades de uso sustentável.

O objetivo das unidades de proteção integral é a manutenção dos ecossistemas livres de alterações causadas por interferência humana, admitindo-se apenas o uso indireto dos atributos naturais. Esse grupo é composto pelas seguintes modalidades: (i) estação ecológica; (ii) reserva biológica; (iii) parque nacional; (iv) monumento natural; (v) refúgio da vida silvestre.

Nas unidades de uso sustentável é permitida a exploração, contanto que feita de maneira a "garantir a perenidade dos recursos ambientais renováveis e dos processos ecológicos, mantendo a biodiversidade e os demais atributos ecológicos, de forma socialmente justa e economicamente viável", nos termos do art. 2º, XI, da Lei n. 9.985/2000. Essas unidades diferenciam-se em (i) área de proteção ambiental; (ii) área de relevante interesse ecológico; (iii) floresta nacional; (iv) reserva extrativista; (v) reserva da fauna; (vi) reserva de desenvolvimento sustentável; (vii) reserva particular de patrimônio natural.

As unidades de conservação devem contar com um plano de manejo aprovado pelo órgão ambiental competente, no prazo de cinco anos após a sua criação. O plano de manejo é "o documento técnico mediante o qual [...] se estabelece o seu zoneamento e as normas que devem presidir o uso da área e o manejo dos recursos naturais, inclusive a implantação das estruturas físicas necessárias à gestão ambiental" (art. 2º, XVII, da Lei n. 9.985/2000).

As unidades de conservação, exceto as áreas de proteção ambiental (APA) e a reserva particular de patrimônio natural (RPPN), terão uma zona de amortecimento para sua proteção, que corresponde ao entorno de uma unidade de conservação e implica restrições às atividades humanas visando minimizar os impactos sobre a unidade. Tais restrições serão estabelecidas no plano de manejo (art. 25, § 1º). A desafetação ou redução dos limites de uma Unidade de Conservação só pode ser feita mediante lei específica.

A realização de atividades ou empreendimentos nas Unidades de conservação é regulada também pelas Instruções Normativas do Instituto Chico Mendes de Conservação da Biodiversidade (ICMBio) n. 4/2009 e 5/2009, bem como pela Resolução Conama n. 428/2010. Esta resolução estabelece os procedimentos específicos a serem atendidos no âmbito de licenciamentos de significativo impacto ambiental que possam afetar unidade de conservação ou sua zona de amortecimento.

Quanto à Lei n. 9.985/2000, analisada conjuntamente com a Resolução Conama n. 428/2010, infere-se que (i) impõem a autorização do órgão responsável pela administração da Unidade de Conservação no processo de licenciamento de empreendimento que afete a sua área ou, sua zona de amortecimento (art. 36, § 3º, da Lei n. 9.985/2000 e art. 1º da Resolução Conama n. 428/2010); (ii) basta a ciência do órgão responsável pela Unidade de Conservação no caso de empreendimento não sujeito à EIA/Rima que cause impacto direto em sua área, na zona de amortecimento ou que esteja localizado no limite de até 2 mil metros de Unidade de Conservação cuja zona de amortecimento ainda não tenha sido estabelecida (art. 5º da Resolução Conama).

Importante salientar que há autores que consideram que o referido art. 5º da Resolução Conama viola o art. 36, § 3º, da Lei n. 9.985/2000, o qual exige a autorização e não a mera ciência para concessão de qualquer licença ambiental[31].

No caso de atividades que causem significativo impacto ambiental, o poluidor é obrigado a pagar uma compensação ambiental, prevista no art. 36 da Lei n. 9.985/2000. O STF se manifestou sobre referido tema na ADIn 3.378, defendendo a constitucionalidade da obrigação e a inconstitucionalidade da expressão "não pode ser inferior a meio por cento dos custos totais previstos para a implantação do empreendimento". Segundo o STF cabe ao órgão licenciador definir a quantia da compensação com base no impacto dimensionado no EIA/Rima.

A Lei n. 9.985/2000 (Lei do SNUC), ainda, proíbe a realização das seguintes atividades em unidades de conservação: (a) quaisquer alterações, atividades ou modalidades de utilização em desacordo com os seus objetivos, o seu Plano de Manejo e seus regulamentos; (b) a introdução de espécies não autóctones, salvo as exceções previstas nos §§ 1º e 2º do art. 31 da Lei n. 9.985/2000; (c) a pesquisa e o cultivo de organismos geneticamente modificados nas terras indígenas e áreas de unidades de conservação, exceto nas Áreas de Proteção Ambiental (art. 1º da Lei n. 11.460/2007).

---

[31] AMADO, 2013.

5.4 Considerações finais

As leis ambientais se tornam mais abrangentes e complexas como forma de proteger o ambiente, controlar o uso dos recursos naturais e evitar a sua degradação ou esgotamento. Apesar das dificuldades de implantação, crescem os deveres e oportunidades relacionados à lei ambiental, cuja tolerância social ao seu descumprimento diminui comparativamente a piora das condições ambientais.

A complexidade da gestão das águas e dos espaços protegidos, que contribuem para a manutenção da qualidade e quantidade das águas, exige a combinação de diversas estratégias, incluindo os clássicos instrumentos de comando e controle; os promissores instrumentos econômicos – tais como a cobrança pelo uso dos recursos hídricos, a taxa de visitação nas unidades de conservação ou a compensação por significativo impacto ambiental – ou ainda os instrumentos de comunicação como o sistema nacional de informações de recursos hídricos.

Os instrumentos da política hídrica têm se tornado realidade em diversas bacias hidrográficas, o número de pedidos de outorga cresce todos os anos e vários comitês já aprovaram, ou estão em processo de aprovação, da cobrança pelo uso dos recursos hídricos. Por sua vez, o Instituto Chico Mendes de Conservação da Biodiversidade (ICMBio) gere 313 Unidades de Conservação no nível federal, sendo que 79 delas se localizam na área da Mata Atlântica.

O novo Código Florestal, cujas normativas foram tratadas neste capítulo, teve sua criação marcada por debates acalorados. As controvérsias persistem em uma conjuntura em que diversos juristas e ambientalistas o consideram um retrocesso ambiental; ações diretas de inconstitucionalidade (ADIn) foram impetradas questionando diversos artigos, pela necessidade de regulação de muitos de seus pressupostos e, ainda, em razão da incerteza acerca de sua efetiva aplicação. Ainda é cedo para dizer qual é o destino desse código, contudo a matéria regulada por ele é fundamental para a manutenção dos recursos hídricos, da biodiversidade e desenvolvimento da atividade rural.

Por fim, a relação existente entre vegetação e água pode ser fortalecida com a aprovação do PL n. 792/2007[32], que institui o pagamento pelos serviços ambientais e de quem conserva a biodiversidade. Esse mecanismo de compensação flexível, baseado no princípio do provedor-recebedor, prevê que os fornecedores de serviços ambientais serão pagos pelos beneficiários desses serviços, podendo amenizar a tensão entre agricultores e ambientalistas. Apesar da ausência de uma lei sobre o tema, já existem diversas iniciativas de pagamento por serviços ambientais conduzidas pela Agência Nacional de Águas por meio do "Programa Produtor de Água"[33]. O caso mais conhecido é o projeto "Conservador de Águas" aplicado no município de Extrema, Minas Gerais, integrante da bacia do PCJ (Bacias Hidrográficas dos Rios Piracicaba, Capivari e Jundiaí).

REFERÊNCIAS

AMADO, Frederico. **Direito ambiental esquematizado**. 3. ed. rev., atual. e ampl. Rio de Janeiro: Forense; São Paulo: Método, 2013.

BRASIL. **Constituição da República Federativa do Brasil de 1988, de 5 de outubro de 1988**. Disponível em: <http://www.planalto.gov.br/ccivil_03/Constituicao/Constituicao.htm>. Acesso em: 18 mar. 2014.

---

[32] Projeto de Lei n. 792/2007. Dispõe sobre a definição de serviços ambientais e dá outras providências. Disponível em: <http://www.camara.gov.br/proposicoesWeb/fichadetramitacao?idProposicao=348783>. Acesso em: 25 jun. 2014.

[33] Para maiores informações sobre o Programa Produtor de Água consultar o site do Programa Produtor de Água da Agência Nacional de Águas, nele é possível conhecer todos os projetos já instituídos. Disponível em: <http://produtordeagua.ana.gov.br//>.

_____. **Decreto n. 26.643, de 10 de julho de 1934.** Disponível em: <http://www.planalto.gov.br/ccivil_03/decreto/D24643.htm>. Acesso em: 18 mar. 2014.

_____. **Decreto n. 6.660, de 21 de novembro de 2008.** Disponível em: <http://www.planalto.gov.br/ccivil_03/_ato2007-2010/2008/decreto/d6660.htm>. Acesso em: 18 mar. 2014.

_____. **Instrução Normativa ICMBio n. 4, de 17 de fevereiro de 2009.** Disponível em: <http://www.icmbio.gov.br/intranet/download/arquivos/anexos/IN_CGU.pdf>. Acesso em: 3 abr. 2014.

_____. **Instrução Normativa ICMBio n. 5, de 02 de setembro de 2009.** Disponível em: <http://www.icmbio.gov.br/portal/images/stories/o-que-somos/in052009.pdf>. Acesso em: 3 abr. 2014.

_____. **Lei Federal n. 6.938, de 31 de agosto de 1981.** Disponível em: <http://www.planalto.gov.br/ccivil_03/leis/L6938.htm>. Acesso em: 3 de abr. 2014.

_____. **Lei Federal n. 9.433, de 8 de janeiro de 1997.** Disponível em: <http://www.planalto.gov.br/ccivil_03/leis/L9433.htm>. Acesso em: 18 mar. 2014.

_____. **Lei Federal n. 9.605, de 12 de fevereiro de 1998.** Disponível em: <http://www.planalto.gov.br/ccivil_03/leis/l9605.htm>. Acesso em: 3 abr. 2014.

_____. **Lei Federal n. 9.985, de 18 de julho de 2000.** Disponível em:<http://www.planalto.gov.br/ccivil_03/leis/l9985.htm>. Acesso em: 28 mar. 2014.

_____. **Lei Federal n. 10.406, de 10 de janeiro de 2002.** Disponível em: <http://www.planalto.gov.br/ccivil_03/leis/2002/L10406.htm>. Acesso em: 3 abr. 2014.

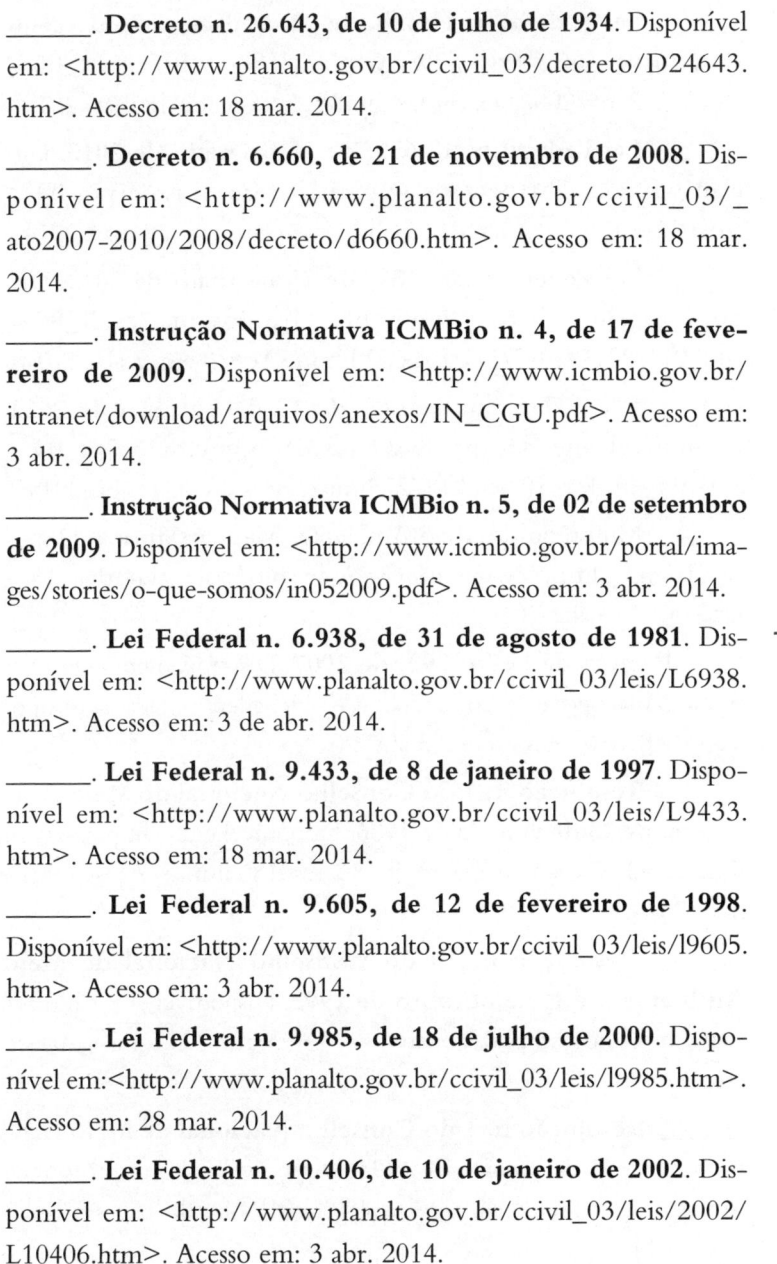

_____. **Lei Federal n. 11.428, de 22 de dezembro de 2006**. Disponível em:<http://www.planalto.gov.br/ccivil_03/_ato2004-2006/2006/lei/l11428.htm>. Acesso em: 18 mar. 2014.

_____. **Lei Federal n. 12.651, de 25 de maio de 2012**. Disponível em:<http://www.planalto.gov.br/ccivil_03/_ato2011-2014/2012/lei/l12651.htm>. Acesso em: 28 mar. 2014.

_____. **Lei Federal n. 12.652, de 25 de maio de 2012**. Disponível em: <http://www.planalto.gov.br/ccivil_03/_Ato2011-2014/2012/Lei/L12652.htm>. Acesso em: 3 abr. 2014.

_____. **Lei Federal n. 12.727, de 17 de outubro de 2012**. Disponível em: <http://www.planalto.gov.br/ccivil_03/_ato2011-2014/2012/lei/L12727.htm>. Acesso em: 1º abr. 2014.

_____. Ministério do Meio Ambiente. **Mata Atlântica**. Disponível em: <http://www.mma.gov.br/biomas/mata-atlantica>. Acesso em: 3 abr. 2014.

_____. **Projeto de Lei n. 792, de 2007**. Disponível em: <http://www.camara.gov.br/proposicoesWeb/fichadetramitacao?idProposicao=348783>. Acesso em: 3 abr. 2014.

_____. **Resolução n. 1 do Conselho Nacional de Meio Ambiente, de 23 de janeiro de 1986**. Disponível em: <http://www.mma.gov.br/port/conama/res/res86/res0186.html>. Acesso em: 3 mar. 2014.

_____. **Resolução n. 10 do Conselho Nacional de Meio Ambiente, de 1º de outubro de 1993**. Disponível em: <http://www.mma.gov.br/port/conama/res/res93/res1093.html>. Acesso em: 3 mar. 2014.

_____. **Resolução n. 1 do Conselho Nacional de Meio Ambiente, de 31 de janeiro de 1994**. Disponível em: <http://www.mma.gov.br/port/conama/res/res94/res0194.html>. Acesso em: 3 mar. 2014.

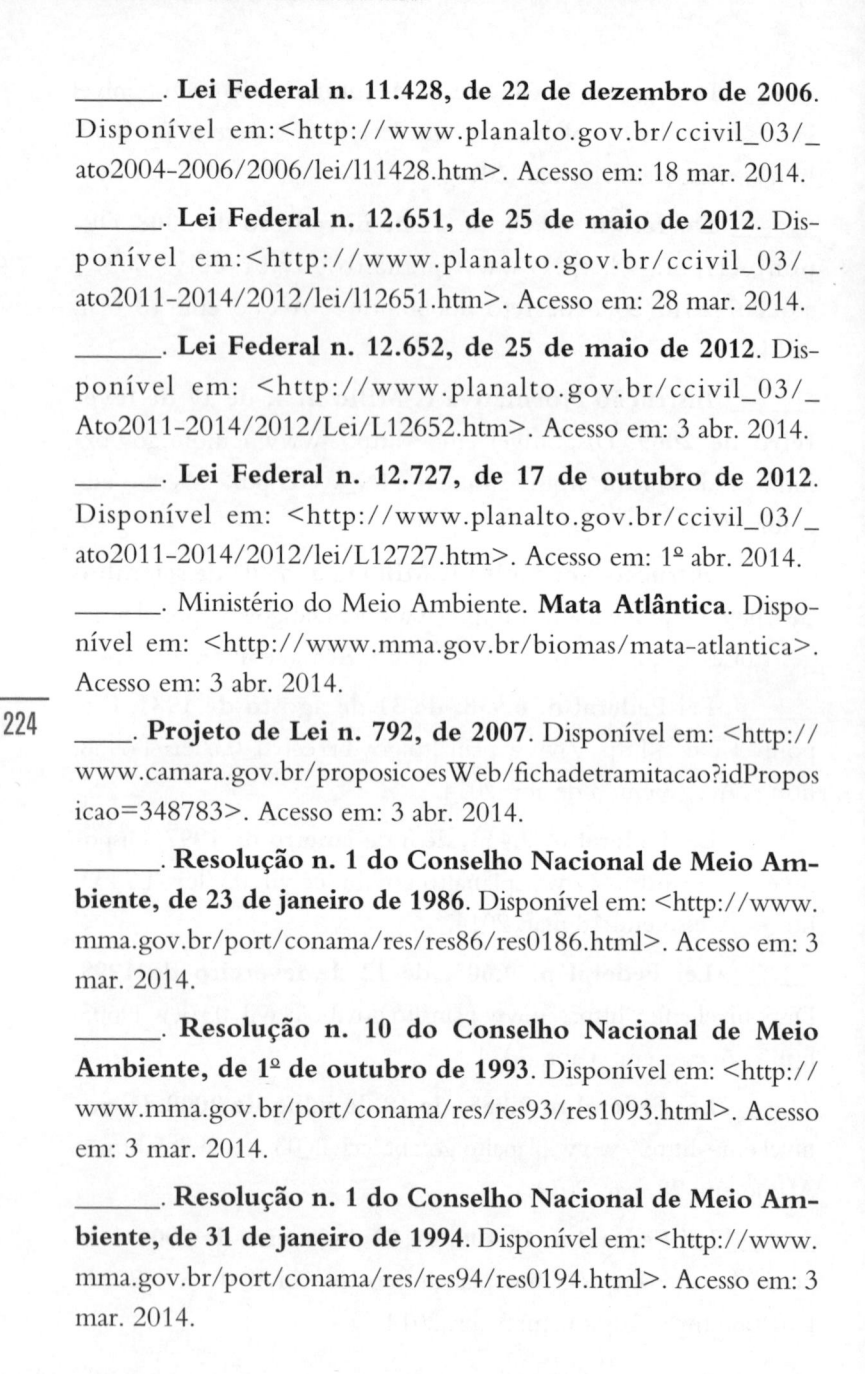

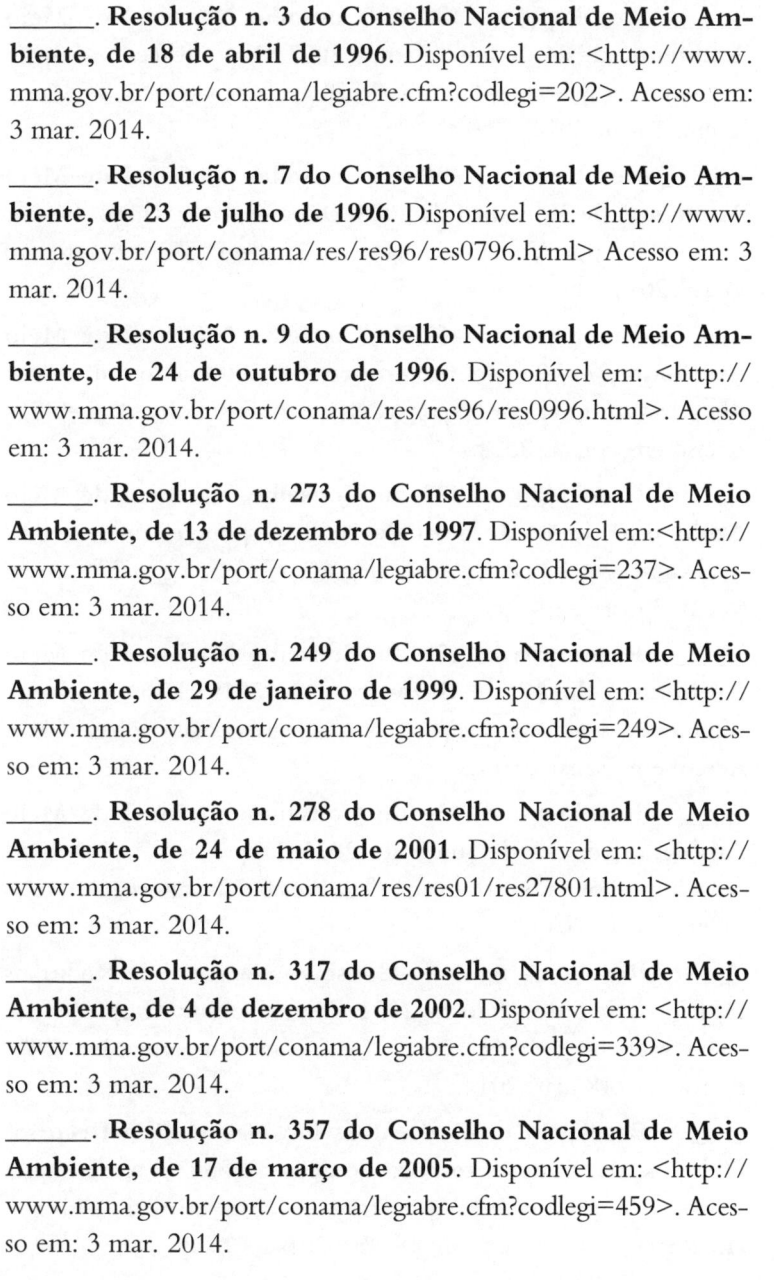

_____. **Resolução n. 3 do Conselho Nacional de Meio Ambiente, de 18 de abril de 1996**. Disponível em: <http://www.mma.gov.br/port/conama/legiabre.cfm?codlegi=202>. Acesso em: 3 mar. 2014.

_____. **Resolução n. 7 do Conselho Nacional de Meio Ambiente, de 23 de julho de 1996**. Disponível em: <http://www.mma.gov.br/port/conama/res/res96/res0796.html> Acesso em: 3 mar. 2014.

_____. **Resolução n. 9 do Conselho Nacional de Meio Ambiente, de 24 de outubro de 1996**. Disponível em: <http://www.mma.gov.br/port/conama/res/res96/res0996.html>. Acesso em: 3 mar. 2014.

_____. **Resolução n. 273 do Conselho Nacional de Meio Ambiente, de 13 de dezembro de 1997**. Disponível em:<http://www.mma.gov.br/port/conama/legiabre.cfm?codlegi=237>. Acesso em: 3 mar. 2014.

_____. **Resolução n. 249 do Conselho Nacional de Meio Ambiente, de 29 de janeiro de 1999**. Disponível em: <http://www.mma.gov.br/port/conama/legiabre.cfm?codlegi=249>. Acesso em: 3 mar. 2014.

_____. **Resolução n. 278 do Conselho Nacional de Meio Ambiente, de 24 de maio de 2001**. Disponível em: <http://www.mma.gov.br/port/conama/res/res01/res27801.html>. Acesso em: 3 mar. 2014.

_____. **Resolução n. 317 do Conselho Nacional de Meio Ambiente, de 4 de dezembro de 2002**. Disponível em: <http://www.mma.gov.br/port/conama/legiabre.cfm?codlegi=339>. Acesso em: 3 mar. 2014.

_____. **Resolução n. 357 do Conselho Nacional de Meio Ambiente, de 17 de março de 2005**. Disponível em: <http://www.mma.gov.br/port/conama/legiabre.cfm?codlegi=459>. Acesso em: 3 mar. 2014.

_____. **Resolução n. 388 do Conselho Nacional de Meio Ambiente, de 23 de fevereiro de 2007**. Disponível em: <http://www.mma.gov.br/port/conama/legiabre.cfm?codlegi=529>. Acesso em: 3 mar. 2014.

_____. **Resolução n. 396 do Conselho Nacional de Meio Ambiente, de 3 de abril de 2008**. Disponível em: <http://www.mma.gov.br/port/conama/legiabre.cfm?codlegi=562>. Acesso em: 3 mar. 2014.

_____. **Resolução n. 417 do Conselho Nacional de Meio Ambiente, de 23 de novembro de 2009**. Disponível em: <http://www.mma.gov.br/port/conama/legiabre.cfm?codlegi=617>. Acesso em: 3 mar. 2014.

_____. **Resolução n. 423 do Conselho Nacional de Meio Ambiente, de 12 de abril de 2010**. Disponível em: <http://www.mma.gov.br/port/conama/legiabre.cfm?codlegi=628>. Acesso em: 3 mar. 2014.

_____. **Resolução n. 428 do Conselho Nacional de Meio Ambiente, de 17 de dezembro de 2010**. Disponível em: <http://www.mma.gov.br/port/conama/legiabre.cfm?codlegi=641>. Acesso em: 3 mar. 2014.

_____. **Resolução n. 430 do Conselho Nacional de Meio Ambiente, de 13 de maio de 2011**. Disponível em: <http://www.mma.gov.br/port/conama/legiabre.cfm?codlegi=646>. Acesso em: 3 mar. 2014.

_____. **Resolução n. 16 do Conselho Nacional de Recursos Hídricos, de 8 de maio de 2001**. Disponível em: <http://www.cnrh.gov.br/index.php?option=com_content&view=article&id=14>. Acesso em: 18 mar. 2014.

_____. **Resolução n. 65 do Conselho Nacional de Recursos Hídricos, de 07 de dezembro de 2006**. Disponível em: <http://www.cnrh.gov.br/index.php?option=com_content&view=article&id=14>. Acesso em: 18 mar. 2014.

_____. Senado Federal. **Código Florestal, nova lei busca produção com preservação, Revista em discussão,** Brasília, ano 2, n. 99, 2009. Disponível em: <http://www.senado.gov.br/NOTICIAS/JORNAL/EMDISCUSSAO/upload/201105%20-%20dezembro/pdf/em%20discuss%C3%A3o!_dezembro_2011_internet.pdf>. Acesso em: 3 abr. 2014.

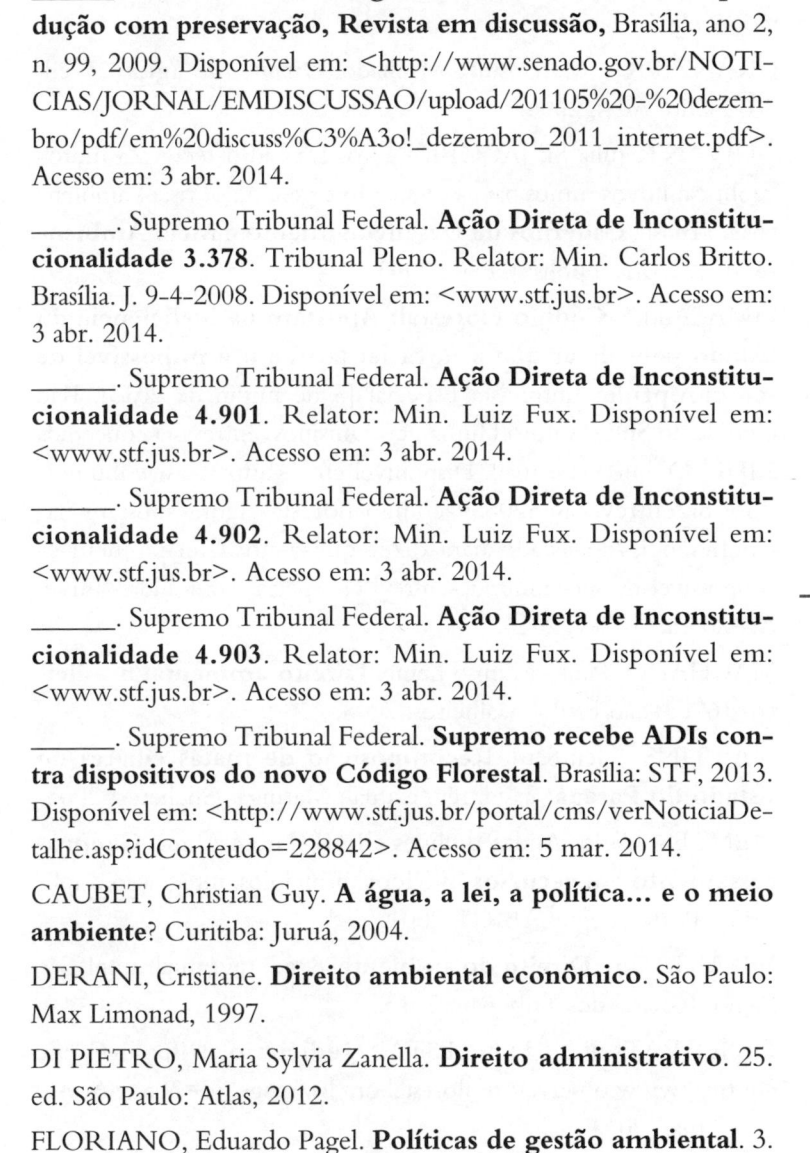

_____. Supremo Tribunal Federal. **Ação Direta de Inconstitucionalidade 3.378.** Tribunal Pleno. Relator: Min. Carlos Britto. Brasília. J. 9-4-2008. Disponível em: <www.stf.jus.br>. Acesso em: 3 abr. 2014.

_____. Supremo Tribunal Federal. **Ação Direta de Inconstitucionalidade 4.901.** Relator: Min. Luiz Fux. Disponível em: <www.stf.jus.br>. Acesso em: 3 abr. 2014.

_____. Supremo Tribunal Federal. **Ação Direta de Inconstitucionalidade 4.902.** Relator: Min. Luiz Fux. Disponível em: <www.stf.jus.br>. Acesso em: 3 abr. 2014.

_____. Supremo Tribunal Federal. **Ação Direta de Inconstitucionalidade 4.903.** Relator: Min. Luiz Fux. Disponível em: <www.stf.jus.br>. Acesso em: 3 abr. 2014.

_____. Supremo Tribunal Federal. **Supremo recebe ADIs contra dispositivos do novo Código Florestal.** Brasília: STF, 2013. Disponível em: <http://www.stf.jus.br/portal/cms/verNoticiaDetalhe.asp?idConteudo=228842>. Acesso em: 5 mar. 2014.

CAUBET, Christian Guy. **A água, a lei, a política... e o meio ambiente?** Curitiba: Juruá, 2004.

DERANI, Cristiane. **Direito ambiental econômico.** São Paulo: Max Limonad, 1997.

DI PIETRO, Maria Sylvia Zanella. **Direito administrativo.** 25. ed. São Paulo: Atlas, 2012.

FLORIANO, Eduardo Pagel. **Políticas de gestão ambiental.** 3. ed. Rio Grande do Sul: Universidade Federal de Santa Maria, 2007. Disponível em: <http://www.geoplan.net.br/material_didatico/

Materiais_Disciplina_Plan_Geoamb_2013/Politicas%20de_Gestao_Ambiental.pdf>. Acesso em: 3 abr. 2014.

GRANZIERA, Maria Luiza Machado. **Direito de águas**. 3. ed. São Paulo: Atlas, 2006.

GUIVANT, Julia S.; JACOBI, Pedro. Da hidro-técnica à hidro-política: novos rumos para a regulação e gestão dos riscos ambientais no Brasil. **Cadernos de Desenvolvimento e Meio Ambiente**, n. 1, Florianópolis: UFSC, 2003.

LIMA, André. **Código Florestal: Apostam na ineficiência do Estado para dizer que a nova lei também é impossível de ser cumprida**: Entrevista Especial [5 de junho de 2013]. Rio Grande do Sul: Instituto Humanitas Unisinos, entrevista concedida à IHU-Online via e-mail. Disponível em: <http://www.ihu.unisinos.br/entrevistas/520639-codigo-florestal-agora-apostam-na-ineficiencia-do-estado-para-dizer-que-a-nova-lei-tambem-e-impossivel-de-ser-cumprida-entrevista-especial-com-andre-lima>. Acesso em: 10 fev. 2014.

MACHADO, Paulo Affonso Leme. **Direito ambiental brasileiro**. 16. ed. São Paulo: Malheiros, 2008.

MARTINS, Sueli Sato. **Recomposição de matas ciliares no Estado do Paraná**. 2. ed. rev. e atual. Maringá: Clichetec, 2005.

MENDES, Carlos André Bulhões CIRILO José Almir. **Geoprocessamento em recursos hídricos**: princípios, integração e aplicação. Porto Alegre: ABRH, 2001.

MILARÉ, Édis. **Direito do ambiente**. 8. ed. rev. atual. ampl. São Paulo: Revista dos Tribunais, 2013.

OBSERVATÓRIO FLORESTAL. **Judiciário**. Disponível em: <http://www.observatorioflorestal.org.br/?page_id=305>. Acesso em: 3 mar. 2014.

POMPEU, Cid Tomanik. **Direito de águas no Brasil**. São Paulo: Revista dos Tribunais, 2006.

PORTO, Mônica F. A.; PORTO, Rubem La Laina. Gestão de bacias hidrográficas. **Estudos avançados**, v. 22, n. 63, São Paulo, 2008. Disponível em: <http://www.scielo.br/scielo.php?script=sci_arttext&pid=S0103-40142008000200004&lng=en&nrm=iso>. Acesso em: 10 mar. 2013.

RIBEIRO, Wagner Costa. **Geografia política da água**. São Paulo: AnnaBlume, 2008.

SANTILLI, Juliana. **Aspectos jurídicos da Política Nacional de Recursos Hídricos**. **Série Grandes Eventos – Meio Ambiente, Brasil**, Escola Superior do Ministério Público da União, Brasília, 2007. Disponível em: <http://escola.mpu.mp.br/linha-editorial/outras-publicacoes/serie-grandes-eventos-meio-ambiente/Juliana_Santilli_Aspectos_juridicos_da_Politica_Nacional.pdf>. Acesso em: 29 jan. 2014.

SÃO PAULO. **Lei Estadual n. 7.663, de 30 de dezembro de 1991**. Disponível em:<http://www.al.sp.gov.br/legislacao/norma.do?id=18836>. Acesso em: 3 abr. 2014.

_____. Tribunal de Justiça. **Agravo de Instrumento 2012816--29.2013.8.26.0000**. 1ª Câmara Reservada ao Meio Ambiente. Relator(a): João Negrini Filho. São Paulo. J. 7-11-2013. Disponível em: <www.tjsp.jus.br>. Acesso em: 3 abr. 2014.

6 ÁREAS CONTAMINADAS

Pedro Pessoa Dib

Geólogo pelo Instituto de Geociências da Universidade de São Paulo; mestre em Tecnologia Ambiental pelo Instituto de Pesquisas Tecnológicas – IPT; sócio-diretor da Sanifox do Brasil, consultoria especializada em gerenciamento de áreas contaminadas.

Juliana Cassano Cibim

Advogada e consultora ambiental; doutora e mestre em ciência ambiental pelo Procam/IEE/USP; Professora do MBA em Direito Empresarial da FGV DIREITO SP (GVlaw); professora do MBA em gestão estratégica do agronegócio do Centro de Estudos em Agronegócios (GVAgro) da Escola de Economia de São Paulo da Fundação Getulio Vargas (EAESP) e na Escola Superior de Agricultura "Luiz de Queiroz" da Universidade de São Paulo (ESALQ-USP); professora de Direito Internacional Público da Faculdade de Direito e de disciplinas sobre meio ambiente no curso de Relações Internacionais da Fundação Armando Álvares Penteado (FAAP).

Lourdes de Alcantara Machado

Advogada e consultora ambiental; doutora em Ciências Jurídicas (JSD) e Master of Laws (LL.M) pela Faculdade de Direito da Universidade da Califórnia em Berkeley.

6.1 Introdução

À semelhança do ar, das águas e das florestas, o solo é elemento fundamental para o equilíbrio do ecossistema e dos diversos ciclos naturais nele envolvidos. Suas principais funções, além daquelas ecológicas que o qualificam como um bem fundamental para a existência da vida como é concebida (servido de fonte de alimentos, proteção das águas subterrâneas e substrato para todas as formas de vegetação), incluem outras de cunho social, diretamente relacionadas à atividade humana (habitação, transportes, agricultura, entre outros). E como dizia Theodore Roosevelt, presidente de um dos primeiros países a sofrerem com as consequências do mau uso do solo na década de 1930, "uma nação que destrói seu solo, destrói a si mesma"[1].

Diante de sua relevância como recurso natural e espaço de desenvolvimento social, o solo vem sendo tutelado pela legislação pátria com enfoque na regulação das principais atividades humanas a ele associadas. É o caso da Política Agrícola, regida pela Lei n. 8.171/91, e das normas afetas ao uso e ocupação do solo urbano tais como os Planos Diretores, as leis de zoneamento e códigos de obra. Além dessas, aplicam-se também, subsidiariamente, a Política Nacional de Recursos Hídricos, Plano Nacional de Resíduos Sólidos

---

[1] Excerto retirado do artigo Ambiente & Sociedade: O Grande Desafio – Educação Ambiental. Disponível em: <http://www.outorga.com.br/pdf/Artigo%20250%20-%20Ambiente%20&%20Sociedade%20-%20O%20Grande%20Desafio%20-%20site.pdf>. Acesso em: 5 set. 2014.

e o Código Florestal dado o relacionamento simbiótico entre a vegetação, as águas e o solo.

As altas taxas de urbanização e o regime de ocupação intensa do solo urbano, associados aos padrões de consumo mundiais atualmente praticados, determinam um quadro de pressão urbana e rural sobre este recurso ambiental tão importante. Soma-se a esse contexto a valorização dos imóveis urbanos em áreas que antigamente eram ocupadas por indústrias. Isso se dá porque a expansão urbana definida pelos Planos Diretores e Leis de Uso e Ocupação do Solo redesenham as cidades e favorecem a ocupação de espaços urbanos degradados, subutilizados ou abandonados.

A ocupação dessas áreas deve considerar a possibilidade de contaminação do solo e das águas subterrâneas como consequência da ausência ou insuficiência de tecnologia para tratamento de resíduos, por negligência, por acidentes ou pela falta de prevenção em relação ao risco do descarte inadequado de produtos químicos.

Diante desse cenário, a gestão do risco ambiental e do risco à saúde humana fez-se necessária. Pode-se, a partir disso, afirmar que "no Brasil, a contaminação do subsolo e águas superficiais e subterrâneas por resíduos industriais e urbanos começou a ser efetivamente diagnosticada pelos órgãos ambientais há cerca de 20 de anos"[2].

Antigas áreas industriais, assim como terrenos ocupados por postos de combustível estão distribuídos pelos centros urbanos brasileiros, em especial aqueles com aptidão industrial como o Estado de São Paulo, sendo consideradas áreas com potenciais passivos ambientais que devem ser adequadamente identificadas e reabilitadas para que sejam eliminados os riscos à saúde humana e ao meio ambiente e ainda para que esses espaços, com alto valor econômico, possam ser reutilizados com finalidade residencial, comercial e de lazer.

---

[2] IPT, 2014.

Para isso, vale lembrar que a legislação, federal e estadual, sendo foco desse artigo a legislação do Estado de São Paulo, pioneira na gestão de áreas contaminadas, traz instrumentos, diretrizes e regras para investigação e remediação dessas áreas.

Não bastasse o arcabouço jurídico, as tecnologias de remediação de áreas contaminadas se encontram em franco processo de desenvolvimento e estão atreladas ao planejamento e às novas possibilidades de uso, trazendo resultados positivos para a diminuição desses passivos e a reutilização desses espaços urbanos.

6.2 Considerações gerais sobre as áreas contaminadas

A identificação, o diagnóstico e a remediação de áreas contaminadas são um desafio antigo em países desenvolvidos com áreas industrializadas desde a revolução industrial e ainda são um problema em fase inicial de equalização nos países emergentes com desenvolvimento industrial mais recente.

No Brasil, a água subterrânea tem importante papel no abastecimento público, sendo que 55% dos municípios usam água subterrânea (exclusivamente ou em conjunto com outras fontes)[3]. No Estado de São Paulo cerca de 80% dos municípios são abastecidos total ou parcialmente com águas subterrâneas, atendendo uma população de 5,5 milhões de habitantes[4].

Essa dependência deve ser encarada ainda com maior relevância quando são observadas crises frequentes no abastecimento de água tanto para os municípios da Região Metropolitana de São Paulo, como também para inúmeros municípios do interior do Estado. Na mesma medida em que ocorrem crises no abastecimento relacionadas às fontes de água superficial, observa-se a tendência

---

[3] Disponível em: <Informação completa em: http://www.ibge.gov.br/home/estatistica/populacao/condicaodevida/pnsb2008/defaulttabzip_abast_agua.shtm>.
[4] Disponível em: <http://aguassubterraneas.cetesb.sp.gov.br/>.

de superexplotação de águas subterrâneas, revelando de forma mais acentuada casos de contaminação que ainda não eram conhecidos.

Vazamentos acidentais, destinação inadequada de resíduos e más práticas ambientais podem resultar em contaminação do solo e da água subterrânea, comprometendo os sistemas de abastecimento. Diante disso, até dezembro de 2014, a Companhia Ambiental do Estado de São Paulo (Cetesb) já havia identificado 5.148 áreas contaminadas no Estado de São Paulo.

A figura 1 a seguir apresenta a evolução do conhecimento das áreas contaminadas no Estado de São Paulo.

Figura 1 – Evolução do conhecimento das áreas contaminadas no Estado de São Paulo

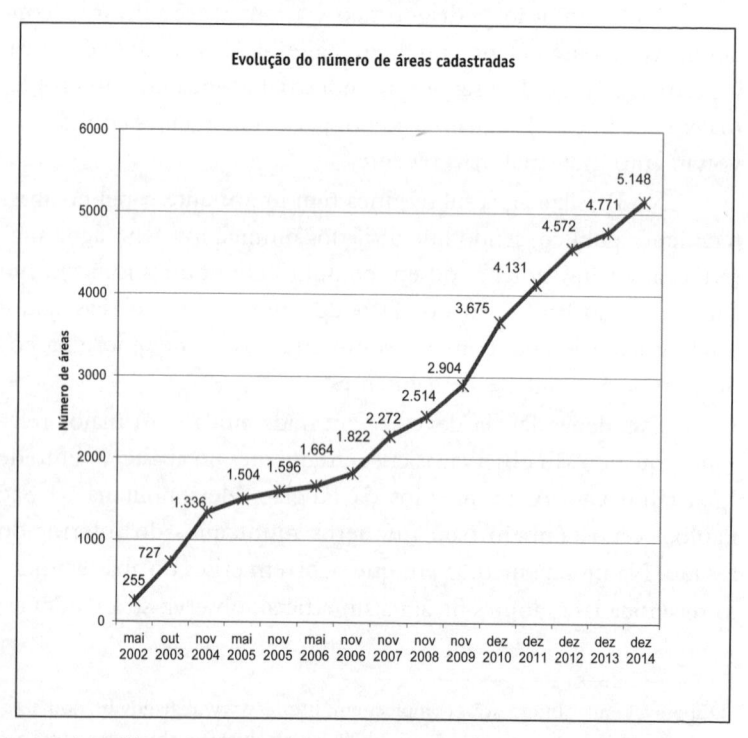

Evolução do número de áreas cadastradas

Data	Número de áreas
mai 2002	255
out 2003	727
nov 2004	1.336
mai 2005	1.504
nov 2005	1.596
mai 2006	1.664
nov 2006	1.822
nov 2007	2.272
nov 2008	2.514
nov 2009	2.904
dez 2010	3.675
dez 2011	4.131
dez 2012	4.572
dez 2013	4.771
dez 2014	5.148

Fonte: <http://www.cetesb.sp.gov.br/2014/06/02/cetesb-disponibiliza-nova-relacao-de--areas-reabilitadas-monitoradas-e-contaminadas/>.

A figura 2 mostra a distribuição das áreas contaminadas em relação ao setor de atividade, sendo possível observar que 74% das áreas contaminadas conhecidas no Estado de São Paulo são postos de combustíveis. Esse grande percentual de áreas contaminadas deve-se ao fato de que legislações anteriores específicas deste setor tornaram obrigatórias as avaliações de passivo, tendo como consequência a revelação dos casos de contaminação no solo e na água subterrânea.

Figura 2 – Distribuição das áreas contaminadas no Estado de São Paulo por setor de atividade

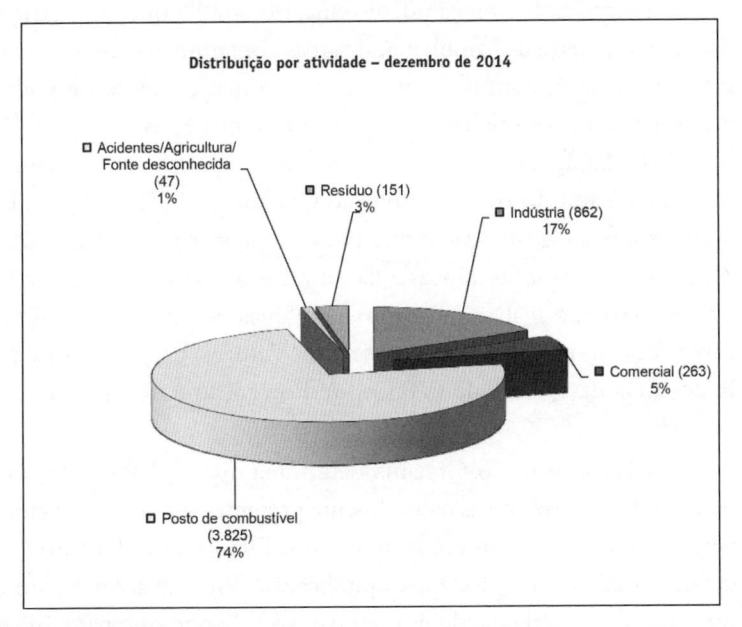

Distribuição por atividade – dezembro de 2014

- Acidentes/Agricultura/Fonte desconhecida (47) 1%
- Resíduo (151) 3%
- Indústria (862) 17%
- Comercial (263) 5%
- Posto de combustível (3.825) 74%

Fonte: CETESB, 2014.

Conhecer a localização das áreas contaminadas é o primeiro passo para que a remediação seja feita. Nesse contexto, diversas regras para identificação e gerenciamento de áreas contaminadas foram publicadas no formato de resoluções federais, normas técnicas e leis estaduais.

Em âmbito federal, a Resolução do Conselho Nacional de Meio Ambiente (Conama) n. 420/2009, alterada pela Resolução Conama n. 460/2013, dispõe sobre critérios e valores orientadores de qualidade do solo quanto à presença de substâncias químicas e estabelece diretrizes para o gerenciamento ambiental de áreas contaminadas por essas substâncias em decorrência de atividades antrópicas. Ratificando que, no caso de comprovação da ocorrência de concentrações naturais de substâncias químicas que possam causar risco à saúde humana, os órgãos competentes deverão desenvolver ações específicas para a proteção da população exposta.

A referida Resolução determina, no art. 4º, que as diretrizes para o gerenciamento ambiental de áreas contaminadas abrangem o solo e o subsolo, com todos os seus componentes sólidos, líquidos e gasosos, e que os critérios para prevenção, proteção e controle da qualidade das águas subterrâneas observarão a legislação específica, ou seja, o Capítulo III da Resolução Conama n. 396/2008, o qual dispõe sobre a classificação e diretrizes ambientais para o enquadramento das águas subterrâneas e dá outras providências. Para a qualidade do solo, a avaliação, quanto à presença de substâncias químicas deve ser efetuada com base em Valores Orientadores de Referência de Qualidade (VRQs) de Prevenção e de Investigação (art. 7º).

A Resolução do Conama determina que os VRQs do solo para substâncias químicas naturalmente presentes serão estabelecidos pelos órgãos ambientais competentes dos Estados e do Distrito Federal, em até quatro anos após a publicação desta, de acordo com o procedimento estabelecido em seu Anexo I. Sendo que nas regiões limítrofes entre unidades federativas, cujos solos tenham características semelhantes, os respectivos órgãos ambientais deverão estabelecer VRQs comuns (art. 8º, *caput* e § 1º).

Vale ressaltar que os órgãos ambientais, a seu critério e quando tecnicamente justificados, poderão estabelecer VRQs para substâncias orgânicas naturalmente presentes, listadas ou não no Anexo

II da Resolução Conama. E os Estados e o Distrito Federal informarão trimestralmente ao Ministério do Meio Ambiente (MMA) e ao Conama os resultados das ações adotadas para o cumprimento do disposto (art. 8º, §§ 2º e 3º).

As diretrizes federais foram publicadas em 2008 e revisitadas em 2013, no entanto, no Estado de São Paulo, a Cetesb em 2001 publicou os Valores Orientadores para Contaminação de Solo e Água Subterrânea, o qual foi atualizado em 2005, e em 2014, pela Decisão de Diretoria n. 045/2014/E/C/I, de 20 de fevereiro de 2014[5]. Além da publicação dos referidos Valores Orientadores, a Cetesb ainda disponibiliza o *Manual de gerenciamento de áreas contaminadas*[6] e a publicação da Decisão de Diretoria n. 103/2007 que apresenta metodologia para o gerenciamento de situações de contaminação, trazendo regras claras sobre procedimentos e responsabilidades das partes envolvidas com objetivo final de adequar essas áreas contaminadas para usos futuros[7]. Especificamente sobre postos de combustíveis, a Cetesb publicou a Instrução Técnica n. 32, a respeito do gerenciamento de áreas contaminadas relacionadas a postos e sistemas retalhistas de combustíveis, sendo considerados pontos de contaminação em consequência da forma de armazenamento dos tanques de combustíveis no passado.

Cabe ressaltar que foi em 2009 que a Lei de Áreas Contaminadas, Lei n. 13.577/2009, foi promulgada no Estado de São Paulo. Essa lei dispõe sobre diretrizes e procedimentos para a proteção da

---

[5] A decisão dispõe sobre a aprovação dos Valores Orientadores para Solos e Águas Subterrâneas no Estado de São Paulo – 2014, em substituição aos Valores Orientadores de 2005. Disponível em: <http://www.cetesb.sp.gov.br/userfiles/file/solo/valores-orientadores-2014.pdf>. Acesso em: 27 ago. 2014.

[6] Manual de Gerenciamento de Áreas Contaminadas está disponível no site da CETESB: <http://www.cetesb.sp.gov.br/areas-contaminadas/manual-de--gerenciamento-de-ACs/7-manual>.

[7] GRIZZI, 2008.

qualidade do solo e gerenciamento de áreas contaminadas, contra alterações nocivas por contaminação, além de abordar a definição de responsabilidades, da identificação e do cadastramento de áreas contaminadas e a remediação a fim de tornar seguros seus usos atuais e futuros.

A lei estadual foi regulamentada, quatro anos depois, pelo Decreto Estadual n. 59.263/2013, considerado um marco para o gerenciamento de áreas contaminadas em São Paulo, pois alterou algumas diretrizes que tornarão mais completo o processo de identificação de áreas contaminadas e com potencial de contaminação[8].

Isso porque, antes da publicação do Decreto Estadual, a identificação das áreas contaminadas ocorria de duas formas: (i) por iniciativa do responsável legal que identificava a área contaminada e a reportava para a Cetesb ou (ii) por determinação da Cetesb que identificava a área e comunicava o proprietário[9].

A legislação do Estado de São Paulo tem como objetivo a gestão e o gerenciamento das áreas contaminadas e traz a responsabilização para o empreendedor pela identificação de áreas contaminadas e com potencial de contaminação e, quando for o caso, a remediação e reabilitação para uso futuro.

Apresenta, ainda, uma série de instrumentos para a implantação do sistema de proteção da qualidade do solo e para o gerenciamento de áreas contaminadas, sendo eles: Cadastro de Áreas Contaminadas; disponibilização de informações; declaração de informação voluntária; licenciamento e fiscalização; Plano de Desativação do Empreendimento; Plano Diretor e legislação de uso e ocupação do solo; Plano de Remediação; incentivos fiscais, tributários e creditícios; garantias bancárias; seguro ambiental; auditorias ambientais; critérios de qualidade para solo e águas subterrâneas;

---

[8] STRASSI, 2014, p. 27.
[9] CUNHA apud STRASSI, 2014, p. 27.

compensação ambiental; fundos financeiros; e, por último, mas não menos importante, educação ambiental.

Os instrumentos trazidos pela Lei estadual n. 13.577/2009 e regulamentados pelo Decreto Estadual n. 59.263/2013 ressaltam a relação da gestão e do gerenciamento das áreas contaminadas com a expansão urbana e imobiliária nas cidades. Para fins deste capítulo, será ressaltado o cadastro de áreas contaminadas.

O art. 5º do Decreto estadual em vigor, determina que o cadastro de áreas contaminadas deverá ser constituído, atualizado e administrado pela Cetesb e integrará o Sistema de Áreas Contaminadas e Reabilitadas.

Além disso, o art. 6º prevê:

> Art. 6º O Cadastro de áreas contaminadas deverá conter informações detalhadas destinadas ao gerenciamento de áreas contaminadas relativas a todos os empreendimentos e atividades que:
>
> I – sejam potencialmente poluidoras de solo e águas subterrâneas;
>
> II – no passado abrigaram atividades passíveis de provocar qualquer tipo de contaminação do solo e águas subterrâneas;
>
> III – estejam sob suspeita de estarem contaminados;
>
> IV – sejam classificados como Área Contaminada sob Investigação (ACI), Área Contaminada com Risco Confirmado (ACRi), Área Contaminada em Processo de Remediação (ACRe), Área Contaminada em Processo de Reutilização (ACRu), Área em Processo de Monitoramento para Encerramento (AME), Área Reabilitada para o Uso Declarado (AR) e Área Contaminada Crítica;
>
> V – demais casos pertinentes à contaminação do solo e águas subterrâneas.

A **Figura 3** a seguir sintetiza os ensinamentos dos artigos citados e apresenta todas as classificações possíveis aplicáveis a áreas contaminadas no Estado de São Paulo.

Figura 3 – Classificação de áreas contaminadas no Estado de São Paulo

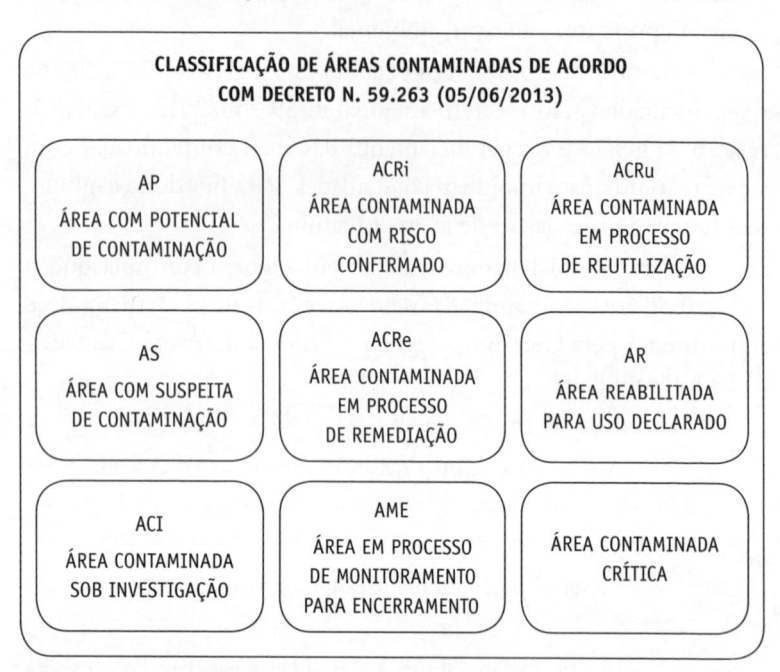

CLASSIFICAÇÃO DE ÁREAS CONTAMINADAS DE ACORDO COM DECRETO N. 59.263 (05/06/2013)		
AP ÁREA COM POTENCIAL DE CONTAMINAÇÃO	**ACRi** ÁREA CONTAMINADA COM RISCO CONFIRMADO	**ACRu** ÁREA CONTAMINADA EM PROCESSO DE REUTILIZAÇÃO
AS ÁREA COM SUSPEITA DE CONTAMINAÇÃO	**ACRe** ÁREA CONTAMINADA EM PROCESSO DE REMEDIAÇÃO	**AR** ÁREA REABILITADA PARA USO DECLARADO
ACI ÁREA CONTAMINADA SOB INVESTIGAÇÃO	**AME** ÁREA EM PROCESSO DE MONITORAMENTO PARA ENCERRAMENTO	ÁREA CONTAMINADA CRÍTICA

Fonte: Decreto n. 59.263/2013.

A exigência de fazer constar do cadastro nomes de áreas e atividades que podem não ser áreas contaminadas, mas são áreas potenciais causou preocupação no setor industrial. Essa situação se resolveu quando a Cetesb e o setor industrial esclareceram e definiram que somente constarão do cadastro, as áreas contaminadas sob investigação[10].

Outra exigência do Decreto estadual que merece destaque é a obrigatoriedade de se fazer a avaliação do passivo para os casos que a legislação determina (Capítulo III, Seções I e II), pois anteriormente, essa exigência cabia apenas para os postos de combustíveis e

---

[10] BERNARDES apud STRACI, 2014, p. 27.

para as demais atividades a opção de fazer ou não ficava a critério do empreendedor[11].

Cunha explica:

> [...] são sete as portas de entrada a serem utilizadas para identificação de um maior número de áreas contaminadas no estado de São Paulo, pela agência ambiental paulista: monitoramento preventivo, convocação, operação, processo de identificação obrigatório, desativação, reutilização e licenciamento[12].

A legislação de áreas contaminadas em São Paulo está em vigor e traz alguns questionamentos acerca do procedimento de reuso dessas áreas, sobre a responsabilização pela pluma de contaminação que se encontra em determinada propriedade, mas de origem externa, dentre outros.

Há dúvidas sobre a função da legislação e das resoluções do Conama, no sentido de serem ferramentas para o desenvolvimento sustentável[13], as quais serão colocadas para instigar o debate.

6.2.1 Etapas de identificação e gerenciamento de áreas contaminadas

Importante apresentar as etapas de gerenciamento ambiental propostas pela Cetesb. Para essa agência ambiental:

> [...] o gerenciamento de áreas contaminadas (ACs) visa minimizar os riscos a que estão sujeitos a população e o meio ambiente, em virtude da existência das mesmas, por meio de um conjunto de medidas que assegurem o conhecimento das características dessas áreas e dos impactos por elas causados, proporcionando os instrumentos necessários à tomada de decisão quanto às formas de intervenção mais adequadas[14].

---

[11] BERNARDES apud STRACI, 2014, p. 27-28.
[12] CUNHA apud STRACI, 2014, p. 28.
[13] LUTTI apud STRACI, 2014, p. 29.
[14] CETESB, 2014.

As etapas apresentadas a seguir na **Figura 4** têm como objetivo inicial sintetizar o processo de identificação de áreas contaminadas.

Figura 4 – Etapas do processo de identificação
de áreas contaminadas no Estado de São Paulo

FLUXOGRAMA DE IDENTIFICAÇÃO DE ÁREAS CONTAMINADAS
DE ACORDO COM DECRETO N. 59.263 (5-6-2013)

DEFINIÇÃO DA REGIÃO DE INTERESSE → IDENTIFICAÇÃO DE APs (ÁREAS COM POTENCIAL DE CONTAMINAÇÃO) → AVALIAÇÃO PRELIMINAR → INVESTIGAÇÃO CONFIRMATÓRIA

Fonte: Decreto n. 59.263/2013.

Essas etapas devem ser realizadas pelo empreendedor, e têm como principais estudos: a Avaliação Preliminar, para identificação de potenciais fontes de contaminação para solo e/ou água subterrânea e a Investigação Confirmatória, em que são realizados os estudos ambientais, geológicos e hidrogeológicos com amostragens e análises laboratoriais de solo e/ou água subterrânea visando comparar os resultados específicos da área com os Valores Orientadores para Solos e Águas Subterrâneas no Estado de São Paulo[15] que confirmem a contaminação.

Após a confirmação de que determinada área com potencial de contaminação encontra-se efetivamente contaminada, inicia-se uma nova etapa de gerenciamento, cujo foco e principal objetivo serão a reabilitação da área. As etapas apresentadas a seguir na **Figura 5** têm como objetivo inicial sintetizar o processo de gerenciamento de áreas contaminadas de forma a otimizar os recursos técnicos e financeiros para assegurar a efetividade do processo de reabilitação.

---

[15] CETESB, 2014.

Figura 5 – Etapas do processo de gerenciamento de áreas contaminadas no Estado de São Paulo

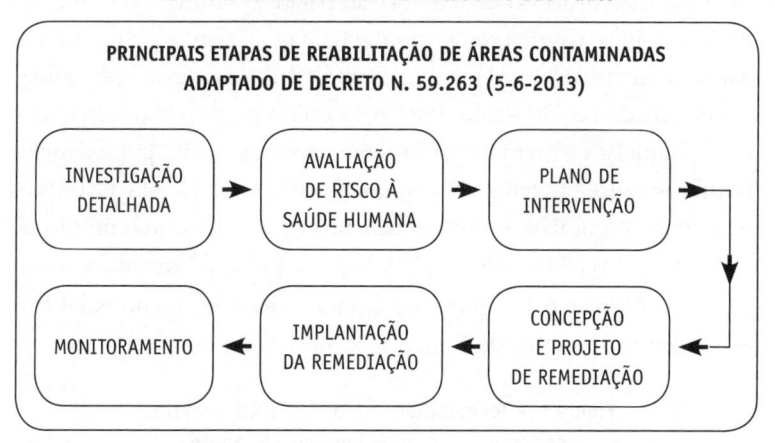

```
PRINCIPAIS ETAPAS DE REABILITAÇÃO DE ÁREAS CONTAMINADAS
ADAPTADO DE DECRETO N. 59.263 (5-6-2013)

INVESTIGAÇÃO  →  AVALIAÇÃO       →  PLANO DE       →
DETALHADA        DE RISCO À         INTERVENÇÃO
                 SAÚDE HUMANA                        ↓
MONITORAMENTO ←  IMPLANTAÇÃO    ←  CONCEPÇÃO      ←
                 DA REMEDIAÇÃO      E PROJETO
                                    DE REMEDIAÇÃO
```

Fonte: Decreto n. 59.263/2013.

As principais etapas do processo de reabilitação de áreas contaminadas podem ser sumarizadas da seguinte forma: (i) Investigação Detalhada e (ii) Avaliação de Risco à Saúde Humana. Nos casos em que essa última determine a existência de riscos, a áreas serão classificadas como Área Contaminada com Risco Confirmado (ACRi) e deverá ser executada a etapa (iii) Plano de Intervenção, e, posteriormente, as etapas de (iv) Concepção e Projeto de Remediação, (v) Implantação da Remediação e (vi) Monitoramento do sistema implantado para avaliação de eficácia ou eficiência.

Para a elaboração do Plano de Intervenção poderão ser admitidas as medidas de remediação para tratamento e para contenção dos contaminantes, medidas de controle institucional e medidas de engenharia, conforme o art. 44, § 1º, do Decreto Estadual n. 59.263/2013. A implementação do Plano de Intervenção em áreas contaminadas não necessita de aprovação prévia da Cetesb, com exceção das situações em que sejam classificadas como Área Contaminada Crítica (AC crítica) ou como Área Contaminada em Processo de Reutilização (ACRu). Apesar disso, é importante ressaltar que a Cetesb deve acompanhar a implantação do Plano de Intervenção em todas as situações.

Tanto que, uma vez constatada que a área está contaminada, cabe iniciar o processo de remediação para uso futuro. Para isso, poderão ser utilizadas diversas tecnologias, as quais têm sido empregadas para a remediação de solos e águas subterrâneas em áreas contaminadas do Estado de São Paulo. Porém, as utilizadas com maior frequência são aquelas que têm uso já bastante experimentado, por exemplo, bombeamento e tratamento (em que podem ser incluídas as técnicas de extração multifásica e bombeamento de fase livre) e remoção de solo e resíduos com a destinação adequada posteriormente.

A **Figura 6** a seguir apresenta as diferentes tecnologias implantadas em projetos de remediação no Estado de São Paulo.

Figura 6 – Tecnologias implantadas em projetos de remediação no Estado de São Paulo

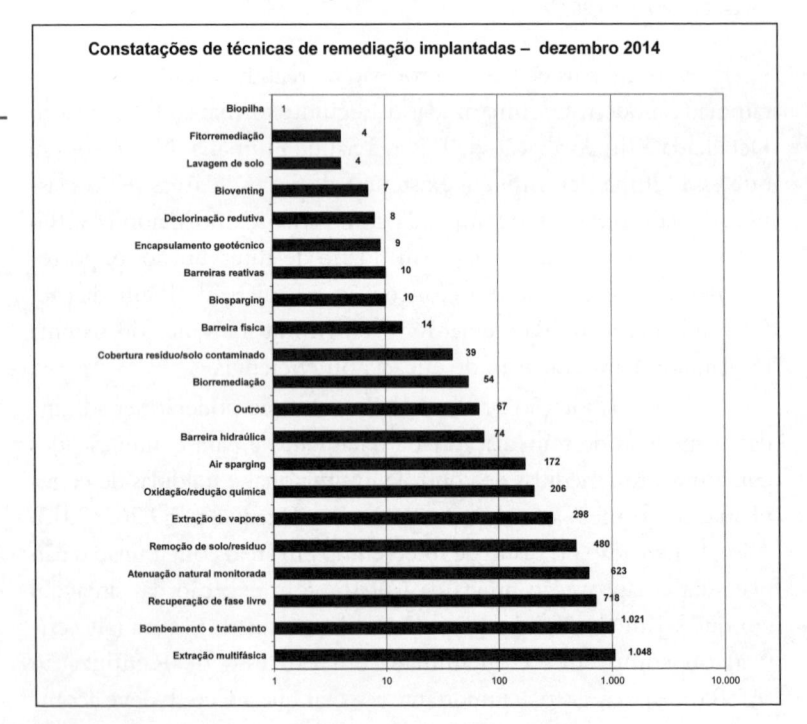

Constatações de técnicas de remediação implantadas – dezembro 2014

Biopilha	1
Fitorremediação	4
Lavagem de solo	4
Bioventing	7
Declorinação redutiva	8
Encapsulamento geotécnico	9
Barreiras reativas	10
Biosparging	10
Barreira física	14
Cobertura resíduo/solo contaminado	39
Biorremediação	54
Outros	67
Barreira hidráulica	74
Air sparging	172
Oxidação/redução química	206
Extração de vapores	298
Remoção de solo/resíduo	480
Atenuação natural monitorada	623
Recuperação de fase livre	718
Bombeamento e tratamento	1.021
Extração multifásica	1.048

Fonte: CETESB, 2014.

Apesar de as tecnologias de remediação já terem sido aplicadas com sucesso em outros países e também em São Paulo, para que um projeto seja bem-sucedido é fundamental que a área de interesse seja objeto de um diagnóstico hidrogeológico e hidrogeoquímico bastante detalhado.

As incertezas relacionadas à caracterização de uma área contaminada inevitavelmente geram enormes dificuldades para que um projeto de remediação seja bem-sucedido. A **Figura 7** mostra as etapas de gerenciamento das áreas contaminadas e é possível observar que das 5.148 áreas, apenas 563, ou seja, 11% foram remediadas e consideradas pela Cetesb como "reabilitadas para uso declarado".

Figura 7 – Classificação das áreas contaminadas no Estado de São Paulo quanto à etapa de gerenciamento

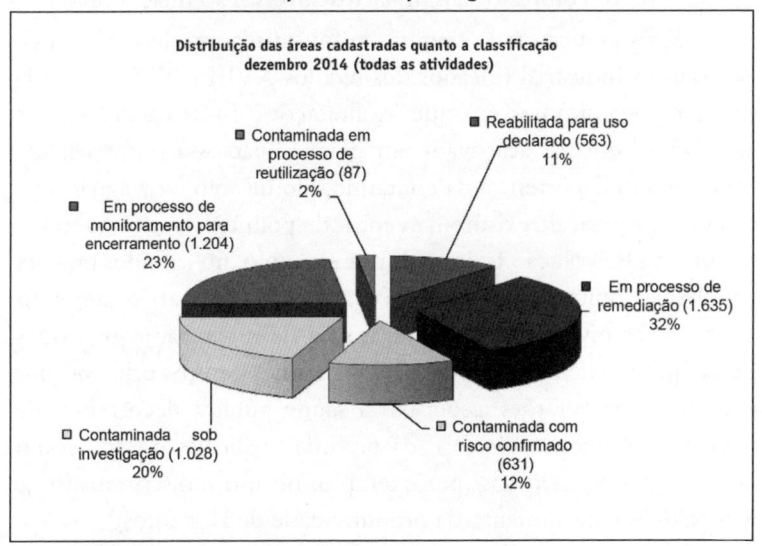

Distribuição das áreas cadastradas quanto a classificação dezembro 2014 (todas as atividades)

- Contaminada em processo de reutilização (87) 2%
- Reabilitada para uso declarado (563) 11%
- Em processo de monitoramento para encerramento (1.204) 23%
- Em processo de remediação (1.635) 32%
- Contaminada sob investigação (1.028) 20%
- Contaminada com risco confirmado (631) 12%

Fonte: CETESB, 2014.

O processo de gerenciamento de áreas contaminadas teve em São Paulo os seus principais marcos regulatórios já estabelecidos e colocados em prática.

A tendência é a de que os procedimentos funcionem como um modelo para outros Estados e também na esfera federal. Assim como, que o número de casos de áreas contaminadas conhecidas no Estado de São Paulo aumente na medida em que as águas subterrâneas venham a ser mais exploradas e que as indústrias em processo de licenciamento e lixões em processo obrigatório de encerramento passem pelas etapas de diagnóstico ambiental para avaliação da qualidade do solo e da água subterrânea.

6.3 Áreas contaminadas: riscos e responsabilidades

A questão dos riscos e da responsabilidade por áreas contaminadas apresenta-se atualmente como um dos principais assuntos no exercício da advocacia ambiental, como consequência da adoção, por prolongados períodos de tempo, de práticas industriais e agrícolas que ignoravam por completo seus impactos adversos ao meio ambiente.

Essas práticas, cuja magnitude foi inflada em decorrência da Revolução Industrial (meados dos séculos XVIII e XIX)[16], multiplicaram os episódios em que as alterações físicas causadas pelas atividades humanas acabavam por gerar impactos à própria saúde humana, em decorrência da contaminação de solo e de águas subterrâneas. Apesar de existirem eventos de poluição registrados muito antes da Revolução Industrial (por exemplo, no caso dos grandes problemas sanitários enfrentados em Roma Antiga), o aumento drástico dos níveis de industrialização e de urbanização ocorridos nesta época geraram impactos não apenas nos centros urbanos (por exemplo, nas questões associadas à saúde pública decorrentes de falta de saneamento básico e da péssima qualidade do ar), como também nas zonas rurais (por exemplo, no uso indiscriminado de agrotóxicos para aumento da produtividade de alimentos)[17].

Do mesmo modo que não há como se falar de impactos ambientais sem associá-los ao conceito de poluição, não há como

---

[16] Informação retirada da *Wikipédia*. Disponível em: <http://pt.wikipedia.org/wiki/Revolu%C3%A7%C3%A3o_Industrial>. Acesso em: 5 set. 2014.

[17] JUNIA, 2011.

dissociar a resolução desses impactos do mencionado conceito, sendo este crucial para se classificar e identificar situações fáticas, bem como para viabilizar a atribuição de responsabilidades pela resolução destas.

Nos termos do art. 3º da Lei n. 6.938/81, define-se poluição como:

> A degradação da qualidade ambiental resultante de atividades que direta ou indiretamente: a) prejudiquem a saúde, a segurança e o bem-estar da população, b) criem condições adversas às atividades sociais e econômicas, c) afetem desfavoravelmente a biota, d) afetem as condições estéticas ou sanitárias do meio ambiente, e) lancem matérias ou energia em desacordo com os padrões ambientais estabelecidos.

Exceto ao que se refere à alínea *e*, o conceito previsto pela legislação pátria é abrangente, uma vez que amplia o conceito de degradação tratando inclusive de poluição. Em última análise, qualquer atividade humana pode ser intrinsecamente relacionada a este conceito, por ser inerente à vida qualquer tipo de transformação de seu entorno.

Assim, a aplicação do conceito de poluição remete a dois outros conceitos: o de poluidor e o de degradação ambiental, veja-se: poluidor é toda pessoa física ou jurídica, de direito público ou privado, responsável, direta ou indiretamente, por atividade causadora de degradação ambiental (art. 3º, I); e degradação da qualidade ambiental, a qual é caracterizada pela alteração adversa das características do meio ambiente (art. 3º, II).

Ressalte-se que não é qualquer atividade humana que gera responsabilidade ambiental, sendo necessário que esta cause alteração adversa ou prejudicial ao meio ambiente.

A questão mais complexa, no entanto, reside na chamada "responsabilidade indireta", a qual é tratada pela doutrina com duas abordagens distintas. A primeira delas, oriunda do direito civil[18], conceitua responsabilidade indireta como aquela proveniente de ato de terceiro, com o qual o causador do impacto possua vínculo legal de responsabilidade. Pressupõe-se, aqui, no mínimo, a existência de um vínculo entre aquele que deu causa ao dano ambiental (por exemplo, o gerador de resíduos) e aquele que deu causa direta ao ato poluidor (por exemplo, a empresa transportadora ou o receptor dos resíduos para destinação final).

Já a segunda abordagem, parte do princípio do poluidor pagador e do conceito de responsabilidade objetiva para estabelecer que subsistindo o nexo de causalidade entre a atividade exercida e o dano causado, subsiste o dever de indenizar. Batizada de Teoria do Risco Integral, essa corrente da doutrina defende a extensão do conceito de responsabilidade objetiva[19].

Diante de tais posicionamentos, questiona-se: até onde pode se estender a interpretação de vínculo com o evento danoso para que gere a responsabilidade no direito ambiental?

De acordo com a teoria do risco integral, o mero risco assumido pela atividade potencialmente danosa é o suficiente para impor a responsabilidade e a obrigatoriedade de reparação de eventuais danos, sendo assim estendido o vínculo de causalidade previsto pela legislação para todo aquele que estiver obtendo vantagens e criando o risco.

É o caso, por exemplo, do responsável atual pelo exercício de determinada atividade poluidora (indústria A) que tenha adquirido um terreno de um terceiro que tenha dado causa a determinado dano ambiental (indústria B). Com base nessa doutrina, atribui-

---

[18] BRASIL. **Lei n. 10.406 de 10 de janeiro de 2002 (Código Civil)**. Disponível em: <https://www.google.com.br/webhp?sourceid=chrome-instant&ion=1&espv=2&ie=UTF-8#q=c%C3%B3digo%20civil%202002> Acesso em: 5 set. 2014.

[19] TESSLER, 2007; TOZZI, 2013.

-se ao atual proprietário a responsabilidade em reparar danos, independentemente ter der dado causa a ele (diretamente) e independentemente da existência de vínculos contratuais com aquele (conceito de responsabilidade indireta oriundo do direito civil), mas tão somente por ser ele o atual responsável por exercício de atividade econômica naquela determinada propriedade.

Assim sendo, a principal consequência da teoria do risco integral é a desconsideração da licitude do ato poluidor e também a irrelevância da intenção danosa, para assegurar o ressarcimento dos prejuízos causados ao meio ambiente.

Esses conceitos são de extrema importância para as demais áreas do direito ambiental, porém, ainda mais relevantes quando se tratar do tema de áreas contaminadas, por ser frequente o envolvimento de múltiplas pessoas jurídicas em cada episódio de poluição (sempre envolvendo o gerador, o transportador e o destinador final desses), além da sucessão temporal de agentes quando envolvem áreas ocupadas por indústrias há décadas.

Como base nesses conceitos, o atual proprietário e o adquirente de determinada propriedade são considerados responsáveis indiretos por eventual poluição, ainda que por força de vínculos históricos e não diretos com esses.

Adicionalmente, a responsabilidade entre os agentes diretos e indiretos é considerada solidária, por força do art. 942 do Código Civil. Assim, sempre existe a concorrência entre todos os envolvidos na cadeia que levou ao dano ambiental, sendo cada ente poluidor/degradador obrigado pelo conjunto total dos impactos causados. Além disso, é facultado ao titular do direito demandar o cumprimento de determinados devedores, de todos conjuntamente ou daquele que tiver a melhor condição econômica.

Além da responsabilidade civil tratada *supra*, há que se abordar também a responsabilidade criminal associada aos casos de poluição por resíduos e de áreas contaminadas, nos termos do art. 2º da Lei n. 9.605/98, a qual aborda os crimes ambientais:

Art. 2º Quem, de qualquer forma, concorre para a prática dos crimes previstos nesta Lei, incide nas penas a estes cominadas, na medida da sua culpabilidade, bem como o diretor, o administrador, o membro de conselho e de órgão técnico, o auditor, o gerente, o preposto ou mandatário de pessoa jurídica, que, sabendo da conduta criminosa de outrem, deixar de impedir a sua prática, quando podia agir para evitá-la.

A referida lei tipifica como crime ambiental o ato de causar poluição, especificamente quando esta resulte do lançamento de resíduos sólidos em desacordo com as exigências estabelecidas em leis ou regulamentos. Além disso, também é considerado crime:

Art. 56. Produzir, processar, embalar, importar, exportar, comercializar, fornecer, transportar, armazenar, guardar, ter em depósito ou usar produto ou substância tóxica, perigosa ou nociva à saúde humana ou ao meio ambiente, em desacordo com as exigências estabelecidas em leis ou nos seus regulamentos.

Além da possibilidade de responsabilização criminal das pessoas jurídicas, a qual pode ocorrer adicionalmente àquela das pessoas físicas envolvidas, a Lei dos Crimes Ambientais estabeleceu ainda a responsabilidade por omissão daquele que porventura estiver ciente de determinado caso de poluição e deixar de impedir a sua prática.

Tal disposição leva a outra questão extremamente importante nos casos envolvendo áreas contaminadas: o dever de comunicar as autoridades sobre a descoberta de casos de poluição anteriormente desconhecidos. Este decorre, primordialmente, da interpretação do trecho final do art. 2º da lei. Ou seja, mesmo que o dano não tenha sido diretamente causado por determinado ente, esse poderá ser responsabilizado por omissão nos casos em que "deixar de impedir sua prática" ou naqueles em que a falta de comunicação elide a possibilidade da adoção de medidas de precaução em caso de risco de dano grave ou irreversível.

Ainda com relação ao dever de comunicar, a legislação contém também previsões específicas a fim de estimular o relacionamento entre poluidor e os órgãos fiscalizadores, seja no sentido de criminalizar aquelas medidas adotadas com a finalidade ativa de obstar ou impedir a ação fiscalizadora, seja nos casos de omissão na adoção das providências demandadas pelas agências reguladoras. Com efeito, reza a Lei 9.605/98:

> Art. 68. Deixar, aquele que tiver o dever legal ou contratual de fazê-lo, de cumprir obrigação de relevante interesse ambiental: Pena – detenção, de um a três anos, e multa. Parágrafo único. Se o crime é culposo, a pena é de três meses a um ano, sem prejuízo da multa.
>
> Art. 69. Obstar ou dificultar a ação fiscalizadora do Poder Público no trato de questões ambientais: Pena – detenção, de um a três anos, e multa.
>
> Art. 69-A. Elaborar ou apresentar, no licenciamento, concessão florestal ou qualquer outro procedimento administrativo, estudo, laudo ou relatório ambiental total ou parcialmente falso ou enganoso, inclusive por omissão: Pena – reclusão, de 3 (três) a 6 (seis) anos, e multa. § 1º Se o crime é culposo: Pena – detenção, de 1 (um) a 3 (três) anos. § 2º A pena é aumentada de 1/3 (um terço) a 2/3 (dois terços), se há dano significativo ao meio ambiente, em decorrência do uso da informação falsa, incompleta ou enganosa.

Paralelamente a estes dispositivos, a cooperação e a transparência são consideradas como circunstâncias atenuantes em caso de condenação:

> Art. 14. São circunstâncias que atenuam a pena:
>
> [...]
>
> II – arrependimento do infrator, manifestado pela espontânea reparação do dano, ou limitação significativa da degradação ambiental causada;
>
> III – comunicação prévia pelo agente do perigo iminente de degradação ambiental;

IV – colaboração com os agentes encarregados da vigilância e do controle ambiental.

Importa destacar que, mesmo nos casos mais complexos em que as condutas não se encaixam precisamente nos tipos penais, é possível subsistir a responsabilidade criminal, tanto da pessoa jurídica como das pessoas físicas envolvidas, em virtude da interpretação e aplicação de referidas normas ao caso concreto.

De outro lado, em sede de responsabilidade administrativa, o dever de comunicar e de agir se torna ainda mais claro. Com efeito, o art. 14 do Decreto que regulamenta a Lei de Crimes Ambientais dispõe:

> Art. 14. Havendo perigo à vida ou à saúde da população, em decorrência da contaminação de uma área, o responsável legal deverá comunicar imediatamente tal fato aos órgãos ambientais e de saúde e adotar prontamente as providências necessárias para elidir o perigo.
>
> § 1º Para fins deste artigo, consideram-se perigo à vida ou à saúde, dentre outras, as seguintes ocorrências:
>
> 1 – incêndios;
>
> 2 – explosões;
>
> 3 – episódios de exposição aguda a agentes tóxicos, reativos e corrosivos;
>
> 4 – episódios de exposição a agentes patogênicos, mutagênicos e cancerígenos;
>
> 5 – migração de gases voláteis para ambientes confinados e semiconfinados, cujas concentrações excedam os valores estabelecidos em regulamento;
>
> 6 – comprometimento de estruturas de edificação em geral;
>
> 7 – contaminação das águas superficiais ou subterrâneas utilizadas para abastecimento público e dessedentação de animais;
>
> 8 – contaminação de alimentos.
>
> § 2º Na hipótese de o responsável legal não promover a imediata remoção do perigo, tal providência poderá ser adotada

subsidiariamente pelo Poder Público, garantido o direito de ressarcimento dos custos efetivamente despendidos pela Administração Pública, devidamente apurados mediante apresentação de planilha fundamentada que comprove que os valores gastos na remoção do perigo são compatíveis com o valor do mercado.

Art. 15. O responsável legal, ao detectar indícios ou suspeitas de que uma área esteja contaminada, deverá imediatamente comunicar tal fato aos órgãos ambiental e de saúde competentes.

Destaque-se que no âmbito federal não existe legislação específica tratando das áreas contaminadas, sendo tal assunto regulado pela Resolução Conama n. 420/2009.

No Estado de São Paulo, a Lei n. 13.577/2009 traz no art. 13 a questão da responsabilidade e determina que:

Art. 13. São considerados responsáveis legais e solidários pela prevenção, identificação e remediação de uma área contaminada:

I – o causador da contaminação e seus sucessores;

II – o proprietário da área;

III – o superficiário;

IV – o detentor da posse efetiva;

V – quem dela se beneficiar direta ou indiretamente.

E deixa claro, no mesmo art. 13, parágrafo único, que "poderá ser desconsiderada a pessoa jurídica quando sua personalidade for obstáculo para a identificação e a remediação da área contaminada".

Além de tais disposições, o Decreto Estadual n. 59.263/2013 prevê no art. 19 que:

Art. 19. Havendo perigo à vida ou à saúde da população, em decorrência da contaminação de uma área, o responsável legal deverá comunicar imediatamente tal fato à Cetesb e à Secretaria Estadual de Saúde e adotar prontamente as providências necessárias para elidir o perigo,

[...]

§ 4º Na hipótese do responsável legal não ser identificado ou não promover a imediata remoção do perigo, tal providência poderá ser adotada subsidiariamente pelo Poder Público, garantido o direito de ressarcimento dos custos efetivamente despendidos pela Administração Pública, devidamente apurados mediante apresentação de planilha fundamentada que comprove que os valores gastos na remoção do perigo são compatíveis com o valor de mercado.

Salienta-se que, essa comunicação, tanto para a Cetesb quanto para o Corpo de Bombeiros, concessionários de serviços públicos e distribuidoras de água potável, deverá ser feita em qualquer etapa do processo de gerenciamento de áreas contaminadas.

Tem-se, portanto, que em São Paulo, tanto a lei como o decreto específicos de áreas contaminadas, trazem a responsabilização pela contaminação e minimizam, no caso de áreas contaminadas, a discussão acerca da responsabilidade do superficiário, uma vez que todos os entes listados são considerados responsáveis pela existência de áreas contaminadas, sendo estas relacionadas à sua atividade ou à sua propriedade.

6.4 Jurisprudências

A seguir serão apresentadas quatro jurisprudências sobre o tema de áreas contaminadas:

> AÇÃO CIVIL PÚBLICA. Contaminação de solo e remediação. A reparação integral da área e do meio ambiente ecologicamente equilibrado, quando em desacordo com os demais princípios e com os valores comunitários, pode gerar arbitrariedades que não devem ser permitidas. Ante a proibição de excesso e proibição de insuficiência, surgem para o legislador ordinário possibilidades de variação em aberto. Em ponderação aos deveres e direitos fundamentais, a tutela posta na Lei Estadual n. 13.577/2009 e na Resolução Conama n. 42/2009, que impõem parâmetros para a remedição da área, mostra-se proporcional e não ofende a Constituição. Dá-se provimento ao apelo para julgar improcedente a ação civil pública (TJSP, Processo 1032789-75.2013.8.26.0100, Relator: Ruy Alberto Leme Cavalheiro, *DJ* 3-3-2016).

AÇÃO CIVIL PÚBLICA AMBIENTAL. Contaminação do solo e de águas subterrâneas, em virtude da comercialização de derivados de petróleo em posto de combustível. Responsabilidade objetiva da apelada, decorrente da omissão na fiscalização da utilização e conservação dos tanques de combustível. Art. 8º, da Resolução Conama n. 273/00. Sentença de improcedência da ação reformada. APELO PROVIDO, a fim de condenar a PETROBRAS DISTRIBUIDORA S/A ao cumprimento de obrigação de fazer, consistente na descontaminação do solo e da água subterrânea no bairro Jardim D'Abril, município de Osasco, dentro do prazo de 180 dias, observados os termos estabelecidos pela Cetesb, sob pena do pagamento de multa diária de R$ 500,00 em caso de descumprimento (TJSP, Ap 0054194-21.2008.8.26.0405, Relator Eduardo Braga, j. 14-6-2012, *DJ* 21-6-2012).

Agravo de instrumento. Compra e venda de imóvel. Ação *quanti minoris*. Decisão que deferiu pedido de antecipação de tutela determinando a entrega das chaves do imóvel. Insurgência da construtora. Não acolhimento. Averbação na matrícula do imóvel informando sobre a contaminação do solo em que edificado o empreendimento e que impediu a obtenção de financiamento bancário, para o pagamento do saldo do preço. Despacho no procedimento administrativo dando conta da aptidão do terreno para o uso residencial, mas recomendando o monitoramento da área por mais 2 anos, além de indicar o risco à saúde humana em caso de ingestão de água subterrânea. Possibilidade, ao menos em tese, de desvalorização do imóvel. Presença dos requisitos autorizadores da medida. Não demonstração da existência de risco de dano irreparável ou de difícil reparação pela recorrente. Decisão mantida. Agravo desprovido (TJSP, AI 0030868-10.2013.8.26.0000, 5ª Câmara de Direito Privado, Relator A.C. Mathias Coltro, j. 19-6--2013, *DJ* 26-6-2013).

COMPETÊNCIA. MEIO AMBIENTE. AGRAVO DE INSTRUMENTO. *Causa petendi* circunscrita à indenização de ordem patrimonial e moral, decorrente de contaminação da água subterrânea de poço de abastecimento vizinho a aterro industrial.

Matéria de fundo afeta à questão ambiental de interesse difuso pertencente ao ramo do Direito Público. Inteligência do artigo 225 da Carta Política. Competência afeta a Seção de Direito Público. Exegese do artigo 2º, inciso II, letra *a*, da Resolução n. 194/2004 "... abrangendo a tutela da qualidade do meio ambiente o ar, o solo, a água e o necessário à sobrevivência do ser humano na Terra, insere-se o pleito indenizatório cuja matéria de fundo envolve a alteração dos elementos constitutivos da água subterrânea (lençol freático), na delimitação do Direito Constitucional, o primeiro dos ramos do Direito Público Interno, situando-se a espécie em testilha, por conseguinte, na competência dos feitos regidos pelo Direito Público". Recurso não conhecido. Remessa determinada (TJSP, AI 0025793-05.2004.8.26.0000, 28ª Câmara do D. Quarto Grupo (Ext. 2º TAC), Relator Júlio Vidal, j. 10-5-2005, *DJ* 19-5-2005).

6.5 Considerações finais

Para os operadores do direito, o tema das áreas contaminadas instiga o debate, trata de temas específicos como a responsabilidade, mas acima de tudo, obriga o trabalho de forma multidisciplinar tendo em vista a exigência técnica que o processo de gerenciamento requer. O desafio é a identificação das áreas contaminadas, a remediação e a reabilitação para usos futuros. O incentivo à reutilização deve ser apresentado pelo operador do direito como boa gestão, uma vez que, para tal, todo o processo deverá ser atendido.

De outra parte, cabe ao operador do direito conhecer o tema de áreas contaminadas para orientar sobre os riscos do negócio e sobre as possibilidades de gestão existentes para cada caso.

O processo de gerenciamento de áreas contaminadas teve no estado de São Paulo os seus principais marcos regulatórios já estabelecidos e colocados em prática. A tendência clara é que os procedimentos do Estado de São Paulo funcionem como um modelo para outros Estados e também para a esfera federal.

De maneira geral, o processo de reabilitação de áreas contaminadas é uma tarefa de alta complexidade, que demanda bastante tempo e exige a participação de equipes multidisciplinares, com profissionais que precisam se manter constantemente atualizados tecnicamente.

A tendência de aumento do número de casos de áreas contaminadas conhecidas no Estado de São Paulo é irreversível. Seguindo a mesma tendência, as áreas contaminadas seguramente existentes em outros Estados brasileiros começarão a ser reveladas na medida em que sejam implementadas legislações estaduais específicas.

REFERÊNCIAS

ANDRADE, Marcia Vieira Marx. As normas de proteção ambiental e sua efetividade: a frustração ambiental. **Revista de Direito do Estado**, n. 16, Rio de Janeiro, p. 139-157, out./dez. 2009.

ARAUJO, Joyce Maria de; GÜNTHER, Wanda Maria Risso. Riscos à saúde em áreas contaminadas: contribuições da teoria social. **Saúde e Sociedade (USP. Impresso)**, v. 18, p. 312-324, 2009.

BRASIL. **Código Civil de 2002**. Disponível em: <http://www.planalto.gov.br/ccivil_03/leis/2002/l10406.htm>. Acesso em: 27 ago. 2014.

_____. **Decreto n. 6.514, de 22 de julho de 2008**. Disponível em: <http://www.planalto.gov.br/ccivil_03/_ato2007-2010/2008/decreto/D6514.htm>. Acesso em: 27 ago. 2014.

_____. **Lei n. 6.938, de 31 de agosto de 1981**. Disponível em: <http://www.planalto.gov.br/ccivil_03/leis/l6938.htm>. Acesso em: 27 ago. 2014.

_____. **Lei n. 8.171, de 17 de janeiro de 1991**. Disponível em: <http://www.planalto.gov.br/ccivil_03/leis/l8171.htm>. Acesso em: 27 ago. 2014.

_____. **Lei n. 9.433, de 8 de janeiro de 1997**. Disponível em: <http://www.planalto.gov.br/ccivil_03/leis/l9433.htm>. Acesso em: 27 ago. 2014.

_____. **Lei n. 9.605, de 12 de fevereiro de 1998**. Disponível em: <http://www.planalto.gov.br/ccivil_03/Leis/L9605.htm>. Acesso em: 27 ago. 2014.

_____. **Lei n. 10.406 de 10 de janeiro de 2002 (Código Civil)**. Disponível em: <https://www.google.com.br/webhp?sourceid=chrome-instant&ion=1&espv=2&ie=UTF-8#q=c%C3%B3digo%20civil%202002>. Acesso em: 5 set. 2014.

_____. **Lei 12.305, de 2 de agosto de 2010**. Disponível em: <http://www.planalto.gov.br/ccivil_03/_ato2007-2010/2010/lei/l12305.htm>. Acesso em: 27 ago. 2014.

_____. **Lei 12.651, de 25 de maio de 2012**. Disponível em: <http://www.planalto.gov.br/ccivil_03/_ato2011-2014/2012/lei/l12651.htm>. Acesso em: 27 ago. 2014.

_____. **Resolução Conama n. 420, de 28 de dezembro de 2009**. Disponível em: <http://www.mma.gov.br/port/conama/legiabre.cfm?codlegi=620>. Acesso em: 10 ago. 2014.

_____. **Resolução Conama n. 460, de 30 de dezembro de 2013**. Disponível em: <http://www.mma.gov.br/port/conama/legiabre.cfm?codlegi=702>. Acesso em: 10 ago. 2014

_____. **Resolução Conama n. 396, de 3 de abril de 2008**. Disponível em: <http://www.mma.gov.br/port/conama/legiabre.cfm?codlegi=562>. Acesso em: 27 ago. 2014.

CETESB. **Manual de Gerenciamento de Áreas Contaminadas**. Disponível em: <http://www.cetesb.sp.gov.br/areas-contaminadas/manual-de-gerenciamento-de-ACs/7-manual>.

GRIZZI, Ana Lucia L. E. Responsabilidade ambiental das partes envolvidas em eventos de contaminação esferas administrativa, civil e criminal. In: MOERI, Ernesto Niklaus et al (Orgs.). **Áreas con-**

taminadas: remediação e revitalização, estudos de casos nacionais e internacionais. São Paulo: GTZ e Instituto Ekos Brasil, 2008. v. 4. Parcialmente disponível em: <http://www.ekosbrasil.org/seminario/default.asp?site_Acao=mostraPagina&paginaId=326>. Acesso em: 10 ago. 2014.

GRANZIEIRA, Maria Luiza Machado. **Direito ambiental**. 2. ed. São Paulo: Atlas, 2011.

GÜNTHER, Wanda Maria Risso. Áreas contaminadas no contexto da gestão urbana. **São Paulo em Perspectiva**, v. 20, p. 105-117, 2006.

_____. Poluição do solo. In: PHILIPPI JR., Arlindo; PELICIONI, Maria Cecília Focesi (Orgs.). **Educação ambiental e sustentabilidade**. São Paulo: Manole, 2005. v. 1.

INSTITUTO BRASILEIRO DE GEOGRAFIA E ESTATÍSTICA. **Tabelas Completas sobre os Perfis de Municípios Brasileiros de 2012**. Disponível em: <http://www.ibge.gov.br/home/estatistica/economia/perfilmunic/2012/defaulttab_pdf.shtm>. Acesso em 5 set. 2014.

INSTITUTO DE PESQUISAS TECNOLÓGICAS (IPT). Investigação geoambiental de áreas contaminadas. 2014 (online). Disponível em: <http://www.ipt.br/solucoes/271-investigacao_geoambiental_de_areas_contaminadas.htm>. Acesso em: 1º ago. 2014.

JUNIA, Raquel. **Brasileiros ainda adoecem por falta de saneamento básico**. Disponível em: <http://www.fiocruz.br/omsambiental/cgi/cgilua.exe/sys/start.htm?infoid=262&sid=13>. Acesso em: 28 ago. 2014

MACHADO, Paulo Affonso Leme. **Direito ambiental brasileiro**. 21. ed. São Paulo: Malheiros, 2013.

MILARÉ, Edis. **Direito do ambiente**. 9. ed. São Paulo: Revista dos Tribunais, 2014.

SÃO PAULO. **Decreto n. 59.263, de 5 de junho de 2013**. Disponível em: <http://www.al.sp.gov.br/repositorio/legislacao/decreto/2013/decreto-59263-05.06.2013.html>. Acesso em: 10 ago. 2014.

_____. Tribunal de Justiça de São Paulo. **Agravo de Instrumento 0030868-10.2013.8.26.0000**. 5ª Câmara de Direito Privado. Relator: A. C. Mathias Coltro. São Bernardo do Campo. J. 19-6--2013. Disponível em: <http://www.tjsp.jus.br>. Acesso em: 27 ago. 2014.

_____. Tribunal de Justiça de São Paulo. **Agravo de Instrumento 0025793-05.2004.8.26.0000**. 28ª Câmara de Direito Privado. Relator: Júlio Vidal. Jaguariúna. J. 10-5-2005. Disponível em: <http://www.tjsp.jus.br>. Acesso em: 27 ago. 2014.

_____. Tribunal de Justiça de São Paulo. **Apelação 0054194--21.2008.8.26.0405**. 1ª Câmara Reservada ao Meio Ambiente. Relator: Eduardo Braga. Osasco. J. 14-6-2002. Disponível em: <http://www.tjsp.jus.br>. Acesso em: 27 ago. 2014.

_____. **Lei n. 13.577, de 8 de julho de 2009**. Disponível em: <http://www.al.sp.gov.br/repositorio/legislacao/lei/2009/lei--13577-08.07.2009.html>. Acesso em: 10 ago. 2014.

TESSLER, Marga Inge Barth Tessler. Teoria geral da responsabilidade ambiental. **Revista CEJ**, n. 38, Brasília, p. 4-12, ano XI, jul./set. 2007. Disponível em: <http://www2.cjf.jus.br/ojs2/index.php/revcej/article/view/922/1096> Acesso em: 5 set. 2014.

TOZZI, Rodrigo Henrique Branquinho Barboza. As teorias do risco na responsabilidade civil ambiental. **Jus Navigandi**, n. 3664, Teresina, ano 18, 13 jul. 2013. Disponível em: <http://jus.com.br/artigos/24940>. Acesso em: 3 set. 2014.

STRACI, Larissa. Novas diretrizes para áreas contaminadas. **Revista Água e Meio Ambiente Subterrâneo**, n. 37, São Paulo: ABAS, p. 26-29, ano 6, jan./fev. 2014.

7 RISCOS, INCERTEZAS E SEGUROS AMBIENTAIS

Paulo Dóron Rehder de Araujo

Professor do Programa de Pós-Graduação Lato Sensu da DIREITO GV (GVlaw); doutor em Direito pela Faculdade de Direito da Universidade de São Paulo – FDUSP; ex-procurador do Município de Guarulhos/SP; advogado em São Paulo/SP.

Pedro Guilherme Gonçalves de Souza

Mestrando em Direito pela Faculdade de Direito da Universidade de São Paulo – FDUSP; pós-graduado em Economia pela Escola de Economia de São Paulo – EESP/FGV; advogado em São Paulo/SP.

7.1 Introdução

Em 20 de abril de 2010, às 20h50 do horário local, uma sequência de explosões destrói Macondo. Não era o fim da cidade fantástica de *Cem Anos de Solidão*[1], mas o trágico acidente no homônimo campo de petróleo explorado pela *British Petroleum* (BP Plc.) no Golfo do México, a aproximadamente cem milhas da costa da Louisiana, nos Estados Unidos.

O acidente, causado pela perda de controle da pressão durante a concretagem do poço, lançou para dentro da plataforma de perfuração, *Deepwater Horizon*, óleo em alta pressão e altas quantidades de gás. O contato destas com faíscas dos geradores da plataforma causaram as explosões e a morte de 11 trabalhadores. Após 36 horas de incêndio, a plataforma afundou e abriu-se uma fenda em águas profundas[2]. Segundo o relatório oficial da Agência Federal de Proteção Ambiental dos Estados Unidos, a *Environmental Protection Agency* (EPA), foram derramados 4,9 milhões de barris de petróleo durante 87 dias, resultando na maior catástrofe ambiental da história mundial por derramamento de óleo[3].

---

[1] GARCIA MARQUES, Gabriel. **Cien años de soledad**. 17. ed. Madrid: Catedra. 1967.

[2] **Veja**. Desastre no Golfo do México. 2013, Disponível em: <http://veja.abril.com.br/tema/desastre-ambiental-no-golfo-do-mexico>. Acesso em: 28 maio. 2014.

[3] MABUS, Ray, Secretary of the U.S. Navy. **America's Gulf Coast. A Long Term Recovery Plan after the Deepwater Horizon Oil Spill**. 2010. Dispo-

O volume de reivindicações contra a BP não foi menos intenso. As perdas podem chegar a 90 bilhões de dólares dentre ações propostas por indivíduos e empresas das áreas afetadas, bem como por suas seguradoras, em regresso contra a BP[4]. Além de custos de limpeza de praias e da água, perdas e danos, exige-se da BP multas penais, multas administrativas impostas pela Comissão de Valores Mobiliários norte-americana, a *Securities and Exchange Commission* (SEC), danos coletivos em ações civis de governos, indenização das famílias dos trabalhadores falecidos ou feridos, danos patrimoniais diretos e sanções decorrentes da legislação ambiental (*Clean water act*)[5]. O total estimado de coberturas securitárias para os bens e direitos relacionados é de "apenas" seis bilhões de dólares[6].

O Brasil é hoje um dos maiores exploradores de petróleo em águas profundas do mundo[7]. As próximas décadas serão dedicadas à exploração de poços em níveis abissais. A perfuração será realizada a partir de estruturas similares à *Deepwater Horizon*[8].

Em outros setores da economia como o da produção de energia elétrica, da exploração de metais pesados e do transporte

---

nível em: <http://www.epa.gov/gcertf/pdfs/Mabus Report.pdf>. Acesso em: 15 jan. 2014.

[4] ESTADÃO. Economia e Negócios. **BP contestará processo de US$ 34 bilhões**. 2013. Disponível em: <http://economia.estadao.com.br/noticias/economia-geral,bp--contestara-processo-de-us-34-bilhoes, 4324 6,0.htm>. Acesso em: 27 maio. 2014.

[5] EPA. National Pollutant Discharge Elimination System (NPDES). **Clean Water Act**. Disponível em: <http://cfpub.epa.gov/npdes/cwa.cfm?program_id=45>. Acesso em: 27 maio. 2014.

[6] MABUS, Ray, Secretary of the U.S. Navy. Op. cit.

[7] The Wall Street Journal. **Brasil vira o grande polo do petróleo em águas profundas**. Disponível em: <http:// online.wsj.com/news/articles/SB129099010865761181?tesla=y&tesla=y,>. Acesso em: 1º abr. 2014.

[8] MORAIS, José Mauro de. **Petróleo em águas profundas:** uma história tecnológica da Petrobras na exploração e produção *offshore*. Brasília: IPEA-Petrobras, 2013, p. 23-24.

ferroviário, o país, também na superfície, terá de avançar para áreas intocadas.

A reflexão a respeito dos riscos ambientais relacionados a tais atividades econômicas e as coberturas securitárias correlatas é o cerne deste capítulo. O panorama ilustrativo do emblemático derramamento no Golfo do México contribui para a análise das ferramentas de controle e mitigação de riscos fundada em contratos de seguros, resseguros bem como outras estruturas (e.g., sociedades mútuas e fundos garantidores). Tais estruturas viabilizam a assunção de risco por agentes econômicos não somente na atividade petrolífera, mas em toda atividade econômica que desafiar o meio ambiente.

O capítulo divide-se em três partes. Na primeira, o foco é a análise geral do contrato de seguro e de princípios gerais pertinentes. Na segunda, serão analisadas modalidades de contratos de seguro específicos que ofereçam coberturas ambientais. Na terceira e última parte, analisaremos outros mecanismos de garantia apropriados para tratar dos riscos e incertezas relacionados ao meio ambiente.

O objetivo do texto é demonstrar o instrumental existente para gerenciar, do ponto de vista jurídico securitário, as contingências ambientais, e os limites desses instrumentos.

7.2 A lógica securitária e o risco ambiental

7.2.1 Risco e atividade securitária

O contrato de seguro tem, como núcleo, uma obrigação de garantia que visa à neutralização de um risco patrimonial do credor.

A eliminação do risco se dá pela reparação das consequências de sua eventual materialização[9].

---

[9] Obrigações de meios, de resultado e de garantia. In: COMPARATO, Fábio Konder. **Ensaios e pareceres de direito empresarial**. Rio de Janeiro: Forense, 1978, p. 537.

O ingresso do segurador no contrato depende essencialmente da existência de risco, sua mensuração, e de sua predisposição a assumi-lo[10]. A identificação desses requisitos decorre de um processo de investigação relacionado à possibilidade de materialização do risco, ou seja, da verificação de uma perda ou da não verificação de um ganho, em relação a bens ou atividades que se pretende garantir.

A depender do tipo de relação a que se vincula o risco, sua materialização pode significar a ruína de um indivíduo e, concomitantemente, a fortuna de outro. Daí serem pertinentes as observações acerca da relevante carga subjetiva na percepção do risco e de sua aparente inexistência como entidade autônoma[11].

O risco seria o julgamento resultante da avaliação de um indivíduo sobre a probabilidade de um fato ocorrer ou não ocorrer. Tal avaliação pode ser feita por simples análise empírica e apresentação de uma previsão (como um pescador que afirma que irá chover ao observar uma nuvem) ou mediante organização de dados e construção de modelos matemáticos (como uma equação que preveja o número de acidentes automobilísticos a partir de dados sobre a venda de automóveis e a redução do investimento em estradas).

Partindo de perspectiva análoga, qual seja, a de identificar o risco com o resultado de análise de probabilidade de ocorrência de eventos, Frank H. Knight definiu o risco como evento passível de previsão. Em oposição a este, afirmou o conceito de incerteza, que contempla os acontecimentos imprevisíveis, aleatórios ou imensuráveis, criando dicotomia relevante para o estudo das probabilidades[12].

---

[10] Sobre propensão e predisposição a risco, cf. SOUZA, Pedro G. G.; ZANCHIM, Kleber. Seguro: Ato e Atividade. In: FERNANDES, Wanderley (Org.). **Contratos empresariais: contratos de organização da atividade econômica**. São Paulo: Saraiva, 2011, p. 340-342.

[11] ZANCHIM, Kleber Luiz. **Contratos de parceria público privada: risco e incerteza**. São Paulo: Quartier Latin, 2012, p. 25.

[12] KNIGHT, Frank H. **Risk uncertainty and profit**. New York: Dover, 2006, p. 233.

O risco seria a avaliação resultante da experiência. A incerteza estaria no campo do desconhecido[13]. A migração de um para outro conceito decorreria do domínio das informações acerca da probabilidade de materialização de um fato. Observar a reiteração de um evento sob certas circunstâncias permite incluí-lo no conceito de risco. A revelação extraordinária de um evento que jamais fora imaginado o identifica com o conceito de incerteza.

O domínio do cálculo da probabilidade possibilitou o surgimento da moderna sociedade de seguros e, como consequência, o decisivo desenvolvimento da atividade securitária. Assim, criado em primeiro momento para lidar com cenários de incerteza, decorrentes das navegações[14], o seguro convergiu para garantir a materialização de riscos mensuráveis. A aceitação do risco por uma sociedade seguradora passou a se associar à sua capacidade de identificar e quantificar os riscos e suas dimensões[15].

---

[13] ZANCHIM, Kleber Luiz. Op. cit., p. 38.

[14] Há entendimento no sentido de que o contrato de seguro não era ignorado pelos romanos na alta idade média a partir da identificação da responsabilidade coletiva da comuna pelos danos súbitos ocorridos a um cidadão romano. Restava subjacente a essa ideia o conceito de uma responsabilidade civil coletiva pelos malefícios a um indivíduo resultantes da conduta de um autor desconhecido. SCHUPFER. **Il diritto delle obbligazioni in Italia nell'età del Risorgimento**. Torino, 1921, t. III, p. 211-261. Todavia, o contrato de seguro como novo instituto "não condutível a outro instituto por via genérica e aproximativa", materializada em um documento específico é criação genuína dos mercadores italianos ao final do século XII e início do XIII. Cf. CASSANDRO, Giovani. Assicurazione – premessa storica. In: **Enciclopedia del diritto**. Milano: Giuffrè, 1958, t. III, p. 421-422.

[15] As reuniões da comunidade marítima com os *brokers* e *underwriters* londrinos no século XVIII em locais como o café de Edward Lloyd (cujo nome foi emprestado ao lendário pool de seguradores inglês) criaram o principal centro de inteligência sobre as técnicas de quantificação de risco da Idade Moderna. Cf. RADOVICH, Jorge M. **Curso de seguros en el comercio exterior**. Buenos Aires: Ad-hoc, 1999, p. 42.

A atividade securitária confunde-se na atualidade com a atividade das sociedades seguradoras a qual é orientada por uma lógica bem definida.

Os princípios fundamentais do seguro moderno são (i) a cobertura de um número cada vez maior de riscos homogêneos, apta a possibilitar, de um lado, a repartição de prejuízo entre o maior número de agentes possível e, de outro, a convergência entre a curva esperada e a curva real de probabilidade de materialização de um dado evento; (ii) a busca da normalidade e homogeneidade do risco coberto, visando à identificação de um padrão e sua universalização para uma massa de pessoas e bens, já que, pela incerteza, não é possível uma adequada valoração do risco; e (iii) o fracionamento e busca da homogeneização das coberturas e de seus valores, reduzindo o grau de exposição de um segurador a riscos elevados, levando à repartição dos riscos mais onerosos entre diversos seguradores[16].

Norteado por essas premissas, o segurador contemporâneo busca a redução de uma pluralidade de eventos históricos (em amostragem tão grande quanto possível) a uma equação de risco e retorno. A partir dela, vende garantias e obtém o lucro. Nas palavras de Paul A. Samuelson[17], que traduzem o que se denomina lei dos grandes números, "o que pode ser imprevisível e sujeito ao acaso para o indivíduo é altamente previsível e uniforme na massa". O mesmo argumento pode ser identificado em Tullio Ascarelli, *in verbis*:

> A aleatoriedade do contrato não exclui que não seja aleatória a indústria do segurador, [...] apesar de ser aleatória a verificação de um determinado sinistro, não é aleatória a média dos sinistros em um período de tempo: essa é a consequência natural da possibilidade de se aplicar o cálculo de probabilidade[18].

---

[16] CASSANDRO, Giovani. Op. cit., p. 420.

[17] **Economics**. 9. ed. New York: McGraw-Hill Book, 1973, p. 425 (tradução livre).

[18] Sul concetto unitario del contratto di assicurazione. ASCARELLI, Tullio. **Studi in tema di contratti**. Milano: Giuffrè, 1952, p. 355, nota 5.

Tal aplicação da probabilidade não é infalível. A vida contemporânea está sujeita a eventos fora do comum – ou *outliers* –, em que o fator risco cede significativo espaço à incerteza[19]. Como consequência, veem-se materializar fatos que não haviam sido previstos ou cuja chance de materialização reputava-se remota[20].

Em vista das premissas acima, o segurador moderno não está formatado para lidar com *outliers*. Há pouco espaço para a incerteza na equação de risco e retorno da indústria securitária, até porque a tentativa de acomodação de certas variáveis aleatórias poderia significar seu colapso.

7.2.2 Análise de risco e regulação

O seguro tem como objeto a garantia do risco. Segundo o art. 757 do Código Civil brasileiro, a garantia do seguro protege interesse legítimo do segurado contra riscos predeterminados. A exigência de predeterminação do risco implica dizer que a cobertura securitária adstringe-se ao evento conhecido (ou conhecível) e aceito pelo segurador.

O ponto de partida de qualquer operação securitária, por mais rudimentar que ela seja, é a identificação do risco. A possibilidade de cálculo e gradação deste indica ao segurador um mapa de cenários dentro do qual, considerados outros fatores como sua capacidade econômica e seu grau de predisposição a risco, ele pode aceitar ou rejeitar cobertura.

Dessarte, a construção da apólice de seguros dá-se a partir da criação de cláusulas de inclusão, que definem os riscos que as partes concordam em atribuir ao segurador, e cláusulas de exclusão, que têm o efeito de afastar a cobertura em relação a certos eventos. As

---

[19] Para reflexão interessante sobre os *outliers*, cf. GLADWELL, Malcolm. **Fora de série** – *outliers*. Trad. Ivo Korytowski. Rio de Janeiro: Sextante, 2008, passim.

[20] SOUZA, Pedro G. G.; ZANCHIM, Kleber. Op. cit., p. 322.

incertezas encontram-se, em regra, nesse segundo grupo de cláusulas. Não raro, o segurado, perplexo, identifica entre as exclusões justamente os eventos que mais teme vivenciar.

As exclusões decorrem da percepção de risco do segurador e da necessidade de manutenção de sua higidez econômico-financeira.

O segurador geralmente se abstém de cobrir hipóteses que não consegue mensurar, que possuem alto grau de probabilidade de materialização, ou cuja materialização implica perda de valor excessivo. A universalização dessa percepção e sua confirmação fática por meio de estatísticas constroem um padrão de atuação de todo mercado segurador, baseado, ora na orientação para a exclusão de um risco nas apólices oferecidas, ora na cobrança de prêmios mais caros por sua cobertura.

Concomitantemente, diante da necessidade de adequar socialmente o funcionamento do mercado segurador, mas sem descuidar da preservação do sistema securitário quanto a riscos sistêmicos, os Estados modernos criaram uma complexa estrutura de regulação desta atividade. As regras emanadas dos agentes reguladores visam à (i) consistência interna do sistema securitário, dentro do qual incluem-se a higidez econômico-financeira do segurador e a livre concorrência; e (ii) adequação social das atividades do segurador, sob o duplo viés da livre concorrência e da proteção do segurado[21].

A atividade seguradora no Brasil é estruturada a partir do Decreto-lei n. 73, de 21 de novembro de 1966, que possui *status* de lei complementar[22].

Entre as principais disposições sobre a atuação dos seguradores nesse diploma legal destacam-se: (i) a exigência da constituição

---

[21] SOUZA, Pedro G. G.; ZANCHIM, Kleber. Op. cit., p. 352.
[22] Conforme os votos dos Min. Maurício Corrêa e Min. Sepúlveda Pertence. BRASIL. Supremo Tribunal Federal. Medida Cautelar na Ação Direta de Inconstitucionalidade 2.223-7/DF. Tribunal Pleno. Min. Rel. Maurício Corrêa. J. 10--10-2002. Disponível em: <www.stf.jus.br>. Acesso em: 28 maio. 2014.

das entidades seguradoras sob a forma de sociedades anônimas ou cooperativas (art. 26); (ii) a vedação da sociedade seguradora à exploração de qualquer outro ramo do comércio ou da indústria (art. 73); (iii) a exigência de autorização para funcionamento da sociedade seguradora (art. 74); (iv) a vedação de assunção de riscos superiores aos limites técnicos fixados pela Superintendência de Seguros Privados (Susep) de acordo com as normas do Conselho Nacional de Seguros Privados (CNSP); e (v) a própria criação da Susep (art. 35 e s.) e do CNSP (art. 32 e s.).

Identifica-se a preocupação de proibir exposição excessiva a risco pelo segurador. Não há, ademais, norma que torne obrigatória a aceitação de um contrato. Nem poderia haver, diante do primado constitucional da legalidade e da livre-iniciativa dos agentes econômicos (arts. 5º, II, e 170 da CF)[23]. O resultado é uma série de fatos naturais e sociais marginalizados de uma proteção securitária[24].

Não é difícil imaginar que muitos desses fatos sejam de elevado interesse social, mas que não despertam interesse ao mercado segurador, seja por seu baixo potencial de geração de lucro, seja pelo alto grau de incerteza ou risco que envolvem. O risco de morte do mutuário em programas oficiais de financiamento imobiliário e as incertezas relacionadas a obras de infraestrutura de grande vulto são, respectivamente, exemplos de uma e de outras hipóteses de rejeição.

Tal situação expõe os limites da atividade securitária e chama a atenção para outras formas de garantia, como será detalhado nos itens finais deste capítulo.

---

[23] Embora nos termos do art. 5º, VI, do Decreto-lei n. 73/66 um dos objetivos da política nacional de seguros seja "a coordenação da política de seguros com a política de investimentos do governo federal, observados os critérios estabelecidos para as políticas monetária, creditícia e fiscal", a manifestação dessa norma programática não supera a imposição constitucional da livre iniciativa.

[24] A possibilidade de colocação do risco fora do país segundo as regras da Resolução CNSP n. 197, de 16 de dezembro de 2008 (e.g., para riscos para os quais não exista a oferta de seguro no país), mitiga os efeitos de tal problema.

7.2.3 Os riscos ambientais e a *ratio* securitária

O risco ambiental e, concretamente, a materialização do dano ambiental, dá-se, frequentemente, em contexto de imprevisibilidade. Há inúmeros fenômenos da natureza não plenamente compreendidos pelo homem em uma clara relação de causa e efeito. Há outros que, embora compreendidos, podem implicar consequências incomensuráveis. A percepção desses eventos identifica-se, em muitos casos, com ocorrências de grandes proporções. Tal cenário é agravado, ainda, pelo rígido tratamento dispensado ao agente causador de danos ambientais. A assertiva visão de Antônio Junqueira de Azevedo corrobora tal percepção:

> O dano ambiental é, por sua natureza, um dano de complexa caracterização, especialmente porque em geral o fato lesivo se prolonga no tempo. Apresenta tríplice dificuldade: dificuldade de determinação de todas as suas consequências, dificuldade de avaliação e dificuldade de fixar com precisão o nexo causal[25].

No mesmo sentido, mas enfatizando a gravidade da internalização de tais danos à atividade empresarial, Caio Mário da Silva Pereira afirma que:

> O que atualmente impressiona é o prejuízo de natureza pessoal englobado no dano à coletividade. Os progressos técnicos, o desenvolvimento de certas atividades, os avanços científicos, o crescimento industrial vieram, neste século e com maior intensidade nos últimos tempos, criar situações danosas graves e de consequências até certo ponto imprevisíveis[26].

Se, em parte, tal imprevisibilidade decorre da própria natureza dos fenômenos da natureza, o tratamento dispensado pelo direito brasileiro ao meio ambiente e sua proteção completa tal panorama.

---

[25] AZEVEDO, Antônio Junqueira. **Novos estudos e pareceres de direito privado**. São Paulo: Saraiva, 2009, p. 414.

[26] PEREIRA, Caio Mário da Silva. **Responsabilidade civil**. 9. ed. Rio de janeiro: Forense, 2000, p. 47.

Atribui-se àquele que causar danos ao meio ambiente a responsabilidade objetiva por sua reparação ainda que indireta. Tal desenho é construído a partir do texto constitucional (art. 225, § 3º)[27], que recepcionou importantes institutos da Lei n. 6.938, de 31 de agosto de 1981 (Lei de Política Nacional do Meio Ambiente), principalmente (i) a responsabilidade indireta pelo dano ambiental (art. 3º, IV), (ii) o princípio do poluidor pagador (art. 4º, inciso VII) e, especialmente, a atribuição de responsabilidade objetiva ao causador de dano ao meio ambiente (art. 14, § 1º), nos seguintes termos "[...] é o poluidor obrigado, independentemente da existência de culpa, a indenizar ou reparar os danos causados ao meio ambiente e a terceiros, afetados por sua atividade".

Analisando o sistema composto pelas disposições constitucionais e pela Lei de Política Nacional do Meio Ambiente, Sérgio Cavalieri Filho identifica a opção nacional pelo modelo de responsabilidade fundado no risco integral, em que o dever de indenizar é justificado até nos casos de inexistência do nexo causal, ou em que este se mostra extremamente diluído:

> Se fosse possível invocar o caso fortuito ou a força maior como causas excludentes da responsabilidade civil por dano ecológico, ficaria fora da incidência da lei a maior parte dos casos de poluição ambiental, como a destruição da fauna e da flora causada por carga tóxica de navios avariados em tempestades marítimas; rompimento de oleoduto em circunstâncias absolutamente imprevisíveis, poluindo lagoas, baías, praia e mar [...][28].

Diante de tal tratamento decorrente da legislação brasileira, o mencionado acidente ocorrido no Golfo do México, se passado no

---

[27] O dispositivo impõe sanções penais e administrativas a causadores de danos ambientais, além da obrigação de reparação.

[28] CAVALIERI FILHO, Sérgio. **Programa de responsabilidade civil**. 11. ed. São Paulo: Atlas, 2014, p. 194. Observe-se que a responsabilidade objetiva, mesmo dispensando o elemento culpa, não prescinde da relação causal.

Brasil, teria tratamento análogo ao imposto nos Estados Unidos. Impor-se-ia à BP a obrigação de reparar os danos causados ao meio ambiente e a terceiros prejudicados ainda que restasse comprovado que o acidente foi causado pela má qualidade do cimento fornecido por terceiros ou por fato fora do controle daquela empresa[29].

Esse é o possível desfecho do ainda candente caso do rompimento da barragem de Fundão, da Samarco Mineração S.A., em Mariana/MG, a julgar pela orientação do REsp 1.374.284/MG, que trata de caso análogo e foi submetido ao rito dos recursos repetitivos. No acórdão, firmou-se posição a favor da aplicação da teoria do risco integral[30].

Além da reparação material do dano, o reconhecimento da coletividade de pessoas como sujeito de direito no ordenamento brasileiro tornou possível a construção da figura do dano moral social, ou coletivo. O instituto foi construído a partir do art. 129, III, da Constituição Federal e da Lei n. 8.078, de 11 de setembro de 1990, especialmente por seus arts. 6º, VI ("são direitos básicos do consumidor a efetiva prevenção e reparação de danos patrimoniais e morais, individuais, coletivos e difusos") e 81, *caput* ("A defesa dos interesses e direitos dos consumidores e das vítimas poderá ser exercida em juízo individualmente, ou a título coletivo").

No contexto ambiental, a figura remonta à introdução dos danos morais ao meio ambiente no rol do art. 1º da Lei n. 7.347,

---

[29] A BP aponta oito principais causas para o acidente em seu relatório oficial, dentre as principais encontram-se: defeito do material escolhido (cimento adquirido da empresa Halliburton), falhas estruturais em peças e sistemas de proteção e erro humano. BP. **Deepwater Horizon Accident Investigation Report**. 2010. Disponível em: <http://www.bp.com/liveassets/ bp_internet/globalbp/ globalbp_uk_english/incident_response/STAGING/local_assets/downloads_ pdfs/Deepwater_Horizon_Accident_Investigation_Report.pdf>. Acesso em: 28 maio. 2014.

[30] STJ, REsp 1.374.284/MG, Tribunal Pleno, Min. Rel. Maurício Corrêa, j. 10-
-10-2002.

de 24 de julho de 1985, Lei da Ação Civil Pública, por alteração decorrente da Lei n. 8.884, de 11 de junho de 1994.

A jurisprudência, antes pautada na noção de que o conceito de dano moral se identificava com a dor e o sofrimento, e que estes sentimentos adstringiam-se à esfera da pessoa natural[31], evoluiu para a construção de um conceito de moral coletiva, cuja lesão, no contexto do meio ambiente, é presumida. O entendimento é, hoje, consagrado em julgados em matéria ambiental, como demonstra o excerto a seguir:

> Segundo a jurisprudência do STJ, a logicidade hermenêutica do art. 3º da Lei 7.347/1985 permite a cumulação das condenações em obrigações de fazer ou não fazer e indenização pecuniária em sede de ação civil pública, a fim de possibilitar a concreta e cabal reparação do dano ambiental pretérito, já consumado. Microssistema de tutela coletiva. O dano ao meio ambiente, por ser bem público, gera repercussão geral, impondo conscientização coletiva à sua reparação, a fim de resguardar o direito das futuras gerações a um meio ambiente ecologicamente equilibrado. O dano moral coletivo ambiental atinge direitos de personalidade do grupo massificado, sendo desnecessária a demonstração de que a coletividade sinta a dor, a repulsa, a indignação, tal qual fosse um indivíduo isolado[32].

A indenização imposta ao causador de dano moral coletivo deve ser revertida ao Fundo de Defesa de Direitos Difusos, previsto no art. 13 da Lei n. 7.347/85, hoje regulamentado pelo Decreto n. 1.306, de 9 de novembro de 1994, sem prejuízo de multa pela infração ambiental correlata, a ser revertida ao Fundo Nacional do Meio Ambiente, criado pela Lei n. 7.797, de 10 de julho de 1989, ao Fundo Naval, criado pelo Decreto n. 20.923, de 8 de janeiro de

---

[31] STJ, REsp 598.281/MG, 1ª Turma, Rel. Min. Luiz Fux, j. 2-5-2006.

[32] STJ, REsp 1.269.494/MG, 2ª Turma, Rel. Ministra Eliana Calmon, j. 24-9--2013. No mesmo sentido vide: STJ, REsp 1.057.274/RS, 2ª Turma, Rel. Ministra Eliana Calmon, j. 1º-12-2012; STJ, REsp 1.145.083/MG, 2ª Turma, Rel. Min. Herman Benjamin, j. 27-9-2011.

1932, ou a fundos estaduais ou municipais de meio ambiente, conforme a competência para fiscalizar o dano do órgão arrecadador.

Passaremos a analisar o arcabouço desenvolvido para lidar com os riscos e incertezas que tal regime de atribuição de sanções e responsabilidade impõe. Nesse contexto, buscamos verificar o grau de (in)suficiência do sistema securitário para lidar com as contingências ambientais e apresentar soluções complementares.

7.2.4 Gestão ambiental e mensuração de riscos

A severidade da legislação ambiental e o temor que ela gera ao empresário moderno impõem forte pressão sobre os agentes econômicos para que gerenciem seus riscos ambientais de forma regrada e padronizada.

Dentre as tecnologias desenvolvidas para padronizar e mensurar a gestão dos agentes, merecem destaque os ISOs 14000 e 14001 e as auditorias ambientais.

A ISO – *International Organization for Standardization* é uma organização internacional especializada em normas técnicas, da qual participam 111 países, dentre eles o Brasil. Tal entidade construiu regras padrão de controle e gestão ambiental visando a excelência, denominadas de ISO 14000 e ISO 14001.

As normas ISO 14000 correspondem a um sistema de processos ambientais, monitoramento, correção, aperfeiçoamento e melhoria da proteção ambiental, a ser adotado pelas empresas cujas atividades impactem o meio ambiente. O sistema abrange gestão, auditoria, avaliação de desempenho e rotulagem ambiental (selo verde), visando à minimização do impacto negativo sobre o meio ambiente.

A ISO 14001 define os requisitos de um Sistema de Gestão Ambiental – SGA – que garanta o gerenciamento de impactos ambientais significativos. O SGA assegura que determinada organização cumpra a legislação ambiental e que cuide da prevenção da poluição, utilizando os recursos naturais de maneira sustentável, de modo a não prejudicar sua produtividade.

Com a padronização determinada por essas normas cria-se a possibilidade de avaliação exata, ou bem próxima, do risco a ser segurado. Eventuais atividades dotadas de relevante componente de incerteza tornam-se previsíveis e, consequentemente, passíveis de cobertura securitária a preço razoável.

As auditorias ambientais, por outro lado, consistem em procedimento pelo qual os agentes avaliam as operações que oferecem riscos potenciais ao meio ambiente, à saúde pública e à segurança do trabalho a fim de atestar sua adequação a critérios preestabelecidos, tais como políticas setoriais de controle e normas técnicas utilizadas pelo ramo de atividade do qual faz parte. As auditorias tornam possível a identificação e mensuração dos riscos ambientais das atividades do agente. Tal análise é feita com base no cálculo dos custos de reparação de danos e recuperação de áreas degradadas.

No contexto securitário, sendo disponibilizado o resultado da auditoria à seguradora, esta terá as informações necessárias à análise e precificação do risco, de modo a permitir eventuais recomendações de melhoria do objeto e das atividades a serem seguradas antes da subscrição da apólice de seguro, ou a criação de cláusulas de exclusão de cobertura.

Distingue-se da auditoria ambiental a inspeção técnica realizada em estabelecimentos comerciais e industriais pelo segurador. Tal prática consiste na avaliação dos padrões e rotinas empresariais adotados, visando à conformação com as normas de gestão para as atividades desenvolvidas por determinado agente.

Ao estudar o seguro de riscos ambientais, Walter Polido enfatiza a utilidade da inspeção ambiental, ao lado da subscrição especializada:

> [o seguro de riscos ambientais] Trata-se de seguro complexo de alta tecnologia, o qual enseja *underwriting* (técnica utilizada para a análise visando à aceitação/recusa de riscos) minucioso e especializado, além de requerer inspeções técnicas prévias nos locais de riscos – as quais devem ser realizadas por profissionais também especializados

e de conhecimentos multidisciplinares (equipe técnica formada por geólogos, sanitaristas, biólogos, engenheiros etc.)[33].

Com igual importância, tais informações servirão para monitoramento do risco durante a vigência da apólice e apuração de eventual sinistro.

Por fim, os estudos pertinentes ao licenciamento ambiental, exigidos de toda atividade potencialmente causadora de dano ao meio ambiente por força do art. 225, § 1º, IV, da Constituição Federal, e por várias constituições estaduais e leis orgânicas de municípios, devem ser destacados como importantes ferramentas de identificação e mensuração de riscos.

Construídos a partir da Resolução Conama n. 1, de 23 de janeiro de 1986, o estudo de impacto ambiental (EIA) e o relatório de impacto ambiental (Rima), em conjunto denominados EIA-Rima, são os instrumentos consagrados para o licenciamento ambiental.

O EIA trata de levantamento doutrinário e legislativo/regulamentar sobre os impactos ambientais de determinada atividade e visa a identificar (i) diagnóstico e caracterização da área de um projeto (inclusive aspectos socioeconômicos) antes de sua efetiva implantação; (ii) análise dos impactos ambientais (positivos e negativos), suas alternativas, grau de reversibilidade e distribuição de ônus e benefícios sociais; (iii) definição das formas de mitigação de impactos negativos; e (iv) elaboração de programa de acompanhamento e monitoramento (art. 5º da Resolução Conama n. 1/86).

O Rima relaciona-se diretamente com o estudo de impacto ambiental. Retira dele suas premissas teóricas e normativas para individualizar e tratar das particularidades do processo a ser licenciado. Transpõe as conclusões do EIA para o caso concreto. Seu conteúdo mínimo consiste em: (i) objetivos e justificativas do projeto, sua relação e compatibilidade com as políticas setoriais, planos

---

[33] POLIDO, Walter. **Seguros para riscos ambientais**. São Paulo: Revista dos Tribunais, 2005, p. 243.

e programas governamentais; (ii) descrição do projeto e suas alternativas tecnológicas e locacionais; (iii) síntese dos resultados dos estudos de diagnósticos ambiental da área de influência do projeto; (iv) descrição dos prováveis impactos ambientais da implantação e operação da atividade; (v) caracterização da qualidade ambiental futura da área de influência; (vi) descrição do efeito esperado das medidas mitigadoras em relação aos impactos negativos, mencionando aqueles que não puderem ser evitados, e o grau de alteração esperado; (vii) programa de acompanhamento e monitoramento dos impactos; e (viii) recomendação da alternativa mais favorável (art. 9º da Resolução Conama n. 1/86).

A construção de uma apólice voltada à garantia de riscos ambientais seria impensável sem as ferramentas aqui mencionadas. A gestão ambiental, estruturada mediante normas técnicas na condução e na avaliação de atividades, inspeções, procedimentos e, especialmente, por estudos e relatórios da avaliação, comutam a realidade fenomenológica em linguagem estruturada e, na medida do possível, padronizada. Com isso, informações então dispersas e ocorrências aparentemente aleatórias passam a ser identificadas em padrões de reprodução, permitindo identificar e mensurar contingências. A incerteza inerente a uma atividade transforma-se em risco passível de precificação.

Com isso, atividades aparentemente marginalizadas de um tratamento securitário adequado tornam-se matéria prima de contratos de seguro ambiental. Tal tratamento pode sofrer restrições, identificadas com as limitações da atividade securitária do item anterior. Não obstante, é inegável a contribuição dos mecanismos de gestão ambiental para o seguro.

7.3 Riscos, contratos e coberturas em espécie

7.3.1 Risco ambiental

O risco ambiental pode ser definido como a probabilidade mensurável de se causar danos ao meio ambiente, este definido como "conjunto das condições, leis, influências e interações de ordem física, química e biológica, que permite, abriga e rege a vida em todas as suas formas" (art. 3º da Lei de Política Nacional do Meio Ambiente – Lei n. 6.938/81).

A doutrina atual confere a tal definição a maior amplitude possível, superando concepções limitadas a elementos da natureza[34]. Assim, os patrimônios urbanístico, arquitetônico, científico e até o ambiente de trabalho são abrangidos pelo conceito.

Conforme orientação contida nas condições contratuais padronizadas anexas à Circular Susep n. 437, de 14 de junho de 2012, norma basilar orientadora das apólices de responsabilidade civil geral, o conceito meio ambiente deve comportar quatro subgrupos: (i) meio ambiente natural ou físico, composto pelos elementos naturais, como o ar, o solo, as águas, a flora e a fauna; (ii) o meio ambiente artificial, definido como o espaço urbano construído pelo homem; (iii) o meio ambiente cultural, constituído pelos patrimônios histórico, artístico, folclórico, linguístico, paisagístico, arqueológico e científico; e (iv) o meio ambiente de trabalho, definido como o conjunto dos locais em que as pessoas desenvolvem as suas atividades laborativas.

Ainda, segundo esta Circular, subdivide-se o dano ambiental em três subespécies, duas relacionadas a interesses coletivos e a terceira a interesses individuais ou de grupos: (i) dano ecológico puro, ou dano ambiental *stricto sensu*, abrangendo apenas os danos causados a elementos naturais de domínio público, sem titularidade privada, como o ar e a fauna; (ii) dano ambiental *lato sensu*, que abrange os danos causados aos elementos naturais, culturais e artificiais, pertencentes ao patrimônio coletivo nacional e humano; e (iii) dano ambiental individual ou reflexo, quando consideradas as perdas e danos causados ao patrimônio privado de um ou mais indivíduos, consequentes de danos

---

[34] MACHADO, Paulo Affonso Leme. Meio ambiente e Constituição Federal. **Interesse Público**, v. 1, n. 21, Porto Alegre, 2003, p. 13-24.

ambientais *lato sensu*, e.g., danos causados ao turismo do estado da Louisiana, no caso que ilustra o preâmbulo deste capítulo.

Não existe uma apólice única, composta de coberturas para todos os riscos ambientais decorrentes da atividade de uma pessoa ou empresa. Tais coberturas encontram-se dispersas em contratos de garantias de riscos mais amplos, geralmente concentrados em atividades econômicas (riscos do petróleo, riscos nucleares, aeronáutico etc.) ou em contratos de cobertura de responsabilidade civil. Cabe ao agente que irá desenvolver determinado projeto realizar a adequada identificação dos riscos envolvidos e contratar os seguros que os garantam. O mercado segurador oferece apólices para cada uma dessas atividades, embora sempre haja idiossincrasias a serem tratadas. Passa-se a descrever as apólices comercializadas no país pertinente às reflexões deste capítulo.

7.3.2 O seguro de riscos de petróleo

As coberturas relacionadas às atividades, equipamentos e/ou instalações empregados na produção, perfuração e prospecção de petróleo e/ou gás natural são regulamentadas pela Circular Susep n. 470, de 28 de junho de 2013, que revogou a Circular Susep n. 19, de 10 de setembro de 1987.

Esta Circular estabelece normas abertas e autoriza os agentes de mercado a construir os conteúdos das garantias e planos, padronizados ou não, submetendo-os à apreciação da Susep.

As regras da nova regulação e, principalmente, as definições introduzidas, não são novidade para o setor. Há muito que as condições de coberturas são elaboradas de acordo com as necessidades de cada segurado, seguindo o padrão internacional e forjadas à luz do interesse e da *expertise* do mercado ressegurador londrino, bastante experimentado no oferecimento de coberturas para riscos dessa natureza[35].

---

[35] POLIDO, Walter. Op. cit., p. 284.

7.3.2.1 Coberturas

As coberturas gerais da apólice de riscos de petróleo relacionam-se a perdas relacionadas aos ativos, à responsabilidade civil e a perdas financeiras vinculadas à operação com petróleo e gás. A inclusão dessas últimas ao lado da cobertura dos ativos em si é importante inovação introduzida pela Circular n. 470/2013 em relação à Circular n. 19/87.

A especificação das perdas financeiras chama a atenção por colocar fim a antigas discussões contratuais sobre o cabimento de indenização por lucros cessantes em sinistros relacionados a essas atividades.

Caso o sinistro ocorrido no Golfo do México fosse garantido por apólice forjada à luz dessa regulação, seria possível à BP pleitear do segurador perdas financeiras decorrentes da impossibilidade de explorar petróleo no campo de Macondo. As perdas financeiras reclamadas por terceiros, como os estados costeiros do sul dos Estados Unidos, poderiam igualmente ser cobertas, desde que especificadas como perda financeira imposta a terceiro na cobertura de responsabilidade civil.

7.3.2.2 Dos ativos cobertos

A Circular n. 470/2013 procurou tratar de forma criteriosa os ativos relacionados à operação de petróleo e gás, acabando com o tratamento genérico até então dispensado, que se limitava a autorizar a comercialização das condições da apólice de casco marítimo para os ativos da operação, ao lado das coberturas acessórias de responsabilidade civil e poluição.

Foram enumeradas as seguintes categorias de ativos: (i) unidades de perfuração e unidades de produção; (ii) unidades de armazenamento no campo de produção em terra (*onshore*) e marítimas (*offshore*) e dutos (*offshore*); (iii) manutenção, conservação e construção de unidades *offshore* dos tipos UE (unidades de exploração), UP (unidades de produção), UA (unidades de armazenamento) e outras estruturas submarinas, incluindo dutos *offshore*, ligadas à produção ou exploração do petróleo e do gás; e (iv) o próprio produto (óleo, gás e subprodutos) armazenado na unidade de produção e/ou na unidade *offshore*.

Tais ativos consideram-se sujeitos aos riscos do petróleo passíveis de cobertura, sem prejuízo da enumeração de outros conforme a deliberação entre segurador e segurado, desde que sujeitos à apreciação da Susep. A abertura é proposital diante das possíveis novas tecnologias e equipamentos que a nova fase da exploração nacional do petróleo irá demandar.

7.3.2.3 Das coberturas correlacionadas

No âmbito operacional, além das coberturas diretamente relacionadas a aspectos da produção, perfuração e prospecção de petróleo e gás natural, é comum que se contratem, conjuntamente com estas, coberturas para riscos relativos à construção das instalações (riscos de engenharia) e de responsabilidade civil ambiental.

A cobertura relacionada à construção das instalações alinha-se com as condições gerais das *London Offshore Construction and Installation Clauses*, cláusulas padrão comercializadas no mercado londrino que garantem cobertura para os riscos de construção, carregamento, instalação e manutenção de plataformas de extração de petróleo e gás.

As coberturas relacionadas à responsabilidade civil ambiental, em razão da posição central que ocupam neste trabalho, passam a ser analisadas em apartado.

7.4 O seguro de responsabilidade civil ambiental (RC Ambiental)

A tendência atual da regulação dos seguros no Brasil, identificada nas últimas normas expedidas pela Susep, é a de tipificar coberturas, "empacotando" um conjunto padrão de cláusulas e uniformizando as apólices comercializadas por todas as seguradoras.

No âmbito dos seguros de responsabilidade civil, tal desincentivo à criação transformadora dos agentes do mercado foi mitigada pela possibilidade de propositura de novas coberturas ou alterações nas condições padronizadas (art. 3º Circular Susep n. 437/2012) e da criação de coberturas não padronizadas, que devem ser submetidas à Susep (art. 4º da norma).

De qualquer forma, mesmo as coberturas não padronizadas devem respeitar uma "espinha dorsal" que orienta esta modalidade contratual mediante inúmeras restrições e orientações, tais como a vedação à comercialização de coberturas para multas de qualquer natureza (ainda que decorrentes da atuação culposa do segurado) e para quaisquer danos decorrentes de ato doloso do segurado.

A Circular Susep n. 437/2012 definiu tal espinha dorsal. Além disso, construiu em seu anexo, sob a denominação de "seguro de responsabilidade civil geral" (RC Geral), as cláusulas padrão desse seguro. Trata-se de uma apólice padrão cujo objeto é a cobertura de quantias devidas ou despendidas pelo segurado para reparação de danos materiais ou corporais causados a terceiros, bem como das despesas decorrentes de atos empreendidos para tentar evitar ou minorar esses danos. Complementarmente, o anexo traz um "menu de opcionais" (cláusulas especiais e particulares) a serem contratados juntamente com as cláusulas gerais.

Os danos "ecológicos ou ambientais de qualquer natureza" são expressamente excluídos da garantia geral. As apólices de responsabilidade civil padronizadas, portanto, não cobrem danos ambientais *lato sensu* causados a terceiros. Entretanto, sob a denominação de "Cobertura Adicional n. 242", passível de contratação mediante pagamento de prêmio adicional, encontra-se a cobertura para danos ambientais decorrentes de poluição, contaminação e vazamentos, súbitos, inesperados e não intencionais[36].

---

[36] O relatório da Susep sobre Seguro de Responsabilidade Civil Geral (RCG) está disponível em: <http://www2.susep.gov.br/bibliotecaweb/docOriginal.

7.4.1 Coberturas

O risco coberto na Cobertura Adicional n. 242 é a responsabilização civil do segurado por danos corporais ou materiais, causados a terceiros, ocorridos nos locais especificados na apólice e decorrentes de poluição, contaminação ou vazamento, súbitos, inesperados e não intencionais[37], provocados por substância tóxica e/ou poluente, desde que satisfeitas, em conjunto, as seguintes condições: (i) a emissão, descarga, dispersão, desprendimento, escape, emanação e/ou vazamento da substância tóxica e/ou poluente deverão ter se iniciado em data claramente identificada, e cessado em até 72 horas após o seu início; (ii) os danos corporais e/ou materiais, causados a terceiros, deverão ter se manifestado em até 72 horas após a data de início aludida na alínea precedente; e (iii) a emissão, descarga, dispersão, desprendimento, escape, emanação e/ou vazamento da substância tóxica e/ou poluente deverão ter se originado de depósitos, dutos, tubulações ou quaisquer equipamentos localizados no nível ou acima da superfície do solo ou da água.

A cobertura também alcança as despesas emergenciais incorridas pelo segurado para evitar ou minorar os danos aludidos *supra*. Tal previsão apenas explicita determinação legal de que correm por conta do segurador as despesas de salvamento (art. 771, parágrafo único, do Código Civil) e de contenção (art. 779 do Código Civil).

Como se pode observar, a condição padronizada na Cobertura Adicional n. 242 é bastante limitada. Visando a prevenir o risco sistêmico decorrente de danos de grande monta envolvendo riscos ambientais, a Susep definiu em termos específicos o alcance da cobertura da responsabilidade civil ambiental. No estudo de caso

---

aspx?tipo=4&codigo=29548>. Acesso em: 28 maio. 2014. A citação sobre Cobertura Adicional n. 242 está na p. 5 do relatório.

[37] Há seguradoras que oferecem também coberturas para poluição gradual, produzida de forma paulatina sem assistência voluntária (dolo ou culpa grave) do segurado. A comercialização se sujeita à aprovação prévia de clausulado pela Susep.

proposto, envolvendo o acidente em Macondo, conforme se observa, a BP não faria jus a nenhuma indenização por danos causados a terceiros se possuísse apenas tal cobertura. Em primeiro lugar porque o vazamento da substância tóxica (petróleo) não cessou após 72 horas. Em segundo, porque o vazamento se deu abaixo da superfície da água.

Caberia à BP, assim como a qualquer pessoa que queira cobertura para riscos específicos relacionados à exploração submarina de petróleo no Brasil, buscar amparo em outras modalidades de seguro (e.g., riscos de petróleo) ou construir, juntamente com sociedade seguradora, cláusulas e condições não padronizadas adequadas às suas atividades.

7.4.2 Exclusões de cobertura

Além das exclusões expressas na cobertura RC Geral, aquele que contratar a Cobertura Adicional padronizada n. 242 não possui cobertura para perda decorrente de poluição, contaminação ou vazamento, causado (i) por descumprimento de leis ou regulamentos relativos ao meio ambiente; ou (ii) a elementos naturais sem titularidade privada, de domínio público.

Conclui-se que, seja pela limitação da cobertura aqui apresentada, seja pelas exclusões expressas de cobertura, a contratação pura e simples de uma cobertura padronizada de RC ambiental sem a necessária adequação à atividade específica que se busca proteger é o mesmo que não ter nenhuma cobertura securitária. Tal conclusão, aqui evidenciada no contexto da cobertura RC ambiental é verdadeira para todos os ramos securitários.

7.4.3 Gestão de risco ambiental

O segurado, sob pena de perda de direito à Cobertura Adicional n. 242, obriga-se, ainda, a desenvolver e manter em perfeitas condições programas de gerenciamento de riscos e de monitoramento ambiental, visando a prevenir e dotar os locais indicados na apólice de segurança contra poluição, contaminação e/ou vazamento de substâncias tóxicas ou poluentes.

As despesas para implementação de tais controles correm por conta do segurado.

7.5 O seguro garantia

Atualmente regulamentado pela Circular Susep n. 477, de 30 de setembro de 2013, o seguro garantia tem por objetivo garantir o fiel cumprimento das obrigações assumidas pelo tomador perante o segurado em um contrato principal livre e irrestritamente regido por direito público ou privado.

A modalidade difere da estrutura contratual padrão que confronta, de um lado, o segurado, adverso a risco e disposto a pagar prêmio em troca da garantia, e, de outro, o segurador, propenso a risco e disposto a oferecer cobertura em caso de sinistro. No seguro garantia, o segurado é a parte credora do contrato principal a ser garantido. Entretanto, a assunção de obrigações perante o segurador é realizada pelo tomador, devedor do contrato principal. Assim, o devedor transfere, mediante pagamento de prêmio, o risco de inadimplência do contrato ao segurador.

Em caso de inadimplência do tomador (caracterização do sinistro), o segurador deverá: (i) reembolsar os prejuízos e multas decorrentes do inadimplemento do contrato; ou (ii) cumprir, em nome do tomador, a obrigação de fazer assumida no contato principal.

A segunda hipótese é o grande diferencial do seguro garantia com relação às garantias tradicionais. Como a conclusão do objeto do contrato é o principal interesse das partes contratuais, o adimplemento pelo segurador serve para atender às reais necessidades do segurado, evitando a simples monetização do problema e a necessidade de novos trâmites contratuais.

Ademais, diferentemente do seguro padrão, em que a materialização do sinistro coberto é assumida pelo segurador, reduzindo suas reservas e, portanto, suas margens, o seguro garantia tem como elemento essencial o contrato de contragarantia, que também é livre e irrestritamente pactuado entre o tomador e a seguradora.

Trata-se de garantia de sub-rogação, pactuada entre tomador e segurador, de modo que, na ocorrência do sinistro, o segurador é reembolsado pelo tomador dos valores pagos para honrar as perdas do sinistro. O tomador assume o papel de "contragarantidor" da obrigação assumida pelo segurador no contrato principal.

Assim, em caso de inadimplemento do contrato principal pelo tomador, o segurador indeniza o segurado e executa do tomador o contrato de contragarantia.

Tal estrutura chama a atenção por reduzir substancialmente o risco assumido pelo segurador no contrato de seguro, relativizando, portanto, a aleatoriedade como elemento funcional do contrato. O risco de perda do segurador passa a ser o risco de solvência/ adimplência do tomador (risco de crédito) e exequibilidade da contragarantia. Uma boa subscrição de risco pelo segurador passa, portanto, por analisar as variáveis relacionadas à capacidade de solvência do tomador.

Na prática, o desafio dos seguradores é transformar a contragarantia em título executivo extrajudicial dotado de liquidez e certeza. Em razão da complexidade do contrato ao qual normalmente o seguro garantia se refere, não é incomum que o tomador tenha argumentos oponíveis ao segurador aptos a originar discussão capaz de frustrar a imediata execução da contragarantia.

7.5.1 Modalidades

São modalidades de seguro garantia padronizadas pela Susep, nos termos da Circular n. 477/2013, os seguintes contratos: (i) seguro garantia do licitante; (ii) seguro garantia para construção, fornecimento ou prestação de serviços; (iii) seguro garantia de retenção de pagamentos; (iv) seguro garantia de adiantamento de pagamentos; (v) seguro garantia de manutenção corretiva; (vi) seguro garantia judicial; (vii) seguro garantia judicial para execução fiscal; (viii) seguro garantia parcelamento administrativo fiscal; (ix) seguro garantia aduaneiro; (x) seguro garantia administrativo de créditos tributários; e (xi) seguro garantia imobiliário.

Tais modalidades não são taxativas ou rígidas. O art. 19 da Circular Susep n. 477/2013 permite ao segurador desenvolver planos não padronizados, que podem ou não ser baseados nas modalidades supramencionadas, mas que dependem da aprovação prévia da Susep. É despiciendo tratar de cada uma dessas modalidades em vista do objeto deste capítulo. Passaremos a analisar as modalidades que mais se relacionam às atividades expostas a significativos riscos ambientais.

7.5.2 Seguro garantia nos contratos públicos

A Lei n. 8.666, de 21 de junho de 1993, reconhece o seguro garantia como instrumento garantidor das obrigações do licitante.

Nos termos da Circular Susep n. 477, "este contrato de seguro garante a indenização, até o valor da garantia fixado na apólice, pelos prejuízos decorrentes da recusa do tomador adjudicatário em assinar o contrato principal nas condições propostas no edital de licitação, dentro do prazo estabelecido".

Ou seja, o seguro visa a cobrir prejuízos decorrentes de desistência da assinatura de contrato do vencedor de licitação com a Administração Pública.

A concessão florestal para exploração de produtos e serviços florestais de acordo com o "manejo florestal sustentável", regulamentada pela Lei n. 11.284, de 2 de março de 2006, também pode ser garantida por essa modalidade de seguro. O licitante é obrigado a apresentar em favor do órgão ambiental concedente garantias suficientes e compatíveis com os ônus e riscos envolvidos nos contratos de concessão florestal.

A Lei disciplinadora exige cobertura específica para eventuais danos causados ao meio ambiente, ao erário e a terceiros, bem como para o desempenho do concessionário em termos de produção florestal. O primeiro grupo de coberturas acima se alinha com as modalidades de responsabilidade civil ambiental (RC Ambiental). Dentre os bens que a Lei n. 11.284/2006 busca proteger, somente a cobertura relativa ao desempenho do concessionário pode ser objeto de seguro garantia.

7.5.3 Seguro garantia em grandes projetos

O seguro garantia consiste em um dos instrumentos utilizados para mitigar riscos em grandes projetos, que são constituídos por diversos contratos firmados ao longo de sua implementação.

A estrutura contratual nesse tipo de empreendimento contempla garantias baseadas em seguro garantia na modalidade construção, fornecimento ou prestação de serviços da Circular n. 477/2013. Em regra, a apólice padrão é modificada para incorporar as peculiaridades do empreendimento e garantir a eficácia da garantia.

Na modelagem de projetos fundada em *Project Finance*, lastreada no fluxo de caixa de um projeto, servindo como garantia os ativos recebíveis[38], a apresentação de uma garantia da entrega do ativo gerador de receitas é fundamental. Por esse motivo, o seguro é instrumento complementar de suma relevância.

Tal contrato é o correspondente nacional ao *Completion Bond* do direito anglo-saxão, instrumento mediante o qual um garantidor (pode ou não ser segurador) assegura a conclusão do projeto no prazo e especificações determinadas em contrato perante instituições financeiras (segurados) em caso de insolvência do tomador[39]. O

---

[38] Segundo o site do BNDES, o *Project Finance* ou projeto financeiro ou financiamento relacionado a projeto é uma forma de engenharia financeira suportada contratualmente pelo fluxo de caixa de um projeto, servindo como garantia os ativos e recebíveis desse mesmo projeto. Disponível em: <http://www.bndes.gov.br/SiteBNDES/bndes/bndes_pt/Institucional/Apoio_Financeiro/Produtos/Project_Finance>. Acesso em: 29 maio. 2014.

[39] ALMADA, Beatriz de Moura Campos Mello. O seguro garantia como mitigador de riscos nos grandes projetos. In: SCHALCH, Debora (Org.). **Seguros e resse-**

Completion Bond consagrou-se por sua máxima eficácia no momento da execução. Consiste em instrumento de execução *on demand*. Basta o credor da obrigação principal informar o inadimplemento para que o garantidor cumpra, em nome do devedor, a sua obrigação de dar ou fazer. Eventuais discussões sobre a pertinência da execução e/ou amplitude da obrigação cumprida, ficam para um segundo e eventual momento, o do acerto de contas entre o garantidor e o garantido.

Tal lógica ainda não permeia o correspondente nacional do *Completion Bond*, uma vez que não consiste o seguro garantia em título executivo extrajudicial. A importância do instrumento, entretanto, é crescente devido à grandiosidade dos projetos que visam a garantir.

7.5.4 Cobertura para casos fortuitos/força maior

Embora o seguro garantia não tenha como objetivo a reparação de danos ambientais, é possível que o inadimplemento do contrato principal, objeto do seguro, decorra de fatores da natureza ou desencadeie danos ambientais.

A Circular Susep n. 477/2013 determina a exclusão de cobertura do seguro garantia para sinistros desencadeados por casos fortuitos ou decorrentes de força maior. Não obstante, pode-se submeter à aprovação da Susep apólice de seguro garantia que cubra sinistros decorrentes de determinados eventos da natureza ou fatores políticos, dotados de grande componente de incerteza.

A cobertura de riscos remotos de eventos da natureza ou políticos característicos de determinado local é mais uma forma de possibilitar a implementação de empreendimentos de grandes proporções. Em regra, na subscrição de riscos dessa natureza, o segura-

---

guros: aspectos técnicos, jurídicos e econômicos. São Paulo: Saraiva, 2010, p. 291-295.

dor estabelece limites objetivos rígidos às coberturas (valores, exclusões, franquias etc.).

7.5.5 Seguro garantia de termo de ajuste de conduta em matéria ambiental

O art. 79-A da Lei n. 9.605/98, incluído pela Medida Provisória n. 2.163-41, de 23 de agosto de 2001, autoriza os órgãos ambientais integrantes do Sistema Nacional de Meio Ambiente a celebrar termo de compromisso com pessoas responsáveis por atividades que utilizam recursos ambientais, consideradas efetiva ou potencialmente poluidoras.

O termo de compromisso surge, em regra, após a autuação de uma pessoa física ou jurídica por efetivos ou potenciais danos ambientais, e permite que estas possam promover as necessárias correções de suas atividades, para o atendimento das exigências impostas pelas autoridades sem que a apuração de responsabilidade e as sanções dela decorrentes sejam levadas às últimas consequências.

Como o bem a ser tutelado é o meio ambiente, o instrumento permite que o agente poluidor repare ou impeça eventuais danos causados, por meio de medidas reparatórias ou compensatórias, afastando-se, ainda que parcialmente, as punições.

As obrigações assumidas pelos agentes nos termos de compromisso são, na maioria das vezes, complexas e consistem em projetos de implantação de obras, serviços, utilidades e benfeitorias. Além da sofisticação técnica, tais medidas são, muitas vezes, economicamente onerosas.

É possível utilizar seguro garantia como meio de garantir a implantação da medida objeto do termo de compromisso. O instrumento é, muitas vezes, o catalisador da assinatura do acordo, por afiançar ao ente fiscalizador capacidade econômico-financeira para a execução dos projetos de reparação.

Embora tal modalidade específica não esteja tipificada nos anexos da Circular Susep n. 477/2013, pode-se adequar a modalidade "construção, fornecimento ou prestação de serviços" para esta finalidade.

7.6 Seguro de riscos nucleares

Ainda na primeira metade da década de 1970, inicia-se a construção do complexo nuclear de Angra dos Reis/RJ, com o início da instalação da Usina Angra 1. Na esteira da construção e dos debates que ela suscitou, foi promulgada a Lei n. 6.453, de 17 de outubro de 1977, para dispor sobre a responsabilidade civil por danos nucleares e a responsabilidade criminal por atos relacionados com atividades nucleares[40].

A lei define dano nuclear como o dano pessoal ou material produzido como resultado direto ou indireto das propriedades radioativas, da sua combinação com as propriedades tóxicas ou com outras características dos materiais nucleares, que se encontrem em instalação nuclear, ou dela procedentes ou a ela enviados (art. 1º, VII).

Ao tratar da responsabilidade civil do operador nuclear, a Lei definiu como objetiva para os danos ocorridos: (i) na instalação nuclear; (ii) provocado por material nuclear procedente de instalação nuclear; e (iii) provocado por material nuclear enviado à instalação nuclear (art. 4º e incisos).

A responsabilidade do operador pela reparação do dano nuclear é limitada, em cada acidente, ao valor correspondente a um milhão e quinhentas mil Obrigações Reajustáveis do Tesouro Nacional ("ORTN") (art. 9º)[41].

---

[40] A lei dialoga com as disposições da Convenção de Viena sobre responsabilidade civil por danos nucleares, de 12 de novembro de 1977, embora o Brasil tenha manifestado adesão ao instrumento somente em 23 de dezembro de 1992, promulgada no país a partir do Decreto n. 911, de 3 de setembro de 1993.

[41] Quantia equivalente a R$ 28.054.407,41 (vinte e oito milhões, cinquenta e quatro mil, quatrocentos e sete reais e quarenta e um centavos), na data de 1º-12-2016.

Tal valor refere-se exclusivamente à responsabilidade do operador, não incluindo as indenizações relativas a danos nucleares sofridos: (i) pela própria instalação nuclear; (ii) pelos bens que se encontrem na área da instalação, destinados ao seu uso; ou (iii) pelo meio de transporte no qual, ao produzir-se o acidente nuclear, estava o material que o ocasionou.

O montante relativo à responsabilidade civil do operador é garantido pela União, que fornecerá os recursos complementares necessários, quando insuficientes os provenientes do seguro ou de outra garantia (art. 14). Caso a indenização relativa a danos causados por determinado acidente nuclear exceda tal limite, proceder-se-á ao rateio entre os credores, na proporção de seus direitos (art. 10).

O operador da instalação nuclear é obrigado a manter seguro ou outra garantia financeira que cubra a sua responsabilidade pelas indenizações por danos nucleares[42]. A natureza da garantia e seu valor serão determinados pela Comissão Nacional de Energia Nuclear (art. 13).

A regulamentação das condições gerais da apólice de riscos nucleares encontra-se definida na Circular Susep n. 26, de 22 de julho de 1982, mantida inalterada desde a data de sua publicação. Visando à operacionalização de uma estrutura de garantias securitárias que suportasse os riscos nucleares, o CNSP criou, em 10 de julho de 2000, o Consórcio Brasileiro de Riscos Nucleares – CBRN, composto por todas as sociedades seguradoras autorizadas

---

Cálculo realizado em conformidade com determinação do STJ no REsp 1.168.625/MG (50 ORTN = 50 OTN = 308,50 BTN = 308,50 UFIR = R$ 328,27, corrigidos pelo IPC-A, a partir de janeiro de 2001). BRASIL. Superior Tribunal de Justiça. REsp 1.168.625. Primeira Seção. Rel. Min. Luiz Fux. J. 9-6-2010. Disponível em: <www.stj.jus.br>. Acesso em: 1º dez. 2016.

[42] A obrigação alternativa estabelecida pelo dispositivo dá ensejo à aplicação do art. 252 do Código Civil ("Art. 252. Nas obrigações alternativas, a escolha cabe ao devedor, se outra coisa não se estipulou.").

a operar no Brasil em ramos elementares, bem como por todos os seguradores locais.

O consórcio foi criado para absorver os riscos de danos materiais e de responsabilidade civil do operador nuclear no país, subscritos pelas sociedades seguradoras de acordo com as condições gerais e especiais das apólices de riscos nucleares previamente aprovadas pela Susep. Tal estrutura de monopólio foi extinta pela Resolução CNSP n. 164, de 17 de julho de 2007, já no contexto da quebra de monopólio do Instituto de Resseguros do Brasil (IRB).

Atualmente, ao redor do mundo, os riscos nucleares são ressegurados em *pools* de garantidores de riscos atômicos, em regra, resseguradores constituídos para esse fim. Os riscos brasileiros são aceitos e retrocedidos ao exterior, em adesão ao sistema internacional[43]. A Resolução CNSP n. 194, de 16 de dezembro de 2008, complementa tal estrutura ao dispor sobre o cadastramento no país de ressegurador eventual especializado em riscos nucleares e sobre o estabelecimento de limite máximo de cessão a resseguradores eventuais.

7.7 Outros seguros relevantes

Não é incomum que se incluam coberturas relativas a riscos ambientais em apólices específicas de outros ramos. Em geral, nesses casos, as coberturas têm escopo limitado, estendendo-se a questões ambientais relacionadas com o objeto principal que se propõem a garantir em valor determinado (e.g., *Directors and Officers Liability Insurance* – D&O, no tocante à responsabilidade civil de administradores por danos ambientais).

A título ilustrativo, passaremos a analisar brevemente as coberturas de riscos ambientais nos seguros de responsabilidade civil

---

[43] POLIDO, Walter. Op. cit., p. 289.

de administrador (D&O), nos seguros de riscos do operador portuário e nos seguros de riscos do operador aeroportuário.

7.7.1 O seguro D&O

O Seguro de responsabilidade civil de administradores (*Directors and Officers* – D&O) presta-se a garantir os riscos relacionados a atos de gestão praticados por gestores, administradores e, na maioria dos casos, conselheiros, de empresas em relação a terceiros.

Em vista da natureza desses riscos, ligada a atos e fatos relativos à gestão de uma empresa que podem gerar um sinistro em estado latente, ou seja, aptos a eclodir em reclamação em momento futuro e incerto, criou-se a possibilidade de contratação desse seguro na modalidade "à base de reclamações" (*claims made basis*). Nesta, o sinistro, para ser coberto, materializa-se na eventual reclamação (*lato sensu*) promovida por terceiros em relação a ato praticado anteriormente pelo administrador. Não é necessário que haja apólice vigente na data do ato ou fato que gerou a reclamação, basta que tal ato ou fato tenham ocorrido durante a vigência da apólice ou em período de retroatividade coberto e que haja cobertura vigente na data de materialização da demanda (reclamação).

Tal modalidade opõe-se ao modo "à base de ocorrência" (*occurence basis*), que rege os seguros de responsabilidade civil em geral. Neste, o ato de exteriorização da pretensão da reclamação deve ocorrer durante a vigência de uma apólice para ter cobertura. O núcleo referência nesse caso é o ato ou fato que desencadeou uma eventual demanda por terceiro, e não essa demanda.

Embora o D&O seja um seguro de responsabilidade civil, não encontra diretrizes na Circular Susep n. 437/2012 que rege a matéria. As peculiaridades decorrentes da modalidade *claims made* foram tratadas de forma específica pela Susep na Circular Susep n. 336, de 22 de janeiro de 2007, que passou a ser a norma de referência para o D&O. Tal norma não apresenta qualquer restrição ao oferecimento de cobertura para riscos ambientais relacionados a eventuais atos de gestão dos administradores segurados.

Ainda assim, na segunda metade de 2015, a Susep vedou, por meio de carta-circular às seguradoras, a comercialização de cobertura de riscos ambientais nas apólices D&O. Tal mudança obrigou os empresários a buscar outros mecanismos de gestão e mitigação do risco ambiental até que uma solução seja apresentada pelo mercado securitário[44]. É provável que, futuramente, sejam criados planos específicos, a serem comercializados de forma combinada com o D&O.

Até então, era comum identificar nas apólices D&O, extensões de cobertura para responsabilidade de administrador por dano ambiental. Tais extensões de cobertura visavam a garantir reclamações movidas contra segurados fundamentada na alegação de perdas decorrentes de danos ambientais, desde que não houvesse qualquer assistência voluntária ou participação ativa do segurado no ato danoso. As cláusulas geralmente excluíam perdas que envolvessem custos de remoção, limpeza e despoluição. Outra variante das coberturas de riscos ambientais na apólice D&O são aquelas exclusivas para custos de defesa do segurado, relacionados a reclamações de natureza ambiental.

É provável que os novos planos específicos adotem essas diretrizes já consagradas no modelo antigo de contratação.

É importante destacar que mencionadas coberturas possuem, em regra, amplitude restrita, não substituindo os seguros de riscos ambientais em sentido amplo.

Está em trâmite na Susep, desde 23 de dezembro de 2013, minuta de nova circular que regulará especificamente o seguro D&O

---

[44] Vide: SOUZA, Pedro G. G.; DIAS, Fernanda. Vedação da cobertura ambiental do Seguro D&O: soluções para o agronegócio. In: ZANCHIN, Kleber Luiz (Coord.). **Direito empresarial e agronegócio**. São Paulo: Quartier Latin, 2016.

(não somente a modalidade *claims made*). O art. 6º, III, da minuta proposta mantém a linha segregacionista da Susep impondo vedação à cobertura para danos ambientais no seguro D&O e direcionando essa garantia à contratação da RC Riscos Ambientais[45].

7.7.2 O seguro de riscos do operador portuário

A Circular Susep n. 291, de 13 de maio de 2005, instituiu as condições contratuais do seguro compreensivo padronizado para operadores portuários[46]. O anexo III da norma apresenta cobertura de responsabilidade civil (cobertura ampla) para reembolsar o segurado das quantias pelas quais vier a ser responsável civilmente perante terceiros em função do exercício de sua atividade de operador portuário.

A cobertura alcança: (i) perdas ou danos materiais sofridos por navios e/ou embarcações de propriedade de terceiros; (ii) carga, frete e outros interesses a bordo (bem como custos de remoção de destroços de tais bens, líquidos de eventuais salvados que beneficiem o segurado), avariados durante operações de docagem ou saída de

---

[45] Por meio do edital de consulta pública n. 26, do dia 23 de dezembro de 2013, foi colocada minuta de Circular sobre os seguros de responsabilidade civil de diretores e administradores de sociedades (seguro de RC D&O). BRASIL. Superintendência De Seguros Privados – Secretaria-Geral. Edital de consulta pública n. 26/2013. *DOU* 9-1-2014, p. 103, seção 3. Disponível em: <https://www.editoraroncarati.com.br/v2/Artigos-e-Noticias/Artigos-e-Noticias/novo-edital-de-consulta-publica.html>. Acesso em: 29 maio. 2014.

[46] "Pessoa jurídica pré-qualificada para exercer as atividades de movimentação de passageiros ou movimentação e armazenagem de mercadorias, destinadas ou provenientes de transporte aquaviário, dentro da área do porto organizado" (art. 2º, XIII, da Lei n. 12.815, de 5 de junho de 2013). A Circular Susep n. 291/2005 amplia a definição para estender cobertura àquele que movimenta e/ou armazena mercadorias destinadas e/ou provenientes de transporte aquaviário, em instalações portuárias de uso privativo, situadas dentro ou fora de área de porto organizado.

dique, nas instalações do segurado, para atracação e desembarque; (iii) danos corporais a terceiros; e (iv) custos de defesa de reclamações, perícias, avaliações etc. (item 2 da Circular).

De acordo com o item 3.1 da alínea *i* do Anexo III da Circular Susep n. 291/2005, estão excluídos de cobertura danos relacionados à poluição e/ou à contaminação, incluindo custos de limpeza e contenção, a menos que uma série de seis condições tenha ocorrido cumulativamente, quais sejam: (i) a poluição e/ou a contaminação devem ter sido causadas por uma ocorrência caracterizada como um risco coberto; (ii) a ocorrência, caracterizada como risco coberto, deve ter começado em uma data específica dentro da vigência da apólice (*occurrence basis*); (iii) a ocorrência caracterizada como risco coberto tenha sido descoberta pelo segurado em até 72 horas de seu início; (iv) uma notificação, por escrito, da ocorrência, indicando caracterização como risco coberto, tenha sido recebida pela seguradora imediatamente após a sua descoberta pelo segurado; (v) a ocorrência não tenha sido consequente da violação intencional de qualquer lei, regra, norma ou regulamento por parte do segurado, do beneficiário, ou de representante, quer de um ou de outro; e (vi) dos valores reclamados excluam-se multas, punições de qualquer espécie, indenizações por danos morais e quaisquer outras indenizações que representem ampliação das compensações.

O anexo V da Circular apresenta as condições especiais relativas à cobertura de danos físicos a bens móveis e imóveis do operador portuário, incluindo os prédios e benfeitorias no terreno e nos prédios; e os equipamentos empregados na operação portuária.

Por força do item 4.2 da alínea *c* da mencionada Circular somente estarão cobertos os riscos decorrentes de vazamento, infiltração, poluição e/ou contaminação, direta ou indireta, se houver contratação de cláusula particular expressa. Entretanto, se um incêndio resultar, direta ou indiretamente, de um vazamento, poluição e/ou contaminação, qualquer perda ou dano estará coberto, ainda que tal cláusula particular não tenha sido contratada. Os prejuízos decorrentes da limpeza das dependências do segurado estão igualmente cobertos.

7.7.3 Seguro de riscos do operador aeroportuário

O seguro aeroportuário no Brasil é regido pela Circular Susep n. 7, de 3 de outubro de 1975, e suas sucessivas alterações. Todavia, os usos e costumes do setor aeronáutico criaram um padrão internacional de clausulados de apólices, consolidando as *Aviation Clauses* (*AVN Clauses*), hoje seguidas pelos operadores de seguros aeronáuticos no país[47].

A condição padrão denominada AVN 104 trata da responsabilidade civil do operador aeroportuário. Em seu Anexo II, a AVN 104 exclui expressamente reclamações relacionadas direta ou indiretamente com ruídos, poluição sonora, poluição ou contaminação de qualquer natureza[48].

O operador aeroportuário deverá buscar no mercado local, coberturas para tais riscos ambientais.

7.8 Outras formas de distribuição de riscos

Diante da elevada carga de incertezas relacionada às atividades que desafiam o meio ambiente e das limitações da atividade securitária para lidar com elas, Estados e agentes econômicos criaram mecanismos de absorção de riscos complementares aos seguros.

---

[47] Cláusulas e termos-padrão não vinculantes, comumente usados em apólices de seguro aeronáutico, por recomendação da *Aviation Insurances Clauses Group*, órgão de autorregulação. Informações disponíveis em: <www.aicg.co.uk>. Acesso em: 29 maio. 2014.

[48] Texto no original: "Attachment Two [...] This policy does not cover claims directly or indirectly occasioned by, happening through or in consequence of (a) noise (whether audible to the humane ar or not), vibration, sonic boom and any phenomena associated therewith, (b) pollution and contamination of any kind whatsoever [...]". Informações disponíveis em: <www.aicg.co.uk>. Acesso em: 29 maio. 2014.

Dentre eles, merecem especial destaque: (i) ainda na lógica securitária-atuarial, os tradicionais contratos de cosseguro, resseguro e retrocessão; (ii) no campo da intervenção estatal, os mecanismos de garantias soberanas, dentre os quais destacam-se, no contexto brasileiro: a) a Agência Brasileira Gestora de Fundos Garantidores e Garantias S.A. (ABGF), e b) o Fundo de Estabilização do Seguro Rural (FESR); e (iii) no contexto da autogestão de risco: a) o autosseguro, b) os *Alternative Risk Transfer – ART* e c) as sociedades mútuas. Passa-se à análise de cada uma dessas estruturas.

7.8.1 Cosseguro, resseguro e retrocessão

A equação de distribuição/assunção de riscos pelos seguradores levou à criação de mecanismos internos de redistribuição dos riscos. Destacam-se o cosseguro, o resseguro e a retrocessão.

O cosseguro consiste na distribuição horizontal de parcelas de risco entre dois ou mais seguradores, sem solidariedade entre eles e com a anuência do segurado[49]. Os seguradores obrigam-se a ressarcir prejuízo coberto do segurado proporcionalmente à quota de risco que assumiram, ainda que por meio de uma única apólice de seguro[50].

Cada cossegurador responde perante o segurado por parcela do risco, diluindo-o. Por este mecanismo, é possível uniformizar riscos de uma carteira e evitar que a ocorrência de um sinistro seja demasiadamente gravosa a apenas um segurador[51].

Não há determinação legal de contemporaneidade de participação dos cosseguradores na indenização de um sinistro. Ao lado da figura dos seguros sucessivos, em que uma segunda apólice é contratada para cobrir o excesso do risco não coberto pela prece-

---

[49] Art. 2º, § 1º, II, da Lei Complementar n. 126/2007.
[50] Decreto n. 60.459/67, art. 5º e PONTES DE MIRANDA. **Tratado de direito privado**. 3. ed. Rio de Janeiro: Borsoi, 1972, t. XLV, p. 289.
[51] SOUZA, Pedro G.G.; ZANCHIM, Kleber Luiz. Op. cit., p. 346.

dente[52], o cosseguro admite a "quotização sucessiva" de riscos entre os seguradores, situação em que os cosseguradores respondem sucessivamente e não simultaneamente perante um sinistro. A contratação da cobertura de um risco em cosseguro ocorre, em regra, quando este risco representa potenciais perdas em valores muito elevados. O cosseguro neste caso possibilita a divisão do risco entre dois ou mais seguradores, reduzindo a probabilidade de que um sinistro não seja indenizado pela falta de capacidade financeira individual de um único segurador[53].

Sempre que um risco for assumido em cosseguro, deve haver um segurador líder que administre o contrato e represente os demais seguradores (Código Civil, art. 761).

Outra forma de dispersão de riscos no sistema securitário é o resseguro, operação pela qual um segurador contrata com outro (ressegurador) a cobertura sobre um risco já segurado[54]. Por esse mecanismo, o segurador transmite parte de sua álea ao ressegurador. Este, em troca, recebe parcela proporcional dos prêmios arrecadados.

Nos contratos de resseguro, o ressegurador ressegura exatamente o que foi segurado pelo ressegurado, em proporção a cota preestabelecida dos riscos previstos (resseguro em cota), ou de parte do valor segurado (resseguro até certa soma). O resseguro é, pois, válvula de escape do sistema securitário redistribuindo riscos entre diferentes agentes[55].

Em complemento ao resseguro há a retrocessão, operação realizada entre dois resseguradores, ou entre um ressegurador e um segurador[56], por meio da qual o ressegurador cede parte do risco

---

[52] SOUZA, Pedro G.G.; ZANCHIM, Kleber Luiz. Op. cit., p. 346.

[53] Idem, p. 346-47.

[54] Lei Complementar n. 126/2007, art. 2º, § 1º, III. Cf. PONTES DE MIRANDA. Op. cit., p. 293.

[55] SOUZA, Pedro G.G.; ZANCHIM, Kleber Luiz. Op. cit., p. 348.

[56] Lei Complementar n. 126/2007, art. 2º, § 1º, IV.

assumido mediante repasse de parcela do prêmio de resseguro arrecadado.

Em outro trabalho, em que analisamos o impacto dos eventos de 11 de setembro de 2001 sobre o setor securitário, já nos pronunciamos sobre a utilidade do resseguro e da retrocessão para a manutenção da higidez do sistema nos seguintes termos:

> O segurador fortalece a sua capacidade de retenção de riscos quando contrata o resseguro por duas razões. Primeiro porque, economicamente, a contratação do resseguro permite ao segurador liberar parte de suas reservas para assumir novos riscos. O segurador torna-se um segurado, substituindo um custo potencial de valor imprevisível (a diferença entre os sinistros esperados e os efetivados) por um custo de valor fixo (o prêmio do resseguro). Segundo porque a distribuição de riscos ao ressegurador protege o segurador contra situações de insolvência, principalmente na ocorrência de grandes sinistros. [...] A diluição do risco segurado por resseguro e retrocessão faz com que os prejuízos advindos de um sinistro de grandes proporções não sejam problema de um único segurador. Tais operações não se restringem às fronteiras de um único país, mas se difundem em cascata para todo o sistema em âmbito transnacional. No caso das torres gêmeas, estima-se que entre 57% e 70% do risco total assumido pelo segurador líder e pelos demais cosseguradores estavam ressegurados, sendo os principais resseguradores de origem europeia. Nota-se que a distribuição de riscos por via de resseguro neste caso foi ampla a ponto de ser possível afirmar que quase todos os grandes grupos seguradores do mundo sofreram, em alguma medida, o impacto do 11 de setembro[57].

O resseguro e a retrocessão foram monopólio do Instituto de Resseguros do Brasil (IRB) desde sua criação pelo Decreto-lei n. 1.186/39. Contudo, a Emenda Constitucional n. 13, de 21 de agosto de 1996, que alterou o art. 192, II, da Constituição Federal, abriu espaço para quebra do monopólio ao excluir a expressão "órgão

---

[57] SOUZA, Pedro G.G.; ZANCHIM, Kleber Luiz. Op. cit., p. 348-49.

ressegurador oficial"[58]. A questão foi definitivamente solucionada com a promulgação da Lei Complementar n. 126/2007, que revogou as disposições do Decreto-lei n. 73/66 referentes ao resseguro.

Os mecanismos de distribuição de riscos objeto desse subitem são combinados de formas dinâmicas entre os seguradores e os resseguradores, visando à alocação ideal de riscos. Em riscos de elevado valor e complexidade, é comum que essas entidades relativizem o fator concorrência e se organizem na forma de *pools* na busca de soluções comuns e do incremento da sua capacidade técnica e financeira[59].

7.8.2 Gestão de incertezas: a ABGF e os fundos garantidores

Visando ao fomento de atividades econômicas estratégicas de relevante interesse coletivo, em consonância com o art. 173, *caput*, da Constituição Federal, a Medida Provisória n. 564, de 03 de abril de 2012, convertida na Lei n. 12.712, de 30 de agosto de 2012, autorizou o Poder Executivo Federal a criar a Agência Brasileira Gestora de Fundos Garantidores e Garantias (ABGF).

De acordo com a exposição de motivos à criação da Medida Provisória, a agência tem como fim oferecer garantias em setores em que os agentes econômicos privados supostamente têm pouco ou nenhum interesse em atuar, nos seguintes termos:

> Para facilitar e aumentar o acesso ao crédito pelos diversos agentes econômicos, bem como elevar a confiança nas relações comerciais – obrigações contratuais – entre esses agentes, pretende-se que o Estado atue em iniciativas em que os setores privados de seguros tenham pouco ou nenhum interesse em operar. Objetiva-

---

[58] A EC n. 40/2003 excluiu do art. 192 da Constituição Federal qualquer referência a seguro.

[59] Sobre os *pools* de cosseguro e/ou de resseguro, vide POLIDO, Walter. Op. cit., p. 571 e s.

mos impulsionar os investimentos e as exportações do País, ao minimizar falhas de mercado nos setores de seguros e de garantias, otimizar a utilização de recursos públicos já alocados em fundos garantidores, bem como complementar e ampliar a estrutura de apoio oficial às exportações[60].

A efetiva criação da agência, sob a forma de sociedade anônima vinculada ao Ministério da Fazenda e com capital social de 50 milhões de reais, ocorreu com a publicação do Decreto n. 7.976, de 1º de abril de 2013.

Sujeita ao regime jurídico das empresas privadas, a ABGF tem como finalidade conceder garantias contra riscos que não encontrem plena cobertura no mercado de seguros privados, com seus próprios recursos, a taxas e condições compatíveis com as praticadas pela ABGF. Identifica-se nessa delimitação do escopo de atuação nítida preocupação com a não criação de concorrência para as seguradoras privadas.

Conforme expõe o art. 38 na Lei n. 12.712/2012, a ABGF tem por objeto a concessão de garantias contra riscos: (i) de crédito, morte, invalidez e danos ao imóvel, em operações de crédito habitacional no âmbito de programas oficiais; (ii) comerciais, políticos e extraordinários, em operações de crédito ao comércio exterior; (iii) de crédito em operações de aquisição de máquinas e implementos agrícolas no âmbito de programas ou instituições oficiais; (iv) de crédito, em operações a microempreendedores individuais, autônomos, micro, pequenas e médias empresas; e (v) de crédito educativo em programas ou instituições oficiais.

Além disso, e com maior relevância ao presente estudo, a ABGF tem como objeto a constituição, administração, gestão e

---

[60] BRASIL. Exposição de Motivos EMI/00022/2012 – MF/MEC/MDIC/MP/MI, de 15 de março de 2012. Disponível em: <http://www.planalto.gov.br/ccivil_03/_ato2011-2014/2012/Exm/EMI-22-MF-MEC-MDIC-MP-MI-Mpv-%20564.doc.>. Acesso em: 29 maio. 2014.

representação de fundos garantidores. Paralelamente à autorização para constituição da ABGF, a Lei n. 12.712/2012 autorizou a constituição de um Fundo Garantidor de Operações de Comércio Exterior, de até 14 bilhões de reais (FGCE – arts. 27 e s.) e um Fundo Garantidor de Riscos relacionados a: (i) Projetos de Infraestrutura de grande vulto constantes do alardeado Programa de Aceleração do Crescimento – PAC; (ii) a créditos para o setor da aviação civil, a financiamento da construção naval; (iii) a projetos resultantes de parcerias público privadas; e (iv) a projetos relacionados à Copa do Mundo de 2014 e à Olimpíada de 2016 (FGIE – art. 32 e s.)[61].

No âmbito das grandes obras, o Fundo Garantidor de Projetos de Infraestrutura de Grande Vulto – FGIE – pode oferecer, direta ou indiretamente, cobertura para risco de crédito, performance, descumprimento de obrigações contratuais e engenharia. Na forma direta, as coberturas condicionam-se à não aceitação dos riscos pelas sociedades seguradoras e resseguradoras. Na forma indireta, o fundo poderá complementar operações de seguros e resseguros, desde que a porção de risco retida por seguradoras e resseguradoras não supere vinte por cento da responsabilidade total da operação.

Dado o caráter de complementação à atividade securitária para "minimizar as falhas de mercado" desse setor, a atuação da ABGF e, especificamente, os fundos que ela gere, torna possível que incertezas ou riscos de elevado impacto, marginalizados de coberturas securitárias, sejam garantidos.

As garantias para riscos ambientais ganham, com a nova entidade, nova amplitude. Entretanto, há limites para tal incremento.

Embora aplique-se à ABGF a legislação aplicável às sociedades seguradoras, o art. 55, *caput* e § 1º, da Lei n. 12.712/2012 fle-

---

[61] Plano de macrointervenção estrutural na economia real, lançado em 2007 pelo governo federal.

xibiliza a aplicação do regime securitário no que seja necessário ao cumprimento do objeto da agência, *in verbis*:

> Art. 55. Aplica-se à ABGF, observadas as peculiaridades técnicas, contratuais e operacionais de suas atividades, bem como a viabilização do cumprimento do seu objeto, a legislação aplicável às sociedades seguradoras, inclusive no que se refere ao regime disciplinar, intervenção, liquidação, mandato e responsabilidade de administradores, observadas as disposições do órgão regulador de seguros.
>
> § 1º Para cumprimento do disposto no *caput*, o órgão regulador de seguros poderá conceder à ABGF a inaplicabilidade de partes da legislação específica do setor de seguros assim como estabelecer-lhe condições próprias de tratamento.

Cabe à Susep e ao CNSP excepcionar ou não o cumprimento da legislação de seguros pela ABGF, assim como criar-lhe condições próprias de tratamento.

Se por um lado tal medida permite que a agência cumpra os propósitos para os quais foi constituída – o oferecimento de amplo rol de garantias, inclusive em cenário de incerteza –, por outro, coloca em risco a higidez do mercado segurador em um eventual contexto de hipertrofia de suas atribuições. Não é difícil imaginar a ABGF concorrendo com o segurador privado com ampla vantagem competitiva decorrente do tratamento excepcional que recebe. A medida dessa excepcionalidade deve ser acompanhada de perto pelos agentes reguladores e vigiada por todos os interessados.

7.8.3 O FESR e o Fundo de catástrofes

O elevado componente de incerteza relacionado às atividades rurais, somado ao relevante interesse nacional no seu desenvolvimento, levou à criação do Fundo de Estabilidade do Seguro Rural – FESR –, pelo art. 16 do Decreto-lei n. 73/66. A finalidade do fundo, nos termos do citado dispositivo foi "garantir a estabilidade dessas operações [de seguro rural] e atender à cobertura suplementar dos riscos de catástrofe".

O fundo, gerido pelo IRB, visa à estabilização da sinistralidade das carteiras de seguradoras que operem nos ramos de seguro rural, mediante a absorção de parte dos riscos retidos por tais entidades[62].

A garantia do FESR está condicionada à aprovação, pela Susep, das condições contratuais e da nota técnica atuarial das modalidades do Seguro Rural para cada exercício, que é iniciado em 1º de julho e encerrado em 30 de junho do ano seguinte.

Conforme os arts. 11 e 12 da Resolução CNSP n. 46, de 12 de fevereiro de 2001, o fundo garante às seguradoras prejuízos em sinistros que comprometam até 150% dos prêmios arrecadados ou aqueles que superarem 250% do valor de tal arrecadação. A faixa intermediária de perdas, entre 151% e 249% dos prêmios arrecadados, permanecem retidas pelas seguradoras que, para fazer frente a tal risco, podem contratar resseguro.

O acervo financeiro do FESR é composto por (i) quantias oriundas dos excedentes do máximo admissível tecnicamente como lucro nas operações de seguros de crédito rural, seus resseguros e suas retrocessões, segundo os limites fixados pelo CNSP[63], e (ii) por

---

[62] Originalmente (art. 3º da Resolução CNSP n. 46/2001): (i) seguro agrícola; (ii) seguro pecuário; (iii) seguro aquícola; (iv) seguro de florestas; (v) seguro de penhor rural – instituições financeiras públicas; (vi) seguro penhor rural – instituições financeiras privadas; (vii) seguro de benfeitorias e produtos agropecuários. O rol foi acrescido de (viii) seguro de vida e (ix) seguro de cédula de produto rural – CPR –, por força do art. 1º da Resolução CNSP n. 95, de 30 de setembro de 2002. Todavia, uma análise literal do art. 6º da Resolução CNSP n. 46/2001 (O Fundo de Estabilidade do Seguro Rural – FESR garantirá a estabilidade das operações do Seguro Rural, nas modalidades relacionadas nos incisos I a VI do art. 3º) leva à conclusão de que a operação do seguro de vida rural e do seguro da CPR não podem ser incluídas no FESR.

[63] Resolução CNSP n. 46/2001. Art. 10. As sociedades seguradoras efetuarão contribuições ao Fundo de Estabilidade do Seguro Rural – FESR em função do resultado positivo em cada exercício nas modalidades garantidas pelo Fundo, de acordo com os seguintes percentuais: I – seguros agrícola, pecuário, aquícola e

dotações orçamentárias anuais, durante dez anos, a partir da publicação do Decreto-Lei ou mediante o crédito especial necessário para cobrir a deficiência operacional do exercício anterior (art. 17 do Decreto-lei n. 73/66)[64].

O FESR tem o mérito de viabilizar o seguro rural no país em bases atuariais auditáveis. Sem a existência de tal fundo, o segurador privado não teria condições de oferecer coberturas securitárias com a abrangência que a atividade exige. Todavia, após a quebra do monopólio do IRB, este deixou de fazer parte da estrutura regulatória dos seguros no país para ser mais um competidor deste mercado. A gestão do FESR por esta sociedade, com aportes orçamentários federais, tornou-se anacrônica.

Em vista disso, foi promulgada a Lei Complementar n. 137, de 26 de agosto de 2010. Tal lei instituiu o fundo de catástrofes em substituição ao FESR. O novo fundo será gerido por lógica análoga à do FGIE e do FGCE, e contará com recursos aportados pela União e por valores pagos por seguradoras e resseguradoras.

O fundo de catástrofes terá como único objetivo a cobertura suplementar dos riscos do seguro rural nas modalidades agrícola, pecuária, aquícola e florestal. Não houve regulamentação do fundo, tampouco o aporte inicial de dois bilhões de reais pelo Tesouro Nacional exigidos na adesão da União ao fundo, nos termos do art. 1º da Lei Complementar n. 137/2010. Até que tais eventos aconteçam e a vigência do fundo se inicie, o FESR continuará em operação. O IRB será encarregado da gestão do FESR até a completa liquidação de suas obrigações, observadas as regras estabelecidas pelo CNSP.

---

de florestas – 30% (trinta por cento); e II – seguro de penhor rural – instituições financeiras públicas e instituições financeiras privadas – 50% (cinquenta por cento).

[64] Superados os dez anos de vigência da norma, o FESR é mantido pelos excedentes mencionados supra e por verbas orçamentárias do tesouro nacional, aportadas pelo CNSP por intermédio do Ministério da Fazenda.

7.8.4 Autosseguro e ART

É possível que uma empresa opte por criar um fundo próprio para fazer frente a eventuais perdas decorrentes de suas atividades. Nesse caso, restará embutido em sua estrutura de despesas operacionais montante relativo à composição de tal fundo. A solução, longe de ser ideal, é muitas vezes a única possível diante de contingências classificadas como não seguráveis pelo mercado segurador ou diante de riscos seguráveis cujos prêmios sejam caros em demasia.

Em meados de 2011, a empresa Chevron divulgou que, em relação à exploração de petróleo no campo de Frade/RJ, operava mediante autosseguro[65]. Há notícias de conduta semelhante praticada pela Petrobras no Brasil[66].

Alinhado com a proposta de retenção do risco pelo próprio agente que o gerou, mas com um composto de soluções do mercado segurador, há outras modalidades de transferência de risco, denominadas *Alternative Risk Transfer – ART*. Dentro desse segmento, destacam-se o *finite insurance* e o *captive insurance*[67]. O primeiro consiste em espécie de reforço financeiro a estruturas de autosseguro por meio de operação de resseguro. O segundo, na criação de uma sociedade seguradora dentro de um grupo que atenda exclusivamente às operações deste, a chamada seguradora cativa. Trata-se de um autosseguro mais sofisticado, por meio de uma sociedade seguradora, sujeita às regras de exposição e contro-

---

[65] SCHÜFFNER, Cláudia. Chevron opera com autosseguro no Brasil. **Jornal Valor Econômico**, 25-11-2011. Disponível em: <http://www.valor.com.br/financas/1111674/chevron-opera-com-autosseguro-no-brasil>. Acesso em: 1º maio. 2014.

[66] BUENO, Denise. Itaú e AON vencem concorrência para renovar apólice da Petrobras. **A Gazeta Mercantil**. 12-3-2008. Disponível em: <http://segurogarantia.net/noticia/itau-e-aon-vencem-concorrencia-para-renovar-apolice-da-petrobras/#.U5TcH_ldXmg>. Acesso em: 1º jun. 2014.

[67] POLIDO, Walter. Op. cit., p. 567 e s.

le inerentes a tal entidade, que seja controlada pelo grupo gerador dos riscos a serem segurados. Tal estrutura só é verificada em grandes corporações.

7.8.5 Sociedades mútuas ou cooperativas

As sociedades mútuas ou cooperativas de seguros consistem em associações de pessoas sujeitas a um mesmo risco, com o fim de distribuição de eventuais perdas relacionadas a elas entre seus membros. A distribuição de perdas pode ocorres de duas formas: (i) *a posteriori*: uma vez ocorrido o sinistro, os associados dividem entre si o valor da perda; ou (ii) *a priori*: mediante a captação prévia de recursos dos associados para fazer frente a uma eventual perda futura e incerta.

Nas sociedades mútuas, os segurados, ou garantidos, assumem a posição de sócios, que se responsabilizam por sua administração. A garantia de caráter securitário é prestada pela sociedade[68].

Sua constituição remonta à baixa Idade Média, em que as Guildas ou associações de comerciantes ou religiosos eram constituídas para a prática e desenvolvimento de interesses comuns[69]. Ainda hoje, são entidades significativas na gestão de riscos, espe-

---

[68] Os segurados constituem pessoa jurídica para, por meio dela, distribuir os riscos entre si. "Os sócios são os próprios segurados, e a sociedade considerada em conjunto, a pessoa jurídica, é o segurador", ensina Clóvis Beviláqua (**Código Civil comentado**. 5. ed., v. V, p. 222-223). Nesse caso a sociedade tem o *Schuld*, mas o *Haftung* é dos seus sócios. Pontes de Miranda adverte: "A prestação do seguro é feita pela entidade mutualística, e não pelos segurados, que são necessariamente mutualistas. A sociedade mútua personificou-se, de jeito que o dever de contribuir para as prestações de seguros é dever perante a entidade mutualística, e não perante os segurados. A relação jurídica da mutualidade é interior à sociedade, e não relação jurídica entre mutualistas e segurados" (PONTES DE MIRANDA, Francisco Cavalcanti. Op. cit., p. 117).

[69] RIBEIRO, Amadeu Carvalhaes. **Resseguro, seguro direto e distribuição de serviços**. São Paulo: Atlas, 2006, p. 8.

cialmente na França, onde as sociedades mútuas (*Sociétés de Secours mutuels – SSM*) são instrumentos complementares à seguridade social[70], na Alemanha, em que as cooperativas (*Versicherungsvereine auf Gegenseitigkeit – VVaG*) são bastante relevantes na gestão de seguros-saúde e nos Estados Unidos da América, no ramo dos seguros de vida[71].

No Brasil, as sociedades mútuas tem participação bastante singela na estrutura de gestão de riscos, especialmente por força da restrição imposta pelo art. 24, parágrafo único, do Decreto-lei n. 73/66 ("as Sociedades Cooperativas operarão unicamente em seguros agrícolas, de saúde e de acidentes do trabalho").

Os riscos relacionados ao comércio marítimo e ao transporte de petróleo, no Brasil e no mundo, são garantidos em larga escala por sociedades mútuas de proteção e indenização, mantidas pelas empresas que exploram essas atividades. Tais entidades são conhecidas como *Protection and Indemnity Clubs – P&I Clubs* (clubes de proteção e indenidade). Os 13 principais clubes do mundo organizaram-se sob o *International Group of P&I Clubs* (IGP&I). O grupo garante 90% dos riscos relacionados ao transporte marítimo no mundo[72].

Em relação aos riscos relacionados à exploração do petróleo, as companhias petrolíferas distribuem os riscos não aceitos pelo mercado securitário, ou aceitos com restrições a preços elevados, também mediante estruturas dessa natureza. Parte significativa dos riscos dessa atividade são garantidas por: (i) autosseguro; (ii) seguradoras cativas; e (iii) sociedades mútuas[73]. Há notícia de que

---

[70] BENHAMOU, Jean. Levecque, Aliette. **La Mutualité**. Paris: Presses Universitaires de France, 1983, passim.

[71] RIBEIRO, Amadeu Carvalhaes. Op. cit., p. 11-12.

[72] <http://www.igpandi.org>.

[73] LIMA, Juliana Sá Freire. Seguros no seguimento Upstream da indústria do petróleo. **Boletim Infopetro**, n. 8, ano 5, 2004, p. 5-6.

parte relevante das indenizações arcadas no emblemático acidente da BP permaneceu à margem da indústria securitária por meio de tais estruturas[74].

7.9 Considerações finais

O desenvolvimento nacional depende da expansão das atividades econômicas a fronteiras de difícil exploração. Tal movimento desbravador, ora assumido ora incentivado pelo Estado brasileiro, impõe fatores de incerteza aos agentes econômicos, especialmente em razão das contingências relacionadas ao meio ambiente.

O mercado segurador possui agregado de experiência relevante para lidar com tais contingências. Todavia, a própria lógica securitária, pautada na mensuração e gestão de riscos (e não de incertezas) tornam esta indústria insuficiente para lidar com a nova realidade.

A análise do acidente ocorrido com a plataforma petrolífera *Deepwater Horizon*, no Golfo do México, expõe tal insuficiência. Menos de 10% das perdas decorrentes do evento possuíam cobertura securitária em bases tradicionais. A Companhia BP, todavia, contou com outras formas de composição de perdas.

Este capítulo, ao tratar dos contornos gerais do mercado securitário brasileiro, com enfoque nas coberturas pertinentes aos riscos ambientais e, especialmente, em formas alternativas de absorção de riscos, presta-se a abrir o horizonte de estudo para o adequado tratamento das garantias no novo cenário. Espera-se que, a partir dele, novos estudos sejam desenvolvidos para aprimoramento das reflexões aqui introduzidas.

---

[74] LOWE, Stephen; LEBENS, Joseph; PUMMEL, Michael. Deepwater Horizon Disaster: insurance industry implications. **Emphasis**, n. 2, New York: Towers Watson, 2010, p. 2-6.

REFERÊNCIAS

ABNT NBR ISO/TC 207: **Gestão Ambiental SC1 Sistemas de Gestão Ambiental – ISO 14000 – SGA – Especificação e Diretrizes para Uso (1996).** Disponível em: <http://www.abnt.org.br/imagens/ApresentacoesRio20/17_06/17_06_Haroldo%20Mattos%20de%20Lemos.pdf>. Acesso em: 30 maio. 2014.

_____: **Gestão Ambiental SC1 Sistemas de Gestão Ambiental – ISO 14001 – SGA – Especificação e Diretrizes para Uso (1996).** Disponível em: <http://www.abnt.org.br/imagens/ApresentacoesRio20/17_06/17_06_Haroldo%20Mattos%20de%20Lemos.pdf>. Acesso em: 30 maio. 2014.

ALMADA, Beatriz de Moura Campos Mello. O seguro garantia como mitigador de riscos nos grandes projetos. In: SCHALCH, Debora (Org.). **Seguros e resseguros: aspectos técnicos, jurídicos e econômicos.** São Paulo: Saraiva, 2010.

ASCARELLI, Tullio. **Studi in tema di contratti.** Milano: Giuffrè, 1952.

AZEVEDO, Antônio Junqueira. **Novos estudos e pareceres de direito privado.** São Paulo: Saraiva, 2009.

BENHAMOU, Jean. Levecque, Aliette. **La Mutualité.** Paris: Presses Universitaires de France, 1983.

BEVILÁQUA, Clóvis. **Código Civil comentado.** 5. ed. Riode Janeiro: Francisco Alves, 1938. v. V.

BRASIL. Banco Nacional de Desenvolvimento Econômico e Social – BNDES. **Project Finance.** Disponível em: <http://www.bndes.gov.br/SiteBNDES/bndes/ bndes_pt/Institucional/Apoio_Financeiro/Produtos/Project_Finance>. Acesso em: 29 maio. 2014.

_____. **Constituição da República Federativa do Brasil de 1988, de 5 de outubro de 1988.** Disponível em: <http://www.planalto.gov.br/ccivil_03/Constituicao/Constituicao.htm>. Acesso em: 27 nov. 2013.

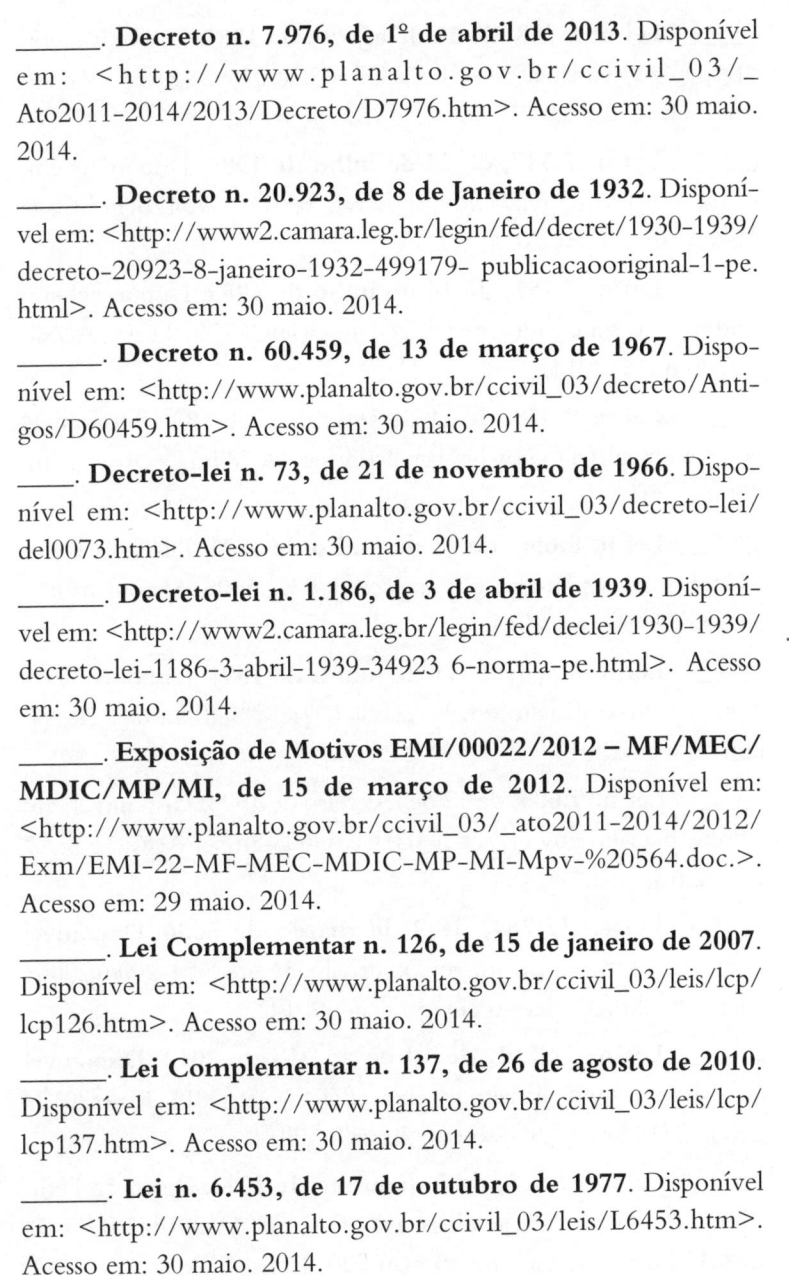

_____. **Decreto n. 7.976, de 1º de abril de 2013**. Disponível em: <http://www.planalto.gov.br/ccivil_03/_Ato2011-2014/2013/Decreto/D7976.htm>. Acesso em: 30 maio. 2014.

_____. **Decreto n. 20.923, de 8 de Janeiro de 1932**. Disponível em: <http://www2.camara.leg.br/legin/fed/decret/1930-1939/decreto-20923-8-janeiro-1932-499179- publicacaooriginal-1-pe.html>. Acesso em: 30 maio. 2014.

_____. **Decreto n. 60.459, de 13 de março de 1967**. Disponível em: <http://www.planalto.gov.br/ccivil_03/decreto/Antigos/D60459.htm>. Acesso em: 30 maio. 2014.

_____. **Decreto-lei n. 73, de 21 de novembro de 1966**. Disponível em: <http://www.planalto.gov.br/ccivil_03/decreto-lei/del0073.htm>. Acesso em: 30 maio. 2014.

_____. **Decreto-lei n. 1.186, de 3 de abril de 1939**. Disponível em: <http://www2.camara.leg.br/legin/fed/declei/1930-1939/decreto-lei-1186-3-abril-1939-34923 6-norma-pe.html>. Acesso em: 30 maio. 2014.

_____. **Exposição de Motivos EMI/00022/2012 – MF/MEC/MDIC/MP/MI, de 15 de março de 2012**. Disponível em: <http://www.planalto.gov.br/ccivil_03/_ato2011-2014/2012/Exm/EMI-22-MF-MEC-MDIC-MP-MI-Mpv-%20564.doc.>. Acesso em: 29 maio. 2014.

_____. **Lei Complementar n. 126, de 15 de janeiro de 2007**. Disponível em: <http://www.planalto.gov.br/ccivil_03/leis/lcp/lcp126.htm>. Acesso em: 30 maio. 2014.

_____. **Lei Complementar n. 137, de 26 de agosto de 2010**. Disponível em: <http://www.planalto.gov.br/ccivil_03/leis/lcp/lcp137.htm>. Acesso em: 30 maio. 2014.

_____. **Lei n. 6.453, de 17 de outubro de 1977**. Disponível em: <http://www.planalto.gov.br/ccivil_03/leis/L6453.htm>. Acesso em: 30 maio. 2014.

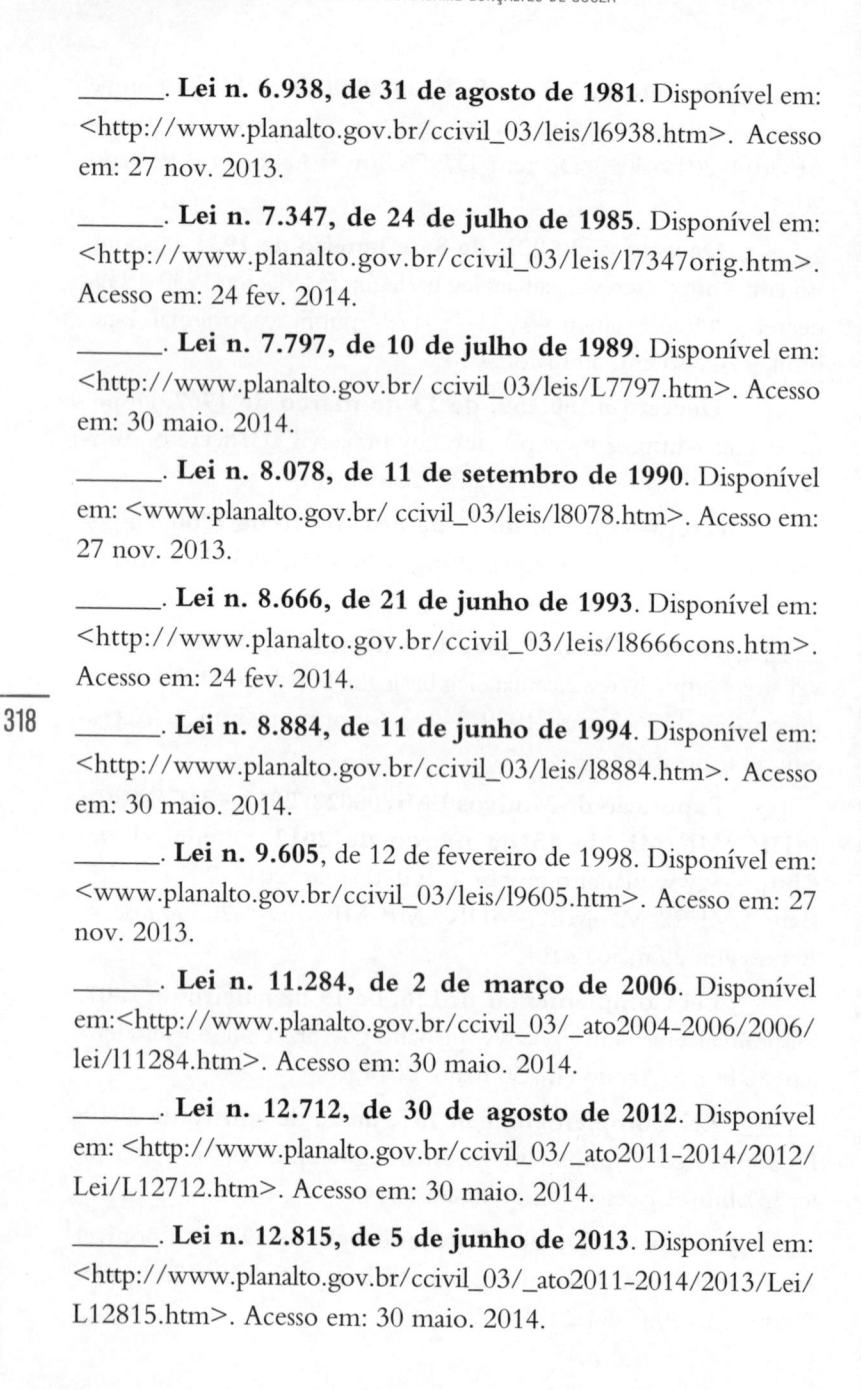

_____. **Lei n. 6.938, de 31 de agosto de 1981**. Disponível em: <http://www.planalto.gov.br/ccivil_03/leis/l6938.htm>. Acesso em: 27 nov. 2013.

_____. **Lei n. 7.347, de 24 de julho de 1985**. Disponível em: <http://www.planalto.gov.br/ccivil_03/leis/l7347orig.htm>. Acesso em: 24 fev. 2014.

_____. **Lei n. 7.797, de 10 de julho de 1989**. Disponível em: <http://www.planalto.gov.br/ccivil_03/leis/L7797.htm>. Acesso em: 30 maio. 2014.

_____. **Lei n. 8.078, de 11 de setembro de 1990**. Disponível em: <www.planalto.gov.br/ccivil_03/leis/l8078.htm>. Acesso em: 27 nov. 2013.

_____. **Lei n. 8.666, de 21 de junho de 1993**. Disponível em: <http://www.planalto.gov.br/ccivil_03/leis/l8666cons.htm>. Acesso em: 24 fev. 2014.

_____. **Lei n. 8.884, de 11 de junho de 1994**. Disponível em: <http://www.planalto.gov.br/ccivil_03/leis/l8884.htm>. Acesso em: 30 maio. 2014.

_____. **Lei n. 9.605**, de 12 de fevereiro de 1998. Disponível em: <www.planalto.gov.br/ccivil_03/leis/l9605.htm>. Acesso em: 27 nov. 2013.

_____. **Lei n. 11.284, de 2 de março de 2006**. Disponível em:<http://www.planalto.gov.br/ccivil_03/_ato2004-2006/2006/lei/l11284.htm>. Acesso em: 30 maio. 2014.

_____. **Lei n. 12.712, de 30 de agosto de 2012**. Disponível em: <http://www.planalto.gov.br/ccivil_03/_ato2011-2014/2012/Lei/L12712.htm>. Acesso em: 30 maio. 2014.

_____. **Lei n. 12.815, de 5 de junho de 2013**. Disponível em: <http://www.planalto.gov.br/ccivil_03/_ato2011-2014/2013/Lei/L12815.htm>. Acesso em: 30 maio. 2014.

_____. **Medida Provisória n. 564, de 3 de abril de 2012.** Disponível em: <http://www.planalto.gov.br/ccivil_03/_ato2011-2014/2012/Mpv/564.htm>. Acesso em: 30 maio. 2014.

_____. MINISTÉRIO DA FAZENDA. CONSELHO NACIONAL DE SEGUROS PRIVADOS. **Resolução CNSP n. 46, de 2001.** Disponível em: <http://www2.susep.gov.br/bibliotecaweb/docOriginal.aspx?tipo=1&codigo=9548>. Acesso em: 30 maio. 2014.

_____. MINISTÉRIO DA FAZENDA. CONSELHO NACIONAL DE SEGUROS PRIVADOS. **Resolução CNSP n. 95, de 2002.** Disponível em: <http://www2.susep.gov.br/bibliotecaweb/docOriginal.aspx?tipo=1&codigo=12038>. Acesso em: 30 maio. 2014.

_____. MINISTÉRIO DA FAZENDA. CONSELHO NACIONAL DE SEGUROS PRIVADOS. **Resolução CNSP n. 164, de 2001.** Disponível em: <http://www2.susep.gov.br/bibliotecaweb/docOriginal.aspx?tipo=1&codigo=9548>. Acesso em: 30 maio. 2014.

_____. MINISTÉRIO DA FAZENDA. CONSELHO NACIONAL DE SEGUROS PRIVADOS. **Resolução CNSP n. 194, de 2008.** Disponível em: <http://www.cnseg.org.br/lumis/portal/file/fileDownload.jsp?fileId=8A8184D33B197757013B1A19FCB20DA2>. Acesso em: 30 maio. 2014.

_____. MINISTÉRIO DA FAZENDA. CONSELHO NACIONAL DE SEGUROS PRIVADOS. **Resolução CNSP n. 197, de 2008.** Disponível em: <http://www.susep.gov.br/textos/resol197.pdf>. Acesso em: 30 maio. 2014.

_____. MINISTÉRIO DO MEIO AMBIENTE. **Resolução Conama n. 001, de 23 de janeiro de 1986.** Disponível em: <http://www.mma.gov.br/port/conama/res/res86/ res0186.html>. Acesso em: 30 maio. 2014.

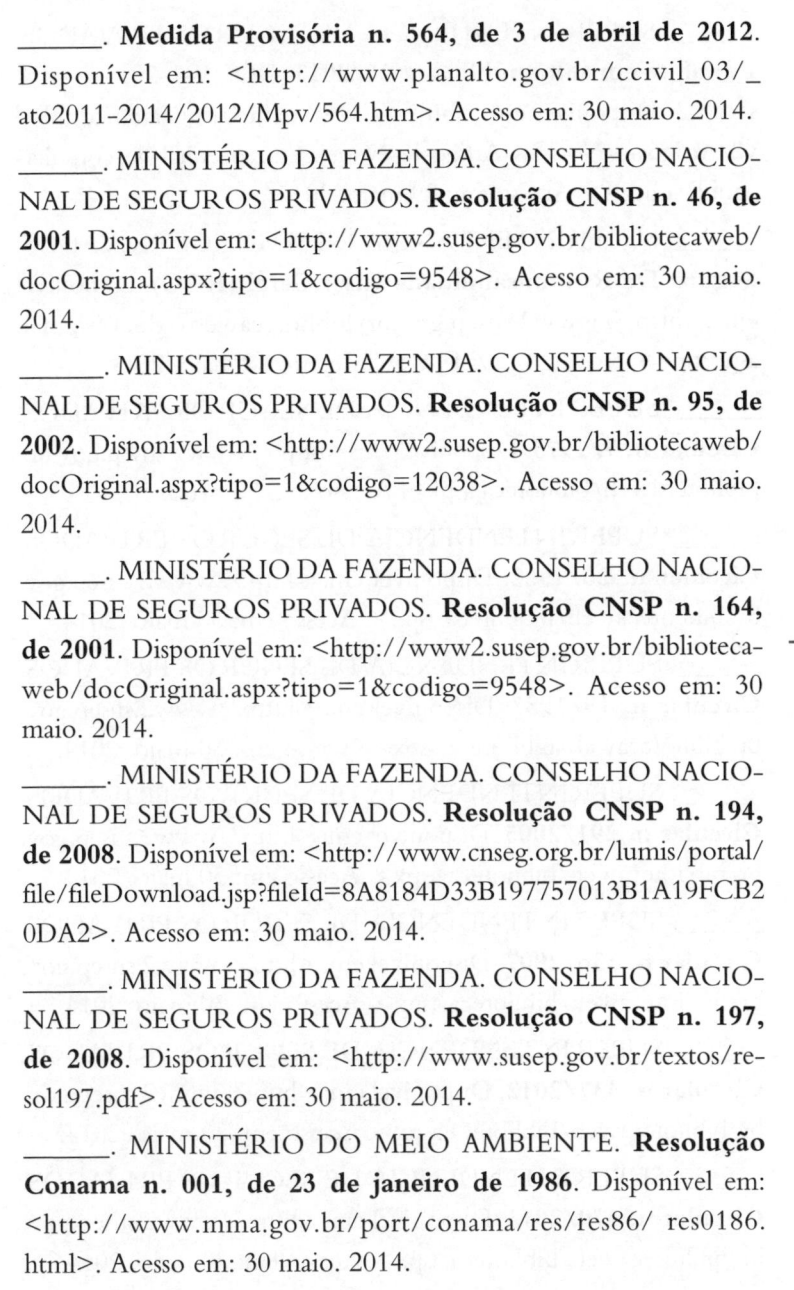

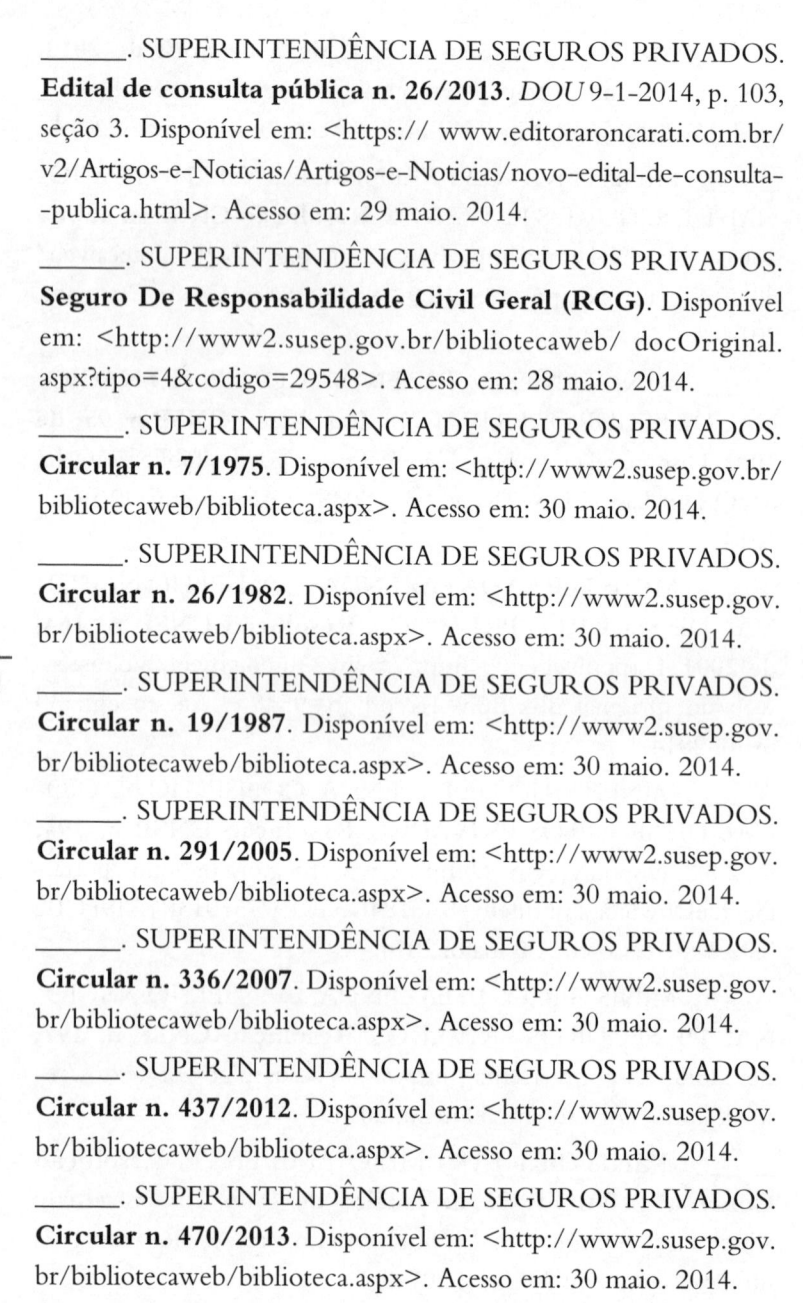

_____. SUPERINTENDÊNCIA DE SEGUROS PRIVADOS. **Edital de consulta pública n. 26/2013**. *DOU* 9-1-2014, p. 103, seção 3. Disponível em: <https:// www.editoraroncarati.com.br/v2/Artigos-e-Noticias/Artigos-e-Noticias/novo-edital-de-consulta--publica.html>. Acesso em: 29 maio. 2014.

_____. SUPERINTENDÊNCIA DE SEGUROS PRIVADOS. **Seguro De Responsabilidade Civil Geral (RCG)**. Disponível em: <http://www2.susep.gov.br/bibliotecaweb/ docOriginal.aspx?tipo=4&codigo=29548>. Acesso em: 28 maio. 2014.

_____. SUPERINTENDÊNCIA DE SEGUROS PRIVADOS. **Circular n. 7/1975**. Disponível em: <http://www2.susep.gov.br/bibliotecaweb/biblioteca.aspx>. Acesso em: 30 maio. 2014.

_____. SUPERINTENDÊNCIA DE SEGUROS PRIVADOS. **Circular n. 26/1982**. Disponível em: <http://www2.susep.gov.br/bibliotecaweb/biblioteca.aspx>. Acesso em: 30 maio. 2014.

_____. SUPERINTENDÊNCIA DE SEGUROS PRIVADOS. **Circular n. 19/1987**. Disponível em: <http://www2.susep.gov.br/bibliotecaweb/biblioteca.aspx>. Acesso em: 30 maio. 2014.

_____. SUPERINTENDÊNCIA DE SEGUROS PRIVADOS. **Circular n. 291/2005**. Disponível em: <http://www2.susep.gov.br/bibliotecaweb/biblioteca.aspx>. Acesso em: 30 maio. 2014.

_____. SUPERINTENDÊNCIA DE SEGUROS PRIVADOS. **Circular n. 336/2007**. Disponível em: <http://www2.susep.gov.br/bibliotecaweb/biblioteca.aspx>. Acesso em: 30 maio. 2014.

_____. SUPERINTENDÊNCIA DE SEGUROS PRIVADOS. **Circular n. 437/2012**. Disponível em: <http://www2.susep.gov.br/bibliotecaweb/biblioteca.aspx>. Acesso em: 30 maio. 2014.

_____. SUPERINTENDÊNCIA DE SEGUROS PRIVADOS. **Circular n. 470/2013**. Disponível em: <http://www2.susep.gov.br/bibliotecaweb/biblioteca.aspx>. Acesso em: 30 maio. 2014.

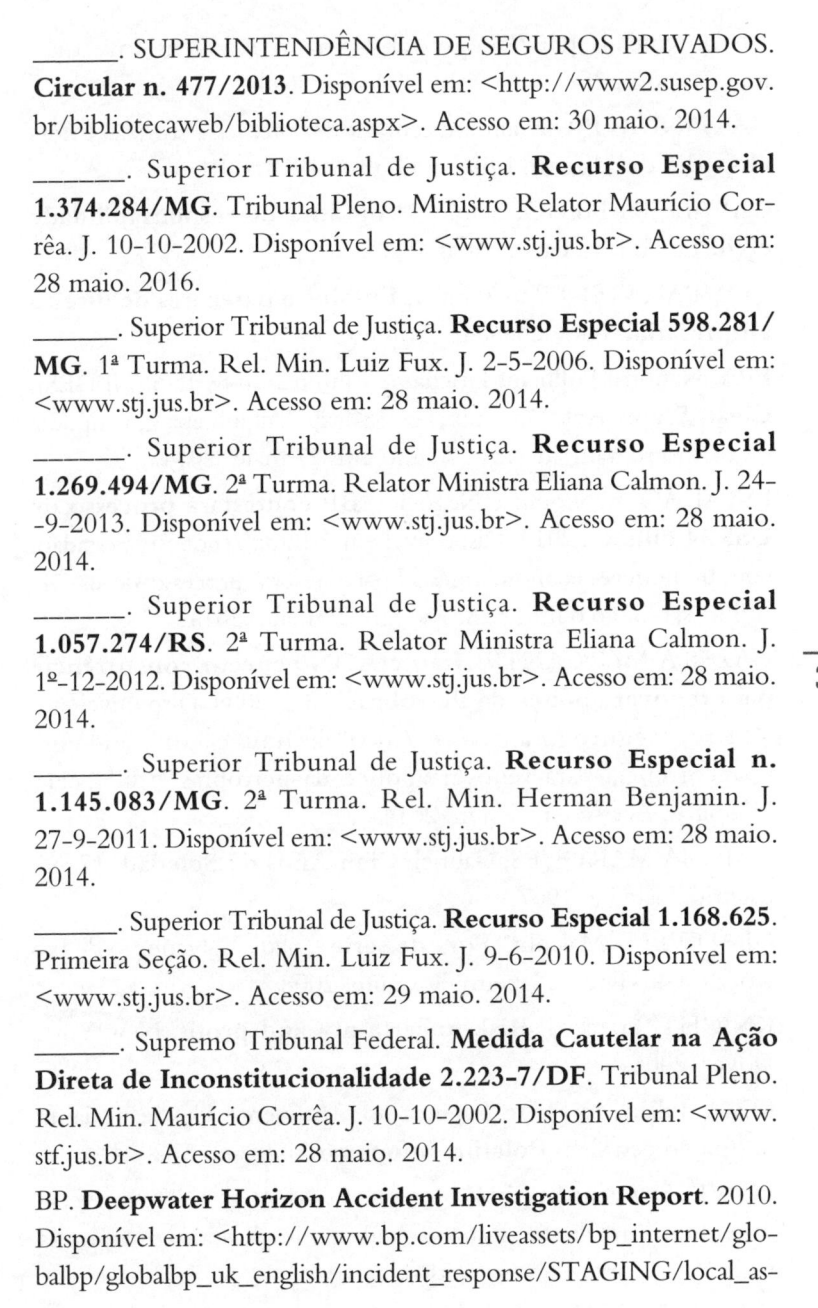

_____. **SUPERINTENDÊNCIA DE SEGUROS PRIVADOS. Circular n. 477/2013.** Disponível em: <http://www2.susep.gov.br/bibliotecaweb/biblioteca.aspx>. Acesso em: 30 maio. 2014.

_____. Superior Tribunal de Justiça. **Recurso Especial 1.374.284/MG.** Tribunal Pleno. Ministro Relator Maurício Corrêa. J. 10-10-2002. Disponível em: <www.stj.jus.br>. Acesso em: 28 maio. 2016.

_____. Superior Tribunal de Justiça. **Recurso Especial 598.281/MG.** 1ª Turma. Rel. Min. Luiz Fux. J. 2-5-2006. Disponível em: <www.stj.jus.br>. Acesso em: 28 maio. 2014.

_____. Superior Tribunal de Justiça. **Recurso Especial 1.269.494/MG.** 2ª Turma. Relator Ministra Eliana Calmon. J. 24-9-2013. Disponível em: <www.stj.jus.br>. Acesso em: 28 maio. 2014.

_____. Superior Tribunal de Justiça. **Recurso Especial 1.057.274/RS.** 2ª Turma. Relator Ministra Eliana Calmon. J. 1º-12-2012. Disponível em: <www.stj.jus.br>. Acesso em: 28 maio. 2014.

_____. Superior Tribunal de Justiça. **Recurso Especial n. 1.145.083/MG.** 2ª Turma. Rel. Min. Herman Benjamin. J. 27-9-2011. Disponível em: <www.stj.jus.br>. Acesso em: 28 maio. 2014.

_____. Superior Tribunal de Justiça. **Recurso Especial 1.168.625.** Primeira Seção. Rel. Min. Luiz Fux. J. 9-6-2010. Disponível em: <www.stj.jus.br>. Acesso em: 29 maio. 2014.

_____. Supremo Tribunal Federal. **Medida Cautelar na Ação Direta de Inconstitucionalidade 2.223-7/DF.** Tribunal Pleno. Rel. Min. Maurício Corrêa. J. 10-10-2002. Disponível em: <www.stf.jus.br>. Acesso em: 28 maio. 2014.

BP. **Deepwater Horizon Accident Investigation Report.** 2010. Disponível em: <http://www.bp.com/liveassets/bp_internet/globalbp/globalbp_uk_english/incident_response/STAGING/local_as-

sets/downloads_pdfs/Deepwater_Horizon_Accident_Investigation_Report.pdf>. Acesso em: 29 maio. 2014.

CASSANDRO, Giovani. Assicurazione: premessa storica. **Enciclopedia del diritto**. Milano: Giuffrè, 1958. t. III.

CAVALIERI FILHO, Sérgio. **Programa de responsabilidade civil**. 11. ed. São Paulo: Atlas, 2014.

COMPARATO, Fábio Konder. **Ensaios e pareceres de direito empresarial**. Rio de Janeiro: Forense, 1978.

EPA. National Pollutant Discharge Elimination System (NPDES). **Clean Water Act**. Disponível em: <http://cfpub.epa.gov/npdes/cwa.cfm?program_id=45>. Acesso em: 27 maio. 2014.

ESTADÃO. Economia e Negócios. **BP contestará processo de US$ 34 bilhões**. 2013. Disponível em: <http://economia.estadao.com.br/noticias/economia-geral,bp-contestara-processo-de-us-34--bilhoes,143246,0.htm>. Acesso em: 27 maio. 2014.

GAZETA MERCANTIL. **Itaú e AON vencem concorrência para renovar apólice da Petrobras**. 12-3-2008. Disponível em: <http://segurogarantia.net/noticia/itau-e-aon-vencem--concorrencia-para-renovar-apolice-da-petrobras/#.U5TcH_ldXmg.>. Acesso em: 1º jun. 2014.

GARCIA MARQUES, Gabriel. **Cien Años de Soledad**. 17. ed. Madrid: Catedra, 1967.

GLADWELL, Malcolm. **Fora de série** – *outliers*. Tradução de Ivo Korytowski. Rio de Janeiro: Sextante, 2008.

KNIGHT, Frank H. **Risk uncertainty and profit**. New York: Dover, 2006.

LIMA, Juliana Sá Freire. Seguros no seguimento Upstream da indústria do petróleo. **Boletim Infopetro**, n. 8, ano 5, 2004.

LOWE, Stephen; LEBENS, Joseph; PUMMEL, Michael. Deepwater Horizon Disaster: insurance industry implications. **Emphasis**, n. 2, New York: Towers Watson, 2010.

MABUS, Ray, Secretary of the U.S. Navy. **America's Gulf Coast. A Long Term Recovery Plan after the Deepwater Horizon Oil Spill**. 2010. Disponível em: <http://www.epa.gov/gcertf/pdfs/MabusReport.pdf>. Acesso em: 15 jan. 2014.

MACHADO, Paulo Affonso Leme. Meio ambiente e Constituição Federal. **Interesse Público**, v. 1, n. 21, Porto Alegre, 2003.

MORAIS, José Mauro de. **Petróleo em águas profundas: uma história tecnológica da Petrobras na exploração e produção** *offshore*. Brasília: IPEA-Petrobras, 2013.

PEREIRA, Caio Mário da Silva. **Responsabilidade civil**. 9. ed. Rio de janeiro: Forense, 2000.

POLIDO, Walter. **Seguros para riscos ambientais**. São Paulo: Revista dos Tribunais, 2005.

PONTES DE MIRANDA, Francisco Cavalcanti. **Tratado de direito privado**. 3. ed. Rio de Janeiro: Borsoi, 1972. t. XLV.

RADOVICH, Jorge M. **Curso de seguros em el comercio exterior**. Buenos Aires: Ad-hoc, 1999.

SCHÜFFNER, Cláudia. Chevron opera com autosseguro no Brasil. **Jornal Valor Econômico**, 25-11-2011. Disponível em: <http://www.valor.com.br/financas/1111674/ chevron-opera-com-autosseguro-no-brasil>. Acesso em: 30 maio. 2014.

RIBEIRO, Amadeu Carvalhaes. **Resseguro, seguro direto e distribuição de serviços**. São Paulo: Atlas, 2006.

SAMUELSON, Paul. **Economics**. 9.. ed. New York: McGraw-Hill Book, 1973.

SCHUPFER. **Il diritto delle obbligazioni in Italia nell'età del Risorgimento**. Torino, 1921. t. III.

SOUZA, Pedro G. G.; ZANCHIM, Kleber Luiz. Seguro: ato e atividade. In: FERNANDES, Wanderley (Org.). **Contratos empresariais: contratos de organização da atividade econômica**. São Paulo: Saraiva, 2011.

_____; DIAS, Fernanda. Vedação da cobertura ambiental do Seguro D&O: soluções para o agronegócio. In: ZANCHIN, Kleber Luiz (Coord.). **Direito empresarial e agronegócio**. São Paulo: Quartier Latin, 2016.

The Wall Street Journal. **Brasil vira o grande polo do petróleo em águas profundas**. Disponível em: <http:// online. wsj.com/news/articles/SB129099010865761181? tesla= y&tesla=y,>. Acesso em: 1º abr. 2014.

VEJA. **Desastre no Golfo do México**. 2013, Disponível em: <http://veja.abril.com.br/tema/desastre-ambiental-no-golfo-do-mexico>. Acesso em: 28 maio. 2014.

ZANCHIM, Kleber Luiz. **Contratos de parceria público privada: risco e incerteza**. São Paulo: Quartier Latin, 2012.

8 LICITAÇÕES E COMPRAS PÚBLICAS SUSTENTÁVEIS

Fernando S. Marcato

Professor do Programa de Pós-Graduação Lato Sensu da DIREITO GV (GVlaw) no curso de "Direito da Infraestrutura"; professor do curso de graduação em Direito da Direito GV; mestre em direito público comparado "master recherche 2, avec mention" na Universidade Panthéon-Sorbonne (Paris I).

Juliana Bonacorsi de Palma

Professora do Programa de Pós-Graduação Lato Sensu da DIREITO GV (GVlaw); professora da Universidade São Judas Tadeu; professora da Sociedade Brasileira de Direito Público (SBDP); mestre e doutoranda pelo programa de pós-graduação Stricto Sensu da Faculdade de Direito da Universidade de São Paulo (USP); pesquisadora do Centro de Pesquisas Jurídicas Aplicadas (CPJA).

Andréa Costa de Vasconcelos

Graduada pela Universidade São Judas Tadeu; aluna da Escola de Formação da Sociedade Brasileira de Direito Público (SBDP) em 2011; assistente acadêmica do professor Fernando S. Marcato; advogada.

8.1 Introdução[1]

Nas duas últimas décadas o tema da sustentabilidade vem crescentemente ganhando importância, influenciando o surgimento de organizações não governamentais e pautando ações governamentais em diversos países. Diante da aposta de que a sustentabilidade corresponde a um valor público que deve ser tutelado pelo Estado, a adoção de políticas públicas de promoção da sustentabilidade constitui uma tendência, tanto no nível nacional como no internacional[2].

---

[1] Este capítulo se baseia na pesquisa Compras Públicas Sustentáveis (PALMA, Juliana Bonacorsi de; NOVAES. Nelson Pedroso. Compras Públicas Sustentáveis. BRASIL. Ministério da Justiça. Secretaria de Assuntos Legislativos. **Mecanismos jurídicos para a modernização e transparência da gestão pública**. Brasília: Ministério da Justiça, v. 2, Série Pensando o Direito, n. 49, 2013. Disponível em: <http://participacao.mj.gov.br/pensandoodireito/wp-content/uploads/2013/11/Volume-49-II-EAESP-Fluxo-de-Pol%C3%ADticas-Sociais.pdf>. Acesso em: 24 fev. 2014), desenvolvida pelo Centro de Pesquisas Jurídicas Aplicadas (CPJA) da DIREITO GV no âmbito do Projeto Pensando o Direito da Secretaria de Assuntos Legislativos do Ministério da Justiça (SAL/MJ), apoiado pelo Programa de Desenvolvimento das Nações Unidas (PDNU). A pesquisa completa pode ser acessada na página do Projeto Pensando o Direito.

[2] Especificamente quanto às compras públicas sustentáveis, diversas são as experiências no âmbito internacional. A política de compras públicas sustentáveis nos Estados Unidos, por exemplo, corresponde ao *Environmentally Preferable Purchasing* (EPP), originalmente constituída com base na *Executive Order 12873* (*Federal Acquisition, Recycling, and Waste Prevention*), editada pelo então Presidente Bill Clinton em 1993 (ESTADOS UNIDOS DA AMÉRICA, 1993). Essa política é dinami-

No Brasil, uma série de ações e leis vem sendo aprovada no sentido de promover a sustentabilidade, como: (i) a Política Nacional de Meio Ambiente, criada em 1981 mediante a edição da Lei n. 6.938/81, cujo objetivo é o estabelecimento de padrões que tornem possível o desenvolvimento sustentável; (ii) o programa Agenda Ambiental na Administração Pública (A3P)[3], lançado pelo Ministério do Meio Ambiente em 2001, que tem como principal objetivo sensibilizar os gestores públicos para questões ambientais, estimulando-os a incorporar princípios e critérios de gestão ambiental em suas atividades rotineiras, voltando-os à economia de recursos naturais e à redução de gastos institucionais por meio do uso racional dos bens públicos e da gestão dos resíduos[4]; e (iii) a Política

---

zada por meio de diversas normas especificamente endereçadas a objetos específicos, mas dois documentos editados pela *Environmental Protection Agency* podem conferir o quadro das contratações sustentáveis praticadas pelo governo norte-americano: *Promoting Green Purchasing: tools and resources to quantify the benefits of environmentally preferable purchasing* (ESTADOS UNIDOS DA AMÉRICA, 2006) e *Environmentally Preferable Products Final Guidance Brochure* (ESTADOS UNIDOS DA AMÉRICA, 2000).

[3] A A3P é o principal programa da administração pública, nas três esferas de governo, de gestão socioambiental. O programa surgiu em 1999, sob a coordenação do Ministério do Meio Ambiente. O seu principal desafio é promover a integração do crescimento econômico concomitantemente ao desenvolvimento sustentável. A grande contribuição desse programa às licitações sustentáveis consiste na mudança de perspectiva de análise da licitação, ou seja, o Poder Público deixou de analisar a proposta mais vantajosa somente pelo critério de menor preço, passando a analisar critérios que poderiam trazer benefícios a longo prazo, por exemplo, de redução de impactos ambientais, de saúde pública, de desenvolvimento e inovação entre outros, importando, pois, no aumento do custo da contratação (BRASIL. Ministério do Meio Ambiente. **Agenda Ambiental na Administração Pública – A3P**. Disponível em: <http://www.mma.gov.br/responsabilidade-socioambiental/a3p/item/8852>. Acesso em: 24 fev. 2014).

[4] Objetivos extraídos do conteúdo da cartilha da agenda ambiental na Administração Pública, disponível no sítio do Ministério do Meio Ambiente (BRASIL. Ministério do Meio Ambiente. **Agenda Ambiental na Administração Pública**

Nacional de Resíduos Sólidos, prevista na Lei n. 12.305/2010, que estabelece dentre os seus objetivos a priorização de produtos reciclados e recicláveis nas aquisições governamentais.

Em 2010, com a edição da Lei n. 12.349/2010, ampliou-se o escopo de influência da sustentabilidade, ao se introduzir o termo "desenvolvimento nacional sustentável" na Lei n. 8.666/93 (Lei Geral de Licitações Públicas e Contratos e Contratações Administrativas). Com isso, consolidou-se o poder de compra estatal como técnica de fomento da sustentabilidade no país.

Assim, as licitações públicas nacionais deixam de ser guiadas apenas pelos requisitos do menor preço ou da melhor proposta técnica, passando a se guiar também pela análise da dimensão da sustentabilidade. Trata-se, na verdade, de mais um exemplo do uso do poder de compra estatal para a promoção de políticas públicas. Outros exemplos desse mecanismo são as alterações trazidas pela Lei Complementar n. 123/2006, que criou margens de preferência às micro e pequenas empresas, e pela Lei do Petróleo (Lei n. 9.478/97), que abriu a possibilidade para que a Agência Nacional do Petróleo firmasse com as empresas vencedoras nas rodadas de licitações contratos com cláusula de conteúdo local que tem o objetivo de incrementar a participação da indústria nacional de bens e serviços, em bases competitivas, nos projetos de exploração e desenvolvimento de produção de petróleo e gás natural. Com isso, espera-se que o resultado da mencionada cláusula seja o desenvolvimento tecnológico, a capacitação de recursos humanos e a geração de emprego e renda nesse segmento[5].

– **A3P**. Disponível em: <http://www.mma.gov.br/responsabilidade--socioambiental/a3p/item/8852>. Acesso em: 24 fev. 2014).

[5] A Lei não estabeleceu nenhum dispositivo que sustentasse juridicamente essa política, conforme se verifica no art. 41 da Lei n. 9.478/97: "No julgamento da licitação, além de outros critérios que o edital expressamente estipular, serão levados em conta: [...]". Trata-se, portanto, de política construída com base na

Seguindo esse raciocínio, a sustentabilidade se afirma como um novo elemento a ser considerado pela Administração Pública no julgamento das contratações públicas. Isso traz implicações significativas para a prática da gestão pública, pois as decisões administrativas passam a ser tomadas considerando também os potenciais custos e benefícios da sustentabilidade. Some-se a isso o ônus argumentativo de a Administração demonstrar na motivação de suas práticas a preferência, ou não, por uma gestão pública sustentável. No tema das licitações sustentáveis, objeto deste estudo, tem-se o dever de o Poder Público justificar as razões que o levaram, ou não, a contratar bem ou serviço sustentável.

Nessa perspectiva, este capítulo tem por objetivo analisar o panorama das licitações sustentáveis em construção no Brasil, indicando a incidência do elemento sustentabilidade nas compras públicas.

O capítulo está dividido em três seções, sendo que na primeira procurar-se-á delinear o conceito e as origens da licitação sustentável; na segunda apresentar-se-ão evidências sobre o atual estágio das compras sustentáveis na Administração Pública Federal; e na terceira seção indicar-se-á a mudança promovida pela inclusão do conceito de sustentabilidade na forma de julgamento das licitações públicas.

8.2 O que é uma licitação sustentável e como ela surgiu?

O termo sustentabilidade decorre do termo desenvolvimento sustentável, que, segundo o relatório da *World Commission on Envi-*

---

competência regulamentar, mais especificamente a partir da Resolução n. 08/2003 do CNPE, cujo art. 2º, I, ordena que a ANP deverá "fixar percentual mínimo de conteúdo nacional para o fornecimento de bens e serviços utilizados na exploração e produção de petróleo e gás natural, ajustando-os permanentemente a evolução da capacidade de produção da indústria nacional e aos seus limites tecnológicos".

ronmental and Development[6], posteriormente adotada pela Organização para a Cooperação e Desenvolvimento Econômico (OCDE), pode ser entendido como aquele que satisfaz as necessidades existentes sem, com isso, comprometer a capacidade das gerações futuras. Em razão do crescimento populacional e o consequente desequilíbrio dos processos ecológicos, formou-se um firme posicionamento de uma série de formadores de opinião[7] em favor da harmonização dos resultados econômicos com desenvolvimento social e a proteção ao meio ambiente. Essa harmonização, porém, é de difícil definição e depende de situações fáticas específicas de cada caso.

A lei, contudo, não é o meio adequado para definir sustentabilidade ou desenvolvimento sustentável. Trata-se de cláusula aberta, estruturada por conceitos jurídicos indeterminados, razão pela qual se volta fundamentalmente à orientação de políticas públicas, e não a especificar com precisão um conceito de sustentabilidade.

É nesse contexto que a Lei n. 12.349/2010[8] inseriu a expressão "desenvolvimento sustentável" no *caput* do art. 3º da Lei n. 8666/93 da seguinte forma:

---

[6] UNITED NATIONS, 1987.

[7] O posicionamento apontado parte da premissa de que o conceito de sustentabilidade se baseia em três pilares: desenvolvimento econômico, desenvolvimento social e proteção ambiental. Essa premissa consta expressamente da Declaração de Joanesburgo sobre Desenvolvimento Sustentável (UNITED NATIONS, 2002), ainda que já estivesse presente na conferência da ONU Rio-92 (UNITED NATIONS, 1992). Para mais informações, verificar: <http://www.cqgp.sp.gov.br/gt_licitacoes/publicacoes/joanesburgo.pdf>. Acesso em: 19 mar. 2014.

[8] Originalmente, a Lei n. 12.349/2010 tinha como objetivo a criação da margem de preferência em licitações públicas – que é adoção de critérios para tratamento diferenciado em contratações públicas para favorecer produtos manufaturados e serviços nacionais que atendam normas técnicas brasileiras, estimulando a inovação tecnológica do país e a competitividade da empresa nacional (sobre margem de preferência, consultar: BRASIL. Governo Eletrônico. **Margem de Preferência**. Disponível em: <http://www.governoeletronico.gov.br/acoes-e-projetos/compras-eletronicas/margem-de-preferencia>. Acesso em: 10 jan. 2014), no

Art. 3º A licitação destina-se a garantir observância do princípio constitucional da isonomia, a seleção da proposta mais vantajosa para a administração, a promoção do **desenvolvimento nacional sustentável** e será processada e julgada em estrita conformidade com os princípios básicos da legalidade, da impessoalidade, da moralidade, da igualdade, da publicidade, da probidade administrativa, da vinculação ao instrumento convocatório, do julgamento objetivo e dos que lhes são correlatos (grifos nossos).

Nesse sentido, o Projeto de Lei original fazia alusão tão somente à expressão "desenvolvimento nacional", como meio de legitimação do favorecimento do produto nacional diante dos mercados internacionais, notadamente aqueles em que a flexibilidade das regras internas societárias e trabalhistas permita uma significativa redução do valor de custo[9].

---

intuito de beneficiar – por meio da criação de assimetrias concorrenciais – determinada classe de fornecedores (por exemplo, fornecedores nacionais). Seu objetivo inicial era, portanto, o de criar mecanismo que permitisse desenvolver uma política pública de fomento à indústria nacional, mediante a utilização do poder de compra estatal.

[9] Esse entendimento é facilmente extraído do seguinte trecho da Exposição de Motivos da Medida Provisória n. 495/2010, que alterou as Leis n. 8.666/93, 8.985/95, e 10.973/2004 e revogou o § 1º do art. 2º da Lei n. 11.273/2006: "6. A modificação do *caput* do artigo 3º visa agregar às finalidades das licitações públicas o desenvolvimento econômico nacional. Com efeito, a medida consigna em lei a relevância do poder de compra governamental como instrumento de promoção do mercado interno, considerando-o potencial de demanda de bens e serviços domésticos do setor público, o correlato efeito multiplicador sobre o nível de atividade, a geração de emprego e renda e, por conseguinte, o desenvolvimento do país. É importante notar que a proposição fundamenta-se nos seguintes dispositivos da Constituição Federal de 1998: (i) inciso II do artigo 3º, que inclui o desenvolvimento nacional como um dos objetivos fundamentais da República Federativa do Brasil; (ii) incisos I e VIII do artigo 170, atinentes à organização da ordem econômica nacional, que deve observar, entre outros princípios, a soberania nacional e a busca do pleno emprego; (iii) artigo 174, que dispõe sobre as funções a serem exercidas pelo Estado, como agente normativo e regulador da atividade econômica; e (iv) artigo 219, que

Entretanto, o relator do projeto, o deputado Severiano Alves (PMDB-BA), optou por agregar à expressão "desenvolvimento nacional" o termo "sustentável", sem que tenha havido debates específicos sobre a sustentabilidade e seu impacto na modelagem das licitações no Brasil[10].

Restou, assim, ao Poder Executivo regulamentar o art. 3º, *caput*, da Lei n. 8.666/93, por meio do Decreto n. 7.746/2012[11]:

---

trata de incentivos ao mercado interno, de forma a viabilizar o desenvolvimento cultural e socioeconômico, o bem-estar da população e a autonomia tecnológica do país" (BRASIL. **E.M.I. n. 104/MP/MF/MEC/MCT**. Disponível em: <http://www.planalto.gov.br/ccivil_03/_Ato2007-2010/2010/Exm/EMI-104-MP-MF--MEC-MCT-MPV-495-10.htm>. Acesso em: 24 mar. 2014.

[10] É o que se constatou na pesquisa Compras Públicas Sustentáveis, conforme se depreende da leitura das páginas 96 e 97 (PALMA, 2013). Nesse estudo, o processo legislativo que deu origem à Lei n. 12.349/2010 foi empiricamente analisado com a finalidade de se examinar os debates parlamentares sobre o emprego do poder de compra estatal para promoção da sustentabilidade, tendo sido apurado que a introdução da expressão "desenvolvimento nacional sustentável" pelo relator, o deputado Federal Severiano Alves (PMDB-BA), não despertou a atenção dos demais congressistas.

[11] O Decreto n. 7.746/2012, na verdade, sacramenta a política das compras públicas sustentáveis já de longa data desenvolvida pelo Governo Federal, com fundamento nos programas A3P e Esplanada Sustentável. Além da promoção da sustentabilidade ambiental, integra o plano governamental o desenvolvimento de novos nichos de mercado (mercados sustentáveis, por excelência), bem como fortalece as micro e pequenas empresas (MPE), segundo avaliação do governo de que as compras públicas sustentáveis estariam mais adequadas ao universo das MPE. A condução da política de licitação sustentável se deu por meio das compras públicas sustentáveis, sob os auspícios da Secretaria de Logística e Tecnologia da Informação (SLTI), do Ministério do Planejamento e do Ministério do Meio Ambiente (MMA). Em 2008, a SLTI lançou a IN n. 2/2008 para determinar a adoção de critérios de sustentabilidade para aquisição de tecnologia verde pelo Governo Federal e, em 2010, editou a IN n. 1/2010 para sinalizar a juridicidade de licitar de modo sustentável. Mais recentemente, a IN n. 10/2012 da SLTI instituiu o Plano de Logística Sustentável, determinando que os órgãos e entes de direito público elaborem planos de ações sustentáveis (PALMA, 2013). Esses dois últimos atos normativos seriam a base para

"Art. 3º Os critérios e práticas de sustentabilidade de que trata o art. 2º serão veiculados como especificação técnica do objeto ou como obrigação da contratada".

A interpretação do art. 3º do Decreto n. 7.746/2012 deixa clara a intenção do legislador em indicar duas formas de operacionalizar a sustentabilidade em uma licitação.

A primeira forma corresponde à especificação de determinado produto com características "sustentáveis" como objeto do certame. A especificação do produto consiste no mecanismo mais propício para promover licitações sustentáveis para compras comuns ou padronizadas. Tome-se como exemplo a compra de papel de escritório reciclável ou que advenha de madeira de reflorestamento com manejo sustentável. Nesse particular, o próprio Decreto prevê a possibilidade de se exigir "certificação emitida por instituição pública oficial ou instituição credenciada, ou por qualquer outro meio definido no instrumento convocatório"[12].

No caso de obras e serviços mais complexos, o Decreto expressamente autoriza que exigências técnicas visando à sustentabilidade sejam inseridas no projeto básico ou no executivo de obras e serviços de engenharia. O projeto básico e, eventualmente, o executivo que venha a ser utilizado nas licitações para especificar seu objeto podem, assim, exigir que se opte por soluções consideradas mais sustentáveis, como: o uso de energia solar ou outra energia limpa para aquecimento de água; sistema de mediação individualizada de consumo de água e energia; sistema de reuso de água e tratamento de efluentes; entre outros. Além disso, pode exigir a utilização de materiais sustentáveis, tais como os reciclados, atóxicos, biodegradáveis ou

---

o futuro Decreto n. 7.746/2012, fruto de discussões entre MMA e SLTI intermediadas pela Casa Civil. Sobre o desenvolvimento da política de compras públicas sustentáveis na esfera federal, consultar: PALMA, 2013.

[12] Os efeitos dessa certificação são discutidos em mais detalhes na última parte deste capítulo.

que os objetos sejam acondicionados em embalagens com o menor volume possível e com material reciclável, entre outras alternativas.

A segunda forma de operacionalizar uma licitação sustentável é por meio da criação, no âmbito do próprio contrato, de obrigações sustentáveis específicas da contratada no momento da realização da obra ou serviço. Há, portanto, a preocupação de que a contratada, no exercício de sua atividade, adote práticas sustentáveis, tais como a seleção de fornecedores que adotem práticas sustentáveis ou comprovem sua adequação à legislação ambiental.

Como se verá na terceira Seção, essa preocupação é particularmente importante em projetos de longo prazo, em que o particular contratado é responsável pela operação de determinada utilidade pública, como é o caso das parcerias público-privadas ou das concessões.

8.3 As primeiras experiências da esfera federal

Em 2012, foram gastos aproximadamente 21,5% do PIB com contratações públicas[13], número que tem sido utilizado pelo Governo Federal para indicar o potencial transformador das licitações públicas, motivo pelo qual devem passar a ser consideradas como legítimos veículos de desenvolvimento de políticas públicas.

A destinação de parcela desses recursos empregados nas contratações públicas para categorias específicas de contratados ou de objetos contratados pode vir a satisfazer determinados interesses públicos que a lógica do menor preço tem inviabilizado, o que explica a multiplicação de normas que fazem uso do poder de compra estatal para satisfação de finalidades públicas.

---

[13] Cf. INSTITUTO BRASILEIRO DE GEOGRAFIA E ESTATÍSTICA (IBGE). **Relatório de Contas Nacionais Trimestrais: Janeiro/Março 2013**. Disponível em: <ftp://ftp.ibge.gov.br/Contas_Nacionais/Contas_Nacionais_Trimestrais/Fasciculo_Indicadores_IBGE/pib-vol-val_201301caderno.pdf>. Acesso em: 24 fev. 2014.

O art. 24 da Lei n. 8666/93, que apresenta as hipóteses de dispensa de licitação, sofreu diversas modificações inseridas com a finalidade de se promover esse tipo de políticas públicas ("dispensa de interesse público"), a exemplo da contratação direta de associação de portadores de deficiência física para fornecimento de mão de obra (inciso XX) e para aquisição de bens e insumos destinados exclusivamente à pesquisa científica e tecnológica (inciso XXI). Na mesma linha vai a Lei das Micro e Pequenas Empresas (Lei Complementar n. 123/2006), que apresenta vantagens competitivas às Micro e Pequenas Empresas – MPE nos certames licitatórios[14]. Fortalece essa prática a instituição da margem de preferência em licitações.

No mesmo ano de 2012, as compras públicas sustentáveis realizadas pela Administração federal direta e autárquica movimentaram R$ 40 milhões e responderam por 1.481 processos licitatórios. Trata-se de um universo ainda pouco expressivo quando comparado com os números absolutos do governo: R$ 72,6 bilhões foram gastos nas 231,8 mil contratações públicas precedidas de licitação. Em outros termos, as compras públicas sustentáveis corresponderam a apenas 0,1% do montante gasto pelo Poder Público federal na aquisição de bens, contratação de serviços e obras públicas e totalizaram apenas 0,6% dos certames licitatórios[15].

A seguir listaremos os principais aspectos da prática de compras públicas sustentáveis na esfera federal, identificados pela pesqui-

---

[14] "Entre as MPEs, esse crescimento foi cerca de 13%, ressaltando-se que em 2012, esses fornecedores representaram 87% (3.175) do total de 3.651 participantes das licitações econômica, social e ambientalmente responsáveis" (BRASIL. Ministério do Planejamento, Orçamento e Gestão. Secretaria de Logística e Tecnologia da Informação (SLTI). **Informações Gerenciais de Contratações Públicas Sustentáveis: janeiro a dezembro de 2012**. Disponível em: <http://www.comprasnet.gov.br/ajuda/Manuais/03-01_A_12_INFORMATIVO%20COMPRASNET_ComprasSustentaveis.pdf>. Acesso em: 24 fev. 2014, p. 4).

[15] BRASIL. Ministério da Justiça, 2013, p. 2.

sa "Compras Públicas Sustentáveis" da DIREITO GV/CPJA, que tomou por base banco de dados formado por 20.846 certames realizados pela Administração Pública federal no ano de 2012[16].

Primeiramente, *os bens sustentáveis são catalogados* e inseridos no Sistema de Catalogação de Material (CATMAT).

O CATMAT é uma ferramenta de catalogação de materiais sustentáveis desenvolvida e mantida pelo Ministério do Planejamento, Orçamento e Gestão (MPOG), de uso obrigatório para todos os órgãos da Administração Pública federal direta e de uso facultativo a todo órgão público das três esferas de poder[17]. O gestor público apresenta um material, descrevendo suas especificações e, se aprovado, este é catalogado, recebendo um "número BR". Com isso, o gestor demandante pode acessar o sistema e especificar o objeto do certame de modo sustentável, nos moldes dos objetos listados no CATMAT. Atualmente, 761 bens são listados como sustentáveis no CATMAT. *Prevalece a modalidade pregão nas compras públicas sustentáveis* realizadas pelo Poder Público federal.

Por meio da pesquisa "Compras Públicas Sustentáveis", constatou-se a existência, na esfera federal, de 20.845 editais de compras públicas sustentáveis. Em 97% desses editais verificou-se o uso da modalidade pregão, quase todos eletrônicos, razão pela qual se afirma o seu predomínio. Interessante notar que 3% das contratações foram realizadas mediante dispensa de licitação e 100% foram celebrados com micro ou pequenas empresas.

A pesquisa mostrou que as compras públicas sustentáveis não seguem um valor padronizado, pelo contrário, os valores praticados nas licitações sustentáveis são marcadamente dispersos. A razão é que, em função da variedade de objetos licitados, os valores oscilam signi-

---

[16] PALMA, 2013.

[17] Informação disponível em: <http://www.comprasnet.gov.br/Livre/Catmat/conitemmat2.asp?nomeitem=&chkSustentavel=S&indItemSustentavel=S&msg=>. Acesso em: 26 fev. 2014.

ficativamente, na ordem de 995%. Cite-se, por exemplo, o valor da compra de envelope de carta de papel reciclado (R$ 0,10) até veículo Minivan flex (R$ 65.170,00). A *dispersão dos valores* envolvidos nos certames de compras públicas sustentáveis corresponde, portanto, a uma característica das licitações sustentáveis no panorama federal.

Apesar da variância de valores envolvidos, a prática das licitações sustentáveis *se concentra em poucos bens e o poder de compra estatal é destinado a poucos mercados*.

A análise demonstra a recorrência de bens nos editais de licitações sustentáveis, ou seja, ainda que o CATMAT contemple uma ampla lista de itens, o cenário das compras públicas sustentáveis não é de pulverização de objetos, mas sim de repetição de determinados bens nos editais, notadamente os seguintes itens: detergente, papel reciclado (A3 ou A4), saponáceos, cartuchos de impressora, aparelhos de ar-condicionado, sabão em pó, envelope, desodorante ambiente, caneta esferográfica e limpador ácido, saco plástico e outros, conforme pesquisa efetuada pelo estudo "Compras Públicas Sustentáveis"[18]:

Tabela 1 – *Ranking* dos bens sustentáveis mais licitados pelo Poder Público federal

1ª **Detergente**
2ª Papel A3/A4
3ª Saponáceo
4ª Cartucho de impressora
5ª Aparelho de ar-condicionado
6ª Sabão em pó
7ª Envelope
8ª Desodorante ambiente
9ª Caneta esferográfica
10ª Limpador ácido

Fonte: PALMA, **Compras Públicas Sustentáveis**, CPJA, 2013.

---

[18] PALMA, 2013.

Ainda, é possível perceber que a utilização do poder de compra estatal é dirigido a mercados específicos, como demonstra o *Ranking* dos mercados mais beneficiados com a política de compras públicas sustentáveis na esfera federal:

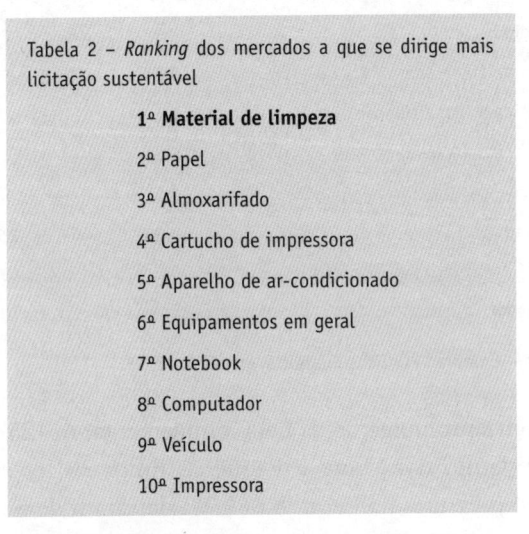

Tabela 2 – *Ranking* dos mercados a que se dirige mais licitação sustentável

1ª **Material de limpeza**

2ª Papel

3ª Almoxarifado

4ª Cartucho de impressora

5ª Aparelho de ar-condicionado

6ª Equipamentos em geral

7ª Notebook

8ª Computador

9ª Veículo

10ª Impressora

Fonte: PALMA, **Compras Públicas Sustentáveis**, CPJA, 2013.

Importante mencionar que, do valor total alocado às compras públicas sustentáveis – 15% do PIB em 2012 –, 81% foram destinados aos mercados de computação, papel e aparelhos de ar--condicionado. Se analisarmos o agrupamento dos itens mencionados, teremos o seguinte panorama dos grupos de bens listados em porcentagem e por ordem em recorrência: material de limpeza 46,1%, papel 23,8%, almoxarifado 8,3%, cartucho de impressora 8,0%, aparelho de ar-condicionado 7,2%, equipamentos no geral 5,5% e notebook 0,5%, computador 0,3%, veículo 0,2% e impressora 0,05%. Assim, não necessariamente quem mais participa das compras públicas sustentáveis recebe os maiores valores alocados na política pública, como indicado na tabela a seguir:

Tabela 3 – Destinação dos maiores valores nas compras públicas sustentáveis tendo em vista a categoria de licitantes

	Quantidade (%)	Valor (%)
1º **Material de limpeza**	46,1	8,972%
2º Papel	23,8	26,379%
3º Almoxarifado	8,3	2,703%
4º Cartucho de impressora	8,0	0,833%
5º Aparelho de ar-condicionado	7,2	22,337%
6º Equipamentos em geral	5,5	1,416%
7º Notebook	0,5	8,325%
8º **Computador**	0,3	25,858%
9º Veículo	0,2	3,170%
10º Impressora	0,05	0,003%

Fonte: PALMA, **Compras Públicas Sustentáveis**, CPJA, 2013.

Com a promulgação da Lei Complementar n. 123/2006, que criou o Estatuto das Micro e Pequenas Empresas, os critérios de desempate presentes na Lei n. 8.666/93 deixaram de ser os únicos aplicáveis nas licitações, uma vez que o art. 44 desse estatuto dispõe do mecanismo de margem de preferência às microempresas e empresas de pequeno porte, isto é, numa situação de empate[19].

Assim, pela análise realizada, verificou-se uma alta representatividade das micro e pequenas empresas quanto à participação na qualidade de proponentes nas licitações sustentáveis. Essa afirmação

---

[19] A definição de empate é trazida pelo § 1º do art. 44 da Lei Complementar n. 123/2006, que determina que: "§ 1º Entende-se por empate aquelas situações em que as propostas apresentadas pelas microempresas e empresas de pequeno porte sejam iguais ou até 10% (dez por cento) superiores à proposta mais bem classificada". Em outras palavras, não se considera empate situação numericamente igual entre propostas de duas empresas, mas, em decorrência de condições ligadas ao porte da empresa, o empate ocorrerá em situação de igualdade ficta (aquela criada pelo legislador em norma específica).

é respaldada pelo fato de que, das 20.845 propostas em compras públicas sustentáveis, 19.262 foram realizadas por micro ou pequena empresa[20].

8.4 O impacto da inclusão do conceito de sustentabilidade no julgamento e viabilização das licitações públicas

8.4.1 Análise de custo-benefício

As licitações públicas, via de regra, adotam, como critério de julgamento das propostas, o menor preço ou a melhor proposta técnica. Além disso, com o intuito de assegurar a mais ampla concorrência no certame, os Tribunais de Contas[21] tendem a vedar a inclusão nos editais de especificações técnicas que possam vir a excluir determinados licitantes em detrimento de outros.

Em função de o art. 6º do Decreto n. 7.746/2012 exigir que o projeto básico ou executivo seja elaborado de forma a proporcionar medidas que reduzam o impacto ambiental e o art. 7º determinar que o instrumento convocatório especifique a adoção de práticas de sustentabilidade na execução dos serviços contratados e critérios de sustentabilidade no fornecimento dos bens, as licitações sustentáveis passaram a, em alguma medida, inverter essa lógica.

Assim, desde que o gestor público comprove o caráter sustentável da exigência inserida no edital, há a possibilidade de algum nível de restrição à concorrência ou tolerância com preços mais

---

[20] PALMA, 2013.

[21] Sobre a especificação técnica do objeto, alguns precedentes são encontrados no âmbito do Tribunal de Contas do Estado de São Paulo (TCE-SP). No TC--038063/026, de 2011, o TCE-SP considerou válido edital que exigisse a confecção do insumo em material PET ou papel 100% reciclado, sem revestir-se de caráter restritivo. No mesmo sentido: TC-001440.989.12-7/13 e TC--001473/989/12-7/13.

elevados. Se o gestor público comprovar, por exemplo, que determinada especificação gera menor impacto sobre os recursos naturais ou privilegia novas tecnologias e matérias-primas de origem local ou, ainda, promove maior vida útil e menor custo de manutenção do bem e da obra, poderá inseri-la no instrumento convocatório, ainda que gere um custo adicional ao processo.

Portanto, *a inserção de determinada especificação com finalidade sustentável em uma licitação pública depende da comprovação de que aquela especificação trará efeitos benéficos à sustentabilidade e de que, em uma análise de custo-benefício, a adoção daquele critério é mais benéfica à concorrência do que sua restrição.*

Segundo Cass Sunstein, o desenvolvimento sustentável não se opõe à análise de custo-benefício[22], pelo contrário, enquanto medida que visa à garantia de insumos e valores sociais e culturais para as futuras gerações, a sustentabilidade integra a análise de custo-benefício. Então, a questão maior não se encerra em determinar se certa prática é efetivamente sustentável ou não – mesmo porque este é um conceito ambíguo, como já demonstrado –, mas sim o quanto se quer comprometer com a preservação ambiental e social. Economicamente colocado, a questão se volta a determinar o montante de recursos públicos que se pretende alocar nas licitações sustentáveis. Segundo o autor:

> Uma vez que a ponderação de custo-benefício requer consideração dos interesses das futuras gerações, o objetivo do desenvolvimento sustentável não está em conflito com esta forma de

---

[22] Cf. SUNSTEIN, Cass R. **The Cost-Benefit State: the future of regulatory protection**. Chicago: American Bar Association, 2002, p. 24-25. Paralelamente às atividades acadêmicas, Cass Sunstein é atualmente Diretor do *Office of Information and Regulatory Affairs* (OIRA), o principal órgão de controle interno da regulação das Agências norte-americanas, cuja metodologia de análise corresponde ao *cost-benefit analysis* (CBA). A obra referenciada, tomada como parâmetro teórico para as considerações neste artigo, serviu de referência para a aplicação da análise de custo-benefício na seara do Direito Público.

ponderação. De fato, a análise de custo-benefício fortemente apoia a ideia de sustentabilidade como um objetivo desejado. Ela também auxilia responder à dificultosa questão relativa a quanto deve ser feito para melhorar a qualidade ambiental igualmente em nações pobres e saudáveis[23].

Em sua ponderação sobre os custos e os benefícios das compras públicas sustentáveis, a Administração Pública pode considerar, dentre outros, os seguintes elementos do *trade-off*:

Custos:
- Criação de novos custos de transação nos processos licitatórios;
- Criação de novas barreiras à entrada nas licitações públicas;
- Impactos negativos sobre a competitividade das empresas, devido à necessidade de adaptações e efeitos sobre a escala;
- Elevação de custos das compras públicas com impacto fiscal relevante;
- Discricionariedade e discriminação de concorrentes.

Benefícios:
- Aumento de eficiência em jogos ganha-ganha;
- Correção de falhas de mercado;
- Envio de sinais corretos às empresas e cadeias produtivas que praticam sustentabilidade;
- Ganho de competitividade das empresas devido à viabilização de nichos sustentáveis a partir da liderança pública.

---

[23] SUNSTEIN, Cass R. **The Cost-Benefit State: the future of regulatory protection**. Chicago: American Bar Association, 2002, p. 25. Tradução livre. A precisão da análise de custo-benefício diante da sustentabilidade é indicada em termos contundentes por Cass Sunstein: "[e]veryone should support sustainable development, and it is important to ensure that policies are sustainable rather than the opposite. But in poor nations as well as rich ones, regulators need much better guidance than that" (SUNSTEIN, Cass R. **The Cost-Benefit State: the future of regulatory protection**. Chicago: American Bar Association, 2002, p. 25).

8.4.2 Obrigatoriedade ou não de realização de licitações sustentáveis

Importante mencionar que as licitações promovidas sob a égide da Lei n. 8.666/93, com as modificações introduzidas pela Lei n. 12.349/2010, não impõem à Administração Pública o dever de incluir a dimensão de sustentabilidade em todas as licitações públicas. Mesmo com a previsão do desenvolvimento nacional sustentável como um dos valores públicos da licitação, a adoção de critérios de sustentabilidade não é obrigatória para o Poder Público. Em outros termos, o Poder Público não se encontra obrigado a, sempre, realizar licitações sustentáveis. Há que se reconhecer margem de discricionariedade para o gestor, caso a caso, avaliar se a previsão de critérios de sustentabilidade no edital mostra-se oportuna e conveniente[24-25]. Não por outra razão o art. 2º do Decreto n. 7.746/2012 estabelece que a Administração direta e a autárquica "poderão" adquirir bens e contratar serviços e obras considerando critérios e práticas de sustentabilidade. Não houve emprego da

---

[24] Nesse sentido, PEREIRA JÚNIOR, Jessé Torres. Desenvolvimento Sustentável: a nova cláusula geral das contratações públicas brasileiras. **Revista Bimestral de Direito Público**, v. 67, 2011, p. 65-96.

[25] Nessa linha também vai decisão do Tribunal de Contas da União (TCU): "Além de os atos adotados terem sido devidamente justificados e motivados, cabe ressaltar que a matéria tratada nos autos está inserida na seara da discricionariedade do gestor público. E, ante os elementos constantes dos autos, não foi observado nenhum ato ilegal ou ilegítimo no procedimento licitatório conduzido pela entidade. Registro, de todo modo, minha preocupação com a questão ambiental. [...] Em decorrência dessa análise preliminar da questão, concluo ser adequada neste momento uma atuação desta Corte para avaliar em que medida as ações adotadas pela administração pública nesta área têm atingido os objetivos inicialmente propostos: metas fixadas, acompanhamento, ações objetivas e concretas implementadas, marcos legais fixados, perspectivas, dentre outras questões julgadas relevantes pelas unidades técnicas envolvidas" (BRASIL. Tribunal de Contas da União. **Acórdão n. 1.260/2010**. 1ª Turma. J. 17 mar. 2010. Disponível em: <www.tcu.gov.br>. Acesso em: 24 fev. 2014).

terminologia "deverá", típica nas determinações de sujeições ao Poder Público.

Não obstante, é de se esperar que em determinadas situações o elemento da sustentabilidade seja trazido por concorrente e interessados como forma de fazer com que o Poder Público altere determinadas especificações em contratos e editais. Ainda que não haja obrigatoriedade de que a licitação seja "sustentável", a sua regulamentação pela Administração Pública induz à adoção desse tipo de prática. Pode-se antever questionamentos no sentido de obrigar a Administração Pública a tornar uma licitação sustentável com fundamento no próprio art. 3º da Lei n. 8.666/93 e em preceitos constitucionais, ainda que o Decreto n. 7.746/2012 não obrigue, em princípio, a adoção dessas práticas pela Administração Pública.

A previsão de licitação sustentável costuma, portanto, criar um ônus adicional ao gestor público no momento da motivação de seus atos, isso porque, intuitivamente, uma licitação sustentável sempre tende a ser mais benéfica do que uma licitação tradicional. Normalmente, o gestor público tem que realizar uma análise de custo-benefício para comprovar que a adoção de critérios de sustentabilidade em determinada licitação não se justifica[26].

Nesse sentido, a qualidade da motivação é fundamental para a validação do ato, em especial, pois o termo sustentabilidade é indeterminado e, por isso, pode justificar qualquer decisão[27].

No intuito de criar mecanismos que ofereçam maior conforto ao administrador público e maior padronização na definição de

---

[26] Para análise dos princípios da licitação que não se encontram condensados no art. 3º da Lei n. 8.666/93, consultar: MARQUES NETO, Floriano de Azevedo. Princípios aplicáveis à fase de julgamento e classificação das licitações. **Fórum de Contratação Pública**, Belo Horizonte, v. 3, n. 33, p. 4311-4313, set. 2004.

[27] Para análise do combate da edição de cláusulas normativas indeterminadas ou o combate da sua utilização como fundamento de decisões concretas, consultar: SUNDFELD, Carlos Ari. **Direito administrativo para céticos**. São Paulo: Malheiros, 2012.

critérios de sustentabilidade para licitações, o parágrafo único do art. 3º do Decreto n. 7.746/2012 possibilitou o estabelecimento de outras formas de veiculação dos critérios e práticas sustentáveis nas contratações públicas desde que devidamente regulamentadas pela Secretaria de Logística e Tecnologia da Informação (SLTI). A proposta para a regulamentação desses critérios deve partir da autoridade reguladora interministerial das licitações sustentáveis, conhecida como Comissão Interministerial de Sustentabilidade na Administração Pública (CISAP), criada pelo Decreto n. 7.746/2012.

8.4.3 Critérios de sustentabilidade e limitação da concorrência

Dentre as principais diretrizes de sustentabilidade para licitações, o Decreto n. 7.746/2012 indica: (i) menor impacto sobre os recursos naturais, como flora, fauna, ar, solo e água; (ii) preferência para materiais, tecnologias e matérias-primas de origem local; (iii) maior eficiência na utilização de recursos naturais, como água e energia; (iv) maior geração de empregos, preferencialmente com mão de obra local; (v) maior vida útil e menor custo de manutenção do bem e da obra; (vi) uso de inovações que reduzam a pressão sobre recursos naturais; e (vii) origem ambientalmente regular dos recursos naturais utilizados nos bens, serviços e obras.

Nos casos específicos, porém, determinada característica técnica pode representar restrição à competição. Em outras oportunidades, expusemos o caso prático da Companhia de Saneamento Básico do Estado de São Paulo (SABESP), em que a substituição da especificação de determinada válvula gerou um desconto final no preço do objeto licitado de aproximadamente 40%, tendo em vista o relevante aumento da concorrência. Adotou-se o critério de substitutibilidade na especificação do produto gerando ganhos efetivos aos órgãos públicos licitantes[28].

---

[28] OLIVEIRA; SCAZUFCA, MARCATO; PRADO, 2011, p. 2.

Há, portanto, correlação direta entre maior especificação e menor competitividade. Quanto mais detalhada e específica a caracterização de determinada compra ou serviço, maior tende a ser a restrição à competitividade, tendo em vista uma provável redução de competidores que possam vir a atender tais especificações.

Considerando que as práticas sustentáveis ainda são menos frequentes do que aquelas tidas como tradicionais, a tendência é que haja uma menor variedade de produtos e especificações que possam ser considerados sustentáveis, incorrendo, portanto, na restrição de mercado. Consequentemente, há o aumento da produção dos bens não especificados como sustentáveis por, em regra, serem mais baratos, incorrendo, portanto, na restrição de mercado. Consequentemente, há o aumento da produção dos bens não especificados como sustentáveis por, em regra, serem mais baratos.

Há, então, um potencial conflito entre sustentabilidade e preço do produto ou serviço. É razoável afirmar que, no estágio atual de desenvolvimento do mercado, os produtos sustentáveis tendem a ser mais caros, gerando maior custo às aquisições governamentais.

Daí a relevância de se proceder à análise de custo-benefício, pois por meio dela é que é possível se comprovar se no médio ou longo prazo é mais conveniente adquirir um produto ou construir uma obra sustentável do que o não sustentável, pois seus custos futuros de operação (por exemplo, consumo de energia) ou de reposição podem ser menores. Além disso, é fundamental que essa análise considere os potenciais passivos ambientais que determinado produto não sustentável possa causar, precificando esse impacto.

A partir dessa lógica, a jurisprudência do Tribunal de Contas do Estado de São Paulo (TCE-SP) vem gradativamente aceitando restrições à concorrência, em benefício de uma especificação técnica com maior sustentabilidade. Alguns precedentes são encontrados no âmbito do Tribunal de Contas do Estado de São Paulo (TCE-SP), como a decisão TC-038063/026/11[29], de 2011, por exemplo, que considerou válido edital que exigisse a confecção do insumo em material PET ou papel 100% reciclado, sem revestir-se de caráter restritivo[30].

Outro ponto que pode gerar questionamentos quanto às restrições à licitação diz respeito à exigência de certificações dos produtos. O art. 8º, *caput*, do Decreto n. 7.746/2012 prevê que a comprovação técnica das exigências do edital pode se dar mediante certificação emitida por instituição pública oficial ou instituição credenciada. Trata-se de prática também já reconhecida na esfera federal e com previsão similar anteriormente prevista na Instrução Normativa n. 1/2010 da SLTI.

Em sucessivos editais de compras públicas sustentáveis, por exemplo, há a previsão de o INMETRO proceder à avaliação do atendimento do objeto ofertado às normas da ABNT ou é prevista a possibilidade de instituição técnica, credenciada pelo INMETRO, conferir o certificado exigido no certame.

Porém, essas não são as únicas formas de certificação da qualidade do produto objeto de compra pública sustentável. Tanto é assim que o próprio art. 8º, *caput*, do Decreto n. 7.746/2012 permite que o edital estabeleça "qualquer outro meio" de certificação.

A certificação, por um lado, auxilia na delimitação e definição de práticas sustentáveis, trazendo alguma previsibilidade aos fornecedores e permitindo que, de antemão, se adequem a padrões reconhecidos pela Administração Pública como sustentáveis.

Por outro lado, o uso de certificação pode gerar questionamentos. A dúvida se concentra especialmente quanto à possibilidade de adoção de certificação privada por parte do licitante, porém o Decreto n. 7.746/2012 não resolve esse problema.

---

[29] SÃO PAULO. Tribunal de Contas do Estado de São Paulo. TC-38063/026/11. J. 14 dez. 2011. Disponível em: <https://docs.google.com/viewer?url=http://www2.tce.sp.gov.br/arqs_juri/pdf/159482.pdf>. Acesso em: 25 fev. 2014.

[30] Nesse sentido, cf. também TC-001440.989.12-7/13 e TC-001473/989/12-7/13.

O questionamento em torno da certificação diz respeito à idoneidade dessas certificadoras e o risco de serem capturadas por empresas que visam à obtenção de vantagens em licitações públicas. Ao influenciar as certificadoras a reconhecerem como sustentável determinado bem ou serviço, o fornecedor passa a obter vantagem competitiva com relação a fornecedores que não tenham obtido tal certificação ou que tenham maior dificuldade de se adaptar às condições estabelecidas pela certificadora.

Existem julgados no âmbito do TCE-SP que buscam endereçar essa questão. No TC-36246/026[31] de 2011, o TCE aceitou a exigência de determinada certificação (certificação TCO) para aquisição de monitores em razão da importância da especificação das características do produto de informática. Outros exemplos de certificações aceitas pelo TCE-SP são: CEFLOR[32], PEFC[33], FSC[34] e INMETRO[35]. Segundo o TCE-SP, a exigência dessas certificações no certame licitatório não incorre em restrição indevida do edital de licitação[36].

Interessante debate se colocou no TC-24782/026/10[37] de 2012, em que foi analisado o caráter restritivo da exigência dos

---

[31] SÃO PAULO. Tribunal de Contas do Estado de São Paulo. TC-36246/026/11. J. 14-12-2011. Disponível em: <https://docs.google.com/viewer?url=http://www2.tce.sp.gov.br/arqs_juri/pdf/152905.pdf>. Acesso em: 25 fev. 2014.

[32] Maiores informações, consultar: <http://www.inmetro.gov.br/qualidade/cerflor.asp>. Acesso em: 26 fev. 2014.

[33] Maiores informações, consultar: <http://www.pefc.org>. Acesso em: 26 fev. 2014.

[34] Maiores informações, consultar: <http://br.fsc.org/>. Acesso em: 26 fev. 2014.

[35] Maiores informações, consultar <https://www.inmetro.gov.br>. Acesso em: 26 fev. 2014.

[36] Cf. TC-04141/026/11, TC-832/006/11 e TC-89/006/11.

[37] SÃO PAULO. Tribunal de Contas do Estado de São Paulo. TC-24782/026/10. J. 17 abr. 2012. Disponível em: <https://docs.google.com/viewer?url=http://www2.tce.sp.gov.br/arqs_juri/pdf/152905.pdf>. Acesso em: 25 fev. 2014.

certificados EPEAT Gold e EPEAT Silver[38] na aquisição de determinados materiais de informática. No caso, o TCE-SP decidiu por priorizar a exigência de certificados nacionais quando estes sejam equivalentes aos internacionais, como se verificaria para o tipo de material de informática licitado[39]. No entanto, o edital não foi considerado restritivo em razão da presença de significativo número de licitantes, o que indicaria o caráter competitivo do certame.

Como se verifica, o TCE-SP possui um entendimento favorável ao uso de certificadoras privadas nos certames licitatórios. Essa mudança recente de posição revê entendimento anterior do Tribunal, que sistematicamente aplicava sua Súmula 17[40] para impedir o emprego de certificações para fins de habilitação.

8.4.4 Sustentabilidade em projetos de parcerias público--privadas, concessões comum e no Regime Diferenciado de Contratação

Os contratos de concessão comum previstos na Lei n. 8.987/95, de concessão patrocinada e administrativa (PPP), previstos na Lei n. 11.079/2004 e de contratação integrada da Lei n. 12.462/2011, demandam uma análise específica no que diz respeito à inclusão de critérios de sustentabilidade.

8.4.4.1 Contrato de concessão comum e PPP

Os contratos de concessão comum e de PPP comumente apresentam a obrigação do concessionário privado de projetar, cons-

---

[38] Maiores informações, consultar: <http://www.epeat.net/>. Acesso em: 26 fev. 2014.

[39] É o caso do TC-001307/989/12-9, de 2012, em que o TCE-SP julgou irregular a exigência da certificação FSC para compra de lápis, pois "não há nenhuma razão para exigir certificação estrangeira, bastando simplesmente que se exija que a madeira seja reflorestada".

[40] Eis o teor da Súmula 17 do TCE-SP: "[e]m procedimento licitatório, não é permitido exigir-se, para fins de habilitação, certificação de qualidade ou qualquer outras não previstas em lei".

truir e operar determinada obra ou conjunto de instalações (p.ex., a construção e operação de um hospital ou a construção e operação de sistema de abastecimento de água e esgotamento sanitário). Muitos desses contratos têm prazos superiores a 30 anos.

Nas licitações dessas concessões, a elaboração de um projeto básico é dispensada pelo órgão licitante, aceitando-se apenas a apresentação das condições gerais do projeto básico[41]. Consequentemente, as especificações técnicas do objeto são mais genéricas, sendo atribuída maior liberdade ao particular para definir a solução técnica que pretende adotar, bem como gerir os serviços ao longo do contrato.

Diferentemente dos contratos de obras, o particular tem grande interesse em adotar tecnologias que reduzam seus custos operacionais futuros, bem como eventuais passivos. Assim, tendo em vista a impossibilidade de se especificar no projeto básico a solução sustentável a ser adotada, os editais de licitação de PPPs e concessões devem exigir dos contratados a adoção e comprovação, ao longo da vigência contratual, de práticas sustentáveis e de redução de consumo. É conveniente, inclusive, que o edital e o contrato obriguem a atualização das técnicas tidas como sustentáveis, tendo em vista a evolução tecnológica desse tipo de prática.

A sustentabilidade de serviço ou obra pode também ser considerada como elemento para aferir o desempenho do contratado, condicionando o pagamento de parte de sua remuneração ou a revisão de tarifas cobradas dos usuários. Exemplo desse mecanismo

---

[41] Art. 10, § 4º, da Lei n. 11.079/2004: "Os estudos de engenharia para a definição do valor do investimento da PPP deverão ter nível de detalhamento de anteprojeto, e o valor dos investimentos para definição do preço de referência para a licitação será calculado com base em valores de mercado considerando o custo global de obras semelhantes no Brasil ou no exterior ou com base em sistemas de custos que utilizem como insumo valores de mercado do setor específico do projeto, aferidos, em qualquer caso, mediante orçamento sintético, elaborado por meio de metodologia expedita ou paramétrica".

de incentivo pode ser encontrado na regulação de concessionárias de energia e saneamento.

No processo de distribuição de energia ou água é inevitável que parte do bem distribuído seja perdida e não chegue ao usuário final. No caso da energia elétrica, as redes de distribuição podem sofrer com problemas de isolamento ou interferência, dispersando a energia nelas transmitida. No caso da água, a tubulação de distribuição pode conter furos ou vazamentos[42]. Cabe, então, às concessionárias investir e atuar de maneira a reduzir essas perdas, tornando o seu sistema mais eficiente.

No intuito de aumentar essa eficiência e reduzir o desperdício, muitas agências reguladoras impõem metas de redução de perdas às concessionárias. Caso essas metas não sejam alcançadas, além da aplicação de eventuais multas, a agência pode reduzir a revisão ou reajuste das tarifas, impedindo que parte dessa ineficiência seja custeada pelos usuários.

8.4.4.2 *Contratação integrada no Regime Diferenciado de Contratação*

A Lei n. 12.462/2011, que instituiu o Regime Diferenciado de Contratação (RDC), criou o contrato de contratação integrada, por meio do qual o contratado é responsável não só pela construção da obra, mas também pelo seu projeto e entrega em funcionamento à Administração Pública. Esse modelo contratual assemelha-se ao *turn-key* ou "porteira fechada", em que o empreiteiro realiza a concepção, construção e pré-operação da instalação.

---

[42] Cf. INTERNATIONAL FINANCE CORPORATION. **Manual sobre contratos de performance e eficiência para empresas de saneamento: Water Utilities Performance-Based Contracting Manual in Brazil (WAUPBM)**. D. F. Mexico, Washington D.C., 2013. Disponível em: <http://www.ifc.org/wps/wcm/connect/17ea5580404766b5ba3bba82455ae521/WaterUtilityBrazil-Portuguese.pdf?MOD=AJPERES>. Acesso em: 24 fev. 2014.

A exemplo das PPPs e concessões, a licitação não depende de um projeto básico para que seja realizada, bastando apenas um anteprojeto que contenha as condições gerais e o escopo da obra. A diferença desse modelo para o de PPPs ou de concessões é que o contratado não opera a instalação após a conclusão da obra.

Nesses casos, é fundamental que o anteprojeto e o próprio contrato detalhem as condições mínimas que determinada planta, quando operacional, deve atender. Esse detalhamento deve especificar, por exemplo, se a planta operará com baixo consumo de água ou de energia, se os custos de reposição não excederão determinados parâmetros ou se há necessidade de instalação para o tratamento e lançamento adequado de resíduos gerados.

8.5 Considerações finais

As licitações ou compras públicas sustentáveis representam importante ferramenta governamental para a indução de práticas e desenvolvimento de uma indústria de bens e serviços mais sustentáveis.

A sustentabilidade promove uma mudança na maneira tradicional de se interpretar e julgar licitações e contratos públicos, pois impõe a necessidade de flexibilização dos entendimentos firmados no passado em relação às licitações públicas. Em particular, faz-se necessário aceitar algum nível de restrição à competição e encarecimento das compras públicas em favor de práticas e soluções mais sustentáveis.

Além disso, a adoção dessas práticas, quando não puderem ser impostas diretamente no projeto básico, pode ser prevista nos contratos como critério para remuneração e aferição de desempenho do concessionário.

Da mesma forma, as agências reguladoras devem considerar, em seu modelo regulatório, o elemento da sustentabilidade atrelado à eficiência operacional, em especial em setores que prestam serviços com alto impacto ambiental como os setores de energia e água.

REFERÊNCIAS

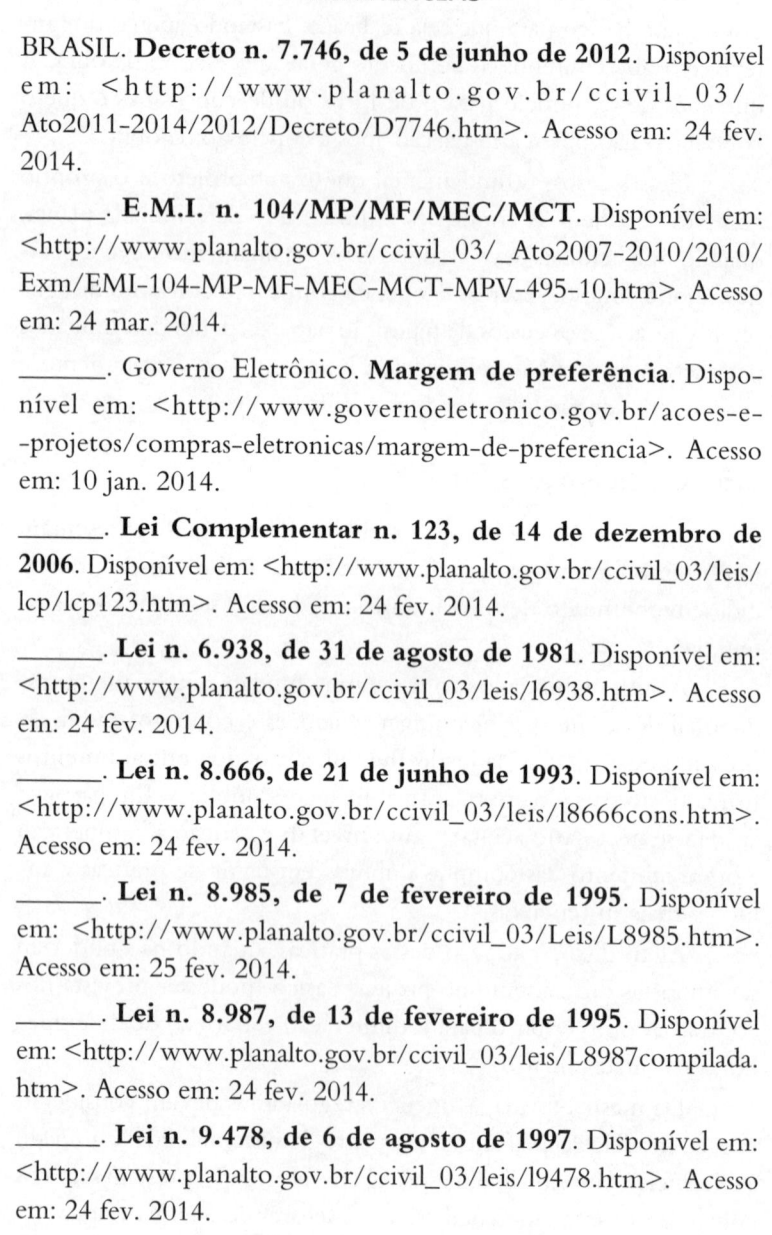

BRASIL. **Decreto n. 7.746, de 5 de junho de 2012.** Disponível em: <http://www.planalto.gov.br/ccivil_03/_Ato2011-2014/2012/Decreto/D7746.htm>. Acesso em: 24 fev. 2014.

_____. **E.M.I. n. 104/MP/MF/MEC/MCT.** Disponível em: <http://www.planalto.gov.br/ccivil_03/_Ato2007-2010/2010/Exm/EMI-104-MP-MF-MEC-MCT-MPV-495-10.htm>. Acesso em: 24 mar. 2014.

_____. Governo Eletrônico. **Margem de preferência.** Disponível em: <http://www.governoeletronico.gov.br/acoes-e-projetos/compras-eletronicas/margem-de-preferencia>. Acesso em: 10 jan. 2014.

_____. **Lei Complementar n. 123, de 14 de dezembro de 2006.** Disponível em: <http://www.planalto.gov.br/ccivil_03/leis/lcp/lcp123.htm>. Acesso em: 24 fev. 2014.

_____. **Lei n. 6.938, de 31 de agosto de 1981.** Disponível em: <http://www.planalto.gov.br/ccivil_03/leis/l6938.htm>. Acesso em: 24 fev. 2014.

_____. **Lei n. 8.666, de 21 de junho de 1993.** Disponível em: <http://www.planalto.gov.br/ccivil_03/leis/l8666cons.htm>. Acesso em: 24 fev. 2014.

_____. **Lei n. 8.985, de 7 de fevereiro de 1995.** Disponível em: <http://www.planalto.gov.br/ccivil_03/Leis/L8985.htm>. Acesso em: 25 fev. 2014.

_____. **Lei n. 8.987, de 13 de fevereiro de 1995.** Disponível em: <http://www.planalto.gov.br/ccivil_03/leis/L8987compilada.htm>. Acesso em: 24 fev. 2014.

_____. **Lei n. 9.478, de 6 de agosto de 1997.** Disponível em: <http://www.planalto.gov.br/ccivil_03/leis/l9478.htm>. Acesso em: 24 fev. 2014.

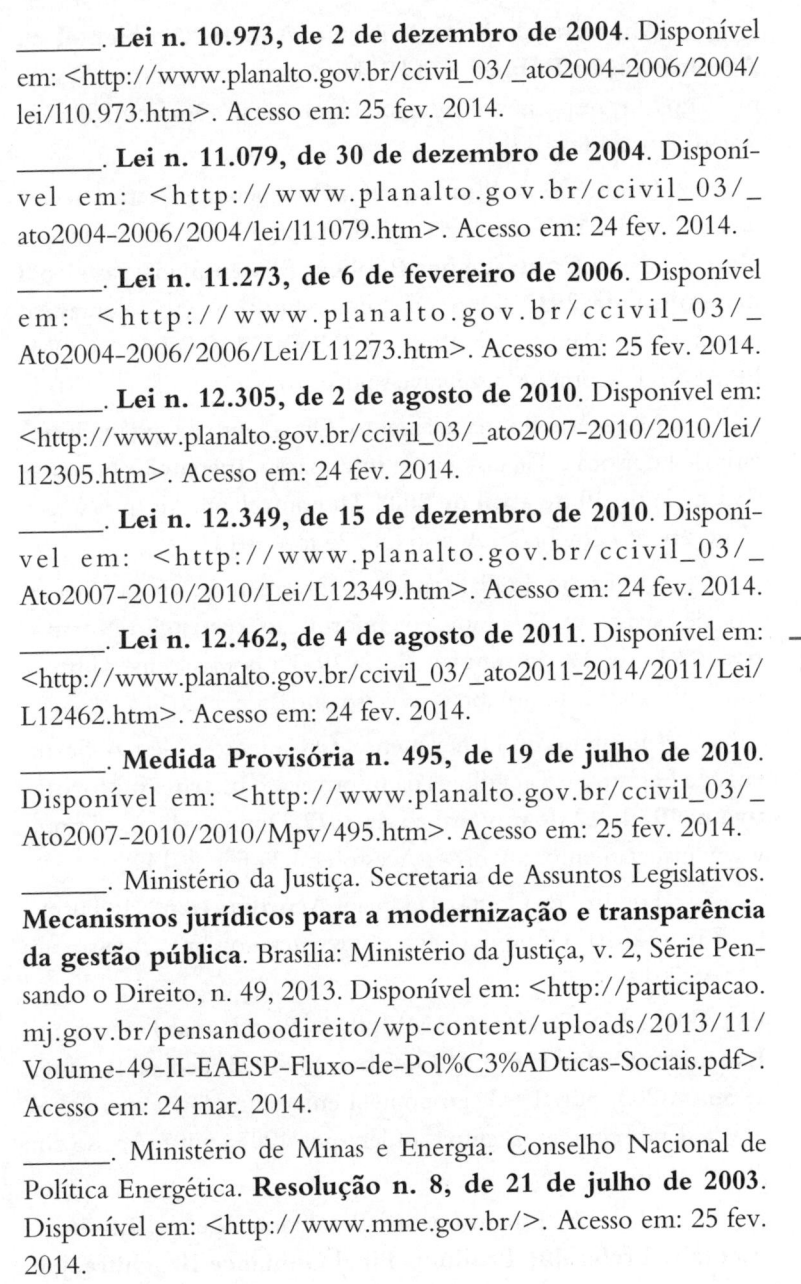

_____. **Lei n. 10.973, de 2 de dezembro de 2004**. Disponível em: <http://www.planalto.gov.br/ccivil_03/_ato2004-2006/2004/lei/l10.973.htm>. Acesso em: 25 fev. 2014.

_____. **Lei n. 11.079, de 30 de dezembro de 2004**. Disponível em: <http://www.planalto.gov.br/ccivil_03/_ato2004-2006/2004/lei/l11079.htm>. Acesso em: 24 fev. 2014.

_____. **Lei n. 11.273, de 6 de fevereiro de 2006**. Disponível em: <http://www.planalto.gov.br/ccivil_03/_Ato2004-2006/2006/Lei/L11273.htm>. Acesso em: 25 fev. 2014.

_____. **Lei n. 12.305, de 2 de agosto de 2010**. Disponível em: <http://www.planalto.gov.br/ccivil_03/_ato2007-2010/2010/lei/l12305.htm>. Acesso em: 24 fev. 2014.

_____. **Lei n. 12.349, de 15 de dezembro de 2010**. Disponível em: <http://www.planalto.gov.br/ccivil_03/_Ato2007-2010/2010/Lei/L12349.htm>. Acesso em: 24 fev. 2014.

_____. **Lei n. 12.462, de 4 de agosto de 2011**. Disponível em: <http://www.planalto.gov.br/ccivil_03/_ato2011-2014/2011/Lei/L12462.htm>. Acesso em: 24 fev. 2014.

_____. **Medida Provisória n. 495, de 19 de julho de 2010**. Disponível em: <http://www.planalto.gov.br/ccivil_03/_Ato2007-2010/2010/Mpv/495.htm>. Acesso em: 25 fev. 2014.

_____. Ministério da Justiça. Secretaria de Assuntos Legislativos. **Mecanismos jurídicos para a modernização e transparência da gestão pública**. Brasília: Ministério da Justiça, v. 2, Série Pensando o Direito, n. 49, 2013. Disponível em: <http://participacao.mj.gov.br/pensandoodireito/wp-content/uploads/2013/11/Volume-49-II-EAESP-Fluxo-de-Pol%C3%ADticas-Sociais.pdf>. Acesso em: 24 mar. 2014.

_____. Ministério de Minas e Energia. Conselho Nacional de Política Energética. **Resolução n. 8, de 21 de julho de 2003**. Disponível em: <http://www.mme.gov.br/>. Acesso em: 25 fev. 2014.

_____. Ministério do Meio Ambiente. **Agenda Ambiental na Administração Pública – A3P**. Disponível em: <http://www.mma.gov.br/responsabilidade-socioambiental/a3p/item/8852>. Acesso em: 24 fev. 2014.

_____. Ministério do Planejamento, Orçamento e Gestão. Secretaria de Logística e Tecnologia da Informação (SLTI). **Informações Gerenciais de Contratações Públicas Sustentáveis: janeiro a dezembro de 2012**. Disponível em: <http://www.comprasnet.gov.br/ajuda/Manuais/03-01_A_12_INFORMATIVO%20COMPRASNET_ComprasSustentaveis.pdf>. Acesso em: 24 fev. 2014.

_____. Ministério do Planejamento, Orçamento e Gestão. Secretaria de Logística e Tecnologia da Informação. **Instrução Normativa n. 2, de 30 de abril de 2008**. Disponível em: <http://www.planejamento.gov.br/>. Acesso em: 25 fev. 2014.

_____. Ministério do Planejamento, Orçamento e Gestão. Secretaria de Logística e Tecnologia da Informação. **Instrução Normativa n. 1, de 19 de janeiro de 2010**. Disponível em: <http://www.planejamento.gov.br/>. Acesso em: 25 fev. 2014.

_____. Ministério do Planejamento, Orçamento e Gestão. Secretaria de Logística e Tecnologia da Informação. **Instrução Normativa n. 10, de 12 de novembro de 2012**. Disponível em: <http://www.planejamento.gov.br/>. Acesso em: 25 fev. 2014.

_____. Tribunal de Contas da União. **Acórdão 1.260**. 1ª Turma. J. 17 mar. 2010. Disponível em: <www.tcu.gov.br>. Acesso em: 24 fev. 2014.

ESTADOS UNIDOS DA AMÉRICA. Presidential Documents. **Executive Order 12873 of October 20, 1993**. Federal Register, v. 58, n. 203, out. 1993. Disponível em: <http://www.archives.gov/federal-register/executive-orders/pdf/12873.pdf>. Acesso em: 24 fev. 2014.

_____. The U.S. Environmental Protection Agency. **Environmentally Preferable Products Final Guidance Brochure**. jun.

2000. Disponível em: <http://www.epa.gov/epp/pubs/eppbro.htm>. Acesso em: 24 fev. 2014.

_____. The U.S. Environmental Protection Agency. **Promoting Green Purchasing: Tools and Resources to Quantify the Benefits of Environmentally Preferable Purchasing**. 12 out. 2006. Disponível em: <https://docs.google.com/viewer?url=http://www.epa.gov/epp/tools/epp_metrics.pdf>. Acesso em: 24 fev. 2014.

HAHN, Rüdiger; KÜHNEN, Michael. Determinants of Sustainability Reporting: a review of results, trends, theory, and opportunities in an expanding field of research. **Journal of Cleaner Production**, v. 59, p. 5-21, 2013.

INSTITUTO BRASILEIRO DE GEOGRAFIA E ESTATÍSTICA (IBGE). **Relatório de Contas Nacionais Trimestrais: jan./mar. 2013**. Disponível em: <ftp://ftp.ibge.gov.br/Contas_Nacionais/Contas_Nacionais_Trimestrais/Fasciculo_Indicadores_IBGE/pib-vol-val_201301caderno.pdf>. Acesso em: 24 fev. 2014.

INTERNATIONAL FINANCE CORPORATION. **Manual sobre contratos de performance e eficiência para empresas de saneamento: Water Utilities Performance-Based Contracting Manual in Brazil (WAUPBM)**. D. F. Mexico, Washington D.C., 2013. Disponível em: <http://www.ifc.org/wps/wcm/connect/17ea5580404766b5ba3bba82455ae521/WaterUtilityBrazilPortuguese.pdf?MOD=AJPERES>. Acesso em: 24 fev. 2014.

MARQUES NETO, Floriano de Azevedo. Princípios aplicáveis à fase de julgamento e classificação das licitações. **Fórum de Contratação Pública**, Belo Horizonte, v. 3, n. 33, p. 4311-4313, set. 2004.

OLIVEIRA, Gesner; SCAZUFCA, Pedro; MARCATO, Fernando Scharlack; PRADO, Lucas Navarro. Diretrizes para uma política corporativa de defesa da concorrência. **Revista do IBRAC**, ano 18, v. 19, 2011.

PALMA, Juliana Bonacorsi de; NOVAES, Nelson Pedroso. Compras públicas sustentáveis. BRASIL. Ministério da Justiça. Secretaria de Assuntos Legislativos. **Mecanismos jurídicos para a modernização e transparência da gestão pública**. Brasília: Ministério da Justiça, v. 2, Série Pensando o Direito, n. 49, 2013. Disponível em: <http://participacao.mj.gov.br/pensandoodireito/wp-content/uploads/2013/11/Volume-49-II-EAESP-Fluxo-de-Pol%C3%ADticas-Sociais.pdf>. Acesso em: 24 fev. 2014.

PEREIRA JUNIOR, Jessé Torres. Desenvolvimento Sustentável: a nova cláusula geral das contratações públicas brasileiras. **Revista Bimestral de Direito Público**, v. 67, p. 65-96, 2011.

SÃO PAULO. Tribunal de Contas do Estado de São Paulo. **Súmula n. 17, de 19 de dezembro de 2005**. Disponível em: <http://www4.tce.sp.gov.br/sumulas>. Acesso em: 25 fev. 2014.

_____. Tribunal de Contas do Estado de São Paulo. **TC--24782/026/10**. J. 17 abr. 2012. Disponível em: <https://docs.google.com/viewer?url=http://www2.tce.sp.gov.br/arqs_juri/pdf/152905.pdf>. Acesso em: 25 fev. 2014.

_____. Tribunal de Contas do Estado de São Paulo. **TC--36246/026/11**. J. 14 dez. 2011. Disponível em: <https://docs.google.com/viewer?url=http://www2.tce.sp.gov.br/arqs_juri/pdf/152905.pdf>. Acesso em: 25 fev. 2014.

_____. Tribunal de Contas do Estado de São Paulo. **TC--38063/026/11**. J. 14 dez. 2011. Disponível em: <https://docs.google.com/viewer?url=http://www2.tce.sp.gov.br/arqs_juri/pdf/159482.pdf>. Acesso em: 25 fev. 2014.

_____. Tribunal de Contas do Estado de São Paulo. **TC--1307/989/12**. Plenário. J. 19 dez. 2012. Disponível em: <http://www2.tce.sp.gov.br/arqs_juri/pdf/207044.pdf>. Acesso em: 25 fev. 2014.

_____. Tribunal de Contas do Estado de São Paulo. **TC--1440/989/12**. Plenário. J. 20 fev. 2013. Disponível em: <http://

www2.tce.sp.gov.br/arqs_juri/pdf/213463.pdf>. Acesso em: 25 fev. 2014.

_____. Tribunal de Contas do Estado de São Paulo. **TC-1473/989/12**. J. 20 fev. 2013. Disponível em: <https://docs.google.com/viewer?url=http://www2.tce.sp.gov.br/arqs_juri/pdf/212952.pdf>. Acesso em: 25 fev. 2014.

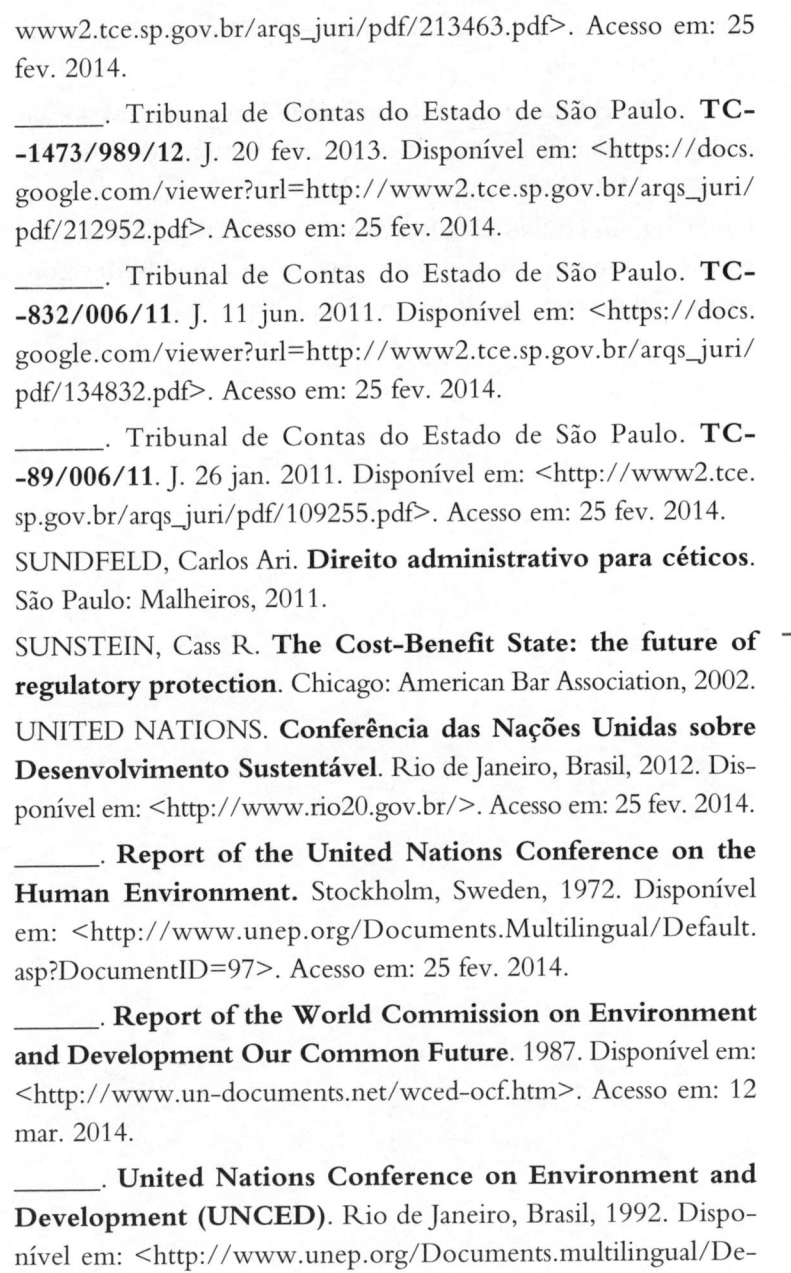

_____. Tribunal de Contas do Estado de São Paulo. **TC-832/006/11**. J. 11 jun. 2011. Disponível em: <https://docs.google.com/viewer?url=http://www2.tce.sp.gov.br/arqs_juri/pdf/134832.pdf>. Acesso em: 25 fev. 2014.

_____. Tribunal de Contas do Estado de São Paulo. **TC-89/006/11**. J. 26 jan. 2011. Disponível em: <http://www2.tce.sp.gov.br/arqs_juri/pdf/109255.pdf>. Acesso em: 25 fev. 2014.

SUNDFELD, Carlos Ari. **Direito administrativo para céticos**. São Paulo: Malheiros, 2011.

SUNSTEIN, Cass R. **The Cost-Benefit State: the future of regulatory protection**. Chicago: American Bar Association, 2002.

UNITED NATIONS. **Conferência das Nações Unidas sobre Desenvolvimento Sustentável**. Rio de Janeiro, Brasil, 2012. Disponível em: <http://www.rio20.gov.br/>. Acesso em: 25 fev. 2014.

_____. **Report of the United Nations Conference on the Human Environment.** Stockholm, Sweden, 1972. Disponível em: <http://www.unep.org/Documents.Multilingual/Default.asp?DocumentID=97>. Acesso em: 25 fev. 2014.

_____. **Report of the World Commission on Environment and Development Our Common Future**. 1987. Disponível em: <http://www.un-documents.net/wced-ocf.htm>. Acesso em: 12 mar. 2014.

_____. **United Nations Conference on Environment and Development (UNCED)**. Rio de Janeiro, Brasil, 1992. Disponível em: <http://www.unep.org/Documents.multilingual/De-

fault.asp?DocumentID=55&ArticleID=274&l=en>. Acesso em: 25 fev. 2014.

_____. **World Summit on Susteinable Development**. Johannesburg, South Africa, 2002. Disponível em: <http://www.un.org/events/wssd/>. Acesso em: 25 fev. 2014.

UNITED NATIONS ENVIRONMENT PROGRAMME. **Towards a green economy: pathways to sustainable development and poverty eradication**. S. l.: Unep, 2011.

9 DIREITO AMBIENTAL, SUSTENTABILIDADE E AS EMPRESAS

Pilar Carolina Villar

Professora do Programa de Pós-Graduação Lato Sensu da FGV DIREITO SP (GVlaw); professora do Bacharelado Interdisciplinar em Ciência e Tecnologia do Mar da Universidade Federal de São Paulo (UNIFESP); doutora e mestre em Ciência Ambiental pelo Programa de Pós-Graduação em Ciência Ambiental pela Universidade de São Paulo (USP); especialista em Instrumentos e Políticas de Gestão Ambiental na Europa pelo Instituto Universitário de Estudos Europeus da Universidade CEU San Pablo; advogada.

Juliana Cassano Cibim

Advogada e consultora ambiental; doutora e mestre em ciência ambiental pelo Procam/IEE/USP; professora do MBA em Direito Empresarial da FGV DIREITO SP (GVlaw); professora do MBA em gestão estratégica do agronegócio do Centro de Estudos em Agronegócios (GVAgro) da Escola de Economia de São Paulo da Fundação Getulio Vargas (EAESP) e na Escola Superior de Agricultura "Luiz de Queiroz" da Universidade de São Paulo (ESALQ-USP); professora de Direito Internacional Público da Faculdade de Direito e de disciplinas sobre meio ambiente no curso de Relações Internacionais da Fundação Armando Álvares Penteado (FAAP).

9.1 Introdução

Ao contrário dos ramos tradicionais do direito público e privado, o direito ambiental é um fenômeno recente que surgiu a partir da segunda metade do século passado. Apesar de sua juventude, esse direito tem mostrado uma grande vitalidade e capacidade de ampliar-se e transformar pressupostos clássicos. Tal característica se justifica pela importância do bem tutelado, a proteção do meio ambiente pode se caracterizar como entre "as novas reivindicações fundamentais do ser humano"[1].

A humanidade enfrenta uma crise ambiental, que é fruto de um processo produtivo científico-tecnológico guiado por uma racionalidade econômica que visou à maximização dos lucros em curto prazo e a dominação da natureza[2]. O século XXI tem o árduo desafio de transformar o modelo de desenvolvimento e incluir a questão da sustentabilidade, apesar das dificuldades que esse ideal incerto representa. O direito ambiental, ao condicionar o exercício da economia à observância de suas normas e princípios, esboça de forma palpável os parâmetros mínimos do que seria a sustentabilidade ambiental.

A inclusão da dimensão ambiental nas empresas se torna uma obrigação, mas também uma oportunidade de negócios. O direito ambiental e a atividade produtiva não são polos opostos, as normas ambientais instigam a renovação das práticas empresarias e uma crescente busca pela inovação, em contrapartida, o dinamismo em-

---

[1] FERREIRA; LEITE, 2012, p. 19.
[2] LEFF, 2007.

presarial contribui para diversificar as formas de proteção do ambiente e os instrumentos do direito ambiental.

Tendo isso em conta, o objetivo do capítulo é analisar como o surgimento do direito ambiental influencia as empresas a se comprometer com a materialização do desenvolvimento sustentável. Para isso, o texto está dividido em três partes. Na primeira sessão – "nascimento do direito ambiental" – se contextualiza o surgimento e evolução da discussão ambiental e a emergência desse novo direito. No item "o direito ambiental no Brasil e a ordem econômica" apresentam-se suas principais bases e desdobramentos para a atividade econômica. Posteriormente, em "a sustentabilidade como fator de transformação da empresa", analisa-se como as empresas têm tornado a sustentabilidade uma prática de negócio e como isso impacta o direito ambiental.

9.2 Nascimento do direito ambiental

A preocupação com os efeitos da atividade econômica no ambiente surgiu a partir da segunda metade do século passado. A contaminação ameaçava a saúde humana e os ecossistemas, e, paralelamente, percebeu-se que os recursos naturais, a base de reprodução da vida, não eram infinitos. Tais constatações sociais aliadas à progressiva piora das condições ambientais contribuíram para o nascimento de um marco regulatório internacional e nacional destinado a combater a degradação ambiental e os riscos da atividade produtiva[3].

Os graves acidentes e desastres ambientais desse período serviram como força motriz dessa regulação ambiental, pois demonstraram de maneira trágica os efeitos negativos de um processo produtivo voltado unicamente para o lucro e sem preocupação com as externalidades.

A regulação do uso do ambiente ganhou destaque a partir de 1970, com a Conferência das Nações Unidas sobre Meio Ambien-

---

[3] SOARES, 2001; MACHADO, 2013.

te Humano, realizada em Estocolmo em 1972. Esse encontro se marcou pela oposição entre desenvolvimento e proteção ambiental, que se materializou pelo conflito entre os países desenvolvidos, que queriam impor padrões ambientais rígidos, e os países em desenvolvimento, cuja meta era estruturar suas economias e combater a miséria[4]. A atividade produtiva era vista como a vilã do meio ambiente e, ao mesmo tempo, uma aliada no combate à pobreza.

Controvérsias à parte, o saldo foi positivo, pois resultou desse encontro a Declaração de Estocolmo sobre o Ambiente Humano[5], que lançou as primeiras bases para a construção do direito ambiental internacional e influenciou o direito nacional de vários países. Estados, que não tinham concordado com a visão defendida pela conferência, incorporaram ações para a proteção ambiental em seus ordenamentos jurídicos[6]. Esse foi o caso do Brasil, que em 1973 criou a Secretaria Especial de Meio Ambiente, atual Instituto Brasileiro do Meio Ambiente e dos Recursos Naturais Renováveis – IBAMA (Lei n. 7.735/89), e, gradualmente, incluiu normas ambientais em seu ordenamento jurídico.

A compatibilidade entre crescimento econômico e meio ambiente é o tema central do debate ambiental. A busca pela união dessas duas vertentes se deu pelo conceito de desenvolvimento sustentável exposto no Relatório Nosso Futuro Comum[7], da Comissão Mundial sobre Meio Ambiente e Desenvolvimento, presidida pela Primeira Ministra da Noruega, Gro Harlem Brundtland.

O desenvolvimento sustentável foi definido como "aquele que atende as necessidades do presente sem comprometer a possibilidade de as gerações futuras atenderem as suas próprias necessidades"[8].

---

[4] KUOKKANEN, 2002.
[5] UNITED NATIONS ENVIRONMENT PROGRAMME, 1972.
[6] SOARES, 2001.
[7] UNITED NATIONS, 1987.
[8] UNITED NATIONS, 1987, p. 37.

Apesar das críticas, esse conceito representou o novo paradigma da ordem econômica e do direito ambiental, assumindo o desafio de integrar a proteção ambiental, o crescimento econômico e o desenvolvimento social.

Esse novo ideal orientou a Conferência das Nações Unidas para o Meio Ambiente e Desenvolvimento, também chamada de Cúpula da Terra ou Rio-92, em 1992, no Rio de Janeiro. O consenso prevaleceu e o entendimento de que a questão ambiental é inseparável da social e econômica se solidificou. Como resultado dessa Conferência, pode-se destacar a Declaração do Rio sobre o Meio Ambiente e Desenvolvimento[9], que assentou os princípios basilares do direito ambiental, como é o caso do princípio do desenvolvimento sustentável, da precaução/prevenção, do poluidor pagador, da participação social e da cooperação internacional[10].

Outros resultados relevantes foram a edição da Agenda 21 Global[11] e as assinaturas da Convenção Quadro das Nações Unidas sobre Mudanças do Clima[12] e da Convenção sobre a Diversidade Biológica[13-14].

Tudo isso estimulou um maior controle da atividade produtiva e a proliferação de normas ambientais, cada vez mais complexas

---

[9] UNITED NATIONS, 1992.

[10] SOARES, 2001.

[11] Mais informações: BRASIL. Ministério do Meio Ambiente. **Agenda 21 Global**. Disponível em: <http://www.mma.gov.br/responsabilidade-socioambiental/agenda-21/agenda-21-global>. Acesso em: 25 fev. 2014.

[12] Mais informações: BRASIL. Ministério do Meio Ambiente. **Convenção-Quadro das Nações Unidas sobre Mudança do Clima (UNFCCC)**. Disponível em: <http://www.mma.gov.br/clima/convencao-das-nacoes-unidas>. Acesso em: 25 fev. 2014.

[13] Mais informações: BRASIL. Ministério do Meio Ambiente. **Convenção da Diversidade Biológica**. Disponível em: <http://www.mma.gov.br/biodiversidade/convencao-da-diversidade-biologica>. Acesso em: 25 fev. 2014.

[14] SOARES, 2001.

e diversificadas. A década de 1990 consolidou o direito ambiental como um ramo jurídico autônomo com conceitos, princípios e pressupostos próprios, cujo principal objetivo é regular a conduta humana por meio de um complexo de princípios e normas coercitivas destinadas a proteger o meio ambiente, mitigar os danos ambientais e melhorar a qualidade de vida das pessoas[15].

Dessa forma, busca-se construir um Estado de Direito Ambiental, que incorpore o "princípio da solidariedade econômica e social, para alcançar um desenvolvimento sustentável orientado a buscar a igualdade substancial entre os cidadãos mediante o controle jurídico do uso racional do patrimônio natural"[16]. A formação desse Estado abarca "elementos jurídicos, sociais e políticos" como meio para alcançar uma condição ambiental favorável à manutenção dos ecossistemas e "garantir a plena satisfação da dignidade para além do ser humano"[17].

O grande desafio contemporâneo é construir na prática esse Estado de Direito Ambiental, o qual pressupõe gerenciar múltiplas percepções sobre a importância do patrimônio ambiental, bem como equacionar os diversos conflitos pelo seu uso. Os impasses nas negociações ambientais internacionais nas grandes conferências ambientais, como na Cúpula Mundial sobre Desenvolvimento Sustentável, Joanesburgo, 2002[18], ou na Conferência das Nações Unidas sobre Desenvolvimento Sustentável (Rio +20), Rio de Janeiro, 2012[19], demonstram essa dificuldade.

---

[15] SIRVINSKAS, 2010; MILARÉ, 2013.

[16] CAPELLA, 1994, p. 248.

[17] FERREIRA; LEITE, 2012, p. 20.

[18] Mais informações: UNITED NATIONS. **World Summit on Susteinable Development**. Johannesburg, South Africa. 2002. Disponível em: <http://www.un.org/events/wssd/>. Acesso em: 25 fev. 2014.

[19] Mais informações: UNITED NATIONS. **Conferência das Nações Unidas sobre Desenvolvimento Sustentável**. Rio de Janeiro, 2012. Disponível em: <http://www.rio20.gov.br/>. Acesso em: 25 fev. 2014.

Na escala nacional, o dilema se mantém. O direito ambiental se torna cada vez mais amplo e complexo, tendo inclusive que recorrer ao conhecimento de outras ciências. Apesar dos grandes avanços, a sua prática ainda deixa a desejar e frequentemente se percebem conflitos sobre a interpretação e conteúdo de suas normas ou sobre como deveria ser sua aplicação, assim como falta fiscalização para sua aplicação. Apesar dessas dificuldades, aprimorar o direito ambiental é uma necessidade, pois, no atual contexto socioeconômico, o homem se vê obrigado a recorrer ao Direito "para salvar a natureza que morre"[20], o que significa salvar as condições vitais para a existência dos seres vivos, incluindo os humanos.

9.3 O direito ambiental no Brasil e a ordem econômica

A centelha histórica das normas ambientais no Brasil remonta às Ordenações do período colonial. Apesar de alguns esparsos dispositivos sobre aspectos ambientais (vedação ao corte de árvores frutíferas, caça de determinados animais, lançamento de substâncias na água que causem a morte de peixes etc.), seu foco era a proteção do patrimônio privado. No século XX, o Código Civil de 1916 trouxe alguns artigos relacionados ao tema ambiental, que era tratado de forma incidental como meio de garantir a proteção de direitos privados nos conflitos de vizinhança. A partir da década de 1930, surgem as primeiras normas setorizadas, que ganharam corpo ao longo do século e abrangeram diversas categorias de recursos naturais (florestas, águas, pesca, terra, mineração)[21].

O direito ambiental contemporâneo brasileiro só se institui a partir da década de 1980, estimulado em grande parte pela dis-

---

[20] REALE, 1987, p. 297.
[21] MILARÉ, 2013.

cussão iniciada em Estocolmo[22] pela emergência de problemas ambientais decorrentes da industrialização do país e alavancado pela realização da Rio 92[23]. No decorrer desses anos se percebe um avanço progressivo na coerência e amplitude desse direito, podendo-se destacar como principais marcos jurídicos: a) a Política Nacional do Meio Ambiente (Lei n. 6.938/81), que institui os principais instrumentos de proteção ambiental e o Sistema Nacional de Meio Ambiente (SISNAMA); b) a Lei da Ação Civil Pública (Lei n. 7.347/85), que criou o principal instrumento processual para a defesa do meio ambiente e de outros interesses de natureza difusa e coletiva; c) a Constituição Federal de 1988, que determinou uma engenharia constitucional consorciativa para a proteção ambiental (arts. 23, IV, e 24, VI, VII e VIII), incluiu a proteção ambiental na ordem econômica (art. 170, VI) e no exercício do direito de propriedade (art. 186, II), bem como consagrou o direito fundamental ao meio ambiente ecologicamente equilibrado (art. 225); e d) a Lei dos Crimes Ambientais (Lei n. 9.605/98), que estabeleceu a responsabilidade penal e iniciou a sistematização da responsabilidade administrativa para as condutas lesivas ao meio ambiente[24].

A Constituição Federal de 1988 é a principal fonte formal do direito ambiental[25]. Pela primeira vez no Brasil, uma Constituição tratou expressamente o tema, incluindo menções à questão ambiental em diversos títulos e capítulos. O ápice do tratamento ambiental é encontrado no Título VIII (Da Ordem Social), em seu Capítulo VI, no art. 225, *caput*, que determina: "Todos têm direito ao meio ambiente ecologicamente equilibrado, bem de uso comum do povo e essencial à sadia qualidade de vida, impondo-se

---

[22] UNITED NATIONS ENVIRONMENT PROGRAMME, 1972.
[23] UNITED NATIONS, 1992.
[24] MILARÉ, 2013.
[25] ANTUNES, 2012.

ao Poder Público e à coletividade o dever de defendê-lo para as presentes e futuras gerações"[26].

Da redação desse artigo se depreende que o direito a um meio ambiente ecologicamente equilibrado pertence a qualquer pessoa, podendo ser qualificado como direito fundamental da pessoa[27]. Esse direito possui concomitantemente uma dimensão individual e coletiva, conforme esclarece Amirante apud Machado que:

> O meio ambiente é um bem coletivo de desfrute individual e geral ao mesmo tempo. O direito ao meio ambiente é de cada pessoa, mas não só dela, sendo ao mesmo tempo "transindividual". Por isso, o direito ao meio ambiente entra na categoria de interesse difuso, não se esgotando numa só pessoa, mas se espraiando para uma coletividade indeterminada[28].

Dessa forma, se supera a divisão clássica de direito público ou privado. A expressão "bem de uso comum" condicionou o exercício da atividade econômica e do direito de propriedade a sua função social e ambiental. Por sua vez, o Poder Público assumiu o papel de gestor dos bens ambientais, em vez de proprietário[29]. Todos têm direito a um meio ambiente ecologicamente equilibrado, em contrapartida, o dever de protegê-lo recai sobre toda a coletividade, na medida de sua responsabilidade e possibilidade de defendê-lo.

A aceitação dessa concepção jurídica faz com o que o Poder Público seja obrigado a operacionalizar todo um aparato institucional destinado a gerir o meio ambiente, cuja proteção ganhou corpo por meio de diversas leis, que serão operacionalizadas por uma rede de agências e órgãos governamentais.

O principal arranjo institucional para a gestão ambiental no Brasil é o Sistema Nacional de Meio Ambiente (SISNAMA), que é

---

[26] BENJAMIM, 2007.
[27] ANTUNES, 2012; MACHADO, 2013.
[28] AMIRANTE apud MACHADO, 2013, p. 151.
[29] MACHADO, 2013.

formado por uma rede de órgãos e instituições governamentais, nos diversos níveis da Federação, com o objetivo de proteger o ambiente[30]. Essa estrutura organizacional é composta por:

- Órgão Superior: Conselho de Governo;
- Órgão Consultivo e Deliberativo: Conselho Nacional de Meio Ambiente (Conama);
- Órgão Central: Ministério do Meio Ambiente;
- Órgãos Executores: Instituto Brasileiro do Meio Ambiente e dos Recursos Naturais Renováveis (Ibama) e Instituto Chico Mendes de Conservação da Biodiversidade (ICMBio);
- Órgãos Setoriais: órgãos da Administração Federal, direta, indireta ou fundacional voltados para a proteção ambiental ou disciplinamento de atividades utilizadoras de recursos ambientais;
- Órgãos Seccionais: órgãos ou entidades estaduais responsáveis por programas ambientais ou pela fiscalização de atividades utilizadoras de recursos ambientais. No caso de São Paulo, se teriam como exemplos a Secretaria Estadual de Meio Ambiente, o Conselho Estadual de Meio Ambiente e a Companhia de Tecnologia de Saneamento Ambiental (Cetesb);
- Órgãos Locais: as entidades municipais responsáveis por programas ambientais ou responsáveis pela fiscalização de atividades utilizadoras de recursos naturais.

Nesse novo cenário, as pessoas físicas ou jurídicas perdem o direito de apropriar-se ou dispor livremente dos bem ambientais e se tornam responsáveis pela degradação ambiental que causarem. O uso do ambiente, seja na qualidade de provedor de matérias-primas ou por sua capacidade de resiliência ambiental, se tornou sujeito ao controle dos órgãos ambientais, que vão determinar os requisitos para essa utilização.

A Lei n. 6.938/81 estabeleceu uma série de instrumentos de gestão ambiental que condicionam o exercício das atividades eco-

---

[30] ANTUNES, 2012; MILARÉ, 2013.

nômicas. Como exemplo, podem-se citar a apresentação de avaliação de impacto ambiental e o licenciamento para a aprovação da localização, instalação, ampliação e operação de empreendimentos e atividades utilizadoras de recursos ambientais consideradas poluidoras ou aquelas que possam causar degradação ambiental. A exigência desses instrumentos ganhou inclusive contornos constitucionais (art. 225, § 1º, IV).

Por sua vez, a Política Nacional de Recursos Hídricos (Lei n. 9.433/97) submeteu o uso da água à outorga dos direitos de uso de recursos hídricos. Assim, aqueles que quiserem derivar ou captar água; extrair água de um aquífero; lançar efluentes; aproveitar o potencial hidrelétrico dos rios; ou realizar qualquer uso, que altere o regime, a quantidade ou a qualidade da água existente em um corpo de água; terão que se sujeitar ao processo de outorga ou solicitar uma declaração de uso isento junto aos órgãos competentes do Sistema Nacional de Gerenciamento de Recursos Hídricos (art. 12).

A Política Nacional de Resíduos Sólidos (Lei n. 12.305/2010) também trouxe obrigações ambientais ao setor produtivo. Por exemplo, segundo o art. 20, os seguintes geradores de resíduos devem apresentar o Plano de Gerenciamento de Resíduos Sólidos, que inclusive se tornou requisito para o licenciamento ambiental:

> Art. 13. Para os efeitos desta Lei, os resíduos sólidos têm a seguinte classificação:
> I – quanto à origem:
> [...]
> e) resíduos dos serviços públicos de saneamento básico: os gerados nessas atividades, excetuados os referidos na alínea c;
> f) resíduos industriais: os gerados nos processos produtivos e instalações industriais;
> g) resíduos de serviços de saúde: os gerados nos serviços de saúde, conforme definido em regulamento ou em normas estabelecidas pelos órgãos do Sisnama e do SNVS;

[...]

k) resíduos de mineração: os gerados na atividade de pesquisa, extração ou beneficiamento de minérios;

[...]

Art. 20. Estão sujeitos à elaboração de plano de gerenciamento de resíduos sólidos:

I – os geradores de resíduos sólidos previstos nas alíneas *e, f, g* e *k* do inciso I do art. 13;

II – os estabelecimentos comerciais e de prestação de serviços que:

a) gerem resíduos perigosos;

b) gerem resíduos que, mesmo caracterizados como não perigosos, por sua natureza, composição ou volume, não sejam equiparados aos resíduos domiciliares pelo poder público municipal;

III – as empresas de construção civil, nos termos do regulamento ou de normas estabelecidas pelos órgãos do Sisnama;

IV – os responsáveis pelos terminais e outras instalações referidas na alínea *j* do inciso I do art. 13 e, nos termos do regulamento ou de normas estabelecidas pelos órgãos do Sisnama e, se couber, do SNVS, as empresas de transporte;

V – os responsáveis por atividades agrossilvopastoris, se exigido pelo órgão competente do Sisnama, do SNVS ou do Suasa.

Tem-se ainda a obrigatoriedade da implantação de sistemas de logística reversa para os fabricantes, importadores, distribuidores e comerciantes de agrotóxicos ou outros produtos cuja embalagem constitua resíduo perigoso; pilhas e baterias; pneus; óleos lubrificantes, seus resíduos e embalagens; lâmpadas fluorescentes, de vapor de sódio e mercúrio e de luz mista; e produtos eletroeletrônicos e seus componentes (art. 33 da Lei n. 12.305/2010).

O descumprimento das exigências legais ambientais pode inclusive impedir a concessão de créditos de financiamentos. Por exemplo, os municípios e Estados que não aprovarem seus planos de gestão de resíduos sólidos não terão acesso aos recursos da União ou de entidades federais destinados à gestão dos resíduos sólidos (arts. 16 e 18 da Lei n. 12.305/2010).

A inscrição das propriedades rurais no Cadastro Ambiental Rural é outra exigência ambiental, sendo que o novo Código Florestal (Lei n. 12.651/2012) determinou que, transcorridos 5 anos de sua publicação, o crédito agrícola só poderá ser concedido para as propriedades cadastradas (art. 78-A). Além disso, o exercício do direito da propriedade agrícola foi condicionado à observância das limitações impostas pela manutenção de áreas de preservação permanente e reserva legal, enquanto a exploração das florestas nativas, salvo as exceções previstas em lei, dependerá de licenciamento e aprovação de Plano de Manejo Florestal Sustentável (art. 31).

Aqueles que não cumprirem essas exigências legais ou gerarem danos se submetem à tríplice responsabilização em matéria ambiental: civil, penal e administrativa. Frisa-se que essas responsabilidades adquirem uma série de características peculiares no direito ambiental. Por exemplo, a responsabilidade civil é objetiva e se orienta pela teoria do risco integral e se admite a possibilidade da responsabilidade penal da pessoa jurídica.

Não há duvidas de que o direito ambiental gerou uma série de obrigações, algumas ilustradas pelos exemplos supracitados, porém há também oportunidades a serem exploradas. Pois, como esclarece Barbieri et al., "os valores ligados ao desenvolvimento sustentável e ao respeito às políticas ambientais têm sido institucionalizados em maior ou menor grau nos diversos países pela mídia, pelos movimentos sociais e ambientalistas, e pelos governos"[31]. O movimento pela sustentabilidade é um fenômeno irreversível, que transformou o direito ambiental e a forma de desempenhar a economia.

O direito ambiental, prioritariamente, marcado por instrumentos de comando e controle, gradualmente, tem inserido instrumentos econômicos e de comunicação. Iniciativas como o paga-

---

[31] BARBIERI et al., 2010, p. 149.

mento por serviços ambientais, mercados de licença de poluição ou selos ambientais foram incluídas nas políticas ambientais. O Programa "Produtor de Água" é um desses exemplos, seu objetivo é incentivar os produtores rurais a adotarem práticas agrícolas sustentáveis em suas propriedades, e, em troca, são remunerados por contribuírem com a conservação dos recursos hídricos. Há ainda a Lei n. 12.187/2009, que faculta aos agricultores a possibilidade de compensar a sua reserva legal por meio da aquisição de Cota de Reserva Ambiental ou arrendamento de área sobre regime de servidão ambiental ou reserva legal.

Por sua vez, a Política Nacional sobre Mudança do Clima (Lei n. 12.187/2009) prevê o desenvolvimento de um Mercado Brasileiro de Redução de Emissões – MBRE. Para prestigiar ações sustentáveis, diversos Estados têm criado selos ambientais, como o caso do Selo Verde Oficial do Estado de São Paulo (Lei n. 11.878/2005 e Decreto n. 59.968/2013), que reconhece ações de preservação e respeito ao meio ambiente desenvolvidas por entidades, empresas, órgãos públicos e autarquias.

Em contrapartida, empresas têm buscado compromissos ambientais que vão além das exigências das normas ambientais, pois a adoção de práticas sustentáveis se tornou uma tendência cada vez mais cobrada por acionistas, consumidores e Poder Público. O direito ambiental e o desafio da sustentabilidade motivaram uma transformação nas empresas e no mundo dos negócios, que tem construído estratégias e mecanismos de incentivo à aplicação da lei e celebrado acordos voluntários mais ambiciosos que os *standards* legais.

9.4 A sustentabilidade como fator de transformação da empresa

A luta contra a degradação do meio ambiente exige o comprometimento dos empresários e administradores, que devem incluir a proteção ao meio ambiente em suas decisões e ações. A atividade econômica depende diretamente do meio ambiente e dos recursos naturais. Portanto, cabe também às empresas assumir uma postura ativa na solução dos problemas ambientais[32].

A Rio + 20 destacou o papel dos atores econômicos no desenvolvimento sustentável e sua importância na transição para uma economia verde, definida como aquela que "resulta em melhoria do bem-estar humano e equidade social, ao mesmo tempo em que reduz significativamente os riscos ambientais e a escassez ecológica"[33].

Há uma percepção crescente no mundo empresarial da necessidade de se buscar ações e procedimentos compatíveis com o meio ambiente. Essa conscientização foi influenciada por três forças: o governo, a sociedade e o mercado[34], cuja interação contribuiu para a inclusão de padrões ambientais, que podem ser: a) de natureza mandatária: quando impostos pelo Poder Público, "por meio de normas jurídicas e padrões administrativos"; b) de natureza voluntária: quando constituídos por empresas ou "grupos privados a fim de uniformizar procedimentos e estabelecer padrões entre corporações" relacionadas ao setor empresarial; c) *standarts* híbridos: são desenvolvidos pelo setor privado, porém acabam sendo incorporados pelo Poder Público[35].

A proteção ambiental se dá por um misto de legislação ambiental e ações do mercado que são influenciadas pela pressão de setores empresariais e da sociedade. Esse contexto contribui para gerar negócios e empresas sustentáveis, que, segundo Barbieri, são definidos como aqueles que:

> [...] satisfazem as necessidades atuais usando recursos de modo sustentável; mantêm um equilíbrio em relação ao meio ambiente natural, com base em tecnologias limpas, reuso, reciclagem ou renovação de recursos; restauram qualquer dano por elas causa-

---

[32] BARBIERI, 2011.
[33] UNITED NATIONS ENVIRONMENT PROGRAMME, 2011, p. 16.
[34] BARBIERI, 2011.
[35] TRENNEPOHL, 2009, p. 85.

do; contribuem para solucionar problemas sociais em vez de exacerbá-los; e geram renda suficiente para se sustentar[36].

O futuro das organizações depende de sua capacidade de crescer em um mercado altamente competitivo, sem descuidar das questões ambientais e sociais. Baseado nessa premissa, Almeida[37] destaca que a empresa sustentável é aquela que busca uma atuação proativa e tem como meta superar os padrões ambientais de funcionamento exigidos pelo Poder Público.

Investimentos em meio ambiente geram vários benefícios, sendo alguns deles apontados por Kinlaw: a) o cumprimento da legislação evita custos com multas, reparação ambiental e processos judiciais; b) economia de matérias-primas e energia; c) redução na produção de resíduos e custos de descarte; d) novas oportunidades de negócios e captação de clientes preocupados com o ambiente; e) manutenção de clientes por oferecer um diferencial de mercado; f) criar novos produtos e serviços; g) maior credibilidade com as instituições financeiras; h) redução nos custos de seguros; i) minimizar o risco de desastres ambientais; e j) melhorar a imagem da empresa[38].

Essa postura implica que o direito ambiental passe a ser aplicado como parte da gestão estratégica das organizações. As empresas inovadoras não se restringem ao cumprimento estrito da lei ambiental, mas buscam tornar o desenvolvimento sustentável um compromisso da organização, inserido em seu contexto de responsabilidade social coorporativa[39]. Ashley et al. definem essa responsabilidade como:

> [...] o compromisso que uma organização deve ter para com a sociedade, expresso por meio de atos e atitudes que a afetem positivamente de modo amplo, ou a alguma comunidade de modo específico, agindo proativamente e coerentemente no que tange a

---

[36] BARBIERI, 2010, p. 105.
[37] ALMEIDA, 2007.
[38] KINLAW, 1997.
[39] BARBIERI et al., 2010.

seu papel específico na sociedade e a sua prestação de contas para com ela[40].

Dito isso, cada vez mais as empresas assumem compromissos voluntários para a melhora de seu desempenho ambiental. Isso pode ocorrer por meio da adoção de iniciativas privadas de caráter unilateral individual, isto é, quando uma empresa, por meio de uma ação isolada, adota padrões ambientais mais rigorosos do que os previstos em lei. Ou, ainda, por meio de iniciativas unilaterais de caráter coletivo, promovidas por grupos de empresas, entidades empresariais ou entidades independentes. O Programa "Atuação Responsável", da Associação Brasileira da Indústria Química – ABIQUIM, é um exemplo de iniciativa coletiva. Seu objetivo é estimular a adoção de um sistema de gestão comprometido com práticas gerenciais ambientais e a adesão da empresa é condição para sua filiação na ABIQUIM[41]. O Compromisso Empresarial para Reciclagem (Cempre) é outra iniciativa privada coletiva, organizada por diversos setores econômicos, cuja missão é promover a reciclagem dos resíduos sólidos.

Outro exemplo bastante conhecido, porém proveniente de uma entidade independente, a *International Organization for Standardization* (ISO), é a série das normas ambientais ISO 14.000. Essas normas podem ser subdividas em duas categorias temáticas: a) aquelas orientadas para a melhoria dos processos e das organizações, compreendendo os sistemas de gestão ambiental (ISO 14.001 e ISO 14.004), a avaliação de desempenho ambiental (ISO 14.031 e ISO 14.032) e a auditoria ambiental (ISO 19.011[42] e ISO 14.015); e b) aquelas orientadas para produtos, que incluem a Avaliação do Ciclo de Vida (ACV) (ISO 14.040, ISO 14.041, ISO 14.042 e ISO 14.043), a rotulagem ambiental (ISO 14.020, ISO 14.021,

---

[40] ASHLEY et al., 2003, p. 6-7.

[41] ABIQUIM, 2011.

[42] Substituiu as normas ISO 14010, ISO 14011 e ISO 14012.

ISO 14.024 e ISO 14.025) e os aspectos ambientais dos produtos (ISO 14006)[43].

Dessas normas, destaca-se a ISO 14.001, que trata da certificação ambiental de organizações que adotam um sistema de gestão ambiental (SGA). Essa norma prevê uma série de requisitos relativos ao SGA e atesta quanto à conformidade do modelo de gestão da organização em relação a eles[44].

A implantação desse sistema pressupõe uma análise jurídica ambiental estratégica que inclui as normas jurídicas internacionais, nacionais, estaduais e municipais, bem como os acordos com as autoridades públicas, clientes, fornecedores, grupos comunitários e organizações não governamentais, requisitos de associações de classe, compromissos públicos da organização ou de sua matriz e compromissos corporativos.

Além da ISO 14.001, há diversas alternativas de certificação ambiental. Outro exemplo bastante conhecido é o Sistema Comunitário de Ecogestão e Auditoria (EMAS). O EMAS é uma iniciativa da Comunidade Europeia prevista no **Regulamento (CE) n. 761/2001 do Parlamento Europeu e do Conselho** que permite a participação voluntária das organizações europeias num sistema de ecogestão e auditoria[45]. No caso específico do setor florestal, tem-se a certificação florestal da *Forest Stewardship Council (FSC)*[46],

---

[43] VALLE, 2004; BARBIERI, 2011.

[44] GUÉRON, 2003.

[45] Regulamento (CE) n. 761/2001 do Parlamento Europeu e do Conselho, de 19 de março de 2001, que permite a participação voluntária de organizações num sistema comunitário de ecogestão e auditoria (EMAS). **Jornal Oficial**, n. L 114, de 24-4-2001, p. 1-29. Disponível em: <http://eur-lex.europa.eu/LexUriServ/LexUriServ.do?uri=CELEX:32001R0761:PT:HTML>. Acesso em: 24 fev. 2014.

[46] Mais informações: FSC Trademark. **FSC Forest Stewardship Council**, A.C. Conselho Brasileiro de Manejo Florestal – FSC Brasil. Disponível em: <http://br.fsc.org/>. Acesso em: 25 fev. 2014.

reconhecida internacionalmente por atestar que os produtos à base de madeira respeitam procedimentos dedicados à gestão sustentável das florestas[47].

Outro instrumento econômico e de comunicação importante é a rotulagem, pois o consumidor é informado sobre as características de determinado produto, o que possibilita que este, por meio de sua preferência de consumo, influencie os setores econômicos a adotarem ações em prol da sustentabilidade[48]. A rotulagem pode ser de iniciativa do próprio fabricante, também chamada de autodeclaração, sendo o caso dos símbolos de "biodegradável", "reciclável" e "não agressão à camada de ozônio". Ou, ainda, tem-se a rotulagem terceirizada, que é concedida por uma organização independente, que certifica a empresa.

Embora as palavras "rotulagem" e "certificação" sejam usadas como sinônimos, normalmente a primeira se relaciona às "características do produto e destina-se aos consumidores finais", enquanto a segunda "está mais relacionada aos métodos e processos de produção, sendo direcionada, principalmente, para as indústrias utilizadoras de recursos, objetivando atestar um ou mais atributos do processo de produção"[49].

A certificação e a rotulagem, em via de regra, são instrumentos voluntários, contudo a legislação ambiental os tornou obrigatórios em alguns casos, por exemplo, nos produtos orgânicos. A Lei n. 10.831/2003 e o Decreto n. 6.323/2007 obrigam a certificação desses produtos por organismo reconhecido oficialmente, para que os estabelecimentos produtores ou comerciais sejam autorizados a usar o selo do "SisOrg" (Sistema Brasileiro de Avaliação de Conformidade Orgânica). Por sua vez, o Decreto n. 4.680/2003 tornou obrigatória a rotulagem de "alimentos e ingredientes alimentares

---

[47] TRENNEPOHL, 2009.
[48] GUÉRON, 2003.
[49] IPEA, 2011, p. 5.

destinados ao consumo humano ou animal que contenham ou sejam produzidos a partir de organismos geneticamente modificadas, com presença acima do limite de um por cento do produto" (art. 2º).

Outra iniciativa é o Selo Azul desenvolvido pelo Estado do Paraná para fabricantes de papel reciclado (Lei n. 15.696/2007, Decreto n. 3.014/2008 e Resolução Sema n. 40/2008). Nesse caso, o órgão ambiental é o responsável pela aferição dos critérios de concessão do Certificado Selo Azul e pela autorização de uso do Selo Azul, que é uma condição para participar das licitações de materiais de expediente dos órgãos da Administração Pública Direta, Indireta, Autárquica e Fundacional dos Poderes Executivo, Legislativo e Judiciário do Estado do Paraná. Esse selo vai de encontro à ideia de licitações sustentáveis que tem sido apregoada na contratação de serviços e produtos sustentáveis pela Administração Pública, conforme orientação da Agenda Ambiental da Administração Pública (A3P)[50].

As auditorias ambientais também têm ganhado espaço, inclusive há uma tendência de que essa prática gerencial se torne uma obrigação legal para determinados setores. Nesse sentido, a legislação ambiental de alguns Estados já regulamentou a obrigatoriedade de sua realização, como o estado do Rio de Janeiro (Lei Estadual n. 1.898/91 e Res. Conema n. 21/2010) e o estado do Paraná (Lei Estadual n. 13.448/2002 e Decreto Estadual n. 2.076/2003).

A área ambiental é bastante dinâmica e progressivamente surgem novas iniciativas para fomentar a inclusão da sustentabilidade, sejam legais ou de mercado. Além do cumprimento da legislação e da busca por certificações, as empresas têm se preocupado em elaborar relatórios de sustentabilidade, análises de riscos ambientais, inventários de emissões de gases de efeito estufa e processos de verificação de responsabilidade na cadeia de fornecimento. Inclusive, o mercado financeiro, com vistas a atender investidores interessados

---

[50] Para maiores informações, consulte: <http://www.mma.gov.br/responsabilidade-socioambiental/a3p/item/8852>. Acesso em: 24 fev. 2014.

em carteiras de ações sustentáveis, criou o Índice de Sustentabilidade Empresarial (ISE)[51] e o Índice Carbono Eficiente (ICO2)[52].

9.5 Considerações finais

As transformações socioambientais que marcaram as últimas décadas obrigam a uma reestruturação dos arranjos produtivos. O desafio da sustentabilidade faz com que o direito ambiental seja um ramo em crescente expansão. À medida que a percepção de uma crise ambiental se consolida, maior é a preocupação dos atores sociais com esse tema e mais abrangente e rígido se torna o direito ambiental. A inclusão nas empresas de ações sustentáveis é um processo influenciado por pressões dos atores sociais e por uma mudança de cultura que concebe a proteção ambiental como um elemento estratégico do processo produtivo.

Nesse contexto, o direito ambiental funciona como catalisador para atingir um padrão mínimo de sustentabilidade na atividade econômica; contudo, o dinamismo empresarial tem contribuído ativamente para buscar formas não jurídicas de promover a sustentabilidade, bem como influenciado o direito ambiental a incorporar novas estratégias jurídicas além dos instrumentos de comando e controle e econômicos já existentes.

REFERÊNCIAS

ABIQUIM. **Programa Atuação Responsável: 20 anos de Atuação Responsável no Brasil. Requisitos do Sistema de Gestão**. ABIQUIM: São Paulo. 2011. Disponível em: <http://canais.

---

[51] Para maiores informações sobre esses índices, consulte: <https://www.isebvmf.com.br/>. Acesso em: 24 fev. 2014.

[52] Disponível em: <www.bmfbovespa.com.br/indices/ResumoIndice.aspx?Indice=ICO2&idioma=pt-br>. Acesso em: 24 fev. 2014.

abiquim.org.br/atuacaoresponsavel/pdf/Programa-AR-2012--manual-de-requisitos-de-gestao.pdf>. Acesso em: 2 fev. 2014.

ABNT NBR ISO/TC 207: Gestão Ambiental SC1 Sistemas de Gestão Ambiental – ISO 14001 – SGA – Especificação e Diretrizes para Uso (1996).

_____: Gestão Ambiental SC1 Sistemas de Gestão Ambiental – ISO 14004 – SGA – Diretrizes Gerais sobre princípios, sistemas e técnicas de apoio (1996).

_____: Gestão Ambiental SC1 Sistemas de Gestão Ambiental – ISO 14006:2011 – Diretrizes para incorporação do ecodesign (2011).

_____: Gestão Ambiental SC2 Auditoria Ambiental – ISO 14015 – Avaliações Ambientais de Localidades e Organizações (2001).

_____: Gestão Ambiental SC3 – Rotulagem Ambiental – ISO 14020 – Rótulos e Declarações Ambientais – Princípios Básicos (1998).

_____: Gestão Ambiental SC3 – Rotulagem Ambiental – ISO 14021 – Autodeclarações Ambientais – Tipo II (1999).

_____: Gestão Ambiental SC3 – Rotulagem Ambiental – ISO 14024 – Rótulo Ambiental Tipo I – Princípios e Procedimentos (1999).

_____: Gestão Ambiental SC3 – Rotulagem Ambiental – ISO 14025 – Rótulo Ambiental Tipo III (com ACV) – Princípios e Procedimentos (2006).

_____: Gestão Ambiental SC4 – Avaliação de Desempenho Ambiental – ISO 14031 – Avaliação de Desempenho Ambiental – Diretrizes (1999).

_____: Gestão Ambiental SC4 – Avaliação de Desempenho Ambiental – ISO TR 14032 – Exemplos de Avaliação do Desempenho Ambiental (1999).

_____: Gestão Ambiental SC5 – Avaliação de Ciclo de Vida – ISO 14040 – Avaliação do Ciclo de Vida – Princípios e Estrutura (1997).

_____: Gestão Ambiental SC5 – Avaliação de Ciclo de Vida – ISO 14041 – Definição de Escopo e Análise do Inventário (1998).

_____: Gestão Ambiental SC5 – Avaliação de Ciclo de Vida – ISO 14042 – Avaliação do Impacto do Ciclo de Vida (2000).

_____: Gestão Ambiental SC5 – Avaliação de Ciclo de Vida – ISO 14043 – Interpretação do Ciclo de Vida (2000).

ABNT NBR ISO/IEC 19001:2011 – Diretrizes para auditoria de sistemas de gestão (2011).

ALMEIDA, F. **Os desafios da sustentabilidade: uma ruptura urgente**. Rio de Janeiro: Elsevier, 2007.

AMIRANTE, D. **Ambiente e principi costituzionali nel Diritto Comparato, Diritto Ambientale e Constituzione. A Cura di Domenico Amirante**. Milão: Franco Angeli, 2000.

ANTUNES, P. B. A. **Direito ambiental**. 14. ed. São Paulo: Atlas, 2012.

ASHLEY, P.; QUEIROZ, A.; CARDOSO, A.; SOUZA, A.; TEODÓSIO, A.; BORINELLE, B. **Ética e responsabilidade social nos negócios**. Rio de Janeiro: Saraiva, 2003.

BARBIERI, J. C. **Gestão ambiental empresarial: conceitos, modelos e instrumentos**. 3. ed. São Paulo: Saraiva, 2011.

_____; VASCONCELOS, I. F. G.; ANDREASSI, T.; VASCONCELOS, F. C. Inovação e sustentabilidade: novos modelos e proposições. **RAE (Impresso)**, v. 50, 2010, p. 146-154.

BENJAMIN, A. H. Constitucionalização do ambiente e ecologização da Constituição brasileira. In: LEITE, J. R. M.; CANOTILHO, J. J. G. (Orgs.). **Direito constitucional ambiental brasileiro**. São Paulo: Saraiva, 2007.

BM&F BOVESPA. **Índice Carbono Eficiente – ICO2**. Disponível em: <http://www.bmfbovespa.com.br/indices/ResumoIndice.aspx?Indice=ICO2&idioma=pt-br>. Acesso em: 24 fev. 2014.

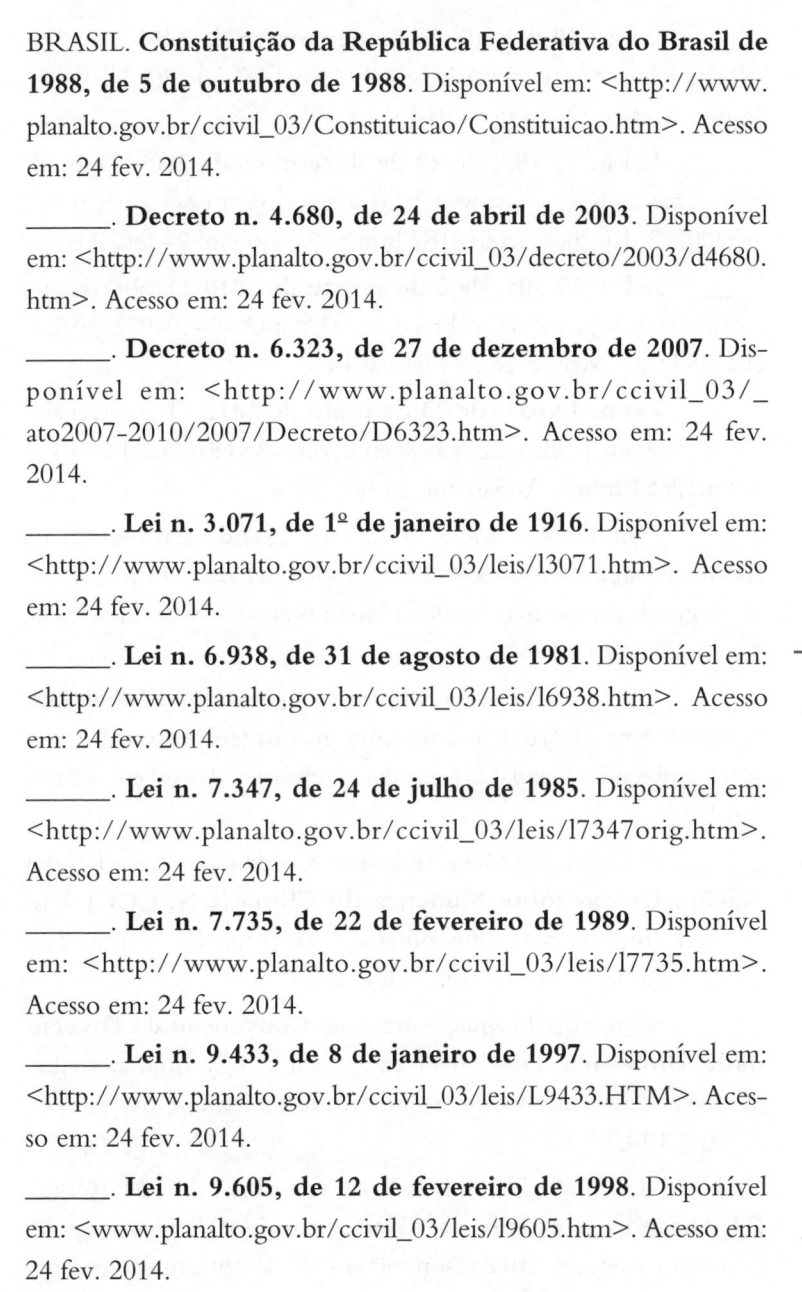

BRASIL. **Constituição da República Federativa do Brasil de 1988, de 5 de outubro de 1988**. Disponível em: <http://www.planalto.gov.br/ccivil_03/Constituicao/Constituicao.htm>. Acesso em: 24 fev. 2014.

_____. **Decreto n. 4.680, de 24 de abril de 2003**. Disponível em: <http://www.planalto.gov.br/ccivil_03/decreto/2003/d4680.htm>. Acesso em: 24 fev. 2014.

_____. **Decreto n. 6.323, de 27 de dezembro de 2007**. Disponível em: <http://www.planalto.gov.br/ccivil_03/_ato2007-2010/2007/Decreto/D6323.htm>. Acesso em: 24 fev. 2014.

_____. **Lei n. 3.071, de 1º de janeiro de 1916**. Disponível em: <http://www.planalto.gov.br/ccivil_03/leis/l3071.htm>. Acesso em: 24 fev. 2014.

_____. **Lei n. 6.938, de 31 de agosto de 1981**. Disponível em: <http://www.planalto.gov.br/ccivil_03/leis/l6938.htm>. Acesso em: 24 fev. 2014.

_____. **Lei n. 7.347, de 24 de julho de 1985**. Disponível em: <http://www.planalto.gov.br/ccivil_03/leis/l7347orig.htm>. Acesso em: 24 fev. 2014.

_____. **Lei n. 7.735, de 22 de fevereiro de 1989**. Disponível em: <http://www.planalto.gov.br/ccivil_03/leis/l7735.htm>. Acesso em: 24 fev. 2014.

_____. **Lei n. 9.433, de 8 de janeiro de 1997**. Disponível em: <http://www.planalto.gov.br/ccivil_03/leis/L9433.HTM>. Acesso em: 24 fev. 2014.

_____. **Lei n. 9.605, de 12 de fevereiro de 1998**. Disponível em: <www.planalto.gov.br/ccivil_03/leis/l9605.htm>. Acesso em: 24 fev. 2014.

_____. **Lei n. 10.831, de 23 de dezembro de 2003**. Disponível em: <http://www.planalto.gov.br/ccivil_03/leis/2003/l10.831.htm>. Acesso em: 24 fev. 2014.

_____. **Lei n. 12.187, de 29 de dezembro de 2009**. Disponível em: <http://www.planalto.gov.br/ccivil_03/_ato2007-2010/2009/lei/l12187.htm>. Acesso em: 24 fev. 2014.

_____. **Lei n. 12.305, de 2 de agosto de 2010**. Disponível em: <http://www.planalto.gov.br/ccivil_03/_ato2007-2010/2010/lei/l12305.htm>. Acesso em: 24 fev. 2014.

_____. **Lei n. 12.651, de 25 de maio de 2012**. Disponível em: <http://www.planalto.gov.br/ccivil_03/_Ato2011-2014/2012/Lei/L12651.htm>. Acesso em: 24 fev. 2014.

_____. Ministério do Meio Ambiente. **Agenda Ambiental na Administração Pública – A3P**. Disponível em: <http://www.mma.gov.br/responsabilidade-socioambiental/a3p/item/8852>. Acesso em: 24 fev. 2014.

_____. Ministério do Meio Ambiente. **Agenda 21 Global**. Disponível em: <http://www.mma.gov.br/responsabilidade--socioambiental/agenda-21/agenda-21-global>. Acesso em: 25 fev. 2014.

_____. Ministério do Meio Ambiente. **Convenção-Quadro das Nações Unidas sobre Mudança do Clima (UNFCCC)**. Disponível em: <http://www.mma.gov.br/clima/convencao-das--nacoes-unidas>. Acesso em: 25 fev. 2014.

_____. Ministério do Meio Ambiente. **Convenção da Diversidade Biológica**. Disponível em: <http://www.mma.gov.br/biodiversidade/convencao-da-diversidade-biologica>. Acesso em: 25 fev. 2014.

CAETANO, M. A.; FERREIRA, H. S.; LEITE, J. R. M. (Orgs.). **Repensando o estado de direito ambiental**. Florianópolis: Fundação Boiteux, 2012. Disponível em: <http://funjab.ufsc.br/

wp/wp-content/uploads/2012/05/VD_Repensando-Estado-
-FINAL-25-07-2012.pdf>. Acesso em: 25 fev. 2014.

CAPELLA, V. B. **Ecologia: de las razones a los derechos**. Granada: Ecorama, 1994.

CONSELHO DA UNIÃO EUROPEIA. **Regulamento (CE) n. 761, de 19 de março de 2001**. Disponível em: <http://eur-lex.europa.eu/LexUriServ/LexUriServ.do?uri=CELEX:32001R0761:PT:HTML>. Acesso em: 24 fev. 2014.

FERREIRA, H. S.; LEITE, J. R. M. A expressão dos objetivos do estado de direito ambiental na Constituição Federal de 1988. In: CAETANO, M. A.; FERREIRA, H. S.; LEITE, J. R. M. (Orgs.). **Repensando o estado de direito ambiental**. Florianópolis: Fundação Boiteux, 2012. Disponível em: <http://funjab.ufsc.br/wp/wp-content/uploads/2012/05/VD_Repensando-Estado-
-FINAL-25-07-2012.pdf>. Acesso em: 25 fev. 2014.

FSC Trademark. **FSC Forest Stewardship Council**, A.C. Conselho Brasileiro de Manejo Florestal – FSC Brasil. Disponível em: <http://br.fsc.org/>. Acesso em: 25 fev. 2014.

FUNDAÇÃO GETULIO VARGAS. Centro de Estudos em Sustentabilidade da FGV-EAESP. **Índice de Sustentabilidade Empresarial (ISE)**. Disponível em: <https://www.isebvmf.com.br/>. Acesso em: 24 fev. 2014.

GUÉRON, A. L. **Rotulagem e certificação ambiental: uma base para subsidiar a análise da Certificação Florestal no Brasil**, COPPE/UFRJ, Rio de Janeiro, RJ, Brasil, 2003. Disponível em: <http://ppe.ufrj.br/ppe/production/tesis/algueron.pdf.>. Acesso em: 22 jan. 2014.

IPEA. **Sustentabilidade Ambiental no Brasil: biodiversidade, economia e bem-estar humano**. Série Eixos do Desenvolvimento Brasileiro. O Uso do Poder de Compra para a Melhoria do Meio Ambiente. Comunicados do Ipea. Brasília: IPEA. 2011. Disponível em: <http://cpsustentaveis.planejamento.gov.br/wp-content/

uploads/2011/02/rotulagem_ambiental_ipea.pdf.>. Acesso em: 22 jan. 2014.

KINLAW, D. C. **Empresa competitiva e ecológica: desempenho sustentado na era ambiental**. São Paulo: Makron Books, 1997.

KUOKKANEN, T. **International Law and the Environment: variations on a theme**. The Erik Castrén Institute of International Law and Human Rights. The Hague: Kluwer Law International, 2002.

LEFF, E. **Ecología y Capital: Racionalidad Ambiental, Democracia Participativa y Desarrollo Sustentable**. 7. ed. Madrid: Siglo XXI, 2007.

MACHADO, P. A. L. **Direito ambiental brasileiro**. 21. ed. São Paulo: Malheiros, 2013.

MARKANDYA, A. Eco-labelling: An Introduction and Review. In: ZARRILLI, S.; JHA, V.; VOSSENAAR, R. (Eds.). **Eco-labelling and International Trade**. London: Macmillan, 1997.

MILARÉ, É. **Direito do ambiente**. 8. ed. São Paulo: Revista dos Tribunais, 2013.

PARANÁ. **Decreto n. 2.076, de 7 de novembro de 2003**. Disponível em: <http://www.legislacao.pr.gov.br/legislacao/pesquisarAto.do?action=exibir&codAto=37669&indice=1&totalRegistros=1>. Acesso em: 24 fev. 2014.

_____. **Decreto n. 3.014, de 8 de julho de 2008**. Disponível em: <http://www.legislacao.pr.gov.br/legislacao/pesquisarAto.do?action=exibir&codAto=45968&indice=1&totalRegistros=1>. Acesso em: 24 fev. 2014.

_____. **Lei n. 13.448, de 11 de janeiro de 2002**. Disponível em: <http://www.legislacao.pr.gov.br/legislacao/pesquisarAto.do?action=exibir&codAto=4187&indice=1&totalRegistros=1>. Acesso em: 24 fev. 2014.

_____. **Lei n. 15.696, de 27 de novembro de 2007.** Disponível em: <http://www.legislacao.pr.gov.br/legislacao/pesquisarAto.do?action=exibir&codAto=82&indice=1&totalRegistros=1>. Acesso em: 24 fev. 2014.

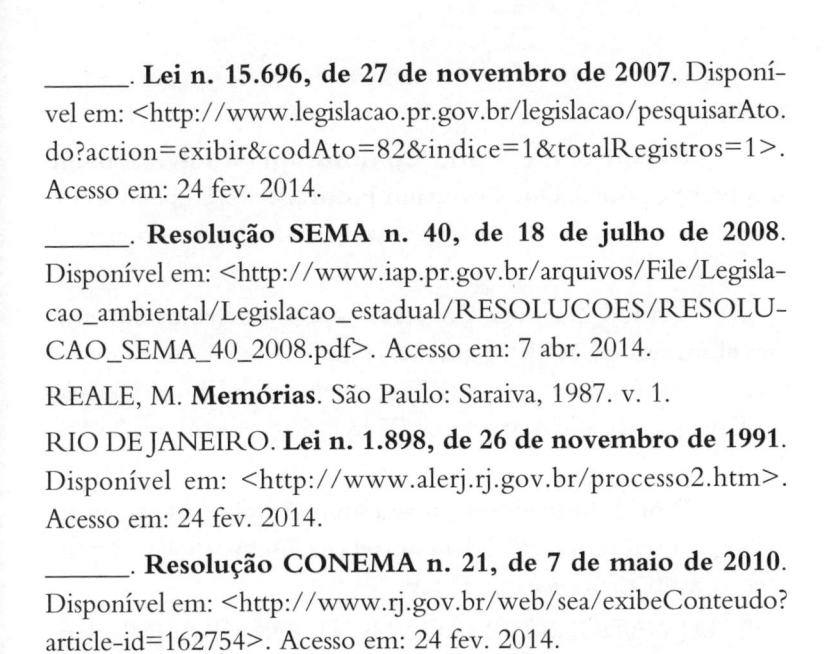

_____. **Resolução SEMA n. 40, de 18 de julho de 2008.** Disponível em: <http://www.iap.pr.gov.br/arquivos/File/Legislacao_ambiental/Legislacao_estadual/RESOLUCOES/RESOLUCAO_SEMA_40_2008.pdf>. Acesso em: 7 abr. 2014.

REALE, M. **Memórias.** São Paulo: Saraiva, 1987. v. 1.

RIO DE JANEIRO. **Lei n. 1.898, de 26 de novembro de 1991.** Disponível em: <http://www.alerj.rj.gov.br/processo2.htm>. Acesso em: 24 fev. 2014.

_____. **Resolução CONEMA n. 21, de 7 de maio de 2010.** Disponível em: <http://www.rj.gov.br/web/sea/exibeConteudo?article-id=162754>. Acesso em: 24 fev. 2014.

SÃO PAULO. **Decreto n. 59.698, de 4 de novembro de 2013.** Disponível em: <http://www.al.sp.gov.br/repositorio/legislacao/decreto/2013/decreto-59698-04.11.2013.html>. Acesso em: 24 fev. 2014.

_____. **Lei n. 11.878, de 19 de janeiro de 2005.** Disponível em: <http://governo-sp.jusbrasil.com.br/legislacao/133874/lei-11878-05>. Acesso em: 24 fev. 2014.

SIRVINSKAS, L. P. **Manual de direito ambiental.** 8. ed. São Paulo: Saraiva, 2010.

SOARES, G. F. S. **Direito internacional do meio ambiente: emergência, obrigações e responsabilidades.** São Paulo: Atlas, 2001.

TRENNEPOHL, T. **Direito ambiental empresarial.** São Paulo: Saraiva, 2009.

UNITED NATIONS. **Conferência das Nações Unidas sobre Desenvolvimento Sustentável.** Rio de Janeiro, Brasil, 2012.

Disponível em: <http://www.rio20.gov.br/>. Acesso em: 25 fev. 2014.

_____. **Report of the World Commission on Environment and Development Our Common Future**. 1987. Disponível em: <http://www.un-documents.net/wced-ocf.htm>. Acesso em: 12 mar. 2014.

_____. **United Nations Conference on Environment and Development (UNCED)**. Rio de Janeiro, Brasil, 1992. Disponível em: <http://www.unep.org/Documents.multilingual/Default.asp?DocumentID=55&ArticleID=274&l=en>. Acesso em 25 fev. 2014.

_____. **World Summit on Susteinable Development**. Johannesburg, South Africa, 2002. Disponível em: <http://www.un.org/events/wssd/>. Acesso em: 25 fev. 2014.

UNITED NATIONS ENVIRONMENT PROGRAMME. **Report of the United Nations Conference on the Human Environment**. Stockholm, Sweden, 1972. Disponível em: <http://www.unep.org/Documents.Multilingual/Default.asp?DocumentID=97>. Acesso em 25 fev. 2014.

_____. **Towards a green economy: pathways to sustainable development and poverty eradication**. S. l.: Unep, 2011.

VALLE, C. E. **Qualidade Ambiental ISO 14000**. 5. ed. São Paulo: Senac, 2004.